MANITIES AND SOCIETY

HUMANITIES AND SOCIETY

天下时代

秩序与历史 卷四

Eric Voegelin

[美国]埃里克·沃格林 著 叶颖 译

译林出版社

图书在版编目（CIP）数据

秩序与历史．卷四，天下时代 ／（美）埃里克·沃格林（Eric Voegelin）著；叶颖译．—南京：译林出版社，2018.4（2022.3重印）
（人文与社会译丛 ／ 刘东主编）
书名原文：Order and History，Volume Ⅳ，The Ecumenic Age
ISBN 978-7-5447-7233-4

Ⅰ.①秩… Ⅱ.①埃… ②叶… Ⅲ.①政治思想史－世界－古代 Ⅳ.①D091.2

中国版本图书馆 CIP 数据核字（2017）第 327045 号

著作权合同登记号 图字：10-2003-158 号

天下时代 ［美国］埃里克·沃格林／著 叶 颖／译

责任编辑 熊 钰
装帧设计 胡 苨
校 对 叶显艳
责任印制 单 莉

原文出版 University of Missouri Press, 2000
出版发行 译林出版社
地 址 南京市湖南路 1 号 A 楼
邮 箱 yilin@yilin.com
网 址 www.yilin.com
市场热线 025-86633278
排 版 南京展望文化发展有限公司
印 刷 江苏凤凰通达印刷有限公司
开 本 880 毫米 ×1230 毫米 1/32
印 张 16.875
插 页 2
版 次 2018 年 4 月第 1 版
印 次 2022 年 3 月第 3 次印刷
书 号 ISBN 978-7-5447-7233-4
定 价 78.00 元

主编的话

刘 东

总算不负几年来的苦心——该为这套书写篇短序了。

此项翻译工程的缘起,先要追溯到自己内心的某些变化。虽说越来越惯于乡间的生活,每天只打一两通电话,但这种离群索居并不意味着我已修炼到了出家遁世的地步。毋宁说,坚守沉默少语的状态,倒是为了咬定问题不放,而且在当下的世道中,若还有哪路学说能引我出神,就不能只是玄妙得叫人着魔,还要有助于思入所属的社群。如此嘈嘈切切鼓荡难平的心气,或不免受了世事的恶刺激,不过也恰是这道底线,帮我部分摆脱了中西"精神分裂症"——至少我可以倚仗着中国文化的本根,去参验外缘的社会学说了,既然儒学作为一种本真的心向,正是要从对现世生活的终极肯定出发,把人间问题当成全部灵感的源头。

不宁惟是,这种从人文思入社会的诉求,还同国际学界的发展不期相合。擅长把捉非确定性问题的哲学,看来有点走出自我囿闭的低潮,而这又跟它把焦点对准了社会不无关系。现行通则的加速崩解和相互证伪,使得就算今后仍有普适的基准可言,也要有待于更加透辟的思力,正是在文明的此一根基处,批判的事业又有了用武之地。由此就决定了,尽管同在关注世俗的事务与规则,但跟既定框架内的策论不同,真正体现出人文关怀的社会学说,决不会是医头医脚式的小修小补,而必须以激进亢奋的姿态,去怀疑、颠覆和重估全部的价值预设。有意思的是,也许再没有哪个时代,会有这么多书生想要焕发制度智慧,这既凸显了文明的深层危机,又表达了超越的不竭潜力。

于是自然就想到翻译——把这些制度智慧引进汉语世界来。需要说明的是,尽管此类翻译向称严肃的学业,无论编者、译者还是读者,都会因其理论色彩和语言风格而备尝艰涩,但该工程却绝非寻常意义上的"纯学术"。此中辩谈的话题和学理,将会贴近我们的伦常日用,渗入我们的表象世界,改铸我们的公民文化,根本不容任何学院人垄断。同样,尽管这些选题大多分量厚重,且多为国外学府指定的必读书,也不必将其标榜为"新经典"。此类方生方成的思想实验,仍要应付尖刻的批判围攻,保持着知识创化时的紧张度,尚没有资格被当成享受保护的"老残遗产"。所以说白了:除非来此对话者早已功力尽失,这里就只有激活思想的马刺。

主持此类工程之烦难,足以让任何聪明人望而却步,大约也惟有愚钝如我者,才会在十年苦熬之余再作冯妇。然则晨钟暮鼓黄卷青灯中,毕竟尚有历代的高僧暗中相伴,他们和我声应气求,不甘心被宿命贬低为人类的亚种,遂把迻译工作当成了日常功课,要以艰难的咀嚼咬穿文化的篱笆。师法着这些先烈,当初酝酿这套丛书时,我曾在哈佛费正清中心放胆讲道:"在作者、编者和读者间初步形成的这种'良性循环'景象,作为整个社会多元分化进程的缩影,偏巧正跟我们的国运连在一起,如果我们至少眼下尚无理由否认,今后中国历史的主要变因之一,仍然在于大陆知识阶层的一念之中,那么我们就总还有权想象,在孔老夫子的故乡,中华民族其实就靠这么写着读着,而默默修持着自己的心念,而默默挑战着自身的极限!"惟愿认同此道者日众,则华夏一族虽历经劫难,终不致因我辈而沦为文化小国。

一九九九年六月于京郊溪翁庄

目　录

编者导言

埃里克·沃格林被普遍认为是20世纪最重要的政治哲学家之一，而《天下时代》是他最重要的一部著作。作为《秩序与历史》(五卷本，1956—1987)的第四卷，《天下时代》在第二卷和第三卷出版十七年后，于1974年出版。虽然沃格林的写作持续至其生命尽头，但作为《秩序与历史》第五卷，也是最后一卷的《求索秩序》(*In Search of Order*)，在他1985年1月去世时仍未完成。《求索秩序》表明，作为一位年届八十四岁的思想家，沃格林仍在到达新的高度，但是，无论是单薄的那一卷，还是他的其余任何著作，就哲学深度、理论广度或解释力而言，均无法与《天下时代》匹敌。《天下时代》是一项令人惊异的成就，但读者也应注意：本书极富挑战性，需要付出多年的沉思性研究，而收获也将不菲。

事实上，当我们把《天下时代》放在这套《全集》中再次出版时，它在很大程度上仍是一部未被消化的著作，仍在其众多维度所涉及的多个学术领域中具有爆炸性的影响。在它首次出版二十五年后，新的解读与评论仍在涌现，这表明学者们仍在致力于对它的研究。虽然这些新出现的二手分析更深入、更具洞察力地挖掘了本卷的丰富内涵，但对《天下时代》的充分鉴赏并非既成事实，而是未来的一项挑战。我在这篇导言中的目标是(极为节制地)阐明本书与《秩序与历史》的关系，

以及它的内部结构和若干关键概念，从而协助那些准备迎接这一挑战
1 的人。

当然，我也乐于承认，为本卷提供导言这一行为必定显得有些大胆，因为它已经包含一篇由作者自己撰写的、极为凝练的、长达五十八页的导言。不过，沃格林非比寻常的开篇章节实际上与其说是本书的导言，不如说是就其思想在1974年时所遵循的新方向给出的导言。当我们认识到这一点时，我所做的也就显得不那么冒昧了。明显的是，沃格林感到有必要提供这样一份导言。鉴于沃格林在《天下时代》的出版与《秩序与历史》第二卷和第三卷的出版（1957）之间的十七年中的活动和著作发表情况，这一点并不难理解。他在德国的行政职责占据了这一时期中的大量时间，因为从20世纪50年代晚期离开美国，离开路易斯安纳州立大学后，沃格林在慕尼黑建立了一个政治科学研究所。[1]在此期间，沃格林只出版了两本书：《科学、政治与灵知主义》[2]，这是一部篇幅不大的著作，主要由之前发表过的一篇文章和一次讲座的文本组成；《回忆》[3]，这是一部非常重要的著作，但直到1978年才有英译本。

1　参见沃格林的“致谢”，下文第33页（英文原版页码，见本书边码。“编者导言”部分下同。——编注）。以下所有仅包含出现在*EA*（表示*Ecumenic Age*）之后的页码的引用，都是针对本卷的。关于沃格林前往德国的原因，参见他的*Autobiographical Reflections*, ed. Ellis Sandoz（1989; available Columbia: University of Missouri Press, 1999）, 91。

2　即*Wissenschaft, Politik, und Gnosis*（1959）的译本，美国版有一篇前言（Chicago: Henry Regnery, 1968）；重印收于*Modernity without Restraint: The Political Religions, The New Science of Politics, and Science, Politics, and Gnosticism*, ed. Manfred Henningsen（Columbia: University of Missouri Press, 2000）, vol. 5 of *The Collected Works of Eric Voegelin*（以下简写为*CW*）。

3　Eric Voegelin, *Anamnesis: Zur Theorie der Geschichte und Politik*（Munich: Piper, 1966）. 由格哈特·尼迈尔（Gerhart Niemeyer）翻译的英文节译本，连同新添加的第一章《对过往之事的记忆》，以《回忆》（*Anamnesis*）为名出版（Notre Dame: University of Notre Dame Press, 1978）。

沃格林在此期间发表过一些文章和某些著作章节，其中一些确实提示了新方向。[4]但是，根据我的统计，在他1957—1974年间发表的三十篇文章中，只有十二篇以英文写成，另有两篇原文为德文和法文的是以英译本形式出现。因此，英文读者几乎不曾见到过以书籍形式出现，并能 2
使他们对《天下时代》的全新因素做好准备的著作，而且，在《天下时代》之前发表的那些文章或章节也无法容纳沃格林思想新阶段所进行的广泛讨论。[5]该任务必须在20世纪70年代早期进行，并因而必须由《天下时代》本身来完成。

沃格林立即启动了这项任务。他在本书第一句即宣布，《天下时代》"背离了我曾经为《秩序与历史》设定的计划"。不难想象，此言一出举座皆惊。沃格林的许多崇拜者毫不怀疑地打开这本期待已久的书，期望看到原定计划的完成，但他们在第二页看到的却是一句断言：原定计划"不可行"。在其"导言"的其余部分，沃格林对此结论加以解释，将他修改后的分析模式运用于许多曾在第一卷和第二卷的导言中探讨过的相同理论问题。但是，他并未就作为一个整体的这本书提供一份常规性的导言。他没有预告本卷的整体计划，甚至也未提到具体的章节——有关某种统一结构的介绍更是少之又少。而且，在分析过程中径直出现了许多新概念，它们对于理解沃格林修改后的思想模

4　其中，提示了沃格林思想新趋向的最重要文章是"Immortality: Experience and Symbol"(1967)、"Configurations of History"(1968)、"Equivalences of Experience and Symbolization in History"(1970)、"The Gospel and Culture"(1971)，以及"On Hegel: A Study in Sorcery"(1971)，它们全都发表于这段过渡期的较晚时候。这一时期的所有文章如今都收录于*Published Essays, 1966—1985*, ed. Ellis Sandoz(1990; available Columbia: University of Missouri Press, 1999), vol. 12 of *CW*。

5　因此，即便是格哈特·尼迈尔(他是沃格林的朋友，紧密追随他的工作，在数十年间保持着罕见的洞察力)也在1976年认为："当第四卷最终出现时，它在令人完全始料未及的路线上延续了整部著作。" Niemeyer, "Eric Voegelin's Philosophy and the Drama of Mankind", *Modern Age* 20(1976): 28—39, 30.

式至关重要，并使本书有别于前三卷，却在行文中悄然出现，未予解释。[6]虽然一份更合常规的导言也许能防止出现误解，并使这本极具挑战性
3 的书变得相对易懂一些，但沃格林显然有不这么做的理由。[7]在接下来的评论中，我希望为沃格林的文本补充背景信息，这些信息将有助于读者（尤其是那些初次遭遇《天下时代》的读者）与这部伟大著作进行一次更富成果的接触。

《天下时代》与《秩序与历史》

尽管有长期的间隔，研究方法也改变了，沃格林仍选择将《天下时

6　以这种方式引入关键术语的例子包括：metaxy（居间）（*EA*，50）、balance of consciousness（意识均衡）（75）、metaleptic（参与的）（105），以及egophanic（自我显现的）（96）。甚至连“天下时代”也是直到第67页才出现，并且直到第167页才得到说明。几乎可以肯定的是，本书的这种独特性损害了最初一轮书评的质量。

7　我只能就这些原因可能是什么做出推测，但我强烈感到，沃格林其实只不过是过分专注于推进那份修改后的计划，以至于无法再对为读者铺平道路这一工作投入太多精力。这种感觉源自沃格林作为一名著作家的特点中某个更广阔的方面。书评作者约翰·安格斯·坎贝尔（John Angus Campbell）说：“我认为沃格林并不十分关心他的读者怎么想。”［“Eric Voegelin's Order in History：A Review”，*Quarterly Journal of Speech* 68（1982）：91］这颇有几分道理，尽管我可能会用不同的方式来表达。沃格林在写作中对分析准确性的重视似乎远远高于他对易理解程度的重视。与此类似，他似乎一贯专注于精密构建那些在理论上稳妥可靠，而非在辩论中更具说服力的表述，更倾向于激励有能力的读者承认他的结论，而不是诱使他们同意。在《天下时代》中有许多刺耳的观点，读者们不应急于断定这些观点表达不当。读者们也会从托马斯·霍尔维克（Thomas Hollweck）和保罗·卡林杰拉（Paul Caringella）的一项见解中受益：“沃格林算不算一位通常意义上的书籍作家？这一点大可争论。毋宁说，他的方法在于以反思性、思辨性的论文的形式解决问题；只有在能将多个问题排列为有意义群组的时候，他才会将它们组织成一本书。”［“Editors' Introduction”，*What is History? And Other Late Unpublished Writings*, ed. Hollweck and Caringella（1990; available Columbia: University of Missouri Press, 1999），xv, vol. 28 of *CW*］的确，《天下时代》在很大程度上是一个由多篇意义相关的论文构成的群组，而不是一本常规意义上的书，这也许有助于解释为什么它没有以常规性的导言开篇。

代》作为《秩序与历史》的延续来发表。因此，我们必须通过该卷所属的那项更广泛的研究计划来理解它。在最理想的情况下，这将要求我们回溯《秩序与历史》的前三卷，进而回到《政治观念史》。后者是一项始于1939年的计划，而《秩序与历史》则是其产物。[8]在《天下时代》与《政治观念史》之间有许多有趣的关联，我们将谈到其中一些特别有启发意义的，但对这些关联的充分探讨则必须留待另一个场合。[9]此处 4
最关键的是要探究《天下时代》在什么意义上背离了《秩序与历史》的前三卷，又在什么意义上是它们的延续。

这两项解读任务同样重要，也同样具有挑战性。一方面，《天下时代》显然标志着重大变化，这已为沃格林关于“背离”一项研究计划的表述所证明，他“已放弃”该计划，因为其构想“不可行”。[10]另一方面，同样明显的是，即便从《天下时代》的新视角看来，前三卷的理论基础也有许多依然有效——这些依然有效之处是如此之多，以至于我们必须质疑沃格林所说的“已放弃”是什么意思。正如沃格林的“导

8 《政治观念史》在沃格林在世时大部分未发表，但如今可见于《沃格林全集》第19—26卷。关于沃格林在《政治观念史》中所从事工作及其向《秩序与历史》的转变的详细描述，参见Thomas Hollweck and Ellis Sandoz，“General Introduction to the Series”，in *History of Political Ideas*, series ed. Ellis Sandoz（Columbia：University of Missouri Press，1997—1999），vol. I, *Hellenism, Rome, and Early Christianity*, ed. Athanasios Moulakis（Columbia：University of Missouri Press，1997），1—47，vol. 19 of *CW*。

9 对《天下时代》真正全面的分析也将要求我们研究，《求索秩序》在何种意义上成为《秩序与历史》所经历的发展与变化的最后阶段？据我所知，到2000年为止，这一任务尚未完成，而就当下的目的而言，它也会令我们离题过远。不过，关于“从《求索秩序》的视角来看《天下时代》如何‘背离’《秩序与历史》研究计划”这个问题，可参见格哈特·尼迈尔的有益描述，“The Fulness of the Quest”，in *Eric Voegelin's Search for Order in History*, ed. Stephen A. McKnight（expanded ed.，Lanham，Md.：University Press of America，1987），196—215，特别是第209—211页。

10 这些用语依次引自本书第45页、第106页和第46页。这些表述引发如下问题：如果诸如此类的用语实际上都是有根据的，那么沃格林是否曾经与《秩序与历史》有过明确的决裂？我们将在这一节的结尾探讨这个问题。

言”开篇所示，他提出，原先设想的“该研究的原则并无错误”。他也提出，“该研究计划具有坚实内核”，“前三卷的分析在其各自领域内依然有效”。[11]

这些表述并不那么容易理解，而且，就沃格林自己关于其著作中的这一转变的描述而言，《天下时代》的一些早期书评作者并未对其明晰程度留下深刻印象。例如，布鲁斯·道格拉斯在一篇关于本书的长篇论文中说，“我认为，沃格林关于这一转变的重大意义的看法是含糊不清的”，而且他“对《秩序与历史》研究计划出现的中断所做的解释，实际上只不过是加剧了围绕曾经发生过的一切而产生的混淆”。[12]我相信这一批评是没有道理的，但同时我也没看出它有什么特别值得谴责之处，因为很难说沃格林的描述具备了它可能具备的明晰性。在他从事《天下时代》的研究以及随后的一些年里，沃格林对推进其研究计划的
5 兴趣要远胜于对整理其代表作的兴趣。我们很难责备沃格林的这种做法。对一位七十多岁的学者来说，这的确是相当令人钦佩的。然而，在“背离”和“放弃”《秩序与历史》据称是“不可行”的构想这个问题上，对《天下时代》进行研究的那些二手文献仍是相当混乱的。

我相信，只有在区分三项不同因素之后，我们才能准确理解沃格林想要放弃、修改或保留《秩序与历史》前三卷中的哪些内容：

（1）出版计划，这是他放弃的；

（2）分析构想，这是他修改的；

（3）基本原则，这是他保留的。

虽然不可能将这些因素视为完全互不相关的问题，但为了论述明晰，我还是要按顺序来对它们加以讨论。

---

11 *EA*，46.

12 Bruce Douglass, “The Break in Voegelin’s Program”, *Political Science Reviewer* 7 (1977): 2,4.

一

沃格林在《天下时代》开篇就宣布背离“我曾经在《秩序与历史》第一卷前言中为它设定的计划”。随后，他回顾了该计划，由此引出他对该背离的性质与原因的解释：

> （第一卷）前言的第一句话表述了这项研究在其规划的六卷中遵循的原则：“历史的秩序来自秩序的历史。”历史被视为一个对存在的秩序（人通过其生存参与其中）获得分化程度不断提升的洞见的过程。如果将人在社会中的生存的主要类型，以及与之相应的对秩序的各种符号化表达，按照它们的历史先后加以呈现，那么在这一过程中可被辨识出的那种秩序，包括对不断提升的分化的偏离与倒退，就将涌现。
>
> 随后，根据这一原则表述，我列举了该研究将要涵盖的秩序类型。它们是：
>
> （1）古代近东各帝国组织，及其宇宙论神话形式下的生存；
>
> （2）由摩西和被选民族诸先知所发展出的，启示形式下的在历史中的生存；
>
> （3）城邦和希腊神话，以及作为秩序的符号化表达的哲学的发展；
>
> （4）亚历山大之后的各个多元文化帝国，以及基督教的出现； 6
>
> （5）现代民族国家，以及作为秩序的符号形式的现代灵知主义的出现。

正如沃格林接下来解释的那样，卷一至卷三研究了前三种类型，而余下的两种类型原本预计要再用三卷加以研究。

在解释该研究为何无法按计划完成时，沃格林的看法是，“由各种历史性的秩序中涌现的结构及其符号化比我预想的更加复杂”。[13]沃格林的意思**并不是**说这些结构及其符号化过于复杂以致无法理解。相反，他的意思是，它们非常复杂，难以在该系列原先预定的那三卷中得到充分的研究（或者说，如果该研究仍然按照原定模式进行，那么即便是一个大幅度扩充后的系列也无法实现充分研究）。沃格林在其“导言”的结论中暗示了这一点。他认为，“《秩序与历史》的原定研究计划为什么必须放弃，最令人信服的理由是……那些既必须涵盖又相互交织的问题范围极广，对其加以分析所需的篇幅极大”。[14]在1973年录制的一篇谈话中，对这个问题的这种分析被以更加直白的方式表达出来：

> 但是，那项计划是无法实现的。有相当多的部分事实上已经写就，但这项工作由于篇幅问题而中断了。我总是面临这样的困扰：为了做出理论表述，我必须首先呈现资料，作为分析结果的理论表述正是以这些资料为基础的。如果我实施该研究计划，那么，前三卷之后的续篇将不只是原计划的另外三卷，而可能有六七卷之多。普通公众并不熟悉那些导向特定理论洞见的资料，因此，对理论洞见的呈现就离不开对资料的呈现。[15]

关于《天下时代》对《秩序与历史》原定计划的背离，“篇幅问题”部分地解释了个中缘由——但也仅仅是部分地解释。尤其是，这解释了为何取消旨在研究其余两种秩序类型（即多元文化帝国和现代民族
7 国家）的另外三卷的出版计划。但是，在取消原定出版计划时，沃格林并未否弃原计划所“遵循”的原则，即“历史的秩序来自秩序的历史”。

13 *EA*, 46.

14 *EA*, 106.

15 Voegelin, *Autobiographical Reflections*, ed. Sandoz, 81.

沃格林明确坚持该原则，正如我们即将看到的那样。但是，他在这样做的同时又实质性地修改了该原则的两大组成部分。也就是说，他修改了他对"秩序的历史必须怎样加以分析"的看法，并基于这种修改后的分析改变了他的历史观。

二

纵观《天下时代》的整体结构，我们可以认为，它的导言解释了沃格林为什么修改了他分析历史的方法，而后续章节则提供了采用这种方法进行研究的实例。虽然该导言并没有为这本书提供一篇常规性的序言，但它的结论部分揭示了其真实目的："这篇导言自身所呈现的形式，正是历史哲学在当前历史条件下必须采用的形式。"[16] 这种形式与《秩序与历史》前三卷采取的形式截然不同。在早先那种形式中，"历史被视为一个对存在的秩序获得分化程度不断提升的洞见的过程"。这种存在的秩序（"人通过其生存参与其中"）包含"神和人，世界和社会"。沃格林认为，人"通过其生存"对这个共同体的参与就在于，在给定的具体条件下创建某种社会秩序，该秩序将赋予人的生存之事实以"基于神的和人的目的来表述的意义"。[17] 在这个原初共同体中，神创造世界和人，而人创造社会，并由此建立起

> 一整个小世界，即小宇宙（cosmion），它被人由内部用意义加以说明，人连续不断地创造、孕育着它，将其作为他们自我实现的模式与条件。它是经由精密的符号化表达而得到说明的，这种符号化

16　*EA*, 106.

17　关于上述引文，参见*EA*, 45; *Order and History*, vol. I, *Israel and Revelation*（1956; available Columbia: University of Missouri Press, 1999）, ix。［中译本参见埃里克·沃格林，《以色列与启示》（《秩序与历史》卷一），霍伟岸、叶颖译，南京：译林出版社，2010年，第40页、第19页。——译注］

表达具有不同程度的紧凑或分化特性(从仪式开始,经过神话,再到理论)。所谓符号化表达用意义来说明小宇宙,是指在那些符号的作用下,对人的生存这一奥秘来说,这种小宇宙的内在结构、它
8 的成员之间和由其成员组成的群体之间的关系,以及它作为一个整体的生存,均变得毫无神秘可言。[18]

沃格林之前将历史视为一个对存在的秩序获得分化程度不断提升的洞见的过程,人们创建各个社会(或各种"生存类型"),以之作为宇宙的类比物,并发展出分化程度愈发提升的各种符号化表达,以便将他们的社会性创造物的秩序同存在的秩序相关联。如果说,这是沃格林关于**历史**的最初看法,那么,通过追踪各种"生存类型"在历史上的先后顺序,以及与之相应的各种细致地表达出所包含秩序的符号化表达的先后顺序,**历史的秩序**就将得到辨识。在这些表述的基础上,我们便能清晰理解沃格林在《天下时代》第一页关于《秩序与历史》的最初构想所做的既凝练而又非常准确的阐述:

> 历史被视为一个对存在的秩序(人通过其生存参与其中)获得分化程度不断提升的洞见的过程。如果将人在社会中的生存的主要类型,以及与之相应的对秩序的各种符号化表达,按照它们的历史先后顺序加以呈现,那么在这一过程中可被辨识出的那种秩序,包括对不断提升的分化程度的偏离与倒退,就将涌现。

这种关于秩序的历史的分析构想,被沃格林在《天下时代》中修改了。沃格林阐述了激发这一修改的两项进展。首先,秩序与符号化的

18 *The New Science of Politics: An Introduction*(1952; rpt. Chicago: University of Chicago Press, 1987), in *CW* 5: 109.

五种类型[19]不足以涵盖1957年之后的历史研究(包括沃格林自己和其他学者的研究)实际呈现的更多变体。其次,更具决定性意义的是,在两项新发现的压力下,那种将会使整个过程的秩序得以涌现的历史“先后顺序”难以成立:无法根据某种可被理解为历史“过程”的时间顺序来对为数众多的经验性秩序类型加以排列;有一种对秩序的符号化表达(“历史创生论”)实际上是一种历史常态,任何关于“先后顺序”的想法正是因这种符号化表达的常存性而归于无效。 9

上述第一项进展比较容易应对。事实上,一旦沃格林确认了那些先于最初五种类型出现,或是无法为这五种类型所涵盖的秩序与符号化类型,他便遭遇到那个打断了原定出版计划的“篇幅问题”。正如他在《天下时代》中所回顾的那样,“随着我掌握更多的资料,原先关于五种秩序与符号化类型的列表变得殊为可叹地狭隘;然后,当这项研究必须依靠的经验基础得到扩展,以便与各种历史科学的状态保持一致时,手稿就膨胀到可轻易再出六卷的地步”。[20]然而,即使沃格林扩充了旨在探讨余下两种秩序与符号化类型的卷本数量,从而设法维持原定出版计划,那些新发展也会使前三卷立论不牢。他在《自传性反思》中解释道:

> 由于各种历史科学,尤其是史前史和考古学领域的迅速发展,我开始写作《秩序与历史》时据以作为出发点的许多理论假定都已过时。在我写作《秩序与历史》第一卷时,我的视野仍受到近东诸帝国的局限。我把自己在那里看到的宇宙论符号化表达等同于美索不达米亚和埃及的帝国式符号化表达。如今,基于我们的史

19 即帝国组织与宇宙论神话、领受启示的生存与预言、城邦与神话、多元文明帝国与基督教,以及现代民族国家与灵知主义。

20 *EA*,46.

> 前史和考古学知识的新扩展，我可以认为，出现在古代近东的所有符号实际上都有一段从新石器时代返抵旧石器时代的史前史，其时段约在近东诸帝国出现之前的两万年。[21]

因此，在历史资料方面出现的新发展就不仅要求扩充《柏拉图与亚里士多德》之后的系列，而且要求重新研究已有的那几卷，尤其是《以色列与启示》。为了能对前摩西时代的历史资料加以呈现与再理论化，这样做是有必要的，因为各种宇宙论符号化表达已不再能被视为浑然一体：

> 出现了一个新状况，即宇宙论符号化表达的普遍问题同它的
> 10 特殊变体（帝国变体）相脱钩；必须对处于部落层次，可回溯至石器时代的各种宇宙论符号化表达加以分析；然后，必须区分因帝国的建立而引入的特定分化（differentia specifica），如在埃及出现的那样。我已经收集了为达成该目的所需的资料；我希望在将来某个时候发表我的发现。[22]

在这段话中，沃格林表现出他特有的对新发现的开放心态，尽管这些新发现损害了他的代表作。作为一名思想家，他最突出、最令人钦佩的特点之一（这是他与那些最伟大的自然科学家的共同点，也使他有别于所有那些热衷于体系构建的意识形态者），在于他真正热切地接纳异常状况——即使它们扰乱了他原有的框架。他一点也不想贬低那些新发现，或是将其强行纳入《秩序与历史》前几卷所使用的范畴；相反，他看到了探索与解释的新机会。

---

21 Voegelin, *Autobiographical Reflections*, ed. Sandoz, 82.

22 出处同上。沃格林未能实现发表这些发现的愿望。

无法在前几卷提出的历史“过程”中加以安排的各种经验性秩序类型，以及一种特殊的秩序符号化的发现，因其跨越各个历史“时期”的持续存在而否定了形成这个“过程”的各种类型拥有的“先后顺序”，当沃格林遇到这些最具决定性的异常状况时，他的反应依然如此。沃格林注意到，他原先的“构想不可行，因为它未能充分考虑到那些重要的、不沿时间路线发展的、在历史中的意义路线……例如，就那些精神突进而言，便有着一种平行模式，它于公元前第一个千年时代里，在时间上平行出现于从古希腊到中国的若干个社会中，这些社会除此之外别无关联”。[23] 沃格林回顾道，

> 在写作前几卷时，我就非常关注这个问题，因为以色列和古希腊对意识的分化是在时间中平行发展的，肯定不能被归入一条由分化中的、有意义的历史进展构成的单一路线。实际上，我曾在《城邦的世界》的导言中详细思考过这个问题……然而，后来的分析证明，这些思考有若干缺陷：它们并未深入该问题的核心，尚未直面一个严酷的事实，即各种有意义的结构无法按照一条时间路线排列；它们也未触及那种促使人们去建构此类路线的经验性力量，即使此类路线与经验证据并不相容；此外，它们对那些精巧的 11
> 工具也不够熟悉，这些工具将纷然杂陈的事实归入一条虚构的路线，从而使这些事实带有由那条从时间进入永恒的另类路线所带来的终末论意义。[24]

虽然沃格林直到《天下时代》发表之前的几年才深入到这些问题的核心，但有证据表明，他对这些问题的深刻性日渐增长的意识，促使

23 *EA*，46—47.

24 出处同上，47。

他早在1960年就修改了他的历史观。[25]无论如何，到了1974年，他原先的历史观（将历史视为一个由各种秩序类型及与之相应的符号化表达的“先后顺序”构成的“过程”）已经完全终结了。

在《天下时代》中，历次“精神突进”，例如摩西、基督、摩尼和穆罕默德的出现，被视为“在历史中的意义的源头，也是人所拥有的此类知识的源头”。[26]在这些陈述中，沃格林在论述有意义历史的**构成要素**时相当肯定；但是，由于“历次精神突进在时间和空间上广泛散布”，他在论述历史的**结构**时则无法做到那么肯定。这是因为，就这些精神突进而言，“虽然它们构成在历史中的意义的结构，但其本身并未形成一种可被理解为有意义的模式”。[27]因此，沃格林关于历史分析的新设想就“必须前后左右地探
12 察，以便在各种意义模式揭示自身时从经验上把握住它们”。[28]

三

尽管《天下时代》的历史分析构想同《秩序与历史》前几卷有着天

---

25 这一点相当明显地体现在沃格林于1960年7月21日致路易斯安那州立大学出版社社长唐纳德·埃尔古德（Donald Ellegood）的信中。沃格林写道：“正如你将要看到的，由于我如今并不像前三卷那样按照时间顺序来对资料进行详细分析，而是对主要的理论问题进行宏观讨论，整个工作已变得与先前那些卷大不相同。这一做法之所以必要，是由于围绕着几个相同的问题对若干种文明展开讨论；它之所以成为可能，则得益于难以置信的幸运垂青：我在符号形式领域中与某种类似于相对论的理论不期而遇，而且，我找到了一种理论表述，它能涵盖所有那些形式，无论它们属于什么文明，这就使我有可能对全部论述加以简化，而这是我之前不曾梦想过的。”（Voegelin to Ellegood, July 21, 1960, in Eric Voegelin Papers, Hoover Institution Library, Stanford University, box 23, folder 28；它被详细引用在Hollweck and Caringella, “Editors' Introduction”, *CW*, 28: xii—xv）霍尔维克和卡林杰拉令人信服地论证道：“毫无疑问，‘符号形式领域中的相对论’是沃格林发现‘历史创生论’这一符号化表达的直接结果……随着这一发现，对单线历史的建构被证明是一种宇宙论符号化表达，是历史中的千年常态。”（xiv）

26 *EA*, 50.

27 出处同上，51。

28 出处同上，106。

壤之别，但还是有许多东西得到保留，包括从一开始就指导着该系列的基本原则："历史的秩序来自秩序的历史。"在《天下时代》的导言中，沃格林在谈到原计划的中断时写道："并不是说该研究的原则全都错了；恰恰相反，困难是在认真运用该原则时由资料这一方造成的。"[29]正如我们所见，这些资料迫使沃格林重新考虑"历史哲学在当前历史条件下必须采用的形式"，并得出如下结论："这种形式肯定不是一个由可按时间顺序排列的有意义事件构成的叙事。"[30]然而，这并不意味着对秩序的历史所做的分析不再能产生关于历史的秩序的洞见。

沃格林的分析如今必须"前后左右地探察"，但绝不是降格为无目标的漫游。这种分析遵循非常明确的原则：它必须在各种意义模式将自身揭示"于由历史中的人和社会所做的自我阐释之中"时，"从经验上把握它们"。[31]回顾起来，这种运动产生了一种能取代"单线先后顺序"这一废弃观念的符号化表达："这是一种在带有多元节点的意义之网中的运动。"[32]很自然地，在一张网中运动要比沿着一条直线更难明确方向，但沃格林还是概述了《天下时代》的分析所走过的轨迹，并总 13
结道：

> 在这张网中运动时，一些主要的意义发展路线仍然浮现出来。有从紧凑意识到分化意识的根本性进展，以及分化意识在众多民族文化

29 *EA*, 46. 沃格林在讨论波里比阿关于帝国的论述时，又一次明确表明该原则的持续有效性（*EA*, 176）："对这一时期的研究所面临的关键问题看来是：如何界定波里比阿所说的现象？他为解决这个问题确立了如下原则：研究对象必须从事件本身自发显现出来。（该原则的一般形式——历史的秩序来自秩序的历史——正是当前这项研究所遵循的。）"

30 出处同上，106。

31 出处同上。在《自传性反思》中，沃格林描述了"作为我后期全部工作之基础的原则：**经验的实在性是自我阐释的**"。（80；黑体部分是原文所强调的内容）

32 出处同上。

> 中的分布。有分布于以色列和古希腊、由灵性分化和理智性分化构成的发展路线。有由普世—帝国征服构成的突进，它迫使先前的各民族文化融合为一个新的普世社会。有各民族文化对这种帝国征服的反应，各条分化路线发展出保护性的畸变路线。还有帝国征服本身，它承载着关于人性(超越于部落与民族层次之上的人性)的某种含义。自从天下时代开始，出现了一种新型的普世人性，这连同其所有复杂含义，作为一种千年常态，一直延续到现代西方文明之中。[33]

初次阅读的读者需要遍读本书以理解沃格林这段话中的许多内容，但它也足以表明，《天下时代》延续了《秩序与历史》原先的使命，继续沿着宏大路线探索人类历史的意义。

沃格林根据修改后的历史分析模式而得出的意义模式，的确与看起来是原定计划的可能结论的意义模式有着重大差别。如今，沃格林的分析是将历次精神突进或“神显事件”，而非社会秩序的各种类型及相应的符号化表达，视为在历史中的意义的基本来源。历史过程的处所也发生了显著转变，因为沃格林不再那么关注发生在时间中的世间活动这一现象领域，而是更关注在神—人的居间(In-Between，即柏拉图
14 所说的Metaxy，以下将对此有更充分的探讨)中的意识领域。[34]与此相关的另一项关注点转变(这同样与他在20世纪60年代就意识哲学所做的工作有关)是，相比前几卷而言，沃格林明显更少强调不同历史时期

33　*EA*，106—107.

34　沃格林的如下观点或许最清晰地表明了这一点：首先，承载着在历史中的意义的首要事件是历次精神突进；其次，这些突进事件在世间的发生处仅限于那些体验到它们的个人的意识。因此，举例来说，沃格林论证道，“由以色列先知和古希腊哲学家发现的关于生存的真理，尽管在出现的时间上晚于关于宇宙的真理，但并不能完全取而代之，因为那些新洞见在间接地影响作为一个整体的实在所呈现的影像时，仅仅与人对其生存张力的意识直接相关……新的真理与人对其人性(处在以神性本原为目标的参与式张力之中的人性)的意识相关，而与超出这片有限区域之外的实在无关”(*EA*，52—53)。

中的变化或差异，明显更关注常态与等价物。最后，沃格林更为突出地强调了历史过程的奥秘性，将其刻画为一个“指向某个完满状态，指向某个位于时间之外的终末点”的过程。

这种“前后左右地”推进的分析，连同上述这些发展，产生出关于历史的大量表述，它们引人注目，富有哲学意涵：

> 历史过程，以及能在其中被辨识出的秩序，并不是一个故事，一个可以从开头讲起，一直讲到它的幸福或不幸结局的故事；它是一个奥秘，处于启示的过程中。(51)
>
> 历史不是一条由人们及其在时间中的活动构成的溪流，而是人参与一条以终末为方向的神性显现之流的过程。(50)
>
> 于是，人的历史便不只是对过往事物的记录；它作为持续进行的神显戏剧而在某种永恒的当下上演。从阿那克西曼德所说实在的过程中出现的意义，从神性方面来讲，就是神化身于万物领域中的历史。(290)
>
> “历史”是这样一片实在区域，宇宙的方向性运动在其中获得意识的光照。(306)
>
> 那些神显事件并非发生在历史中；它们构成历史及其意义。(317)

尽管这些表述可能十分引人注目，但它们并未得到本书早期的评论者的一致好评。他们中的一些人显然希望（用上面第一段引文的话来说），沃格林所理解的历史将恰恰会是“一个可以从开头讲起，一直讲到它的幸福或不幸结局的故事”，也希望他们能得到一些更易消化、更具结论性的东西，而不是“一个奥秘，处于启示的过程中”。这里仅需举出一个例子：托马斯·奥尔蒂泽认为，沃格林的历史思考中的那些新转向“很可能标志着我们所熟知的历史的结束”，而且，他还在《天下时 15
代》中发现“历史意义本身的削弱”。他问道：“沃格林是否经历了一场根本性的转向,背离了能被我们视为历史意义的一切因素?”[35]这些观点多半源自奥尔蒂泽的期望落空,而不是对沃格林思想的实质性批评,但这也不只是出于个人原因。它们表明,对于变得(毫不夸张地说)更加不“直白”且不易理解的这样一种历史哲学,早期的评论者相当普遍地感到迷惑不解。更具体地说,这种情况的出现是由于,这种历史不再沿着一条单线的时间路线推进,而是在一张由众多路线编织成的网中曲折前行,不仅具有世俗的意义,而且还具有超越的,甚至是终末论的意义,因为它包含一条“从时间进入永恒”的路线。[36]

不过,正如沃格林的历史分析构想中的新颖之处一样,诸如上面所引用到的那些引人注目的表述,依然不能掩盖《天下时代》同该系列的前几卷之间的联系。上述段落中出现的大多数表述并非在前三卷毫无基础可言的彻底“创新”;我们不妨将大多数表述理解为“发展”,它们所显示的是洞见的深化和重心的转移。而且,重要的是,我们体会到,前几卷的核心特征有许多在《天下时代》中得到了明白无误的确证。正如沃格林所说:

> 当然,原先构想的研究计划并非全错。确实有划时代的分化事件,即“在存在中的飞跃”,它们产生了关于“之前与之后”的意识,并在各自的社会中激发出关于某种历史“过程”的符号化表达,而这种过程的意义是由飞跃事件所塑造的。关于某种新洞见

35 Thomas J. J. Altizer, “A New History and a New but Ancient God? A Review Essay”, *Journal of the American Academy of Religion* 43(1975): 757—764. 沃格林的回应见第765—772页。所引用的段落出现在第757—758页和第764页。该书评及回应重印在*Eric Voegelin's Thought: A Critical Appraisal*, ed. Ellis Sandoz(Durham: Duke University Press, 1982)。

36 *EA*, 47. 也参见Glenn Hughes, “The Line that Runs from Time into Eternity: Transcendence and History in *The Ecumenic Age*”, *Political Science Reviewer* 27(1998): 116—154。

> （它洞察关于生存的真理）的各种经验，以及与此相伴而来的关于上述飞跃事件（它开创历史新纪元）的意识，都是相当真实的。确实有在时间中的进展，即关于实在的经验由紧凑到分化；与此相应，对存在的秩序所进行的各种符号化也由紧凑到分化。就这条 16
> 意义路线而言（它是由处于历史所走过的时间中的各项分化性事件所勾勒出的），该研究计划有着坚实内核；基于相同理由，前三卷的分析在各自领域内依然有效。[37]

沃格林以如下思考来为这段话作结："然而，原先的构想不可行，因为它未能充分考虑到那些重要的、不沿时间路线发展的、在历史中的意义路线。"我们已经看到，这确实是沃格林思想中的一个重大转向，但我相信，无论高估抑或低估其重要性，都完全是既容易发生，又误导人的。

四

为了给这个部分得出一个结论，从而完成最后一个观点的论述，我们不妨设想一名假想的读者。他在1974年时拿起这本书，并在读了第一句话（《天下时代》"背离了我曾经为《秩序与历史》设定的计划"）后满心疑问：沃格林为什么不采用某种更加清晰的背离？既然这份计划已被搁置十七年，为什么还要恢复？如果它在得以延续时还不得不大谈"放弃"和"不可行性"，那为什么不干脆另起炉灶？毕竟，这不正是沃格林在间隔了一段短得多的时期后，发现一个长得多的系列（即《政治观念史》）有问题时，就已经做过的？

尽管我们可以认同这样一名读者的疑问，但我们还是必须提出一些修正性的观点。首先，《秩序与历史》同《政治观念史》的关系实际上并非截然对立；二者的关系毋宁说十分类似于《天下时代》同《秩序与

37 *EA*, 46.

历史》前几卷的关系。沃格林在20世纪50年代发表前三卷时，理论上最重要的那些章节是从《政治观念史》的相关部分移植来的，只是根据分析框架的一种重要修订进行了重新组织[38]，以更为简洁的形式加以呈
17 现，并得到带有导言性质的新章节和解释性的新补充的支撑。《天下时代》是按照本质上相同的程序写就的。[39]

而且，二者的平行之处还不只是程序上的。既然先前未曾发表过的《政治观念史》已有许多部分出现在《埃里克·沃格林全集》中（除了那些已为《秩序与历史》所使用的章节之外），那么很明显，后一个系列不应被视为一项崭新的、彻底否弃其先驱的事业。毋宁说，《秩序与历史》是在先前著作的基础上发展出来的一种更加复杂的变体。即使充分考虑了分析框架所做的修订之后，从修改后的研究视角来看，先前那些著作也显得出人意料地富有生命力。当我们从《天下时代》的视角来考察前三卷时，我们再次看到与此高度类似的情况。由第四卷回顾沃格林为《以色列与启示》撰写的前言和导言（以及《城邦的世界》的导言），我们就更能深切感受到先前那些表述的生命力，而不会认为《天下时代》已完全否定了它们。[40]

在我看来，这本书相当多的早期评论者过度强调了它对前三卷的

38 尤其是，沃格林用关于经验的符号替代了“观念”。关于从《政治观念史》到《秩序与历史》的转变的详细讨论，参见Hollweck and Sandoz，“General Introduction to the Series”，in *CW* 19：1—47。

39 参见Voegelin，*Autobiographical Reflections*，ed. Sandoz，81。

40 试举数例：沃格林在1956年出版的《以色列与启示》的前言中提出，“没有一个贯穿历史始终的、简单的进步或循环模式”（ix）；“这种可被理解的历史结构并不会在任何一个参与这一进程的特定社会的秩序当中找到。这一历史结构不是一项关于人类行动或社会行动的计划纲要，而是一种实在，有待通过反思，在那穿过观察者所处的现在、直抵无限将来的事件流中被分辨出来”（ix）；“进一步来说，各种较为古老的符号形式并不是简单地被有关秩序的新真理所取代，而是在较为晚近的眼光没有涉及的领域继续保持它们的有效性——当然，当这些较为古老的符号进入较为晚近，如今已居于主导地位的形式的势力范围时，它们不得不遭受意义的变化”（xi）。

背离之处，而低估了将它与前三卷联系在一起的连续性。从某种意义上说，这一现象并不让人惊讶。评论者的视线很自然地会被吸引到该系列中的新篇章的新颖之处，哪怕仅仅是出于一个简单的缘由，即这些方面是最“吸引眼球的”。然而，同样不可否认的是，有一些评论者对沃格林思想的转向感到失望——甚至是极度失望。早期评论者对本书所抱的期望强烈地影响到关于《天下时代》的许多二手文献，而这些期望的落空有时又加强了这种强调新颖性胜过连续性的趋势。[41] 18

不过，造成这种情况的责任似乎也有一部分在于沃格林自己。他

41 例如，请注意弗雷德里克·D. 威廉森（Frederick D. Wilhelmsen）的评论：

> 我要借此机会公开表达我对沃格林教授在这个国家先前所做工作的深切谢意……但是，在埃里克·沃格林教授里程碑式的《秩序与历史》中，他在眼下这部第四卷中所欠缺的，几乎像他实际所做的那样令人感到饶有兴味。当我说这个国家关注沃格林的人对这部等待许久的著作早已有众多猜测时，这并不是说出了什么秘密。埃里克·沃格林，从德语国家来到这里，一向是政治科学中的实证主义潮流的死敌，是基督教保守主义者的希望——恢复关于历史结构的哲学思考的尊严，也是一个鲜活的符号，代表着将多个学科加以富有新意的综合的努力，以便服务于我们共同的西方传统……我们曾不无理由地预计，他在完成他的巨著时，将以基督教和历史作为顶峰……当沃格林发表《天下时代》时，完全没这回事。沃格林彻底胜过了他自己的批评者，甚至是出于同情式理解的批评者［“Professor Voegelin and the Christian Tradition”, in *Christianity and Political Philosophy*, by Wilhelmsen（Athens：University of Georgia Press，1978），195—196］。

威廉森接着将沃格林称为“现代的彼拉多，他是如此纯洁，以至于不忍亲临历史的受难地（Golgotha）。沃格林还作为一个意识形态倡导者而置两千年的基督教历史于不顾”（201），并总结道，“沃格林在面对基督教历史时茫然无措，因而写不出什么来。他在有关中国、埃及和其他荒僻之地的民俗之事上显得博学多知，但却没有一本书探讨那段成就了基督教的风雨历程”（205）。另参见道格拉斯在“The Break in Voegelin's Program”（14）和格哈特·尼迈尔在“Eric Voegelin's Philosophy and the Drama of Mankind”（34）中更为温和的回应，他们分别认为，沃格林修改后的研究计划对基督教的讨论“令人遗憾”和“令人大失所望”。

用来描述《秩序与历史》所发生新变化的词语看起来异乎寻常地强烈——而且确实有些过分。在沃格林的导言中，遍布着关于“背离”，关于一项研究计划由于其构想“不可行”而被“放弃”的词句。正如奥尔蒂泽在其书评中注意到的那样：“对一位探究秩序的哲学家来说，‘失败’并不是个语义轻微的词。”[42]但事实上，正如我们看到的那样，前三卷并没有哪里称得上是“失败”，而沃格林真正“放弃”的也只是《秩序与历史》的出版计划。历史分析的模式仅仅是得到了修改：一方面，对于将历史意义用“一张网”而不是“一条线”来加以符号化的表达，我们不应低估这个转变的意义；另一方面，同样重要的是，沃格林在前三
19 卷的分析中所具有的大部分标志性特征，包括基本的理论原则，都得到了明白确证。

那么，沃格林为什么要采用如此强烈的词语来评论其原定计划的命运？当然，我们只能对他的意图做一些猜测，但猜测也能产生几项有根据的假说。首先，对沃格林来说，努力激发他的读者与他的新洞见进行密切接触，这是非常“合乎性情”的，至于说让读者确信他们可以一劳永逸地崇拜前三卷，这却不是沃格林能够做到的。沃格林一生都十分反感培养信徒和追随者这种意识形态做派，而且，他似乎常常一有机会便乐于摆脱那些可能抱着崇拜的心态来阅读其作品的人。这种倾向可能部分地源自他20世纪早期在欧洲对意识形态信徒和追随者的直接经验[43]，另一部分则源自他作为一位亲自接触到实在的人所拥有的成熟

42　Altizer, “A New History”, 757. 实际上，虽然“失败”这个词在《天下时代》中出现了四次，但沃格林从未用它来描述最初的研究计划。在录制于1973年、后来形成《自传性反思》基础的谈话中，他的确说过，“这项工作由于篇幅问题失败了”（见本书第81页）。但是，这些话直到1989年，也就是奥尔蒂泽的书评写出很久之后才发表。奥尔蒂泽以为他看到了“失败”这个词，这一明显事实恰恰增强了我的观点，即沃格林的惊人之语促使读者夸大了《天下时代》对前三卷的损害程度。

43　参见沃格林关于马克思主义和国家社会主义追随者的评价，见于*Autobiographical Reflections*, ed. Sandoz, 49—50。

的哲学观点，这是以对经验的强烈开放性为基础的。这种强烈的开放性与任何形式的教条主义均不相容。作为一位不懈地批评教义与教条在历史上所起畸变（deformative）作用的人，沃格林看起来很乐于在这方面以身作则，将他自己的著作视为暂时的探索，一旦它们与更加先进的洞见发生冲突，就应受到毫不留情的批评。

与此相关的另一点是，沃格林一生都很憎恶意识形态体系建构。当他在自己著作中察觉到这种做法的些微踪迹时，便会极其敏锐地做出自我批评。在这一点上，与《政治观念史》的平行之处又能带给我们启发。沃格林在回顾那项研究计划时注意到，"'观念史'这个概念是对实在的一种意识形态化畸变"。[44]在抽象意义上，作为对观念史这一类型作品的评价，这个观点大可说是有效的，但如果将其视为沃格林的自我评价，则可能造成误导，因为沃格林的早期著作极为清晰地表明，他在研究观念史时的基本动因恰恰是反意识形态的。无论如何，每当沃格林在其著作中遇到某些略带意识形态色彩的因素时，他都不会为自己留有余地。因此，当沃格林发现"历史创生论"这一符号形式，从而
在《秩序与历史》的研究计划中又一次看到些微意识形态的痕迹时，他 20
做出了类似的（或者说是过度的）反应：

> 这项发现严重影响到研究计划。问题不仅仅在于一项常规的假定如今被证伪。这是由于，那种单线历史（我原本认为，这种历史，连同对其意义的各种强调，是由各种分化事件产生的）原本只是一种宇宙论符号化表达。而且，这种符号化表达还成为延续了数千年的常态，从它起源于苏美尔和埃及社会开始，经过以色列人和基督徒的完善，直至19世纪的各种"历史哲学"。[45]

44 *Autobiographical Reflections*, ed. Sandoz, 63.

45 *EA*, 51—52.

尽管我们可以在历史创生论和沃格林原先的历史概念之间看到结构上的某种相似性，但他似乎将自己的看法和宇宙论的（或意识形态的）符号相等同，这既过于严苛，又可能造成误导。沃格林自己的方法指导我们，要探究在各种符号“背后”催生它们的经验和动因，而沃格林自己的动因显然既非宇宙论的，亦非意识形态的。更具体地说，他在形成其历史观时，既不是为了将当代某一秩序的谱系追溯至某个宇宙论神性起源点（如在宇宙论历史创生论中那样），从而增强这种秩序的力量，也不是为了将他自身的思想确立为历史一直为之奋斗的顶点（如在意识形态历史创生论中那样）。然而，仅仅是发现在结构上有相似性，就促使沃格林拿起自我批评的手术刀。正如沃格林在《天下时代》导言中所表达的那样，由此带来的改动有效地去除了他原先的历史概念与各种意识形态历史观的相似性，但也可能诱使读者对原先的概念所具有的缺陷做出过于严重的评价。[46]

自1974年以来，在某种程度上，尘埃业已落定，因此我们可以说，《天下时代》既未使《秩序与历史》归于无效（像沃格林的话可能让人以为的那样），也并不标志着某种根本性的转变（像一些早期评论者似乎认为的那样）。《天下时代》实际上是在相当大程度上强化、深化了原
21 先的探索，即对有关历史秩序（它来自秩序的历史）的洞见的探索。沃格林持续不断地忠实于《秩序与历史》的最初原则，我们在《天下时代》的研究程序和研究成果中所看到的变化，实际上是由这种忠实所指导的。历史的秩序将从秩序的历史中**产生**，而不是被强加给它，而沃格林在前三卷之后关于秩序历史的研究，带来了三项无法为原先构想所解

46 例如，请注意约翰·安格斯·坎贝尔所提出的观点：沃格林“对历史创生论的发现使他认识到，尽管他的前三卷就视角而言是对的，但从一个重要的方面来看，它们则恰恰是他想要予以揭露的那种做法的一个实例。通过将各种事件按时间排列成以埃里克·沃格林作为倒数第二个评论者的一条线，他发现自己一直延续着某种近乎历史创生论思辨的做法”（Campbell，“Eric Voegelin’s Order in History：A Review”，90）。

释的历史发现：

（1）历次精神突进是交错发生的，无法按照某种时间顺序加以排列；

（2）有一种秩序类型（即普世帝国）并非一个社会，也无法成为一个小宇宙或者秩序主体，而只能作为征服的对象；[47]

（3）有一种符号化表达，即历史创生论，是延续数千年的常态，它揭示出“常态与等价物”，“瓦解”了任何一种将历史视为不同时期或符号化表达之前后相继过程的理解。[48]

正是这些发现迫使沃格林得出结论：历史是“人参与一条神性显现之流的过程”，是“一个奥秘，处于启示的过程中”。与前三卷一样，历史资料在《天下时代》中继续指导着理论分析，但是，即便是本书的早期评论者中一些更有洞察力的人也没有充分体会到这一点。因此，布鲁斯·道格拉斯提出，沃格林背离原定研究计划的“真实理由”是，他的“学术兴趣”发生了变化。他坚持认为，沃格林“在某种程度上偏离了他原先的关注点，即重构秩序的历史，而转向其他哲学问题”，“真正的变化”在于“日程安排”，《秩序与历史》已变得“更像是一份个人陈述”。[49]与此类似，托马斯·奥尔蒂泽认为，“在《天下时代》中，思辨性的思考无处不在，占据着主导地位，压倒了历史分析的力量”。[50]这些说法暗示，作为前三卷作者、关注经验研究的沃格林，已被作为神秘主 22
义哲学家的沃格林所取代[51]，但这种看法是很成问题的。我相信，更为准确的结论是，沃格林在《天下时代》中对历史的理解之所以变得更具

47 *EA*，179.

48 出处同上，117—118。

49 Douglass，“The Break in Voegelin’s Program”，5.

50 Altizer，“A New History”，764.

51 关于沃格林作为神秘主义哲学家，参见Gregor Sebba，“Prelude and Variations on the Theme of Eric Voegelin”，*Southern Review* n.s. 13（1977）：662，修订并扩充后的版本载于*Eric Voegelin's Thought*，ed. Sandoz。

神秘色彩，恰恰是因为他依然愿意让资料指导分析，就像在《秩序与历史》前几卷中那样。

《天下时代》阅读指南

鉴于沃格林的分析确实在“前后左右地运动探察”，而他又没有为本书提供一份常规性的导言，因此，就如何阅读《天下时代》给出一些建议，将会是有帮助的。

本卷各部分写于1957—1974年之间的不同时期，这带来两项值得读者高度注意的特性。首先，在临近出版之前的那些年头里写就的部分，一般来说最具理论性，而那些更早的章节则更多致力于对历史资料的讨论。[52]二者在本质上都同等重要，但写作较晚、更具理论性的部分通常更加紧凑，更具挑战性，更能揭示沃格林“后期”思想的各项标志性主题。

大部分新资料，以及“后期”著作中最具持久意义的部分，位于本书中部。第三章至第五章，即“历史过程”、“征服与逃离”以及“保罗的复活者意象”，均属这段后期之作。据卡林杰拉说，上面提到的后两章原本是一章，由于篇幅太长而需要加以分割。这个观点很重要。这
23 两章应当作为一个整体来阅读，这是由于，当沃格林关于保罗的论述被视为“征服与逃离”这一主题的扩展时，对它就会有不同的理解。其他“后期”部分采用了作为较早年代手稿的导言（或补充）的形式。第六章“中国天下”的头两页，以及第七章“普遍人性”的头九页，实际上都是

52　这一区分应当被理解为提示性或启发性的，因为沃格林在整个文本中的分析，都在叙述历史资料与从中得出理论洞见这两端之间摇摆不定。然而，在那些写于出版之前不久的章节中，这些因素间的均衡显然偏向理论分析。我对《天下时代》写作背景的认识几乎完全归功于保罗·卡林杰拉，他在沃格林生命最后六年担任其助手。从更宽泛的意义上讲，卡林杰拉极大地丰富了我对《天下时代》许多方面的理解，我愿在此表达对他的谢意。

后期所写的导言。就后期所做的补充而言，最重要的例子出现在第一章“历史创生论”。以此为名的一篇论文首次发表于1960年，随后在同一年作为一本书的一章重印。后来，它在1966年被收录于德文版《回忆》。最终，在出现于《天下时代》中之前，通过极为重要的十一页补充，这篇论文被赋予了明显不同的主旨。[53]显然，在阅读这个部分时必须非常仔细，而且应当将其视为一只透镜，一整章都应通过它来加以审视。

第二项重大特性是第一项的产物。尽管《天下时代》很难说是一团乱麻，但它显然是一部混合而成的著作。由此带来的重要后果是，若干个早早出现在书中的关键概念直到相当晚的时候才得到充分阐释。例如，一个绝对关键的概念，“metaxy”（居间）[54]，首次出现于第50页，但直到读者读过全书至少一半篇幅之后，才有可能充分理解它。沃格林逐渐扩展作为一个符号的“居间”的含义，从指称处于存在之中的个人的地位与状况，扩展到也用于描述实在、宇宙和历史的特征。[55]与此类似，“historiography”（历史编纂）首次出现在第108页，此后又零星出现， 24

53 首先发表于*Philosophisches Jahrbuch* 68（1960）：419—446。重印于*Philosophia Viva: Festschrift für Alois Dempf*, ed. Max Müller and Michael Schmaus（Freiburg/Munich：Albert, 1960）。重印于*Anamnesis: Zur Theorieder Geschichte und Politik*（1966）。正文所说的补充出现在路易斯安那州立大学出版社1974年版的第67—78页，以及本书的第117—128页。

54 这个意为“**居间**”，源自柏拉图的术语，在沃格林关于意识的理论中具有特殊含义。它首次出现在“Ewiges Sein in der Zeit”，in *Zeit und Geschichte: Dankesgabe an Rudolf Bultmann zum 80. Geburtstag*, ed. Erich Dinkler（Tübingen：J. C. B. Mohr, 1964）。重印于*Die Philosophie und die Fragenach dem Fortschritt*, ed. Helmut Kuhnand Franz Wiedmann，并再次重印于德文版《回忆》（1966）及其英文节译本（1978）。沃格林对这个概念的运用方式揭示出他对《秩序与历史》前三卷最重要的一些背离之处，但他在引入和扩展这个概念时所采用的独特方式对早期评论者来说多少有些难以捉摸。例如，在道格拉斯长达二十一页的“The Break in Voegelin's Program”一文里，这个概念甚至不曾被提到。

55 作为这些用法的例子，参见本书第50页和第376页论作为人身地位的**居间**；第247页和第387页论作为**居间**的实在；第247页和第264页论作为**居间**的宇宙；以及第192页和第247页论作为**居间**的历史。

但直到本书最后六页才充分展示其丰富内涵。[56]一旦这些丰富内涵得到充分认识，我们立刻就会意识到，必须重新审视此前关于历史编纂的所有论述，而沃格林对波里比阿和色诺芬的讨论也确实必须重新加以全面理解。一些读者无疑会因为此类发现和相伴而来的重新阅读要求而备感沮丧，不过，在事先提醒之下，这种反应也许会稍获缓解。《天下时代》是一部巨著，但也对它的读者提出了相应的高标准要求。

强烈建议那些初次接触《天下时代》的读者在认真研究过前三卷后再开始研读本卷（肯定有人想在探寻沃格林所“背离”的观点之前先探寻他的“背离”意味着什么，这是一种可以理解的诱惑）。尽管我们已经看到，《天下时代》以重大理论发展而著称，但我们也看到，前几卷在许多方面依然是有效的。而且，即便是那些沃格林在《天下时代》中对某个问题采用了明显不同的理论方法的地方，他在论述时也经常假定，读者已熟悉在前三卷介绍过，而第四卷不再详细描述的历史资料。

新读者也将通过研究《回忆》获得莫大帮助，本书能就沃格林在1957—1974年间的思想变化提供极为宝贵的洞见。在那些年里，他在意识哲学方面所做的工作为《天下时代》的许多标志性特征奠定了基础，而对这些基础本身的探讨往往只出现在《回忆》中。这一时期内发表的几篇论文也为理解《天下时代》提供了重要的参考。在上文注解4中提到的各篇论文都相当有帮助，而《不朽：经验与符号》和《历史中的经验与符号化等价物》则对理解沃格林所说的跨越不同历史时期的“常态”或“等价物”具有极为重要的意义。在《天下时代》的某些部分
25 （尤其是第五章“保罗的复活者意象”）中，这些提法极富争议，容易引起误解，但人们如果同时参考这两项研究，就能避免误解。作为本书最具争议性的一章，人们也能通过参考《福音与文化》和《论黑格尔：一

56　关于对理解历史编纂有帮助的额外解释，另参见Voegelin, *Autobiographical Reflections*, ed. Sandoz, 104—105。

项关于巫术的研究》而在相当大程度上澄清对它的理解。那些希望从更深刻的层次上熟悉沃格林在《天下时代》中所做研究的人，在读完本书后，将会受益于对此前未曾发表的两项研究的参考，它们展示了沃格林就一些最重要问题所做的早期工作。《什么是历史？》和《焦虑与理性》均收录于《沃格林全集》第二十八卷《什么是历史？及其他未发表的后期著作》；由霍尔维克和卡林杰拉所作的编者导言也非常有价值。

关于《天下时代》的几篇早期书评也提供了后来被证明为有益的洞见。格哈特·尼迈尔的《埃里克·沃格林的哲学与人类戏剧》对本书的概述在明晰性与准确性方面尚无人能及。关于沃格林的"意识均衡"概念，以及"一个平行的天下时代在中国的存在是否要求我们得出'有多种"人类"'的结论"这个问题，布鲁斯·道格拉斯在《沃格林研究计划的中断》中的讨论尤其有帮助。他也从明确的基督教立场对《天下时代》给出了最好的批评性分析之一。[57]托马斯·奥尔蒂泽《一种新历史与一位崭新却来自古代的神？一篇书评性论文》的有趣之处在于，它将高度赞扬与尖锐批评融为一体，而且还激发沃格林本人罕见地做出回应。约翰·威廉·科林顿的《秩序与意识/意识与历史：沃格林的新研究计划》对意识理论在塑造《天下时代》时所起的特定作用进行了最好的描述。[58]

最近发表的关于《天下时代》的论文集对本书的五个不同维度进行了详尽分析。[59]在我看来，詹姆斯·罗兹的《基督教信仰、耶稣基督与历史》是迄今为止从基督教视角进行的最为均衡、缜密的分析，并对 26
早先一些非常激烈的反应进行了重要纠正。斯蒂芬·A. 麦克奈特的《〈天下时代〉与20世纪历史学家所面临的问题》仔细论述了本书与三个

57 另参见Douglass，"The Gospel and Political Order：Eric Voegelin on the Political Role of Christianity"，*Journal of Politics* 38（1976）：25—45。

58 见McKnight，ed.，*Eric Voegelin's Search for Order in History*，155—195。

59 "Eric Voegelin's *The Ecumenic Age*—A Symposium"，*Political Science Reviewer* 27（1998）：15—154.

基本问题的关系：历史研究的可知领域，历史分析的适当方法，以及对历史意义的探索。曼弗雷德·亨宁森的《埃里克·沃格林正在兴起的普遍主义》探讨了他认为《天下时代》所表现出的根本转变，即由基本上是西方式的对历史意义的理解，转变为本质上是普遍主义的理解。格伦·休斯的《从时间进入永恒的路线：〈天下时代〉中的超越与历史》解释了沃格林对人的生存的一项分析——在构成天下时代的那个时期，人的生存如何被发现具有这样一种历史意义，即作为对超出凡俗生存之外的变形运动的参与？最后，我自己的文章《〈天下时代〉中的灵知主义与精神无序》考察了本书对各种精神无序表征的讨论，包括意识形态、灵知主义和自我显现，尤其侧重于通过与诸如《新政治科学》等早期著作的比较，揭示沃格林在《天下时代》中所做讨论的新颖之处。[60]

文本说明

我在编辑本书时的目标是，尽可能准确地再现沃格林的文本，无明

60　一份全面的书评清单还包括Bruce Douglass，"Symbols of Order"，*Christian Century* 93（1976）：155—156；Dante Germino，"Review of *The Ecumenic Age*"，*Journal of Politics* 37（1975）：847—848；William C. Havard，"Review of *The Ecumenic Age*"，*American Historical Review* 81（1976）：557—558；John S. Kirby，"Review of *The Ecumenic Age* and *From Enlightenment to Revolution*"，*Canadian Journal of Political Science/Révue Canadiennedu Science Politique* 9（1976）：363—364；Joseph McCarroll，"Review of *The Ecumenic Age*"，*Philosophical Studies*（Dublin，1980）：323—329；Stephen A.McKnight，"Recent Developments in Voegelin's Philosophy of History"，*Sociological Analysis* 36（1975）：357—365；Thomas Molnar，"Voegelin as Historian"，*Modern Age* 14（1975）：334—337；H. L. Parsons，"Review of *The Ecumenic Age*"，*Philosophy and Phenomenological Research* 37（1976）：137—138；Ivo Thomas，"Review of *The Ecumenic Age*"，*American Journal of Jurisprudence* 20（1975）：168—169；Frederick D.Wilhelmsen，"Review of *The Ecumenic Age*"，*Triumph* 10（1975）：32—35。参见Ellis Sandoz，*The Voegelinian Revolution: A Biographical Introduction*，2d ed.（Piscataway，N. J.：Transaction Publishers，2000），chaps. 7—8。

显需要则不加改动。路易斯安那州立大学出版社的那个版本含有一些明显的排版错误，以及相近数量的有问题的表述。我订正了前者，但对 27
后者则未加改动，因为缺乏关于沃格林意图的权威性指导。此外，根据作为一个整体的《全集》的风格进行了一些较小的改动。这包括根据句法的要求将which换作that，按语法规定插入或删除逗号或连字符，以及其他此类修改。这些改动均未改变沃格林文风的实质或表达力度。

根据密苏里大学出版社的格式规范，我为沃格林的脚注增加了对所引用著作的出版者的说明。由于沃格林用到的大多数参考文献如今早已绝版，因此这种信息必须从北美和欧洲各地图书馆的书目数据库中检选。在这项工作上，我得到十四位充满活力、极具事业心的学生志愿者的大力协助，尤其是萨拉·卡希尔、蒂莫西·米勒、凯瑟琳·罗恩和戴维·坦尼的协助。我们发现，不同的数据库会以令人苦恼的频率彼此冲突；而且，尽管我们已全力以赴，但仍然担心对一些引用来源的说明是错的。虽然这种前景令我烦忧，但是，将出版者名称包括在内，这看起来依然可取，因为这些名称为那些寻找沃格林资料来源的人提供了极大帮助，这比由一些引证错误所带来的损害更加重要。我向我的助手们致以真诚的谢意，并对任何引证错误单独负责，同时也请读者们协助找出这些错误，以便将来加以订正。我也感谢简·拉戈和密苏里大学出版社的全体职员，感谢他们在使这项事业得以完成的过程中所给予的出色协助。

迈克尔·弗朗兹

In consideratione creaturatum non est vana et peritura curiositas exercenda; sed gradus ad immortalia et semper manentia faciendus.

Saint Augustine, *De Vera Religione*

在对上帝创造物的研究中，人不应该去运用徒劳而糟糕的好奇心，而应该朝着不朽而永恒的事物上升。

——圣奥古斯丁，《论真信仰》

致　谢

关于历史创生论的研究，此前的德文版本曾以《纪念阿洛伊斯·登普夫》(*Festschrift fuer Alois Dempf*, Munich, 1960)为题发表，并作为我的《回忆》(Munich, 1966)中的一章再次被刊印。目前这个英文版在篇幅上增加了大约一半。

在我不得不组织新的慕尼黑政治科学研究所的这些年里，《秩序与历史》的完成被过分耽搁了。行政职责严重减少了留给学术工作的时间。在我从慕尼黑退休后，我获得了胡佛研究所的亨利·萨尔瓦托里杰出学者资助。这份资助带来的闲暇，使这部著作的完成得以可能。我想表达我对亨利·萨尔瓦托里先生和胡佛研究所主任格伦·坎贝尔博士的感谢。

详细目录

* 此处数字为原书页码，见本书边码，"详细目录"部分后同。——编注

导　言

目前这一卷，即《天下时代》，背离了我曾经在《秩序与历史》第一卷前言中为它设定的计划。因此，我将回顾该计划，并指出这一背离的性质与原因。

那篇前言的第一句话表达了这项研究在其规划的六卷中遵循的原则："历史的秩序来自秩序的历史。"历史被视为一个对存在的秩序（人通过其生存参与其中）获得分化程度不断提升的洞见的过程。如果将人在社会中的生存的主要类型，以及与之相应的对秩序的各种符号化表达*，按照它们的历史先后顺序加以呈现，那么在这一过程中可被辨识出的那种秩序，其中包括对不断提升的分化的偏离与倒退，就将涌现。

随后，根据这一原则表述，我列举了该研究将要涵盖的秩序类型。

---

* symbolism也译为"符号体系"。鉴于"体系"一词在中文中往往令人想到系统化、逻辑严密、结论明确等含义，而沃格林所说的由不同社会用来表达各自对实在的经验的symbolism，往往并不具有上述特点。在沃格林看来，不仅神话、传说等"前科学"或"前哲学"的symbolism缺乏"体系"一词在中文中通常包含的那些含义，而且古典意义上的哲学（作为对自身无知的认识和对智慧的追求）也不是结构严密、结论明确的"体系"；只是到了现代思想家那里，其中尤以黑格尔为典型，对"理论体系"的"建构"才成为思想致力的重点[参见本卷有关"体系"（system）的诸多论述，以及Eric Voegelin, "Reason: The Classic Experience", in *Anamnesis*, Columbia: University of Missouri Press, 1990]。基于以上理解，本卷将symbolism译为"符号化表达"。——译注

它们是：

（1）古代近东各帝国组织，及其宇宙论神话形式下的生存；

（2）由摩西和被选民族诸先知所发展出的，启示形式下的在历史中的生存；

（3）城邦和希腊神话，以及作为秩序的符号化表达的哲学的发展；

（4）亚历山大之后的各个多元文化帝国，以及基督教的出现；

（5）现代民族国家，以及作为秩序的符号形式的现代灵知主义的出现。

在执行该研究计划时，第一卷《以色列与启示》、第二卷《城邦的世界》以及第三卷《柏拉图与亚里士多德》探讨了所列类型中的前三种；
45 其余两种类型则在后续卷次加以探讨：第四卷《帝国与基督教》、第五卷《新教诸世纪》以及第六卷《西方文明的危机》。

该研究无法按原计划完成。随着后续各卷工作的进展，由各种历史性的秩序及其符号中涌现的结构比我预想的更加复杂。它们确实非常难以掌控，以至于原计划的各卷无法容纳逐渐累积起来的分析成果。并不是说该研究的原则全都错了；恰恰相反，困难正是在认真运用该原则时由资料这一方造成的。首先，随着我掌握更多的资料，原先关于五种秩序与符号化类型的列表变得殊为可叹地狭隘；然后，当这项研究必须依靠的经验基础得到扩展，以便与各种历史科学的状态保持一致时，手稿就膨胀到可轻易再出六卷的地步。这种状况相当尴尬。不过，令该研究计划终止的终极原因是，无法根据任何一种时间顺序（该顺序要能使实际发现的各种结构从被视为一个“过程”的历史中涌现）来对那些经验类型加以排列。当然，原先构想的研究计划并非全错。确实有划时代的分化事件，即“在存在中的飞跃”，它们产生了关于“之前与之后”的意识，并在各自的社会中激发出关于某种历史“过程”的符号化表达，而这种过程的意义是由飞跃事件所塑造的。关于某种新洞见（它洞察关于生存的真理）的各种经验，以及与此相伴而来的关于上述飞跃事件（它开创历史新纪元）的意识，都是相当真实的。确实有在时间中的进展，即关于实在的经验由紧凑到分化；与此相应，对存在的秩序所进行的各种符号化也由紧凑到分化。就这条意义路线而言（它是由处于历史所走过的时间中的各项分化事件所勾勒出的），该研究计划有着坚实内核；基于相同理由，前三卷的分析在各自领域内依然有效。然而，原先的构想不可行，因为它未能充分考虑到那些重要的、不沿时间路线发展的、在历史中的意义（meaning in history）路线。 46

线性时代与轴心时代

例如，那些精神突进，便有着一种平行模式，它们于公元前第一个千年时代里，在时间上平行出现于从古希腊到中国的若干个社会中，这些社会除此之外别无关联。自19世纪20年代以来，该模式便已被注意到。更为晚近的是，雅斯贝尔斯赋予该模式以人类历史中的"轴心时代"这一尊荣。在写作前几卷时，我就非常关注这个问题，因为以色列和古希腊对意识的分化是在时间中平行发展的，肯定不能被归入一条由不断分化的、有意义的历史进展构成的单一路线。实际上，我曾在《城邦的世界》的导言中详细思考过这个问题，并在那里呈现了雅斯贝尔斯的理论和汤因比的反驳。然而，后来的分析证明，这些思考有若干缺陷：它们并未深入该问题的核心，尚未直面一个严酷的事实，即各种有意义的结构无法按照一条时间路线排列；它们也未触及那种促使人们去建构此类路线的经验性力量，即使此类路线与经验性证据并不相容；此外，它们对那些精巧的工具也不够熟悉，这些工具将纷然杂陈的事实归入一条虚构的路线，从而使这些事实带有由那条从时间进入永恒的另类路线所带来的终末论意义。例如，我尚未认识到，文化扩散理论（阿贝尔—雷慕沙在他1824年的《回忆录》中用它来解释古希腊哲学家与中国哲学家的同时性）是这样一种工具，它将令人烦恼的多元精神中心归约为单一历史事件。我也没有看出，雅斯贝尔斯所使用的符号化表达（人类历史上的轴心时代）起着与此相同的作用。

通过更仔细的分析，刚刚提到的这些工具才显露出它们的本性。就阿贝尔—雷慕沙而言，不必通过经验性根据来证伪他的假说；如今已没有人还会坚持认为，赫拉克利特和老子的相近经验与符号化表达是来自文化扩散。然而，由于这一假说在首次提出时并无经验性理由，即使在19世纪20年代也没有，因此，文化扩散论（作为在历史领域消除意义中心多元性的工具）的功能便值得关注。在它背后潜藏的看来是一种恐惧，是对丰富（pleni）而非空白（vacui）的恐惧，是当精神在世界各地以多样化的神显（hierophany）方式揭示自身时，对其丰富性感到的战栗不安，
47 是一种偏执欲望，它试图强迫精神在历史中的多样化行动沿着一条唯一的，将会确定无疑地导向思辨理论家所在之当下的路线运行。不应将任何一条独立发展的路线弃之不顾，它们可能会导向其他某些人的当下与未来。只要新资料的发现让人感觉似乎有了机会，崭新的此类理论建构便会出现，不必担心早先那些理论建构的过时。随着西方在15世纪末更加熟悉那批被误认为古埃及文本的赫尔墨斯文本（Hermetical writings），一场由人文主义思想家发起的运动，便将摩西和《圣经》的年代进一步往前推，置于一条从埃及祭司的智慧发端的精神演变路线中。这场运动持续了数百年，在1789年席勒论普遍历史的讲座中仍可见到其顽强生命力。随着来自中国的资料为西方所知，黑格尔便强迫精神从中国开始其穿越历史的征程，而埃及和以色列则在时间路线上沦为征服了它们的波斯的附属。随着人种学资料的累积和流行，“原始人”被移至这种路线的开端，并引出了共产主义，它最终进入马克思和恩格斯的梦想。随着美索不达米亚地区的考古发掘以其重大发现震惊西方，研究泛巴比伦问题的历史学家便着手建构一种新历史，即以文化在巴比伦的起源为开端的文化扩散史。但是，人们发现根本没有可为新建构提供机会的历史资料，于是不得不通过猜测式幻想来制造，以便达成特定目的，此时那项事业的本性便暴露无遗——就像最近一波有关“地球上的人类文化起源

于来自外星球的宇航员”的猜测那样。这种幻想看起来仍在获得动能，因为它得到受雇于由公共资金大力资助的各机构的所谓科学家的支持。于是，如果你对从埃及的开明祭司到18世纪的开明知识分子这样的历史进步（progress）不满意，或者对从原始共产主义到终极共产主义这样的历史进步不满意，那就按你的心意，选择从外星宇航员到地球宇航员的历史吧。

这些猜测者漫不经心甚至是粗暴地玩弄事实和年代，以至于这场游戏有时几乎不受限制。然而，事实自有伸张之法。很难无视阿贝尔—雷慕沙及其后继者们所看到的各次精神突进的平行性。这些在年 48
代上平行的事件完全无法被归入一条时间路线。那么，对一个哲学家来说，如果一方面所谓文化扩散并不存在，另一方面他又不愿承认精神只会选择它所愿意的道路，无视精神的各种运动（它们具有神圣的神秘性质）将会对一个作为人的、严谨尽责的观察者带来的诸多困难，那他如何才能解释上述平行现象？据我推测，雅斯贝尔斯意在用他关于轴心时代的构想作为对此问题的回答。

这个工具受到汤因比的批评：为了将公元前800—前200年这一时期（那些平行的突进发生于其中）提升为历史上的伟大时代，雅斯贝尔斯不得不否认发生在此前和此后的精神突进具有划时代特征，而在这些精神突进自身的意识中，它们肯定是具备这种特征的。尤其是，他不得不将摩西和基督排除在外。[1]这种理论建构看起来毫无意义。如果将

1 顺便提一下，摩西有点像是个到处搅扰理论建构者平静生活的人物。在前面的段落中，我不得不提醒大家注意，从赫尔墨斯主义者（Hermeticist）开始，经过黑格尔和马克思，直到泛巴比伦问题研究者，摩西在意义的时间序列中所占地位步步下滑。现在应当注意的是，虽然汤因比批评雅斯贝尔斯将摩西排除在外，但他自己却将犹太教排除在普遍宗教的神圣边界之外。而且，在弗洛伊德试图将摩西变成埃及人的尝试中，也能在某种程度上看出这同一种倾向。维柯有着令人钦佩的敏锐意识，避免将摩西—基督教的在历史中的意义路线排除在他的历史过程法则之外。他的这份谨慎显然没有被视为一种警告并获得注意。

精神突进视为在历史中的意义的组成要素，那么就很难将摩西和基督的出现，或是摩尼和穆罕默德的出现排除在外；而如果将他们包括在内，轴心时代就扩展成为横亘千年、由多次精神爆发构成的开放领域。这些批评似乎成功地终结了轴心时代。然而，在更加细致的审察之下，这一论证便不再像它初看上去那样确凿。这是因为，雅斯贝尔斯早已通过如下论证为他的时代划分所具有的排他性提供了支持：此前和此后的突进仅有区域意义，而轴心时代的那些突进则确实创造出一种关于人性的普遍意识，出现在从罗马到中国的所有主要文明中。而且，在为此前和此后的突进所做的修补工作全部完成后，平行突进现象依然存在，有待解释。

直到我认识到，雅斯贝尔斯和汤因比都只从“处于时间中的现象”这个层次来对各个神显事件加以探讨，而未将他们的论证深入到经验
49 性意识的结构，上述问题的解决方才成为可能。当我将这条研究原则更加仔细地运用于在上述时期中实际出现过的秩序与符号化类型时，对轴心时代的建构便瓦解了。对在那些精神突进中被具体体验*到的秩序进行的分析，带来了如下否定性结论：在公元前第一个千年中并无“轴心时代”，因为西方与远东的思想家们并不知晓对方的生存，因而也没有意识到要就历史轴心加以思考。我不得不得出结论：“轴心时代”是现代思想家采用的符号化表达，试图用于应对“历史的有意义结构”（例如由若干次平行的精神运动构成的领域）这个恼人问题，而在这片领域中活动的行为主体则对这种结构并无意识。

接下来，该结论引发了对这种现代符号化表达之有效性的追问：在多元化的精神突进领域对自身并无意识的情况下，我们是否真能将其解释为人类历史中的一种有意义结构？或者，该领域是否其实意味

* 在本卷中，当experience作名词使用时，译为“经验”，作动词使用时，译为“体验”。——译注

着多种人类的生存，每种都有其自身历史？如果我们选择第一种理解，便会出现关于历史主体的进一步疑问：在那些具体地生存于时间中的社会里，这种奇特的结构出现在其中哪个社会的历史中？肯定不是公元前第一个千年时代里的古希腊、印度或中国社会；肯定也不是19或20世纪的任何一个具体社会。那么，谁是隐藏在“人类”这个看似平淡无奇的符号化表达背后的主体？谁是这个隐匿的人（humanitas abscondita）？

人类根本不是具体社会。在探讨这个问题的过程中，所做的分析必须将那些精神突进视为在历史中的意义的源头，也是人所拥有的此类知识的源头，而不能将它们视为人类历史中的现象。这些神显事件使人意识到，他的人性是位于一种张力（以神性实在为目标的张力）之中的生存。由此，它们催生了关于人在神与人的In-Between（居间）、在柏拉图所说的Metaxy（居间）中生存的知识，同时也催生了用于阐述这种知识的语言符号。而且，它们之所以被体验为有意义的，是由于它们形成了位于时间之内的之前与之后，它指向某个完满状态，指向某个位于时间之外的终末（Eschaton）。历史不是一条由人们及其在时间中的活动构成的溪流，而是人参与一条以终末为方向的神性显现之流的过程。因此，“人类历史”这一令人费解的符号化表达，道出了人的如下理
解：尽管这些洞见来自具体事件，出现在具体个人的意识中，但对所有 50
人均为有效。

然而，如果由这个符号化表达引发的谜团得到了解决，那么，由这个过程本身构成的奥秘则会变得更加可畏。这是因为，那些精神突进在时间和空间上广泛分布于各个具体社会的具体个人中。那些事件，虽然它们构成在历史中的意义的结构，但其本身并不形成一种可被理解为有意义的模式。在所形成的这些结构中，有一些结构，例如从紧凑意识到分化意识的发展，使上述那条神性显现之流的时间维度受到人们的关注；另一些结构，例如在正讨论的时代剖面中出现的事件群，则

表现为对该过程之广度的强调，它影响到人类生存的空间维度。但无论就二者中的哪种情况而言，所涌现的意义均对这个位于时间中的过程的未来保持开放，也对该过程的终末完满保持开放。我必须得出这样一个结论：历史过程，以及能在其中被辨识出的秩序，并不是一个故事，一个可以从开头讲起，一直讲到它的幸福或不幸结局的故事；它是一个奥秘，处于启示的过程中。

开端与超越

在我当初设计研究计划时，我仍以一种惯常信念为指导。这种信念认为，将历史构想为一个有意义的、沿着一条单向时间路线前进的过程，这是以色列人和基督教徒取得的伟大成就，他们在创构这种历史观时深蒙那些启示事件的眷顾，而异教徒则因未获启示，永远无法摆脱时代循环论。我发现，这种单线历史建构，即从秩序的神性宇宙起源到作者所在的当下，是由古代近东诸帝国在公元前第三个千年时代末期发展出的一种符号形式；这时候，那种惯常信念就必须得抛弃了。我给这种形式起名为**历史创生论**（historiogenesis）。

这项发现严重影响到研究计划。问题不仅仅在于一项常规的假定如今被证伪。这是由于，那种单线历史（我原本认为，这种历史，连同对其意义的各种强调，是由各种分化事件产生的）原本只是一种宇宙论的符号化表达。而且，这种符号化表达还成为延续了数千年的常态，从它
51 起源于苏美尔和埃及社会开始，经过以色列人和基督徒的完善，直至19世纪的各种“历史哲学”。

这些事实引发了许多迄今未曾被提出的问题。例如，如果“单线历史”这一符号化表达（它在当下达到高潮）能产生于有关一个受到威胁并得以保存的宇宙论帝国的经验，那么在帝国的建立背后，是否可能包含着某种程度的“在存在中的飞跃”？反过来说，精神突进是否可能具

有某些帝国因素？当进一步的分析表明，后来的那些变体不仅延续了该符号化表达的总体构想，而且还延续了它所建构的某些细节，此时，诸如此类的问题就变得更加尖锐了。简而言之，为了使一条单一的意义路线能从一片事实上包含若干条此类路线的领域之中浮现，需要用到选择和忽略资料，以及重新安排其时间顺序的技巧：例如，在黑格尔的《历史哲学》中，前面提到过的对历史的粗暴歪曲和篡改（这些如今被称为“解读”），与在苏美尔列王表中的状况是一样的。如果这一点属实，那么随之而来的难道不是这样一个问题：在各种历史创生论建构之间，在启蒙进步主义、孔德主义、黑格尔主义和马克思主义之间发生的激烈斗争，如果必须被理解为一种教条之争，是由带有帝国意图的猜测者以最好的宇宙论风格来进行的，那么，在现代性中真正现代的是什么？不过，诸如此类的问题，只有在历史的总体结构（它构成这些问题的背景）得到充分澄清后，才能得到解答；纵观历史，与具有分化效果的意识所取得的有意义进展相伴始终的，是对某种“宇宙论”符号化表达的同样有意义的坚持，这一点便提示了上述背景性结构。

历史的这种独特结构，起源于人的意识在分化过程中的分层化。由以色列先知和古希腊哲学家发现的关于生存的真理，尽管在出现的时间上晚于关于宇宙的真理，但并不能完全取而代之，因为那些新洞见在间接地影响到作为一个整体的实在所呈现的影像时，仅仅与人对其生存张力的意识直接相关。在启示的过程中，隐匿在宇宙内众神背后的神，会使自身或显现在视觉与听觉经验中，或显现在“温柔静谧的声
音”中，或显现在探索者的沉思性探求中，从而在他的未知特性背景下 52
得到认识；与此同时，对这种显现有回应的人开始将他的回应视为参与神性实在的行为。他在其人性中发现那个既是神的显现所发生的处所，又是这种显现的感受器的东西；他找到诸如psyche（心灵）、pneuma（灵）或nous（灵魂、理智）这样的词语，来对这个东西加以符号化表达。当他参与到某个神显事件之中时，他的意识获得知性光辉，认识到他自

身的人性是由他与未知神（the unknown god）的关系构成的，后者在这个人灵魂中的运动性显现激发出那种回应运动。我已尽可能严格地界定该事件的结构，以便表明，由此产生的洞见实际上仅限于非常狭小的区域：新的真理与人对其人性（处于以神性本原为目标的参与式张力之中的人性）的意识相关，而与超出这片有限区域之外的实在无关。

那些精神突进的承载人并不总能认识到直接受分化过程影响的这个区域所受到的紧密限制。这是因为，意识的分化间接影响到作为一个整体的实在所呈现的影像；热切寻找真理的人们有时倾向于将他们相信自己已感知到（但并不总是正确地感知）的那些衍生效果视为直接的洞见。在历史上，这种由那些事件带来的衍生影响确实曾给人以深刻印象：由启示和哲学带来的真理对那些宇宙内众神来说是致命的；将这些神从宇宙中移除，这造就了一个去神化的、有待科学加以探索的自然。然而，尽管这些结果证明，意识在人关于实在的经验与符号化中具有核心地位，但它们不应掩盖如下事实：对生存真理的分化并未取消该事件所发生于其中的宇宙。不过，就宇宙的生存与结构而言，它被体验为由神创造出来并塑造秩序的。这种新真理会影响对宇宙内神灵的信仰，使人不再将它们视为对宇宙论神性实在的最充分的符号化；但它无法影响对神性实在的经验，这种实在是宇宙中的创生力量与塑造秩序的力量。因此，当关于生存的真理进入一个漫长的过程，旨在发展出对其加以充分表达的符号之后，我们可以看到与“宇宙论神性显现”这个问题相调和的各种努力。隐匿神（或者说未知神）将自身启示在灵魂的运动中，将要被认作造物神（creator-god），而所有其他神则变成伪神，例如在以色列那样；或者，他将要被认作最高造物神（creator-high-
53 god），作为与所有其他神相对的最高神（summus deus），例如在埃及的阿蒙赞美诗中那样；或者，他将被允许与宇宙内神灵们共存，例如在印度教中那样；或者，他将被识别为真正的最高神，居于奥林匹斯众神之上，甚至居于哲学家的神话所描述的众神之上，例如在柏拉图或普罗提诺的思想中那样。但是，就像在某些灵知主义运动中那样，他也能变成神之灵的火花在人通过死亡逃离宇宙这所监狱时（它是由一位恶神为了困住这道火花而创造的），所复归于其中的善神。因此，这片领域呈现出相当丰富的多样性；但无论选择什么，最终形成的符号化表达都必须能表达关于神性显现的经验，是神不仅在灵魂中，而且是在宇宙（它具有在时空维度中的生存与秩序）中显现的经验。

正如这些例子所示，这个问题的产生并非来自以20世纪的高明历史知识为基础进行的回顾；它是在那些神显事件中发生分化的意识的一部分。而且，这些事件的参与者除了提出他们的具体解决方案外，还发展出用于阐述该问题之结构的基本符号。根据以色列、基督教和古希腊的资料，对该结构的这种符号化可以概述为如下形式：

> 神性实在，即《歌罗西书》2：9的theotes（神）——
>
> 它由对宇宙万物的超越，由柏拉图意义上的epekeina（超越），推动人的意识——
>
> 它也由宇宙的开端，由《创世记》1：1意义上的bereshit（开端），创造与维系宇宙。

超越与开端的说法，阐述了人们体验神性实在所遵循的方向，至今仍是对该问题无与伦比的精确表达。

尽管各种启示事件（例如约翰的启示），都梦想将宇宙转化为神之下的非物质实在，但是当那些精神突进发生时，宇宙事实上并未消失。相反，随着意识通过那些神显事件而变得明晰，它对实在的符号化就必须同时容纳超越与开端。然而，神性宇宙开端要求通过某个创世叙事、某种宇宙起源叙事来进行表达。因此，我不得不得出如下结论：关于宇宙起源的神话将如同宇宙一样永不消失。任何试图战胜或抛弃这种神话的努力均犹如魔法，由某种旨在摧毁宇宙本身的启示式欲望所推动。54

这个问题对关于神话的理论来说是至关重要的，但我只是随着研究工作的深入才逐渐认识到它的重要性。我原先曾以美索不达米亚与埃及诸帝国的符号化表达作为原型，将神话视为“宇宙论的”。随着丰富多彩的神话现象一个接一个为我们所知，上述这种看法即使在《秩序与历史》前三卷的语境中也已显得过于狭隘了。除了近东诸帝国的宇宙论神话之外，还必须考虑到由荷马和赫西俄德提出的、有着不同结构的非帝国神话；而且，还有古希腊民众的神话，有别于悲剧诗人的神话；随之而来的是柏拉图创造的哲学家的神话，其巅峰之作在于《蒂迈欧》中关于宇宙的非宇宙论神话；此外还有以色列的《创世记》中的大量神话，它带有一种与帝国的宇宙论形式进行了划时代决裂的宇宙起源论（cosmogony）。如今，历史创生论的符号化表达及其起源、持续与畸变问题，进一步加长了这份长名单。在此情况下，更为可取的是，放弃个别界定的方法，尝试做出概念上的区分，这样至少可以为历史的结构这一受到严重忽视的领域，在一定程度上带来理论秩序。

这项任务并不像听上去那么艰难。为了与研究原则保持一致，我们所必须做的仅仅是让理论线索从秩序的历史中产生，同时不让各种特异观念扰乱这个过程。我曾提到过那些决定了该问题之结构的历史资料。它们是：(1) 超越与开端，自远古时代以来，它们就作为符号，表达了人们体验神性实在的显现所遵循的方向；(2) 宇宙起源论，作为符号化表达，它表达了关于神性宇宙开端的经验。如果这些资料得到接受，那么，在没有新术语的情况下，就将有必要用“宇宙起源论”或“宇宙起源神话”来作为一般性的概念，泛指所有由这样一种经验（对形成宇宙的神性本原的经验）所产生的符号化表达。于是，这个概念将不仅适用于在古代近东各个帝国社会中发展起来的神话—猜测形式，而且也适用于各个前帝国的部落社会中更加紧凑的符号化表达；不仅适用于以严格意义上的宇宙论形式（神性的显现在其中被以符号的形式表达为宇宙内众神）出现的宇宙起源论，而且适用于另一种宇宙起源论，

在其中，这些神已或多或少地受到那些精神突进的影响，后者将神性实在定位于所有此世事物的超越。 55

这个概念将会使该问题的演变机制变得可理解。尽管宇宙起源论是一种常态，但其符号化的方式则受到日益明晰的生存意识的影响。那些从超越方向照亮意识的神显事件，影响到对开端的符号化，从而在历史上创造出另一片分化领域。通过对经验与符号化这两块区域之间的这种张力，择其一二典型表现加以评论，这个问题的规模将得以初步呈现。

意识的张力——柏拉图、亚里士多德、以色列

该张力的古典表现是柏拉图所创造的哲学家的神话。一方面，柏拉图感受到，传统的众神同灵魂（它具有由爱欲推动的意识）所体验到的神性实在处于十分严重的冲突中，以至于他要求实行严厉的教育措施，以便抵制旧神话带来的失序后果。另一方面，他注意到，由理智高处（noetic height）与无定深处（apeirontic depth）构成的神性奥秘，限制了哲学家对实在的探索。由于哲学家无法超越这些限制，而是必须在由它们所划定的居间中运动，因此，哲学家所做工作的意义依赖于某种由关于宇宙中的神性显现与运作的洞见构成的氛围，而此氛围只有那种神话能提供。柏拉图对此困局的解答是，创造真实故事（alethinos logos），即关于众神并能主张自身真实性的故事，如果它合乎关于秩序（由以神性超越为目标的爱欲张力在人的灵魂中创造）的认知性意识的话。

柏拉图对这种冲突的感受，连同对苏格拉底在世期间的记忆，富于严肃甚至是生死攸关的色彩。一代人之后，柏拉图对该冲突及其本性的阐释已成为一项历史事实，而这场斗争的激烈程度则大幅降低。重点转为从神话向哲学的转变，这是一项有待描述与分析的历

史事件。亚里士多德已能承认，爱神话者（philomythos）与爱智慧者（philosophos）同样致力于对本原的探索；在赫西俄德宇宙起源论中，
56 神性创世力量被符号化为众神，亚里士多德能从中识别出存在的永恒本原，这与哲学家所体验到的、作为其灵魂之理智性推动者的本原相同。因此，在观察到宇宙起源论在历史上先后采用过的符号化形态（宇宙内众神与位居超越的未知神）后，宇宙起源论本身的问题便开始从中涌现。

然而，无论是在亚里士多德还是柏拉图那里，该问题均未完全涌现出来。对宇宙的原初经验极为强势，以至于关于开端本身的经验依然陷于紧凑形态之中。当关于生存的真理使宇宙内众神不再有效时，就有必要对宇宙起源论加以再符号化；但是，以超越为方向对意识进行的分化是程度有限的，而哲学家对Nous（灵魂、理智）的分化显然无法强制达成与原初经验的彻底分离；看起来，只有关于具有绝对创造力的超越的经验才能深入消解那种紧凑性，使具有绝对创造力的开端得以显现。在柏拉图、亚里士多德那里，宇宙论形式的宇宙起源论已不再能被接受，但关于生存的理智性明晰并未带来某种具有绝对创造力的开端作为替代品。于是，意在应对这些问题的符号便呈现出奇特的模糊性。亚里士多德的宇宙根本不需要一个开端；它的生存与持续得到神的支持，对此加以表达是难免的，而这能通过“无限持续”这个模糊的符号化表达得到满足。出于相同的原因，柏拉图的造物主（Demiurge）也无法具有绝对创造力。《蒂迈欧》中的造物主受到宇宙的命运（Ananke）约束；他并不创造宇宙，其行为仅限于将形式施加于已有的质料上。然而，尽管这些符号仍受原初经验的束缚，但它们的模糊性恰恰反映出正在分化的意识对宇宙起源论维度下的实在及其符号化造成的影响。

接下来，在处于以色列历经千年的意识分化背景下的犹太教—基督教环境中，该问题得到了更加精细的阐述，至少是就其中某些方面而言。在此环境中，对宇宙的原初经验很早就因摩西关于神性实在的经

验及其符号化而受到决定性的动摇，他将神性实在体验为“荆棘丛情节”中的“我是”（I am）。这种经验使神性实在的更深刻层次，即其绝对存在，变得直接可见，从而绕开了古希腊哲学家对表现为宇宙秩序之源的神性实在的关切。进一步来说，创世行动被强有力地符号化为一 57
种神性行为过程，一直延续至那位历史学家自身所在的当下，尽管所用语言仍然带有宇宙内众神（它们围绕着创造了天与地的唯一神）的痕迹。最后，创世行动的实质是“言语”（word）。自开端起，实在就是神的言语，前后相继地说出存在所经历的演变，从物体到植物再到动物生命，直到神的言语说出人——通过家族长老与先知这些人，人在历史中用他的言语回应由神说出的言语。由此，宇宙的实在就变成一篇由人来讲的故事，他以有回应的方式参与到由神所讲的故事中。在古希腊语境中，对实在与如实描述实在的言语之间紧密关系的感受产生了aletheia的双重含义——实在与真理；在以色列语境中，这种关系被追溯至它的源头，即具有神性创造力的言语—实在。当人阐述他关于实在的意识时，人的言语就从作为神的言语的实在中涌现。点出这套符号集合就够了，否则便是不谨慎。在这些符号的以色列语境中，它们并没有标示出哲学家对实在的结构进行的分析所历经的步骤；它们确实仅仅是一套洞见，相互之间的一致性有赖于对关于实在的真理获得准确的、前分析性的把握。不过，就宇宙起源论问题的特定分化形式而言，它们依然是强有力的前提条件，而这一背景的缺失则会使该问题变得难以理解。

《约翰福音》中的张力

使这些集合在一起的因素形成一套连贯的符号化表达的事件，是基督的显现；将宇宙起源论意义上的开端，置于它与神性超越在人的意识中的显现这二者的关系中加以阐述，完成这一工作的思想家是《约翰福音》的作者。这部福音书以《创世记》1：1中的“开端之时”开篇，但约翰所记住的并不是创世叙事，而是讲故事的人的过往（praeteritum）。在这段过往中，他并没有讲故事，而是思考神创的实质及其内在结构：“开端之时有言语；言语与神同在；言语就是神。”*言语和神既彼此相异，又相互同一，位于开端之时的创世张力正是经由这个矛盾而被理
58 解。然后，通过重复，作者认真地强调了差异性（《约翰福音》1：2），并使创世张力变成创世行动。那个神——他说他存在——通过说出言语而创造万物：“万物是由它造的；没有它，则无一受造物可受造。”这是由于，创世言语就是“生命”，而言语的生命就是“人的光”。在这里，宇宙起源论的创世言语混杂于“照在黑暗里的光”的出现，它以黑暗无法抵挡之势，强烈地照亮人的生存所处的黑暗。开端的言语出现在基督的显现中，这为施洗者约翰所体验和见证，并由这部福音书的作者进一步证实。

在耶稣与法利赛人的大辩论中（《约翰福音》8），对开端的言语与来自超越的言语二者之间关系的思考在继续进行，不过这一次不是从开端的言语走向它在神显中的生命，而是从它在基督身上的显现开始，回溯历史，走向它与神的再次同在，同在于创世之前的张力。这场辩论意在澄清，神性显现于一个人身上的含义。当那些不信神的对话者问基督“你是谁”时，他以摩西式的“我是”（《约翰福音》8：24）确认了神性实在在他身上的显现。因此，当被体验为在人的意识中显现的神性实在得到确认时，所使用的符号语言便合乎情理地借鉴了在摩西的意识中启示了自身的那一言语先例，而不是借鉴开端的言语。当然，对先例的求助不应掩盖此时正在进行之事的新颖之处。这是因为，从荆棘丛中对摩西说话的神，此时通过一人之口对其他人说话；以往启示

* 《约翰福音》1：1。本卷在翻译沃格林所引《圣经》文段时，参考了中文和合本的译法，并根据沃格林的英译版本有所调整。——译注

事件中的神业已成为“真光，照亮一切生在世上的人”(《约翰福音》1：9)。对摩西的启示(“我是”)仍深陷于对宇宙的原初经验中，以至于它必须用各种宇宙论符号来包围自身，例如来自历代祖先所信奉的某个宇宙内神灵的声音，他在一丛奇异的荆棘中说话；该启示并不塑造所有人的人性，而是塑造摩西的品质，使他能带领以色列人集体摆脱在一个宇宙论帝国中受到的束缚，走向神之下、历史之中的自由。另一方面，耶稣的“我是”则将其自身启示为言语在一个人身上的鲜活显现；它无意于在历史中建立一个民族，而是将使回应其吁求的每个人清楚意识到对神性言语的参与，消解生存的黑暗与荒谬。那位作者果断地将耶 59
稣与法利赛人的争论推向深入，明确揭示出以色列人此前领受的更加紧凑的启示与“我是”在耶稣身上的明晰显现这二者之间的冲突。“我是”以永生的、使人不朽的方式显现于耶稣这个人身上，这如何才能与身受历史束缚的人(即便是像亚伯拉罕这样受人敬重的人物)的死不发生矛盾？这个关键性的问题激发出可称高潮的宣示，而它在时态顺序上的断裂更是令人印象深刻：“在亚伯拉罕存在前，我存在。”(《约翰福音》8：58)[*]在这一宣示后，被激怒的听众想用石头打他；但耶稣躲开了(《约翰福音》8：59)。

那些使精神洞见得到阐发的大事件并不一定会令所有人欣喜；精神贫乏者为数众多。另有一些人是精神上的实用主义者，例如上述那场争论中的法利赛人，或是在现代基督教与意识形态领域内与他们相对应的人。他们愿意倾听某个向历史之内说话的声音，前提是它不能过于明晰，以至于由来自超越的运动要求进行朝向超越的对应运动，即越出历史、通向终末完满的运动。他们想享用由启示带来

* 沃格林此处所引《圣经》文段英文是“Before Abraham was, I am”，时间从句为一般过去时，主句为一般现在时(有陈述永恒真理之意)，而按照语法规则，主句本应也使用一般过去时。——译注

的蛋糕，同时又将其留在历史之中。上述宣示之所以激怒人，是由于它的语言奇迹突然使“我是”所具有的非历史的、反启示录式的（anti-apocalyptic）、终末论的意图表露无遗。随着叙述的进行，《约翰福音》的语言的确会令人惊讶，因为作者并未发展出新的语言符号来表达各种新含义，而是当这些新含义在分化过程中从紧凑的“我是”中涌现出来时，仍然使用相同的符号来涵盖这些含义。我已分辨出这个复合体中的两项因素。首先是隐匿神在《出埃及记》3中向摩西所做的自我启示。复合体的这个维度使埃蒂耶·吉尔松将基督教关于存在的所有形而上学理解为关于逃离（Exodus）的形而上学。其次是那个“我是”，它通过在基督身上的显现，使自己在每个人（甚至是有着前基督教信仰的人）身上的参与式显现变得清晰可见：“你们的祖宗亚伯拉罕欢欢喜喜的仰望我的日子。既看见了，就快乐。”（《约翰福音》8：56）这个维度使托马斯认为，基督不是某个具有历史有限性的神秘体（corpus mysticum）的首脑，而是自创世到末日都是所有人的首脑。第三是终末论意义，从术语的角度来看，它并不与其他意义相分离。通过各项著名的“我是（ego eimi）……”宣示，该意义主导了这篇福音书。

60 来自那丛荆棘的神性声音将自身界定为“我是我所是”（I-am-who-I-am），随后对摩西说：“你要对以色列人这样说，那个‘我是’派我到你们这里来。”（《出埃及记》3：14）在开端，隐匿神的言语创造宇宙；当该言语从超越进入人的意识时，它通过语言启示自身。在该启示语言中，那个“我是”变成需要有谓语的主语。就主语而言，进行了自我启示的神是绝对的存在；就谓语而言，他是他在那个启示事件中让自身被人们具体看到的形态。在荆棘丛故事中，他是那个将摩西派给其民众的“我是”。在《约翰福音》中，这个“我是”是神性言语在耶稣身上的显现，并将其作为基督，带着从黑暗中经过救赎返归光明的应许与要求，派给每个人。因此，在《约翰福音》的语境中，那个“我是我所是”

就变成某种类似于空白表格的东西，有待由那些“我是……”言语来填写：

> 我是——生命的粮（6：35）；
>
> 我是——我是世上的光；跟从我的，就不在黑暗里走，必要得着生命的光（8：12）；
>
> 我是——好牧人（10：11）；
>
> 我是——复活与生命；信我的人，虽然死了，也将会活；凡活着信我的人，将永远不死（11：25—26）；
>
> 我是——道路，真理，生命（14：6）；
>
> 我是——葡萄树，你们是枝子（15：5）。

这些话明白无误：谓语表达了言语的运动，即从超越进入每个人的生存，并要求进行反向的、以经由基督之口说出的言语为方向的运动。

然而，当约翰使耶稣就这些话进行阐述时，例如在6：38—40中，一些重要的意涵得到了阐发：“因为我从天上降下来，不是要按自己的意志行事，而是要按那差我来者的意志行事；差我来者的意志就是，他所赐给我的一切都不应失落，而要在末日使它升天。因为我父的意志，是叫每个见子并信子的人得永生；并且在末日我要使他升天。”传达那言语的人自身并无意志；通过耶稣之口说出那言语及其要求的，是隐匿神的意志。因此，这段话中的人称代词变得模糊。在“他所赐给我的一切都不应失落”中，这个“我”是谁？是耶稣，还是他所说出的言语？另
外，赐每个见他并信他的人永生的“子”是谁？是那个人耶稣，还是那 61
言语？最后，在末日使人升天的“我”是谁？

如果将这些模糊之处理解为来自对那场终末论运动及其历史的经验，那它们就将变得可以理解。只有当超越已进行了自我启示之后，这场以对宇宙的超越为方向的运动才能得到充分阐述。只有当人意识

到，神性实在对其人性的推动，不是通过神性实在在宇宙中的显现，而是通过一种由超越直达他的灵魂的显现，他的回应才能变得明晰，成为朝向超越、使人得以不朽的反向运动。约翰在灵性启示的过程中看到了从紧凑到分化的进展，正如亚里士多德在理智性启示的过程中看到这种进展一样。正如耶稣与法利赛人的辩论所示，在耶稣身上说话的那个“我是”，正是之前那个“我是”——它通过激发出作为回应的信仰而形成人的人性。但耶稣的信仰不像亚伯拉罕的信仰那样具有紧凑模式。在基督的显现中，人性在历史中的形成所具有的意义得以显明，即作为转变（transformation）过程。就耶稣而言，他的人性对神性言语的参与达到十分强烈的程度，以至于融合在了那言语之中。这部福音书中模棱两可的人称代词，按照那些曾经见到过基督的人所体验到的方式，表达了这种具有变形效果的融合。

但宇宙依然自开端以来持续存在着；变形自超越的基督必须经历人之死。那么，变形*的意义是什么？在耶稣受难之前关键的真理时刻，该福音书的作者让耶稣对其门徒说：“时辰将到，实则已经到了，那时你们将要分散，各归其家，将留下我独自一人；其实我不是独自一人，因为父与我同在。我正在告诉你们的是，你们在我里面有平安。虽然在宇宙中你们有苦难，但要有信心，因为我已胜了宇宙。”（《约翰福音》16：32—33）就是这些。但这些至关重要。在随后的祈祷中，耶稣为那些信守他的言语的人祈祷：“我不求你将他们带出宇宙，只求你保护他们脱离罪恶。他们不属于宇宙，正如我不属于宇宙一样。求你用真理使他们成圣，你的言语就是真理。”“这就是永生：他们将你认作唯一的
62 真神，认作那派来耶稣基督的。”（《约翰福音》17：15—17；17：3）他为自己祈祷道：“父啊，现在求你使我享有那荣耀，就是那未有宇宙之前我

* transfiguration，指耶稣在其门徒保罗、雅各和约翰面前改变形象的奇迹事件，参见《马太福音》17：1—5、《马可福音》9：1—8、《路加福音》9：28—36。——译注

便与你同享的荣耀。”(《约翰福音》17：5)

尽管神性实在是一,但其显现则通过超越与开端这两种模式得到体验。超越显现于对心灵中的运动的直接经验之中,而神性开端的显现则经由一种经验的中介,即对宇宙中的事物之生存与可知结构的经验。为充分表达这两种模式,需要使用两种不同类型的语言。在灵魂的那些运动中的直接显现要求使用有关意识的启示性语言。这种语言讲的是探寻、搜索与追问,讲的是对神性本原的无知与知识,讲的是生存的无用、荒谬、焦虑与异化,讲的是被推动着进行的探寻与追问,讲的是被引向本原,讲的是转向,讲的是回归、照亮和重生。经由宇宙中的事物之生存与秩序的显现,则要求使用神话性语言,它讲的是某个创世神或造物主,讲的是某种创造、支持与维护事物秩序的神性力量。然而,如果神性实在的一元性及其显现于人得到十分强烈的体验,就像该福音书的作者在基督身上所体验到的那样,那么,即使是非比寻常的语言敏感性,依然无法阻止他在阐述这两种显现模式时,不加区分地使用这两种语言。这正是在《约翰福音》中出现的状况:作者将关于创世的宇宙起源论“言语”,与由那个“我是”从超越之处向人说出的启示性“言语”混杂了起来。在当时的那种文化所能运用的各种符号化表达中,这种关于创世的神话性言语(它来自埃及的各种宇宙起源论),与来自摩西及众先知的启示性言语共存。这两种“言语”很容易在一个强烈地被基督的显现所塑造与转变,以至于对此后的那些语言分析问题毫不关注的思想家那里,混合成一种关于神性实在的语言,对应于唯一的神性实在。

困难必定会出现。在耶稣身上进行了自我启示的那个言语,并不回到作为主语的“我是”(该言语是这个主语的谓语),也不回到位居超越的神,而是回到那个在开端说出创世言语的神。然而,通过其死亡战胜了宇宙的基督,无意和创造了宇宙的那个言语同享荣耀,因此,他必

63 须超越创世，回到那处于创世张力中、“未有宇宙之前”（《约翰福音》17：5）的言语的地位。但是，作者通过这种语言想要表达什么？他是否将创世理解为一项罪恶，也许那是由神性的堕落所引发，如今将要为基督的救赎行为所修复？简而言之，他是一位灵知主义者吗？很难这么说。基督将他的门徒派到宇宙中，就像他曾被派到宇宙中一样，是为了使其他人皈依那言语的真理，从而使神的爱能在他们身上显现。信徒们将在（in）宇宙中形成一个共同体，同时又不属于（of）宇宙（《约翰福音》17：14—26）。然而，最后一段话的明晰并未驱散先前那段话对宇宙所投射的阴影。研究《新约》的学者们通过谈论灵知主义在这部福音书中的“影响”或“趋势”，承认了这种冲突。

对灵知主义的诊断是正确的，但对历史影响的观察并未解决这个问题。毋宁说，存在着这样一个疑问：当关于某个灵性超越的意识，在源自基督之显现的各种运动，以及“人类的牧人”这种异教灵知的展现中，变得极为明晰之时，是什么因素导致灵知主义恰恰也在这时出现并日渐富有影响力？如果以这种方式来提问的话，那么同时也就提示了答案：超越的显现得到了密切体验，而这就会使开端问题受到密切关注。随着先前不为人知的超越之神将其自身启示为灵魂中的终末论运动的目标，宇宙的生存也就成为愈发恼人的奥秘。如果人所能做的，最好也不过是在宇宙中生活的同时又好像不属于宇宙，以便能通过死亡来逃离这个监狱，那么，这个宇宙究竟为什么应该存在？这个关键性的问题使关于实在的奥秘得以充分展现：有这样一个宇宙，人通过其生存参与其中；人天生具有对实在（他是其中一员）的认知意识；意识在一个被称为历史的过程中发生分化；人在历史过程中发现，实在处于一场以对其当下结构的超越为方向的运动中。宇宙由其神性开端向对自身的某种神性超越运动，这样一个宇宙的确神秘莫测；这个疑问本身并无不妥。

然而，这也是个典型的灵知主义疑问，因为它游移于可能使那个神性奥秘变成人为荒谬的边缘，如果将那种意识（它关注的是以超越为方向的运动），同作为语境的实在（该意识出现于其中）相分离，使这种意识成为将要取消那个奥秘的人类行为的自足基础的话。针对该疑问的 64
各种灵知主义答案的内核所具有的谬误是，它将意识从超越扩展至开端。在各种灵知主义体系的建构过程中，对以超越模式进行的神性显现的直接经验被以思辨的方式加以扩展，用于包含某种关于开端的知识，而这种知识其实只能以经过中介的经验这种模式为人所认知。在这种恣意思辨所想象的图景中，实在的过程变成一部可理解的心理剧，它开始于灵性神性的堕落，延续于灵性实体的一些部分被囚禁于由邪恶的造物主所创造的一个宇宙中，终结于被囚禁的实体通过回归灵性神性而获得解放的过程。关于这一心理剧的知识，亦即灵知，是将位于人身上的灵从其宇宙监狱中成功解放出来的前提。这种想象中的解放游戏，其推动力来自得到强烈体验的异化和同样强烈的对异化的反抗；灵知主义思想家们，无论是古代的还是现代的，都是分析异化问题的出色心理学家，都是这种普罗米修斯式反抗的承载者。

然而，在帝国扩张的时代里，可以找到更为简单的方式来发泄对生存无意义的不满，狂热主义和各种启示录式运动的历史表明了这一点。尽管异化与反抗提供了推动力，但仅凭这些并不足以产生一种通过相当可观的思辨努力，试图囊括实在及其过程的灵知主义体系。需要的还有另外一项因素：对那种以超越为方向的运动的意识，它是如此强烈、明晰，以至于成为过度的光芒，反而使人对作为语境结构的实在视而不见。灵知主义思想家必须要能忘记，宇宙并非出自意识，而人的意识则出自宇宙。而且，他还必须确保在颠覆开端与超越之关系的同时，不会察觉到自己正通过思辨上的颠覆，摧毁实在所具有的奥秘。最后，当他的想象发明出神性堕落这出戏剧时，为了通过他的思辨行为将这出戏剧引向其救赎结局，他必须漠然无视如下事实：他正在放纵他的权势欲（libido dominandi）。我所强调的是，为构建一种灵知主义体系所

需的这种漠然无视何其强烈，而这是为了强调，要想使灵知主义畸变得
65 到理解，就必须具备强劲、明晰的终末论意识。在考察了灵知主义的历史之后（它的绝大部分表现属于或者源自基督教范畴），我倾向于认为在基督的显现中有一种强大的推动力，它使终末论意识成为一种既塑造人性又毁灭人性的历史力量。

均衡的丧失——灵知主义

对终末论意识的灵知主义畸变与该意识从古至今的分化是相伴始终的。然而，这一平行过程的许多方面仍然模糊不清，以至于实际上有时甚至连其真实性都受到怀疑。导致困难的是，那些体系在建构时所使用的具体想象图景是多种多样的。的确很难将那些表现形态差异巨大的灵知主义思辨，例如《瓦伦廷福音》（据说它即便不是瓦伦廷亲自所作，也是出自其徒众之手）与黑格尔的体系，视为同一种类的不同个例。因此，我将区分灵知主义体系的实质内核与可变部分。该实质内核是这样一种事业：使位于人身上的灵由其位于宇宙中的异化状态，通过基于知识的行动，回归位居超越的神之灵。而且，灵知主义思辨者想要回归的超越之神，必定等同于"未有宇宙之前"的创世张力之神，而非等同于创世神。于是，该实质内核就能通过诸多符号化表达，例如在瓦伦廷的那些思辨中出现的前创世心理剧，加以想象式扩展。该心理剧叙述了神性的堕落，并为此目的使用了一大批作为工具的角色：神圣的完满（Pleroma）和三体一线（Syzygies）、来自永恒的八尊神（Ogdoads）、十尊神（Decads）和十二尊神（Dodecads）、高级的与低级的索菲亚（Sophia）、造物主（Demiurge）、宇宙创造者（Cosmocrator）和全能救世主（pleromatic Savior）。如果将这些变化多端的扩展及其丰富多彩的人物视为典型的灵知主义符号化表达，就像人们经常以为的那样，那么就会顺理成章地引起对"那些现代体系究竟有没有灵知主义特征"

的怀疑。然而，为了要维持这种反对意见，就必须无视如下事实：被现代的灵知主义者奉为祖师的，并不是瓦伦廷或巴西利德斯，而是《约翰福音》。例如，人们必须无视谢林就基督教的历史提出的一条三阶段法则：在彼得式基督教之后，迎来的是保罗式基督教的改革，如今又将 66
继之以由德国的各种思辨体系构成的约翰式基督教。就现代灵知主义的原型案例（黑格尔的体系）而言，它与瓦伦廷的思辨在实质内核上相同，但具体的想象图景则无疑是约翰式的。因此，灵知主义的历史中的那些含混不清之处，并非源自古代体系与现代体系间的真实差异，而是出自对古代灵知主义的一种特定理解，即过于狭隘地仅专注于那些以心理剧的方式进行思辨扩展的实例。因此，如果要将《新约》作品中的"灵知主义因素"理解为一种独立的灵知主义表达，与更为显眼的埃及、叙利亚以及安纳托利亚变体并列，那么就必须以基于种类特性的概念，来取代依据表现形态得到界定的概念。为此，必须将灵知主义对意识的畸变置于"天下时代"（这是本卷的主题）的现实层面与精神层面的语境中。

我所指的这一种类共有的语境是帝国扩张与意识分化之间的相互作用。就现实层面的历史而言，灵知主义源自为期六个世纪的帝国扩张与文明破坏。由波斯人、亚历山大及其后继者，以及最终由罗马人进行的普世（ecumenic）扩张，摧毁了古代近东的各个宇宙论帝国；这些普世帝国又彼此摧毁，直至罗马的胜利。以色列和古希腊，这两个分别出现了灵性之光与理智之光的社会，也沦为该进程的受害者。对于在社会中的生存所采取的那些传统形式来说，征服所造成的这种现实层面的影响是突如其来的；而在精神层面，对局势的反应并不及时，无法与这种突然性相匹配。当那些社会（它们通过那些古老的符号来表达其有秩序的实在）失去政治上的独立，这些符号的神性权威便受到损害，而新生的帝国秩序所拥有的（至少在一开始），不过是权力的权威。因此，就经历了这些事件的各民族而言，他们的灵性精神生活与理智生活*便面临着与实在（体现为具有以社会的方式而塑造之秩序的生存）相分离的危险。社会和宇宙（前者是后者的一部分）往往被体验为一片无序领域，致使实在的有序领域只剩下处于朝向神性超越的张力之中的个体生存。由此，那片能够被体验为由神塑造秩序的实在区域便出现严重退缩。

67 但是，神性秩序退缩至个体生存的领域，绝不应被误认为意识的一种分化。相反，关于实在秩序的图景发生了畸变，因为各种民族文化信奉的宇宙内众神已不足以对一个帝国社会确立的超民族人性进行符号化表达，而那种分化（它能为由各个帝国强行造成的、现实的普世性增添关于普遍人性的精神意识）则尚未出现。这并不是说，生活在被那些帝国吞没的多元文明区域中的人在遇到这些事件时完全无助，而是说，他们必须找到某种介乎关于宇宙的真理和关于生存的真理之间的形式来作为回应。在巴比伦和埃及受到来自波斯和希腊的征服所造成的冲击后，宇宙论信仰和对古老神灵的崇拜依然延续着，正像希腊城邦在被罗马征服后，对城邦众神的崇拜也依然延续着；反过来，那些征服者也通过认可从那些古老神灵中明智地挑选出来的，或是着意新创的一众高级神，尽其所能地为他们的普世征服提供支持。于是，在社会性的各种信仰得到普遍传播之后留下的个体秩序空缺中，希腊的各种神秘宗教获得了跨文化的传播，成为个体生存所遵循的救赎论秩序（soteriological order）采用的新形式。然而，宇宙论形式的精神为适应普世格局而进行的这些调整，并未满足所有人。正如灵知主义的爆发所表明的那样，在这些多元文明帝国中，必定有一些思想家和群体曾经察觉到，这些调整不过是权宜之

* 但凡沃格林将spirit（或其形容词spiritual）同intellect（或其形容词intellectual）并置之处，均将spirit译为“灵性精神”，以便更好地凸显与intellect（理智）的区别。同时，在沃格林的语境中，即使不与intellect并置，spirit往往也是在与intellect有所区别的意义上使用的。体会这一点对理解沃格林的思想十分重要。——译注

计。在古希腊的这种融合表象背后，人对其人性的理解正在发生更加深刻的变化。

只要以下提到的这些种类共性因素未被清晰辨识，灵知主义爆发的原因与结构就仍将是个谜团：帝国的扩张对秩序的破坏效果；实在所具有的神性秩序退缩至个体生存领域；在缺少某种充分的灵性分化的情况下，难以用“宇宙论众神”这一亲宇宙（pro-cosmic）的形式来表达反宇宙的退缩；反宇宙主义（anti-cosmism）在以色列—犹太历史中的逐步阐发；基督的显现所起的催化效果；还有一种自相矛盾的欲望，它来自由哲学进行的理智性分化，试图将无序的实在和由其获得的解脱，都纳入某一井然有序、可被理解的体系。即使这些因素均得到关注，仍然会有许多疑问有待解决，但那时至少就有可能避免某些错误。 68

首先，灵知主义运动中的反宇宙主义并非基督教的一种畸变。这是由于，通过将神性秩序退缩至对意识的超越，灵知主义歪曲了实在，而这先于由基督教所进行的灵性分化。教父们将灵知主义视为基督教的一种异端而与之斗争，这诱使人们夸大了基督教的催化作用，并误认为灵知主义依附于基督教。因此，考虑到反宇宙的意识在前基督教时期的滋生，我们就能更加清晰地看到，灵知主义的实质内核肇始于以色列—犹太地区，而非那些多元文明帝国的任何其他区域。这一事实并不应当使人感到惊讶，因为摩西及其他先知同宇宙论形式的帝国的决裂，业已创造出一套灵性意识的言语，在遭遇到那些普世帝国时，这套言语能得到运用和进一步阐发。尽管我们必须承认这一事实，以便给基督教中的“灵知主义因素”以恰如其分的地位，但我们也不应夸大其词地认为，犹太起源是灵知主义的唯一源头。面对那些心理剧式思辨（它们的符号化表达所依据的，是普世征服者们占领下的波斯、巴比伦、叙利亚和埃及的文化），这种夸张便无法成立。

就实质内核的这些扩展而言，它们的史前史是模糊不清的。的确，在心理剧中用到的那些符号的源头，可以追溯到那些前普世文化；而且，关于灵知主义的伊朗、巴比伦或一般而言的“东方”起源，已有不少理论。然而，这些理论并不十分让人信服，这不是由于这些符号的起源存在问题，而是由于在经验层面上，在较早时期对这些符号的宇宙论用法和较晚时期的反宇宙用法之间必定发生过的那些变化，无法得到充分的文字记录。当然，有关这段过渡期的文本呈现也有可能是佚失了，或者尚未被发现，但我还是更愿意这样推测：堪与有关这一过程的以色列—犹太文字记录相比的资源从未出现过，因为在该帝国的“东方”地区并未发展出有关灵性意识的类似语言。基于对那些伟大的灵知主义体系的调和主义特征的一项观察，这一推测得到进一步的佐证。当这种心理剧在瓦伦廷式思辨中显露出来时，它的符号化表达并非来自某
69 种特殊的文化，而是不加区别地使用了埃及的八尊神和毕达哥拉斯的四元组（Tetrad），以及伊朗、巴比伦、以色列和基督教的各种符号。如果这种调和主义被视为理所当然的，就像我们在表现形态的层面上经常看到的那样，那么重要的经验意涵就会受到忽视。因为在前创世心理剧这个具体案例中，它所用到的那些符号已经同它们在原文化语境中所发挥的功能脱离；在从宇宙中解放灵的游戏中，灵知主义思想家的想象随意地搬移这些符号。那些神圣形象不再是为宇宙论形式的社会所尊奉的宇宙内众神；尽管依然拥有相同的名称，但它们其实是一种新型的符号，是在普世—帝国形式的社会中，由对生存异化经验的精神回应所创造的。

我斗胆提出，必须将具有调和主义特性的唯灵论（spiritualism）视为一种自成一类的符号形式。在多元文化帝国中，它出现在分化程度较低的文化区域，是在抵抗某种令人不满的普世秩序的过程中，作为应对普遍人性问题的手段而出现的。因此，就这个方面而言，必须将这种唯灵论视为一种带有抵抗性质的符号化表达，它可与犹太教中的启示录式发展相提并论——但也只是在这方面相似，因为调

和主义并不知道帝国之内的边界。灵知主义心理剧接过以色列的各种符号，正如启示录接过“东方的”各种符号。一个相对无害的案例是，有名字的天使（也许来自伊朗）出现在犹太教著作中，例如《但以理书》中的加百列。在大约公元前165年，亦即《但以理书》成书之前，天使们是没有名字的。不过，正如围绕着著名的《珍珠赞美诗》发生的争论所显示的那样，对于调和主义唯灵论所采用的主要表述，如果我们试图追踪并确定它们出现的时期，事情就会急遽地变得复杂起来。

这篇赞美诗包含在伪经《多马行传》中，但与这位使徒的叙事关联十分单薄，以至于有理由认为它是一首插入《多马行传》的外来诗篇。于是，权威们在如下这个问题上出现了意见分歧：这首有着确定无疑的宇宙不实论（acosmism）、灵性与救赎论内容的诗篇，究竟是一项能证明确有前基督教的伊朗灵知主义的文本呢？还是代表了位于叙利亚地区的默思反语式（Encratistic）基督教的精神，其时期必须确定在公元2世纪？参与其中的有像汉斯·约纳斯（他持前一种立场），和吉勒斯·基斯佩（他持后一种立场）这样的出色学者。这一分歧的解决看来不会是一蹴而就之事（如果它最终能得到解决的话），因为它是由调和主义 70
唯灵论的发展过程中尚未得到充分探讨的那些问题所引发的。尽管前创世心理剧是该过程可能走向的形式之一，但它并非唯一可能的走向。那位体验到神性秩序退缩至个体生存的唯灵论者，并不一定要将其经验中的宇宙不实论扩展为以反宇宙的方式来建构作为一个整体的实在；就像这篇赞美诗的作者那样，他能将自身限制在关于生存秩序的张力之中，并将其符号化表达为从此世的恶龙那里夺取救赎珍珠的斗争。在这个案例中，确实很难确定的是：这一文本究竟是应该被理解为通向灵知主义的前基督教步骤？还是灵知主义在早期基督教语境中的表达？抑或是一首富有叙利亚基督教典型色彩的非灵知主义诗篇？那位唯灵论者通过具有调和特性的方式探寻未知神，这与上述任何一种语

71 境都相容。[2]

---

2 关于天使在犹太教启示录中获得名称这一点，参见D. S. Russell, *The Method and Message of Jewish Apocalyptic*（Philadelphia：Westminster Press，1964），243 ff。

《多马行传》，连同《珍珠赞美诗》，见于*The Apocryphal New Testament*, trans. M. R. James（Oxford：Clarendon Press，1960）。并参见汉斯·约纳斯的译文*The Gnostic Religion*, 2d ed.（Boston：Beacon Press，1963），113 ff。主流意见将这篇赞美诗视为灵知主义的，因而将其收录在灵知主义文集中。参见Robert Haardt, *Die Gnosis*（Salzburg：O. Müller，1967），138 ff.，以及*Die Gnosis*，ed. Werner Foerster（Zurich：Artemis，1969），1：455 ff。关于默思反语式解读，参见Gilles Quispel, *Makarius, das Thomasevangelium und das Lied von der Perle*（Leiden：E. J. Brill，1967），39—64。

关于灵知主义及其伊朗起源的研究仍然囿于将18世纪出现的意见编纂术（doxography）范畴"二元论"用于分析琐罗亚斯德教和灵知主义。作为一个新造词，"二元论"这个术语是由托马斯·海德（Thomas Hyde）在他的*Historia religionis veterum Persarum in 1700*［Lalande, *Vocabulaire*（Paris：Presses Universitaires de France，1962），s.v. Dualisme］中首次使用的，它被用于分析琐罗亚斯德教的光明神（Ormuzd）和黑暗神（Ahriman）这两个符号化表达。通过皮埃尔·培尔（Pierre Bayle）的*Dictionnaire Historique et Critique*，5th ed.（Amsterdam：Par la Compagnie des Libraires，1734），*s.v. Zoroastre*，海德的二元论解读得到了延续和更广泛的接受。然而，海德也意识到，所谓琐罗亚斯德教的"二元论"是有争议的，并与一项替代性的看法有关联，即"善神和恶神并非最根本的，而是由某个高级神所创造的实体"。培尔接着详细讨论了这个问题，并将善神与恶神的非受造特征确立为"两种永恒的原因"（deux causes coëternelles）。为了支持他的论断，他提到普鲁塔克的看法（*Isis and Osiris*，369D ff）。这段话对此处的调和主义唯灵论问题来说相当重要，因为普鲁塔克确实提到了作为琐罗亚斯德教义的善神与恶神，但他也意识到，以这种形式呈现的教义是毫无意义的。如果宇宙中有两项相互对立的原则，它们便不可能是最根本的；在其背后的是**自然**（physis），它是善与恶的源头（arche）（出处同上，369D）。普鲁塔克认为，光明神与黑暗神是业已进入调和主义用法的宇宙内神灵；在唯灵论者的思辨中，它们只有在与位于它们背后、作为未知神的**自然**联系在一起时才有意义。琐罗亚斯德的《迦特》（Gathas）并非"二元论的"，这一点如今已为如下研究证实：R. C. Zaehner, *The Dawn and Twilight of Zoroastrianism*（New York：Putnam，1961），以及Walther Hinz, *Zarathustra*（Stuttgart：W. Kohlhammer，1961）。因此，我倾向于认为，在帝国时期的琐罗亚斯德教中（它确实带有"二元论"特征），有着在普世主义压力下的生存退缩而导致的产物。鉴于"二元论"并非源自琐罗亚斯德教，而是在那可能通往灵知主义的进程中已然出现的一种调和主义退缩，我的上述观点将为在伊朗"二元论"中寻找灵知主义的起源提供支持。这里提到的这些问题的众多分支，可在以下著作中见到：U. Bianchi, ed., *The Origins of Gnosticism: Colloquium of Messina*（Leiden：E. J. Brill，1967）。

神性秩序退缩至个体生存的领域，还有造成这种退缩的动因，在以色列—犹太案例中有着最清晰的体现。这一过程可被描述为一系列以逃离为主题的、愈发激进的变化形态。首先是在现实层面逃离埃及，这同时也是在精神层面上从宇宙论形式的帝国统治下逃离。神之子的身份，从法老身上转移到了直接生存于耶和华之下的以色列人民身上。然而，为了在现实层面存活下来，处于神的王权统治之下的部落联盟必须像其他民族一样，赋予自身一位作为神之子的统治者、一位国王。除了人民之外，又确立一位神之子，这给政治上的符号化表达增添了模糊性。在大卫—所罗门帝国和后续各王国存在期间，这种模糊性始终不曾在理智上得到过充分解决。公元前8世纪，现实中的王权统治与先知所主张的神权政治原则（theopolitism）之间的冲突在如下的以赛亚式要求中臻于极致：国王在战争中不应依赖堡垒与军队，而应仰仗他对耶和华的信仰，因为后者将会奇迹般地使国王的人民远离危险。先知的这种变形信仰期待通过王室的信仰行为而对战争的胜负施以奇迹般的改变，这标志着不仅要逃离宇宙论形式，而且还要逃离在社会和历史中的生存所具有的现实结构。接下来，当居鲁士在公元前6世纪征服巴比伦时，"第二以赛亚"（Deutero-Isaiah）提出了"作为受难仆人的以色列"这个符号化表达，这个受难的仆人如今将要自立，作为"各民族之光"和"各民族的君主与领袖"。在创造世界并与以色列立约之后，历史如今进入了作为神之国的第三阶段，这个阶段囊括了所有民族，并以耶路撒冷作为精神中心。以色列不再是众多民族中的一员，而是将所有民族都转化并纳入以色列自身；在又一次逃离中，她必须由其自身开始，将救赎的消息带到世界的尽头。创世神（bore）已被转化为所有人的救赎者（goel）。最后，在公元前2世纪，在与塞琉古帝国的冲突中，这种符号 72
化表达采用了《但以理书》中的启示录形式。各个帝国的前后相继是无意义的；无论是在现实层面战胜帝国敌人，还是在精神层面转化人类，都没有成功的希望。如果要重新引入神性秩序，那么，由于实在的当下结构是没有意义的，来自神的干预就必须改变这个结构本身。对以神性秩序加以塑造的实在的意识，已然退缩成一位启示录式思想家的幻想。为神的那些使者准备的舞台已经搭好，他们彻底放弃被创造出来的实在，转而重点关注关于从宇宙的救赎性逃离的灵知。

这个以色列案例充分揭示了问题的实质。退缩过程是通过开端与超越之间均衡的丧失来对意识进行的干扰。而且，由于这种干扰的影响远比各个普世帝国深远，以色列式的启示经验作为一种独立的、打破均衡的因素进入人们的视野，因为以赛亚的各种变形期盼，都来自他对“在由耶和华信仰构成的秩序与政治生存的权力秩序间存在着矛盾”这一观点的认识。在这种经验中，终末论取向非常强烈，以至于先知能以一种预见性的精神完美要求来抗衡宇宙与社会，并宣布不符合这种要求的实在不再有意义。先知唯灵论中特有的这种扭曲，可被历史性地理解为在部落社会进行的灵性分化的结果，它缺乏理智性分化和概念区分。逃离埃及是对逃离宇宙论形式，以及逃离超越了部落联盟形式的政治组织进行的紧凑的符号化表达。通过比较以赛亚和柏拉图在对待“如何认识社会秩序中的生存真理”这个问题上的态度，这种古老的紧凑性所起的效果将能得到更清晰的显现。柏拉图关于社会的正当秩序的分析以哲学家—王和王权统治者这两个符号为顶峰，他在这样做时充分意识到由人性和现实层面的历史过程所造成的阻碍，这限制了典范城邦成为一个社会实际采用的制度的可能性；他既强调这个典范城邦不大可能得以建立，又强调如果它竟然真的得以建立，那么其衰败也是不可避免的。以赛亚的信仰以关于和平之王的幻想为顶峰，这个和平之王将采取为务实的国王所拒绝的信仰行动。当以赛亚这样做
73 时，他信赖那种将颠覆实在之结构的行动所具有的魔力，也信赖他自己的建议，并将它视为一种关于颠覆性改变的灵知。如果先知的灵性思维中的这种古老魔法因素与一系列政治灾祸相叠加（后者似乎支持了“现实层面的实在并无意义”这种观点），那么这一灵性过程看来便一定

会在其内在逻辑的作用下导向灵知主义。虽然灵知主义并非一种犹太运动，而是在普世帝国中出现的多元文明运动，但对它独有的激情和世俗层面推动力的理解，离不开这段先知性的、启示录式的灵知主义史前史，它以基督的显现为顶峰，是一项重要的起源因素。

重拾均衡——斐洛

灵知主义，无论是古代的还是现代的，都是死路一条。当然，这也是它的吸引力所在。魔法灵性思维让沉迷其中的人在面对不符合精神要求的实在时拥有一种优越感。无论这种沉迷是采取古代常见的自由意志论（libertarianism）和禁欲主义（asceticism）的形式，还是采取现代的形式（建构各种体系，其中包含着终极真理，必须通过暴力、集中营和大屠杀的手段强加于拒不服从的实在），沉迷其中的人都被免除了在宇宙中生存的责任。由于灵知主义用唯灵论或理想主义（idealism）编织的光晕来包围人身上的权势欲，并且总能通过指出世间的罪恶来滋养它的正当性，所以，一旦魔法灵性思维作为一种生存模式进入历史，人们便难以预料它将导向何种有吸引力的历史结局。然而，就其拒斥在宇宙的诸般条件下（在宇宙中，实在通过灵性意识与理智性意识变得明晰起来）进行的精神与理性生活而言，它是死路一条。除了接受宇宙的奥秘，没有其他方案可以取代终末论的狂言。人的生存是对实在的参与。它迫使人们不仅有责任从理智上探索实在之结构（在其可被理解的限度内），而且要在灵性精神上直面有关其运动的洞见（这样的运动是从神性开端到对其结构的神性超越）。

在多元文明帝国的理智条件与灵性精神条件下，再加上犹太人和希腊人的流离失所，均衡的恢复过程就像其丧失过程一样复杂。在一种有活力的均衡中，精神层面的退缩运动，必须与在普世—帝国社会中的生存相适应；以色列对意识的灵性分化和古希腊对意识的理智性分 74

化，都具有一神论趋势，调和主义唯灵论中的宇宙内众神则必须让位于这一趋势；如果以色列—犹太灵性思维想要在理智上更加优越的古希腊文化氛围中站住脚，它就必须吸收哲学家的理智性思考；至于哲学家，他们的理智性分化从未挣脱通过宇宙内众神来对神性显现加以符号化表达的做法，但此时则必须接受犹太和基督教灵性思维对位居超越的唯一神更加激进的分化。该过程如同灵知主义的产生一样，并不为任何一种先前的民族文化（罗马、希腊、波斯、埃及、巴比伦、以色列）所特有；它是多元文明社会发现自身实为一个普世社会的过程。在此过程中出现的各种运动和符号化表达（无论是像塔木德犹太教、基督教、灵知主义、斯多葛派哲学、怀疑论和新柏拉图主义这样的重大产物，还是像赫尔墨斯教派、炼金术和占星术这样的较小产物），都代表了一个正在生成的新社会变动不居的文化中的各种压力与张力。然而，尽管这个过程创造出一片极为多样化的、开放的现象领域，但它是有方向性的。这是由于，由各种灵性与理智性分化带来的意识所构成的标准，以及由帝国权力在现实层面造成的紧迫事态，主导着该进程的运作机制。当查士丁尼将此进程的结果在他关于皇帝的观念中加以符号化表达后，历史上的这些势力所具有的优势力量，以及它们所导致的方向，都得到了彰显。在查士丁尼看来，皇帝代表了那个新社会中三种权威的来源：皇帝是宗教法官（religiosissimus juris），以最具责任心的方式掌管着基于哲学的法律；他是信仰的保护者，这种信仰的形式是由议会确定的；他还是统帅（imperator），是以军队为基础的帝国权力的最高长官。

在那场旨在为那个普世社会找到均衡意识的斗争中，关键的一环是犹太教在亚历山大与哲学的相遇，这场相遇的顶峰是比基督年长一些的同时代人斐洛的著作。斐洛以对《圣经》的哲学评论为文字工具，将灵性洞见与理智性洞见加以融合，这奠定了方法与问题的模式，并在后来为教父们在融合基督教与哲学时所遵循。斐洛所发展出的解经方法被称为隐喻解读法（Allegoresis）；由这种方法所预设和带来的问题模 75
式包括：将《圣经》视为神之言语，理性与启示、信仰与理性问题，以及将哲学视为《圣经》的侍女。正如沃尔夫森所强调的那样，斐洛为接下来十七个世纪中关于犹太教、基督教和伊斯兰教的宗教哲学奠定了基础，直到斯宾诺莎在其《神学政治论》中突破了这一模式为止。在这一大段历史过程中，这种复杂的符号化表达的分层结构变得模糊了。上述问题脱离了造就它们的那种隐喻解读法，并获得了自身的权威性，成为理智辩论中不可置疑的前提。而且，斐洛的隐喻解读法还脱离了在普世帝国中出现的多元文明社会的各种问题，正是这些问题促成了该方法的出现。关于西方理智史上这些千年以来争论不休的问题，有大量的资料。这种符号化表达的经验起源被淹没在其中，很难辨识。

而且，在对斐洛著作的历史影响的评论上，我必须比沃尔夫森更进一步。由斐洛所奠定的模式的影响，并不仅限于关于犹太教、基督教和伊斯兰教的宗教哲学。在那些作为新类型的《圣经》而被创造出来的意识形态体系中，在将哲学当作这些新《圣经》的侍女的做法中，以及在理性与那种新获启示的真理的冲突中，斐洛模式的影响都得到了延续。对20世纪的理性生活而言，这种斐洛式符号化表达仍然是一项重大障碍。由于它所起的阻碍作用在很大程度上有赖于“它已成为西方思想中的一种无意识结构”这个事实，因此，我必须使人们意识到它在天下时代的那些问题中的起源，以及与这一起源相关的那些有所欠缺之处。

不过，在详细阐述这些欠缺之处前，我必须先回顾一个使它们变得重要的综合性问题——意识通过回归宇宙起源论而重获均衡。

在犹太传统中，通过重申“律法书”（Torah）相对于先知的权威，可以反制各种灵性极端主张；而在律法书之中，一种实际上摆脱了各种宇宙内神灵观念影响的宇宙起源论，有助于将人承认为这个神创宇宙

的公民。斐洛在他的评论文章《论创世，根据摩西》中，充分利用了这
76 些可能性。斐洛认为，律法书是一套由摩西提供的法律体系，而其条款本身则以创世叙事为序言。通过这种安排，摩西想让这些条款的接受者理解，这部法律与宇宙相协调，宇宙也与这部法律相协调。遵守这部法律的人是宇宙的公民，因为他通过遍布整个宇宙的自然的意志来规范他的行为。到了这篇评论第一页的结尾，人已被确立为世界公民（cosmopolites），受到自然法与自然之神的法的规约。将被选民族的成员转化为世界公民的这一壮举的确令人印象深刻。而且，应当注意到，cosmopolites这个词可能是斐洛的新造词。它至今仍然经常被归于斯多葛派，但它并未出现在斯多葛派的著作中；犬儒主义者第欧根尼将它归为一句箴言，而那句话又源自3世纪的第欧根尼·拉尔修。在现存的文献中，这个术语首次出现在斐洛《创世》3的文段中。[3]

接下来，在评论律法书的宇宙起源论序言时，作为一项符号化表达的创世叙事的地位成为讨论的主题。尽管斐洛关于这个问题的分析有所欠缺，但我仍将仔细呈现它的结构与动机，因为这一分析奠定了在基督教思想家那里得到延续，并由他们通过中世纪而传入现代的欠缺模

3　关于斐洛，参见Harry Austryn Wolfson, *Philo: Foundations of Religious Philosophy in Judaism, Christianity, and Islam*（Cambridge：Harvard University Press, 1947）。关于斐洛的隐喻解读法以及"《圣经》的侍女"之说，参见Wolfson，出处同上，1：2。关于在教父那里出现的相应问题，参见Wolfson, *The Philosophy of the Church Fathers*, 2d ed.（Cambridge：Harvard University Press, 1964），1：2—4。关于沃尔夫森对此后历史中的斐洛式问题的阐述，参见他的*Religious Philosophy: A Group of Essays*（Cambridge：Harvard University Press, Belknap Press, 1961）。关于犹太教与希腊文化在斐洛之前的相遇，参见Martin Hengel, *Judentum und Hellenismus*（Tübingen：J. C. B. Mohr, 1969）。关于基督教的隐喻解读法，尤其是通过奥利金（Origen）获得的发展，参见以下著作中的相关章节：Jean Daniélou, *Origè*（Paris：La Table Ronde, 1948）；Henri De Lubac, *Histoire et Esprit: L'Intelligence del l'Ecriture d'après Origène*（Paris：Aubier, 1950）；Henri Crouzel, *Origène et la "Connaissance Mystique"*（Paris：Aubier, 1961）。

式。这种欠缺是千年常态，必须通过使人们意识到它而消解它。

有关创世的宇宙起源论突破了基于宇宙内众神，带有其埃及先驱者特征的紧凑型符号化表达，并将位于开端的创世神等同于位居超越的未知神。在摩西和众先知所遇到的历次神显事件（theophany）中，未知神的显现得到了体验。这是一种宇宙起源论神话，其结构受到意识的各种灵性分化的影响。斐洛意识到了这个问题，却宣称这个创世叙 77
事是一套由各种哲学“思想”（noemata）构成的体系。正如《创世》的文本所示，斐洛十分熟悉《蒂迈欧》，因此他本可以在处理这个问题时追随柏拉图的脚步，但他的决定让人颇为惊讶。如果柏拉图能创造出哲学家的神话，作为一种符号化表达，以便在表达有关神性实在（它超出处于居间的辩证法所能表达的范围）的各种问题时，满足理智性真理的要求，并且，如果他具体地创造了《蒂迈欧》中有关造物主的理智性神话，那么，他的后继者本来有可能在有关创世的宇宙起源论中看出一种关于开端的灵性神话。如果斐洛的心中从未出现过这种观念，那么，就我们所知而言，个中缘由与其说是个人的失败，不如说更多地是在亚历山大之后的帝国时代中出现的分析水准的衰落。柏拉图对辩证法和哲学家的神话所做的概念区分业已失传；适合此用途的《蒂迈欧》神话变成了笼统的“自然哲学”。在斐洛的语言中，神话这个词所指的，仅仅是多神论类型的神话，而哲学这个词则泛指任何人关于神与世界的思想。在亚历山大的理智环境中，这种用法是很流行的。由于斐洛试图使创世叙事在这一环境中得到接受，所以宇宙起源论无论如何都不能是一种“神话”，而必须像柏拉图的哲学一样是一种“哲学”，而且是更好的哲学。

因此，必须将摩西本人转化为一位哲学家。斐洛在解读荆棘丛故事时实现了这一奇迹（《飞升》，161 ff.）：摩西根本就没见到荆棘丛的燃烧。作为一位正探究事物原因的知识爱好者，摩西想知道事物为什么衰朽和诞生，为什么在衰亡之余又有残留。通过那个隐喻性的问题“为什么那丛荆棘正在燃烧，却又没有烧坏”*，他表达了对阿那克西曼德所说生成与衰亡的惊奇。不过，在这样发问时，摩西正在闯入神圣的创世奥秘。假如他致力于进一步的探究，那他的付出将要白费，因为人无法参透宇宙的因果结构。因此，救世神的声音来自作为最初起因的神性本原，要求理智探险者克制他的好奇心。“不要近前来”的警告意味着，因果关系这一主题，“事物为什么会如其所是”这个问题对人的理解力
78 来说是不可知的。摩西留心着这个神圣的警告，但他的求知欲（pothos epistemes）此时促使他抬起眼睛，就创世神的本质（ousia）发问。不过，他的探究再次被“没有人能在看见神（Him-Who-Is）的脸后还能活着”这条神的信息所阻止。对圣人来说，能在清醒状态下知道在神之后而来的东西，这就足够了。

《飞升》中的这段话表明了我所说的斐洛式欠缺模式的核心结构。斐洛忽略了由荆棘丛故事所表达的经验，将其符号化表达加以碎片化处理，并将这些碎片解读为对一种不同经验的隐喻。在《飞升》的语境中，这种另类经验仅仅得到简单暗示，在知识爱好者（philomathes）对事物原因的探寻中。而在《创世》69—71中，它则作为哲学家的否定辩证法得到更加充分的阐发：人的灵魂（理智）由通过各门科学思考世间万物开始，上升到思考以太和天体运转，并进一步上升到思考由人所感知到的万物的范式构成的可知世界。当这一上升过程到达可知的理念世界时，无比壮美的景象将使心中充满清醒的陶醉感，这种感觉类似于科律班忒斯的热情，心中有股要见到伟大国王本人的欲望（pothos）。然而，尽管有着持续不断的渴望，但人们却无法达成目标，因为从神圣的源头发出的一缕至为纯净之光，遮蔽了理解的目光。

这段经验描述并非转述的信息。对于以神性本原为目标的生存张力，斐洛确实有清晰的观念。在《迁移》34—35中，他将其详细描述为自己

---

* 《出埃及记》3：2—3。——译注

关于神—人交会、沮丧与欢喜并存的经验(pathos)。有时,当他着手就某个已在心里想明白的哲学话题进行写作时,观念却没出现,因为经验分析并非单单经由人的努力便可达成;他认识到他的尝试是自负的,于是他放弃了,心中充满对神的力量的惊异,因为神能开启或关闭灵魂的源头。在另外一些时候,他在开始工作时脑中空空,观念却突然醍醐灌顶;他发现自己处在一种神性充溢(katoche entheos)的状态中;他不再意识到自我和周遭,也不再意识到所说或所写的东西;他沉浸在由光明带来的欢乐中,拥有最清晰的洞察力,于是对对象加以辨析,并获得了表述对象的语言。 79

我已较为详细地呈现了斐洛的经验和分析的特定方面,以便令人注意到这种状况的独特性。斐洛是一名在灵性精神和理智方面均富于敏锐性的思想家。对于在探寻本原时遭遇的生存张力的经验,由否定辩证法带来的上升,思想在作为居间的实体中的运动,由生成与衰亡构成的无定深处,还有由光明(它隐藏神性本质,从而遮蔽理解力)构成的理智高处对这种运动设置的障碍,斐洛都很了解。而且,对于那种依赖自我的努力所具有的自负(oiesis),科律班忒斯式的热情和神性充溢,清醒的陶醉感,以及在某种无意识状态(panta agnoein)下近似于自动发言与写作、同时又是一种明晰的辨析和符号化表达的活动,斐洛也很熟悉。尽管已有柏拉图对问题的充分呈现,但知识渊博的思想家斐洛未能将《蒂迈欧》的宇宙起源论视为一种理智性神话;因此,他将《创世记》的创世叙事视为一种灵性宇宙起源论,它有关创世的符号化表达依赖于摩西和其他先知对意识的分化;最后,他通过隐喻解读法将文本变得毫无意义,将荆棘丛故事碎片化,将摩西转化为一位哲学家,并且未能理解将神性实在启示为"我是我所是"的灵性经验的意义。

隐喻解读法

斐洛的分析所包含的各种独特性的共同根源,在于他为了解读律法书而发展并运用的隐喻解读法。对斐洛来说，律法书是由挚爱神的摩西撰写的著作。由于通过摩西回归神本身，它呈现了关于神、宇宙，以及人在社会和历史中的生存秩序的真理的终极形式。这部著作并不容易理解，因为它包括两个层面的含义：表面或字面的含义，以及潜藏的、必须通过解读将其提取出来的含义。它的语言带有神谕特征，必须将它神秘的表述变得可理解。通过将神谕翻译为斐洛心目中的哲学语言，潜藏的隐含意义能被提取出来。在《种植园》36中
80 解读伊甸园时，他将问题简洁地表述为："现在，我们必须转向隐喻解读法（allegoria），但凡能看见的人对此都很熟悉；神谕（chresmoi）确实为我们提供了从何处开始的具体标志（aphormai）；因为他们说，天堂里有和我们所知都不一样的树，那是生命之树、不朽之树、知识之树、领悟之树、理解之树以及善恶观念之树。"由于这种花园不会在人世间的土地上生成，那么人们只能讲述它在人的理性心灵（logike psyche）中的生成。因此，斐洛便能接着描述神谕所意指的"德性花园"。

尽管在现存的文献中，斐洛是首位将allegoria这个术语用来指从文本中提取潜藏含义（hyponoia）的思想家，但在他的时代，这种用法可能已经比较流行了。例如，在一封可能写于斐洛仍然在世期间的信件中（《加拉太书》4：24），保罗谈到夏甲和撒拉的故事，将其视为对从西奈山获得的《旧约》和通过基督获得的《新约》的隐喻，并以一种似乎无须解释的方式来使用这个术语。而且，亚历山大的氛围对这样一个术语的需求由来已久，因为在阿里斯托布罗斯（Aristobulos）于大约公元前175—前170年致年轻的"恋母者"托勒密六世的短文中，他已认识到，有必要通过充分的解读来揭示律法书神秘、拟人化的语言背后隐含的哲学含义。而在古希腊本身的氛围中也有同样的需求，用来指哲学家对荷马和赫西俄德的众神的解读，就像普鲁塔克（约公元46—120年）通过在"以隐喻解读的方式进行解读"这种意义上使用动词allegorein

而佐证的那样(《道德论集》363d)。

隐喻解读法的用语,正如对其起源的描述所表明的那样,偶然地出现在公元1世纪,它是为了因应当时的论题来指称一种广泛流行的解释学现象。这种现象有着相当悠久的历史,而到公元1世纪那时显然已进入一个高峰期。该词并非来自分析;它并不具备分析性概念的特征,而是局限于因应当时的论题。因此,它所能表明的,仅仅只是它指称了那种解释学现象,以及该现象的如下显著特性:属于以色列和古希腊文化遗产的重要文献,已遭受严重的含义萎缩;这种解释学明确地带有在新的生存境况下拯救文化遗产、保持历史延续性的目的;由于哲学、犹太 81
教和基督教均积极参与到这项事业中,因此,在建立起新的历史境况,以及在通过它们对生存真理取得的经过分化的洞见而使那种更为古老的文献(这些文献基于较为紧凑的经验和符号化表达)日渐萎缩的过程中,对意识的理智性照亮与灵性照亮均为重要因素。在这种新的境况下,通过将两种相互联结的新含义强加到文本的原本含义之上,"在历史过程中保持含义延续性"这一问题得到解决:首先,古老的符号化语言同使它诞生的那种紧凑经验相分离,人们宣称它本身具有某种表面或字面意义;其次,通过想象,那些紧凑的符号同解读者所拥有的经过分化的经验相联系,从而将这种字面意义转化为潜藏含义(hyponoia)。然而,对该现象的这种有限描述甚至也已经由于加入了分析的成分而改变了它原本只是因应当时论题的特性。如果隐喻解读法的使用者对刚刚描述的结构具有分析性的意识,他们可能就不会投身于这项工作,而是会更偏爱分析,胜过隐喻解读本身。只有当我们认识到,某种理智性半意识(noetic semiconsciousness)状态是隐喻解读思维中的重要因素时,上述现象才能得到理解。

为了在经验动机的层面上探讨隐喻解读法,必须超越刚刚提到的那种做法,即对因应当时论题的指称加以适度分析性扩展。尤其是,我们必须对那些具体的问题认识到位。斐洛的隐喻解读法并不是以随意的方式解读随意选择的文本，而是古希腊哲学与以色列—犹太的律法书在亚历山大的伟大相遇；这是旨在为一个普世—帝国社会寻求文化整合的努力。而且，在斐洛的整合行为中出现的哲学与律法书，并不像我刚刚使用的这种常规语言用法所听起来的那样，带有强烈的古希腊和以色列色彩。这是由于，斐洛的哲学不是柏拉图和亚里士多德以哲学之名发展出来的理智性分析，而作为教义经典的律法书中的神圣言语也不是神经由众先知之口启示的言语。斐洛所说的哲学是古典哲学在由亚历山大的帝国扩张所带来冲击下遭受的改变，甚或是畸变；而作为教义经典的律法书则是对先知的灵性言语的畸变，这源自后流亡时代对一部神圣《圣经》的创造与强加，受到了以色列在历次帝国征服
82 中所遭受政治灾祸的激发。对于斐洛的分析所特有的欠缺（亦即我所说的理智性半意识状态）来说，如果其组成成分没有经受由帝国造成的畸变，那么它们就将是难以理解的。最后，隐喻解读法本身有一段漫长的、普世范围的历史，它在表现形态的层面上已得到充分探讨。对荷马与赫西俄德的隐喻解读可以一直追溯到公元前6世纪晚期来自雷吉姆的蒂亚杰尼，而在斐洛对律法书的解读之前，已有数百年的米德拉什隐喻解读史。对表现形态的追踪将隐喻解读法确立为一种普世现象，但是只有在加上经验维度后，才能全面揭示那些资料所蕴含的意义。这是由于，在斯多葛派之前，对史诗诗人的隐喻解读并非哲学的解读；哲学家柏拉图和亚里士多德对其加以戏谑的反讽，甚至是不以为然。至于米德拉什的解读，从经验层面上讲，要点并不在于隐喻解读法，而在于它被应用于一部神圣的、在古希腊历史中并无等价物的《圣经》。在古希腊这边，必须让哲学产生畸变，以便使它成为一种适合进行隐喻解读的工具；在以色列这边，通过《圣经》的中介，直接的灵性经验受到畸变，以便使它成为隐喻解读的对象。在同一个普世—帝国社会中的理智历史与灵性历史之间，存在这些结构性差异，这需要进一步的思考。

哲学畸变为教条

柏拉图、亚里士多德远离隐喻解读法，而斯多葛派则接受了这种方法，哲学分析的畸变在这一变化中显露无遗。作为一名哲学家，柏拉图从未以此方法解读过荷马和赫西俄德。他将神性实在体验为在宇宙中和在个体的生存中塑造秩序的力量；他将自己对实在的各种结构所进行的辩证探究，视为思想在居间中的一种运动；并且他知道，如果非要对超越了居间的神性实在进行符号化表达的话，那只能通过神话来进行。接下来，那种神话所蕴含的真理将由已被理智地照亮的生存所蕴含的真理来加以衡量。由于那些史诗诗人的神话经不起这一标准的衡量，柏拉图将其完全视为谬误（pseudos），并通过在真实的故事［亦即由他自己的神话诗（mythopoesis）所讲述的真实故事］中创造真实的神话，解决了这一真实神话问题。在这两个方面，他都遵循了赫西俄德 83
的先例，后者用他的神谱论（theogony）所蕴含的真理，同那些更加紧凑的，在他的神话思辨工作中得到吸纳和转化的神话所包含的谬误相抗衡。必须指出的是，当先知将他们的灵性意义上真实的神同宇宙论神话中的那些伪神相抗衡时，运用了同样的方法，也就是将分化过程中较晚阶段同较早阶段间的关系，描述为真理与谬误的关系。当经过分化的关于实在的真理得到密切体验和充分符号化表达后，关于旧真理的各种较为紧凑的符号就变得虚假了。假如就人的人性与神的关系而取得的某项发现仅仅是一项个人事务，假如它并不带有任何社会与历史维度，那么事情也就到此为止了。

虽然柏拉图知道，在旧神话因哲学的兴起而变得虚假之前，它曾经是真实的，但他有时相当强烈地采取这种有关真伪之辨的个人立场，因为作为一位教育者，他必须同史诗神话的社会影响做斗争。他想要教育的那些年轻人先前接受的教育是对史诗诗人的研习，而这些年轻人的指导教师出于自己的见解，在对主题的呈现中运用了各种隐喻解读；同今天的学者一样，每当要接手应对由先前教育造成的可怜的、被意识形态搅乱了头脑的产物，柏拉图丝毫不会感到幸福。正是出于教育者对不当教育的受害者的同情，在教育年轻人时，他拒绝在他的典范社会中使用由荷马和赫西俄德讲述的众神故事。“因为年轻人分辨不出什么是潜藏含义（hyponoia），什么不是。早年接受的任何意见都是根深蒂固、不易更改的。”（《理想国》378D）这段话表明，隐喻解读已具有社会必然性，因为在历经数百年的城邦兴起及其社会冲突，波斯战争，雅典帝国与伯罗奔尼撒战争，还有哲学、悲剧、喜剧与诡辩术之后，关于众神的史诗神话所具有的意义，连同产生这种神话的经验，已经一同消失。这种神话已被按照其字面含义理解为有关众神的故事，他们从事着诸如通奸、乱伦、战争、给人带来战祸等不道德行为。作为一种社会力量，这种字面论（literalism）威胁到年轻人的人性。这是由于，它将这种神话所使用的那些符号所包含的真实真理（作为关于真实的神
84 性显现的某种真实经验的真实表达），转变为由人提出的关于众神（作为认知对象）的各种命题所包含的虚假真理。字面论将符号加以实体化（hypostatize），成为关于对象的命题，从而使符号同经验相分离。对旧神话的字面解读带来了将每一种神话都加以字面解读的危险；而且，由于神话是人可用来表达他对神性实在的经验的唯一一种符号化表达，这种字面解读也带来了另一种危险，即阻碍人通过对神性显现的开放来塑造人性。当人面对一大批分化程度不等的符号化表达时，陷入字面论，或者丧失信仰，都是他们可能做出的反应。有鉴于此，柏拉图在《后法律篇》中提出警告：不要用哲学去搅扰真正虔信者的信仰，因为一旦他的信仰受到动摇，他很可能不会成为一名哲学家，而会变得什么也不相信。然而，如果信仰的丧失已然发生，哲学家可以通过他的教育努力，试着引导转向（periagoge）。不过，通往这一目标的手段是哲学，而不是对荷马的隐喻解读，因为荷马的这种解读未能深入触及令真

实的洞见（无论是旧的或新的）得以产生的那些经验。柏拉图心中所想到的隐喻解读事业具体是些什么，这一点无法确定，但如果它们类似于《克拉提鲁篇》中列举的对众神的词源学隐喻解读，那么他的反讽就很有道理了。亚里士多德只在一处对“这些老荷马专家”有过偶发的评论，他们看到了那些小的相似之处，却未能看见重要的东西（《形而上学》1093a28 ff.）。

由古典哲学到斯多葛派哲学的转变所提出的问题，以及它在当代科学中引起的困惑，已由卡尔·施奈德在他关于希腊化时代（Hellenistic）文化的标准论文中充分描述：“古希腊精神（Hellenism）从科学到宗教的转向确实有一部分归因于柏拉图主义，但在更大程度上必须归因于斯多葛派。对于该转向的真实原因，我们可能永远也无法全部知晓。”[4]尽管我并不认同施奈德的退缩，但我对于由斯多葛派的经验和他们的符号化所导致的这种困惑感同身受。相比原初的符号本身，已经分化的符号所发生的畸变确实更难以理解，因为促成畸变者向来既不会对他们的畸变方法本身加以分析，也没有就他们的动机提供什么信息。然而，探究原因的工作还是必须要做的，因为在世界历史 85
中，使已达成的分化发生畸变的力量与促成分化的力量本身势均力敌。由于斯多葛派思想家发展出来的畸变技巧已通过斐洛在基督教那里得到延续，又通过基督教在那些意识形态思想家对哲学的现代畸变那里得到延续，眼下的这个问题就显得更加重要了。

施奈德所说在斯多葛派哲学中出现的从科学到宗教的转向，意味着（尽管这个问题从未得到阐述）放弃柏拉图对思想在居间中的辩证运动与对神性氛围的神话诗式符号化表达的关键区分。虽然斯多葛派哲学家也从事神话诗的创作，在柏拉图所使用的符号之外增加了新的符

4 Carl Schneider, *Kulturgeschichte des Hellenismus*（Munich：Beck，1969），2：581.

号，但他们不再将神话诗仅仅视为神话诗，而是将这些符号当成指称对象的概念，哲学家必须就这些对象提出命题。字面论曾经影响过史诗神话，如今则被扩展到哲学本身。但是，唯独那种关键区分被放弃了。斯多葛派哲学家既不拒绝对意识的理智性分化（正是它带来了这种区分），也不否认以神性本原为目标的认知张力的实在性，这种张力位于人的心灵中，柏拉图和亚里士多德以理智性的方式对其加以阐发。恰恰相反，斯多葛派哲学家充分意识到它的重要性，从而将抽象的术语tension（张力）引入哲学词汇。柏拉图和亚里士多德仍然使用具体的语言来谈论张力，他们说的是惊奇与转向，探寻与发现，爱、希望与信仰，而斯多葛派哲学家则发展出抽象的tasis来指称事物同其形式间的张力，以及抽象的tonos来指称位于人的心灵和作为整体的宇宙中的、以神性秩序为方向的张力。然而，正是随着这些抽象概念的发展，它们在将张力确认为哲学思考核心的同时，也开启了令历史学家和研究者困惑的实在畸变过程。这是因为，用来表达张力的语言越抽象，它的使用者就越容易忘记，这种语言是神—人交会的一部分，人以本原为目标的张力在这种交会中向自身显明。与一些现代语言学家似乎持有的观点不同的是，并没有抽象的、人能通过它指称由理智性与灵性分化构成的那些神显事件的语言，只有具体的、在对这种事件加以阐发的过程中创造出来的语言。关于真理的语言的出现，是那种真理（它通过启示自身
86 而构成了历史）之奥秘的一部分。然而，产生了那种语言的神显事件随同有幸经历该事件的人流逝，而那种语言却留在了世间。当它进入历史时，真理就必须承载起由死亡与时间带来的重负；二流思想家对真理有一定的敏感性，但无法充分复现产生那种语言的经验，于是，在他们手中，在那种语言中残存的真理能获得某种独立的、与它所源出于其中的那个实在无关的地位。鲜活地存在于那些符号之中的，关于实在的真理，被畸变为某种关于实在的教条真理；由于这种教条真理通过命题的方式指涉的对象并不存在，因而它必须被发明出来。这就是在斯多

葛派哲学中出现的状况。柏拉图仔细地分析了神—人交会，将其视为非物质性的、神性实在与人性实在的居间，亚里士多德则将其视为“参与式实在”（metaleptic reality）*。到了斯多葛派哲学家那里，它在张力的名义下变成了某种被称为心灵的物质性对象。随后，对心灵及其张力的物质化被扩展到神性实在和作为整体的宇宙。最后，通过借助隐喻解读而在斯多葛派哲学中发现荷马与赫西俄德神话的隐含含义，物质化的神性实体（灵魂、逻各斯、以太、自然、宇宙）成为确立对古希腊过往历史的文化延续的基础。

斯多葛派的这种做法受到同时代思想家的注意与批评。关于这个问题的大量信息来自伊壁鸠鲁派发言人韦莱乌斯在西塞罗的《论众神的本性》中所做的批评性呈现。他的批评针对的是将众多符号实体化（hypostases）为众神。据说，芝诺将众神的地位对应于自然法则、以太、理性、星辰、年、月、季节；而在解读赫西俄德的《神谱》时，则剥夺了朱庇特、朱诺和维斯太的神性，认为他们的名字隐喻着某些具有物质性本质的神性实体。克林特斯将神性地位对应于宇宙、世界的心灵与灵魂，以及以太。克里西普斯也列出一份类似的名单，增加了命运与必然性、水、大地、空气、太阳、月亮、星辰，以及至大无外的宇宙整体；在解读俄耳甫斯、穆塞乌斯、赫西俄德和荷马的神话时，他娴熟地将他们笔下的众神吸收进他自己的众神行列，以至于“这些最古老的诗人怎么也想不到，甚至连他们都被弄成了斯多葛派”（1.36—41）。在这位报告者看来，必须将这些教条刻画为“谵妄之徒胡言乱语的幻梦，而非哲学家的看法”，其荒谬程度不亚于诗人对好色纵欲的众神的描写，琐罗亚斯德 87
教巫师（Magians）和埃及人与此类似的“疯狂”奇谈，以及一般意义上无知民众的信仰（1.42—43）。最后，对古希腊哲学的历史纵览可以揭示这一判断的理论依据。从泰勒斯的水和阿那克西米尼的空气，到阿

* Metaleptic（及其名词形式metalepsis）或译为“分有”。——译注

那克萨戈拉的无限心灵和毕达哥拉斯的世界灵魂，再到诸如《蒂迈欧》中的宇宙建筑学，尤其是柏拉图对造物主的构想这种“无用的发明”，有关众神的奇思怪想有着一段漫长的历史，而“斯多葛派幻梦”就出现在这段历史的末期。与斯多葛派的做法一致，这位报告者将从爱奥尼亚哲学家到柏拉图和亚里士多德在理智性分化的过程中发展出来的各种各样的符号，都归结为关于众神的教条，斯多葛派的亦在此列。所有这些教条都是荒诞的，因为它们并不符合由所有部落的人在未获教条之助（sine doctrina）时共同拥有的关于众神的看法（43）。

西塞罗关于“斯多葛派幻梦”的叙述冷静、客观、精确地描述了一种深刻的精神纷扰状态，以及用来逃离这种纷扰的策略，尽管这并非他的意图所在。这种精神上的不安全感是由两个事件导致的：柏拉图—亚里士多德哲学与亚历山大的帝国扩张，二者均通过开启新的视野而封闭了旧的；这种在特征上表现得坚定的逃离的症状，是对柏拉图的神话诗施加的教条畸变和对隐喻解读的沉溺。畸变和隐喻解读的目的在于，通过假装并未发生多少事情，并由此掩盖“不愿面对或无力面对由普遍人性（它是历史的划时代转变的产物）引起的各种精神层面的问题”这一状态，从而将这一转变的规模最小化。这些问题确实难以解决。人们无法从柏拉图和亚里士多德的理智性分化回到宇宙内众神，只能进一步在灵性方向上追求关于生存的真理，其方式是通过在经验层面对来自超越的启示所包含的救赎论和终末论意涵加以回应。尽管柏拉图意识到，哲学必须在灵性方向上运动，但他在发表的著作中把哲学家的神话设定为他的探索极限；如果斯多葛派遵循他的提示，他们就
88 将不得不把柏拉图的神话诗，尤其是《蒂迈欧》，作为一种过渡性的解决置之不理，转而确实追寻未知神，深入到由他对宇宙的超越所构成的灵性深处。而且，这种类型的进展除了能满足哲学思辨的内在逻辑要求外，也将能回应由亚历山大的帝国扩张所带来的相似问题。就像由哲学引发的问题那样，人们无法在征服事件之后再回到被征服的民族

团体各自的文化及其众神那里；人们只能前进到位于所有人普遍尊奉的神之下的普世社会的文化。然而，尽管亚历山大已经认识到这个问题，并尝试了一种解决方案，但斯多葛派并未走灵性分化的道路。他们更愿意接受折中方案，即对柏拉图的中间性符号化表达加以字面化解释，并让发生了畸变的符号吸收尽可能多的灵性因素，这种因素通过宇宙内众神的形式紧凑地存在于关于神性实在的符号化表达中。

在应对新情况时，这种折中并非全无优点。古希腊城邦已被征服，但斯多葛派发展出关于宇宙（作为众神与人们共同的家园和城邦）的神话，这种符号化表达勉强满足了普世社会的诸般需求。它的确不错，以至于丝毫用不上众神的斐洛能从这种神话中提炼出关于宇宙［作为容纳了所有民族的大都市（megalopolis）］的神话。[5]而且，宇宙内灵性思维得到了密集发展，以至于能在一份著名的斯多葛派文献（由克林特斯所作的献给英勇好斗的宙斯的赞美诗）中看到关于它的表达。如果人们试着去想象那不可想象之物，想象一下柏拉图写了这么一篇献给《蒂迈欧》中的造物主的赞美诗，那么，作为这种灵性折中方案的表现，这篇赞美诗的含义也许能得到更好的理解。最后，个体在生存中遭遇的张力十分强烈，以至于将关于冷漠（apathy）的观念视为全面的德性，将关于不动心（ataraxy）的观念视为至善（summum bonum），并由此得以在帝国的条件下保存人的尊严。但是，为了取得这些折中性的成就，必须付出极大的代价。

初看上去，将隐喻解读法应用于史诗神话似乎是一种相对无害的消遣，也许不过是一剂舒缓那些划时代事件所引发震动的止痛药。如果连荷马和赫西俄德都能被转化成斯多葛派，那么斯多葛派思想家反过来也将仍然生活在与这些诗人相同的众神、相同的信仰之下。尽管 89
发生了那些事件，但无论是在人的生存意识中，还是在古希腊的政治文

5 Philo, *De Iosepho* 29.

化中，都没有出现真正的转变；那个普世—帝国社会仍然是希腊的。而且，对文化延续性的这种积极关注可能在某种程度上与如下事实相关：主要的斯多葛派思想家（除了克林特斯）都不是希腊人，而是来自帝国东部的人。那些通过其工作使得对意识的理智性分化在经历了长期的形成过程之后臻于完善的哲学家，并不会为这个问题感到担忧；柏拉图和亚里士多德是足够希腊的，确信希腊就是他们所在的地方。无论可能有什么样的偶然动机，对一种想象中的延续性的建构，都远不止于对那些诗人的隐喻解读；它使古希腊哲学史和哲学分析本身发生了强烈的畸变。这种畸变最知名的症状是所谓的斯多葛派唯物主义，它仍然困扰着今天的历史学家，因为斯多葛派的那些“宗教”倾向似乎与据说是无神论恶棍专有的“唯物主义”不相容。实际上，并不存在这种冲突或矛盾，因为斯多葛派所说的“物质”并非物理学意义上的物质，而是一种想象中的媒介，它使在斯多葛派思想中得到字面化理解的众神，得以通过一种延续了更为古老的古希腊传统的方式来运动。看着像是唯物主义的思想，实际上是一种回归，它绕过柏拉图和亚里士多德，回到由爱奥尼亚哲学家创造的那种符号化表达：在斯多葛派兼具理智性和神话性的眼光中，他们让存在的神性原因同某种首要元素（水、空气或火）相混合。斯多葛派笔下的那种灵是遍布宇宙并塑造宇宙秩序的，的确很难将其与等同于空气和人的灵魂的那种灵相区别，阿那克西米尼赋予后者相同的功能。然而，这种回归并不是真正的回归，因为爱奥尼亚符号中的理智性成分已经展开为对意识的理智性分化，而斯多葛派并不想逆转这种区分。这是一种想象中的回归，对某种想象中的思想媒介的创造使其成为可能。在这种媒介中，宇宙论神话与哲学的差异、在居间中进行的辩证法和在神话诗中进行的辩证法的差异都消失了。爱奥尼亚符号化表达中的神性因素被畸变为某种“物质”，而这种想象中的“物质”随后又变成潜在的实质。由哲学家们的理智性经验所产生的那些符号被这种实质畸变为神性实体，这引发了伊壁鸠鲁派批评者在《论众神的本性》中的鄙夷。一种新的理智游戏、命题式形而上学的游戏开始了，它是在一片想象中的思想领域，同那些想象中的实体进行的。它具有世界历史性（world-historic）的后果，其影响延续至今。这种将符号畸变为教条的做法所带来的直接后果之一，是损害了通过科学对实在的结构进行的探索活动。萨默斯的阿利斯塔克（Aristarchus of Samos）大约在公元前250年提出，如果假定地球绕它的轴旋转并沿着一条椭圆轨道在天空运行，那么各天体的运动就能得到更简单的描述。克林特斯（作为斯多葛派在芝诺之后的继承人）的灵性虔诚从根基上受到震动，要求希腊人指控阿利斯塔克不虔诚，因为他竟敢将作为宇宙中心的地球搬离它的位置。这条禁令一直延续到17世纪。[6] 90

宗 教

当斯多葛派对神话诗的各种符号加以字面化解释时，他们将哲学畸变为有关想象中的对象的概念和命题；当他们进一步将这种畸变后的哲学应用于从古希腊时代流传下来的文献时，他们便通过以一种新的字面—隐喻含义取代符号的经验含义的方法，来使历史发生畸变；在公元20世纪，这些畸变仍然影响着哲学和历史编纂的状态。然而，尽管存在分析上的缺陷，但对于斯多葛派对哲学加以教条化的做法，我们不应仅仅给予负面评价。这是因为，斯多葛派的教条主义，就像后来的基督教神学一样，具有维护文明的目的和效果：在普世格局下的灵性精神与理智动荡中，经过分化的关于生存的真理面临着可能使其瓦解的压

6 Hans von Arnim, *Stoicorum Veterum Fragmenta*, 1: 500.［沃格林这里的引证有误。阿尼姆的观点来自普鲁塔克的*De facie in Orbe Lunae* 923A。在这份文献里，据说阿利斯塔克实际上是假定天空静止，而地球“沿着椭圆”旋转，同时还围绕自身的轴旋转。这有别于椭圆轨道的观念，后者直到开普勒才为人所知。此处评论要感谢阿尼巴尔·A. 布埃诺（Anibal A. Bueno）。——英文版编注］

力，而斯多葛派的教条主义则在这种压力面前，保护了一种已在历史中获得的洞见状态。正是通过西塞罗的天才，这种瓦解性的势力，以及通过语言符号（亦即某种“言语”，它能体现有关位于实在之中的神性显
91 现的真理）来保护这种真理的必要性才被看出。在探讨这个问题时，西塞罗将古老的拉丁术语religio（义务、崇拜、敬畏）发展了，它保护性地囊括了关于生存的真理及其表达——通过对膜拜仪式的遵循和教条而进行的表达。

由于“宗教”这个符号不得不在教条的层次上发挥作用，所以它和“隐喻解读”一样都难以成为带有分析性的概念，但是，由于它被设计用来保护已由哲学取得的洞见的现状，所以它使这种教条能吸收它意在巩固的那种真理。因此，并不令人意外的是，宗教所包含的首要主题与柏拉图—亚里士多德所关注的那些问题紧密相关。用西塞罗的话说，哲学家对神性实在的理解变成了宗教，而那种更为古老的神话则被贬低为迷信（《论众神的本性》2.70—72）。其次，存在着关于神学类型（typoi peri theologias）的柏拉图式问题，即柏拉图式神学与智者类型神学的对立：智者们（Sophists）宣称，即使众神终究还是有的，但他们也不关心人们的所作所为，而如果他们关心，人们也能通过献祭而贿赂他们；柏拉图则坚持认为，众神的确关心人们的所作所为，并且无法被贿赂。在《论众神的本性》的导论中，西塞罗将这一冲突视为推动其工作的问题：“众神究竟是否真的毫无行动，绝不推动任何东西，绝不对事物给予任何指导与管理？抑或与此相反，所有事物是否都是由他们在开端处制造出来并赋予秩序，并在无限长的时间里受到他们的控制和推动？这是一个大问题。只要它尚未解决，人就必然必须在对最重要的事物有着深切的不确定性和无知的状态下劳作。”（1.2）这对西塞罗来说的确是重要的，因为如果众神真的并不掌管人的事务，那么虔诚、敬畏和宗教又如何能存在？如果对众神保持虔诚是无意义的，那么敬畏和宗教（sanctitas et religio）就将消失；而当它们消失后，忠诚、人与人之

间的社会纽带也很有可能会消失，与之一同消失的还有正义，生活就将变得无序、混乱（1.3—4）。尽管这些神学类型很成问题，而柏拉图的决定又得到了接受，于是，西塞罗的推论便将这个问题从经验真理转为教条真理。虚假的神学并不因为哲学家的理智性经验而归于无效；相反，它之所以是虚假的，是因为如果它是真的，就会在心理层面摧毁维系人在社会中的生存秩序的虔诚和宗教。哲学家对意识的理智性照亮得到了接受，但被转化为一种教条绝对（doctrinal absolute），用更为古老的罗 92
马德性——忠诚（pietas）、纯洁（sanctitas）和义务（religio）——来加以符号化；这些类型的神学变成了弥漫于普世社会的教条，它们的受欢迎程度将要由它们对经验绝对（experiential absolute）所施加的影响来衡量。最后，当各种教条符号的等级序列在《论法律》1.42—43中得到罗列时，对该问题的教条式反转显露无遗：至高无上的符号是正义（ius），它只能是唯一的，因而不是独裁或暴虐的随意专断的产物；这种唯一的正义以唯一的法（lex）为基础，而法是正确的理性（recta ratio）；正确的理性是自然（natura）。假如这种符号等级序列没能成为教条真理的话，人就不会有爱同胞的自然倾向，也将不会有敬拜众神的宗教仪式。人们不是出于恐惧才保持这些仪式的，而是将其作为对人与神之间亲密关系的表达。在对宗教的这种建构中，原初的那个问题仍然可以被看到，但它已从热烈的经验分析转为对真实教条的沉默论证。

西塞罗所说的“宗教”取得了极为重大的历史成功。它被讲拉丁语的教父们接过，用来指称自己的教义，并通过讲拉丁语的教会流传到现代西方，并在诸如“宗教哲学”、“宗教史”和“比较宗教”等现代语境中成为一项带有普遍性的论题，可以用来指称处在紧凑、分化或是畸变阶段上的，关于人与神性实在关系的经验和符号化表达。“宗教”并不是一项分析性概念，而是对一个普世—帝国社会具有罗马色彩的部分中出现的特定问题进行的一种论题回应。对“宗教”一词的这种意识实际上已经丧失了。然而，在各种历史相关学科的现状下，这一论题正在引发问题。关于这些困难的一个突出例子，是之前引用过的卡尔·施奈德的观点：主要是斯多葛派导致了希腊化时代从科学到宗教的转向。实际上，斯多葛派不可能转向宗教，因为宗教尚未存在；他们所创造的，毋宁说是一种以教条的方式被畸变了的神话诗，西塞罗将“宗教”这个术语用于描述这个现象；推动他们进行这种创造的，是将灵性权威赋予关于生存的理智性真理的欲望；为了实现这一目标，他们只好对哲学家的神话诗所使用的各种符号进行实体化，使之具有和更
93 为古老的各种紧凑神灵相同的地位。在缺乏一种精神层面普遍的人性（这只能通过基督的显现而成为可能）的情况下，他们能在一个由创世神来合乎神意地塑造秩序并给予指导的宇宙之中，创造出一种精神层面的普世人性。

普世的唯灵论值得关注，因为时至今日，它在“宗教”一词的含义中仍然是一种有效的成分。西塞罗在《论共和国》3.33中就他的信仰进行了表白：

> 真正的法是合乎自然的正确理性……改变此法是一宗罪（nec fas）……无论是元老院或是人民均无法使我们免于它的约束，而且我们无需在自身之外找寻它的解读者。罗马和雅典、现在和将来并没有不同的法；有一种永恒不变的法，它适用于所有时代的所有民族；那个共同的主人和统治者将会是所有人的唯一神，将会是此法的作者、裁决者和制定者。无论是谁不遵守此法，他就是在逃离他的自我，拒绝他的人性，最终他将遭受最严厉的惩罚，哪怕他已逃离通常所说的惩罚。

斯多葛派的religio观念中包含的普世唯灵论在西塞罗的上述表白中得以明晰。它与基督教非常接近，以至于说拉丁语的教父们不仅能接过“宗教”这个符号，用于他们自己的教义成果，而且能通过将这些

成果同斯多葛派的符号化表达相联系，并进而澄清它们。例如，德尔图良在他的《申辩》中就把“宗教”、哲学上的“宗派”(sect)这些术语不加区别地用于犹太人、基督教徒和斯多葛派。在提比略统治时期刚刚兴起不久的基督教宗派，要优于犹太人更古老的知名宗教，因为基督教徒已接受神的普世统治，而犹太人则拒绝接受，尽管他们曾受到“神圣声音”的警告：“在时间的尽头，神将从每一个种族、民族和地方为他自己聚集起更加虔信的信仰者，对他们施以恩泽。”为了达成这一普世目标，神之子已作为人类的启迪者和指导者而到来。接下来，德尔图良将基督教徒所说的普世性神之子置于古老神话的字面—隐喻含义层面上，称赞他与宙斯在各种伪装下与凡间女子生出来的神之子们相比，出身更加高贵，因为基督教的神是圣灵(spiritus)。相对于一头公牛、一片云或者黄金雨，圣灵在教义上更为优越。最后，德尔图良将他的讽刺对象转向斯多葛派。他和芝诺一样，认为神是“逻各斯，也就是言语和 94
理性”，逻各斯创造了宇宙；他和克林特斯一样，将这些神性层面汇集到圣灵中。但是，基督教徒相信，这种圣灵是神的实质(substantia)，能作为言语、理性，以及在世界中实现自身的力量而出现；这种实现来自神性实质，并与其紧密结合，这种实现就是神之子，就是基督。[7]尽管德尔图良的护教热情自有其魅力，而且，观察一下神之子是如何从芝诺和克林特斯所说的宇宙神灵之子转变为圣玛丽之子，也是相当有启发性的，但相互竞争的宗教之间争论的格调却明显变得粗俗起来。更糟糕的是，虽然那些经验性、分析性的话题依然可辨，但围绕教义的喧嚣争论却严重妨碍了对它们的理解。在这些被埋没的话题中，首先是经验标准问题：应当根据什么标准来判断这个普世社会中各种宗教的真理性？第二个话题与第一个紧密相关：承认那些关键经验是建构了历史的划时代事件。因为德尔图良所说的神之子并不能来自西塞罗在其表

7 Tertullian, *Apologeticus* 21.

白中所说的神；正如对《约翰福音》的分析所表明的那样，就连“他是否来自《创世记》中所说的那个创世神”这一点都是有疑问的；他只能来自那个在关于神性超越的直接经验中被体验为未知神的那个神。但是，要想分辨出灵魂向那种超越了反思的真理(super-reflective truth)而进行的反思性上升(reflective ascent)——这种真理作为一个事件照亮了这一反思过程，神性实在通过该事件得以显现在历史中，这就需要比德尔图良更细致的头脑。这些问题直到奥古斯丁的《论真信仰》才得以显明，并在《上帝之城》中得到进一步阐述。[8]

教义畸变的各种次级现象一直持续到现代西方。斯多葛派对哲学进行的畸变，尤其是其中的西塞罗式畸变，一直是种历史常态。这是因为，关于那个普世—帝国社会所产生的法，这种畸变是仅有的详尽教条。它成为塑造罗马法的力量，讲拉丁语的教父们也必须采用它，因为基督教只关注救赎性的灵性思维，这不利于形成一种独立的法哲学。
95 在欧洲律师行会形成过程中的罗马法背景，以及文艺复兴以来的新斯多葛派(neo-Stoic)运动，留给我们“高级法”和“自然法”遗产。“自然法与自然之神法”思想为《独立宣言》所吸收，成为美利坚共和国的根基。然而，在当代的状况中，这种教条性的“法治”正遭遇困难，因为曾经作为基督教在解读自然法时的主要前提的那种精神实质，正在启示录式的灵知主义运动的冲击下趋于瓦解。[9]而且，这种斯多葛派畸变对基督教神学形成理性与启示的二元对立有决定性影响。在柏拉图和亚里士多德的意识获得的理智性照亮中，并无任何“自然”性质；两位思

8 Augustine, *De vera religione*.关于内在的反思，尤其参见39.72。关于《论真信仰》中的宗教和历史，参见“Notes Complémentaires”, in *Oeuvres de Saint Augustin*(Paris: Desclée de Brouwer, 1951), 8: 483 ff。

9 关于亚里士多德所说的physei dikaion(自然法)，有别于斯多葛派的lex naturalis(自然法)，以及与此相关的自然与经验问题，参见我在《回忆》中的两章《论自然法》和《什么是自然？》(Munich: Piper, 1966), 117—152。

想家对该事件的神显性质有着明确认识。认为古典哲学家的这些洞见与不同于“启示”的“自然理性”有某种关系，这是由那些教父发展出来的自负，他们未经批判地将斯多葛派的符号（自然和理性）接受为“哲学”。这种自负依然强有力地存在于当代神学文献中。最后，最为重要的是各种经验符号普遍畸变为教条。在神学内部，由这种畸变造成的深远影响是教义神学与神秘神学之间的持久争论的源头；而在基督教的圈子之外，教条被各种显现自我的（egophanic）意识形态接受为适当的符号形式。对教条化的“神学”与“形而上学”的指责，尚未在社会层面上有效地形成对实在之经验的回归，而是仅仅形成了各种教条化的意识形态。这种教条形式的蔚然成风多次导致了剧烈的“教条之争”（dogmatomachy）这种现代现象，亦即16—17世纪的神学教条之争和所谓的宗教战争，以及18—20世纪的意识形态教条之争和相应的革命战争。

《圣经》

教条哲学是一种次级的符号化表达，因为它对真理的主张有一部
分是来自在字面意义上对理智性神显产生的原初符号的严格接受。然 96
而，这种畸变通过让古老神话紧凑的唯灵论融入新出现的混合型符号化表达，保护了关于生存的理智性真理，使之在普世—帝国条件下免于瓦解。关于宇宙、理性、自然、法、来自开端的创世和注定时间无限的神意的话语获得了神圣性，而这在以往是与奥林匹斯众神的名字相连的。这种带有复古之风的灵性思维背离了柏拉图神话诗的灵性活力，但它使哲学稳定地成为身处宇宙的普世人类所信奉的宗教。

看起来，当以色列的祭司和经师将《圣经》的言语强置于由众先知听到并说出的神的言语之上时，推动他们的也正是那种相同的欲望，即保护珍贵的洞见、防止它们在不利的政治局势下丧失的欲望。不幸

的是，对《关于律法、先知与著作的经书》[*]的形成过程，我们知之甚少，其中包含了关于创世的宇宙论神话的“律法书”[**]更是如此。甚至，对于作为教义的律法书从何时开始采用了我们所知的形式，我们所能做的也仅仅是合理的猜测而已。这部律法书肯定是后流亡时代的作品，它的起源可能与逃出巴比伦的流亡者重新定居耶路撒冷，并在公元前520年后建设第二圣殿有关；一个世纪后，到了尼希米和以斯拉时代，它可能已经以某种形式存在了；到了所谓“撒玛利亚分裂”（Samaritan Schism）时期（可能是在公元前4世纪中叶），它肯定已经以它实际上的最后形式存在了；亚历山大离最后提到的这个时间只不过一代人，而希腊语的《圣经》“七十士译本”（Septuagint）离此也不过一个世纪。但是，从这些时间能确定无疑地推理出一件事：作为教义的《圣经》是为了因应天下时代的各种灾祸而被创造出来的。[10]

关于《创世记》1：1—2：4a的宇宙起源论，我们同样只能做出推测，因为用来建构律法书的那些资料总是与它们当时的语境密切相关。
97 格哈德·冯·拉德在分析这个问题时，不愿接受迟至公元前6世纪这么晚的一个时间，尽管他对那些资料的严谨呈现看上去很难得出别的结论。这是由于，相比在近东环境中出现的众多宇宙起源论，《圣经》的较古老部分对创世神的提及是相当罕见的。在《创世记》14的亚伯拉

* *Book of the Torah, the Prophets, and the Writings*，即《圣经》。——译注

** Pentateuchal Torah，与前文的Torah一样，都是指《圣经·旧约》的前五卷，即《创世记》、《出埃及记》、《利未记》、《民数记》和《申命记》，通常译为“律法书”或者“摩西五经”。——译注

10 关于这些时间（尤其是“撒玛利亚分裂”的时间）的可能性，参见W. O. E. Oesterley, *From the Fall of Jerusalem, 586 B.C. to the Bar-Kokhba Revolt, A.D. 135*（Oxford：Clarendon Press，1932），即他的《以色列史》第二卷，以及John Bright, *A History of Israel*（Philadelphia：Westminster Press，1952）中的相应章节。关于对可能时间的仔细分析和对该项争论的综述，参见S. H. Hooke, *Introduction to the Pentateuch*，见Peake, *Commentary on the Bible*（New York：T. Nelson，1962），168—174。

罕故事中，有迦南人的至高神（El-Elyon）的痕迹；在《王室诗篇》中，有巴比伦的马杜克神（Marduk）的痕迹，他从深海中攫取陆地；而在《创世记》本身的宇宙起源论中，有巴比伦的提亚玛特神（Tiamath）和孟菲斯神学（Memphite Theology）中的埃及神的痕迹，后者用他的言语创造了世界；但是，根本没有迹象表明存在一种以色列特有的宇宙起源论神话。人们也许不必对此过于惊讶，因为耶和华（他使以色列从宇宙论的束缚中解脱，进入在历史中、神之下的自由）肯定不是位于开端的神，而是作为来自超越的"我是我所是"，将其自身向摩西显现。宇宙起源论思辨的缺失仅仅意味着，以色列的祭司和先知们极为关注的是一个新问题：这个民族在那个构成了历史的神显现后的生存。这种灵性启示的力量与重要性，会使人们不再关心对开端的充分的符号化表达。这种局面似乎在公元前6世纪发生了改变。正如冯·拉德所强调的那样，由"第二以赛亚"进行的建构首次将以色列历史明确地推断到开端之时，这一建构使创世成为耶和华救赎事业中的第一项行动，而当波斯于公元前538年征服巴比伦时，耶和华的救赎事业在当时的拯救中达到顶峰。在此形势下，在阐述宇宙起源论时将有关历史创生的思辨推断至开端，的确很有意义。而且，由于这种宇宙起源论在它的总结性自我阐释中，将宇宙的起源阐释为《创世记》2：4a中所说的"当天与地被创造出来时，它们的生成（toldoth）"，那么这也就提示了它产生于公元前6世纪这个时间。作者将在部落时代的历史中使用的语言"生成"运用于创世的各阶段；这种宇宙起源论看上去似乎是专门设计来作为律法书和以色列历史的开篇。[11]

围绕这种宇宙起源论发生过各种学术争论，也有不少人不愿接受公元前6世纪这么晚的一个时间作为其出现时间，这背后的一个重要 98

11 Gerhard von Rad, *Theologie des Alten Testaments*（Munich: Kaiser, 1950）, 1: 140—144.

原因，是难以令人满意的经验分析状况。必须承认，这种宇宙起源论本身，以及在《创世记》2：4b—25中的所谓二次创世叙事中的人类学，都是中间性的符号化表达。如果要让在超越方向上获得的有关神性实在的经验同有关开端的神话相关联，结果就将必定是一种从虚无中的创造（creatio ex nihilo）。然而，这样一种前后一贯的神话诗式扩展将会要求对灵性意识加以更为激进的分化；就我们所知，在以色列历史中未曾出现过如此激进的分化。的确，就《创世记》中的宇宙起源论背离了关于宇宙内众神的神话而言，它具有灵性特征；但是，它使指引以色列人出埃及的那个神变得只不过是在神话诗中占据宏伟的主导地位的角色，而在其他方面则保留了大量巴比伦与埃及的造物主神话背景。在这个方面，《创世记》中的灵性宇宙起源论在结构上与柏拉图在《蒂迈欧》中关于造物主的理智性神话诗相关。在《马加比二书》（2 Maccabees）7：28的表述"神并不是从已有的事物中创造出天与地"中，我们将首次发现一种具有分析性的意识：如果作为开端的神与在朝向超越的张力中被体验到的那个神是同一个，那他就必定是个从虚无中创造的创世者——将会是首次。但是，在昔兰尼的耶逊那里——他可能于公元前1世纪50年代撰写了汇集在《马加比二书》的历史编纂著作——我们已能充分体会犹太教与希腊化环境在普世帝国中的斗争。进一步的分析性洞见——这种宇宙起源论所说的"开端"并不是宇宙时间的开端，而是叙事时间（the Time of the Tale）的开端，该叙事将起源性的神性实在加以符号化——直到斐洛在《创世》26中将柏拉图与斯多葛派有关这一点的洞见加以运用才出现。[12]

事实上，对灵性意识的进一步分化的确出现在了公元前3世纪的犹

12 关于叙事时间和宇宙时间问题，参见Philo，*Quod Deus immutabilis sit* 31；Plato，*Timaeus* 37—38；Chrysippus，*In Stoicorum Veterum Fragmenta* 509。关于基督教语境中神作为时间创造者的问题，参见Augustine，Confessiones 11.13。

太—希腊化社会。在《箴言》1—9中，这种分化带来了一个犹太女性神灵霍克玛（hokhmah）——其希腊版本是索菲亚（sophia），通常译为“智慧”——引人注目、魅力十足的出现。这个新出现的女神具有真正普世性的特征，因为历史学者能在她那里发现古老的埃及玛特（ma'at）、当时赞美诗中的伊西斯（Isis）、迦南人的伊施塔（Ishtar）以及古希腊众 99
多类似形象的身影。而且，她是一个有着多面性的神性力量。她是神之智慧，从开端起便与神同在：“在耶和华造化的起头，就有了我……耶和华还没有创造大地……我已生出。他立高天，我在那里……我在他身边像个小孩，日日为他所喜爱，常常在他面前踊跃。”（8：22—31）但这个小孩也能是神在创世时的筹谋智慧：“耶和华以智慧立地；以洞见（tebunah）定天。”（3：19）接下来，神在创世时的这个伙伴被派往人间。她能作为掌握神性真理、有如女王一般的女仲裁者，用七根柱子建造她的宫殿，摆设筵席，打发她的使女去召唤所有那些“愚蒙”之人：“你们来，吃我的饼，喝我调和的酒。要舍弃愚蒙，就得存活。”（9：1—6）或者，她能作为神庙中的少女站在城门口，招揽潜在的顾客：“世人哪！我呼叫你们；我向世人的儿子们发声。”（8：1—5）或者，她能作为智慧，而君王们靠这来统治（8：15—16）。但是，智慧不是一种能轻易拥有的礼物；就像来自金线、来自柏拉图的神的牵引一样，她的召唤需要得到回应：“爱我的，我也爱他。恳切寻求我的，必能找到我。”（8：17）在智慧背后的是她的创造者，是人如果想当人就必须对其加以回应的那个神：“敬畏耶和华，是智慧的开端。认识至圣者，便是洞见。”（9：10）[13]

虽然这个女神使用了许多形象，反映出从开端到超越的神性实在的显现，但这种广泛范围的经验核心在于“敬畏耶和华”。通过这一表

13 关于希腊化时代讨论**智慧**的文献，以及这些文本的成书时间，参见Martin Hengel, *Judentum und Hellenismus*（Tübingen：J. C. B. Mohr, 1969）。关于由这些讨论**智慧**的文献提出的范围广泛的问题，参见Gerhard von Rad, *Weisheit in Israel*（Neukirch-Vluyn：Neukirchener Verlag, 1970）。

述，朝向超越的灵性张力被阐发为一种意识，它主导了对体验到的真理的符号化表达。在公元前2世纪早期，耶稣—本—西拉（Jesus-ben-Sirach）赞美“对主的敬畏”是开端与完成，是智慧的王冠与根基；他将真理的寻求者描述为这样的人：他就智慧进行沉思，在其心中思索她的道路，像猎人一样追踪她，在她的住所附近宿营，并住在她的荣耀之中（《西拉书》1：14—20，14：20—27）。由于这种智慧思想者（Wisdom-
100 thinker）的沉思实践变成了自我反思，它发展出与哲学家对理智性意识的分化相对应的灵性等价物（equivalent）。犹太的hokhma带有神之智慧与人的智慧这双重含义，对应于神的理智与人的理智（nous）；对智慧的寻求与热爱，对应于爱欲（eros）和爱（philia）；来自神的智慧的召唤与吸引，对应于哲学家所说的受到神性超越的牵引和推动。就连否定辩证法这一符号化表达，连同它的探寻性上升（通过各个领域的存在，上升到神之智慧），也在《约伯记》28的赞美诗中得到充分发展：有人挖掘矿藏，翻开土地找寻珍宝，让隐藏的秘密重见天日。但是智慧从何而来呢？繁荣的商业文明的无价之宝不能带来它；在有生命之地找不到它，死亡和深渊也不知道它藏在何处。“只有神明白它的道路，晓得它的所在”；神对人说：“敬畏主就是智慧。”这个神超越这个世界，只有他知道智慧，并通过使人敬畏主而向人启示通往智慧的秘密途径。柏拉图区分了神的智慧（sophia）与人的哲学（philosophia），这个神便是这种区分的灵性等价物。

然而，在阐述灵性意识和理智性意识时出现的这些平行之处是处于经验的不同媒介中的等价物（equivalence）；它们并不会将那种智慧思想者变成哲学家。相反，“对主的敬畏”令人想起西塞罗以复古的方式诉诸“宗教”，以便在面临由教条冲突带来的动荡时，将其作为真理的来源和尺度；在普世社会的进程中出现的这种复古之风不仅仅是一种言谈方式。当西塞罗用更加紧凑的符号“宗教”来取代哲学家关于人的生存（在神—人的居间、在由居间构成的实在中生存）的分析时，他激活了由这一更为古老的符号所形成的更加紧凑的灵性思维，以便保护已经获得的理智性洞见，但他同时也阻止了经验分析的进一步发展；在斯多葛派将哲学畸变为教条的过程中，他盖上了他的封印。当那些智慧思想者将人的生存的居间符号化表达为“对耶和华的敬畏”时，他们在他们的灵性分化所具有的普遍主义倾向上，施加了一种与契约中的耶和华的限制性关系。这个问题在《西拉书》24中成为讨论的主题。作者让智慧在至高神及其主人面前赞美她自身：她出自至高神之
口，像一片雾一样覆盖大地；她住在高处与深处；她在天、地和海之间 101
巡游；她是所有人和民族的统治者。“来自永恒，在开端，他创造了我，而且我将永生。”（24：9）她是由作为开端的神说出来的。然而，智慧的这种普遍统治随后出现了一些状况，因为万物的创造者命令她在锡安（Zion）建造她的住所（24：8—12）。在总结该赞美之意图时，作者得出结论：智慧是“由至高神所订契约的书，摩西命令我们服从的律法书，作为一项送给雅各（Jacob）会众的遗产”（24：23）。在开端处出现的是律法书，律法书与神同在，律法书就是神。从这种将智慧等同于律法书的观点出发，发展出了后世关于神圣律法书和约翰福音言语的犹太神秘主义。

在多元文明社会相互竞争的智慧带来的压力面前，这种将智慧与律法书相等同的复古观点保护了灵性洞见，但它不可避免地与分化过程发生冲突，这一分化过程体现在有关智慧的文献和将经师（scribe）视为该过程承载者这种意识中（《西拉书》38：24—34）。当智慧和律法书在上述等同关系中的主、谓语地位互换时，这种冲突变得显而易见了。在《申命记》4：5—6中，律法书的律例典章被推荐给犹太人，要求其遵行，因为它们是“你们在其他民族眼前的智慧（hokhma）和洞见（binah）”。在《西拉书》24：23中，自开端起便与神同在的智慧是主语，律法书则是与其等同的谓语。如果《申命记》中的这段话像S. H. 胡克（S. H. Hooke）所认为的那样，并非来自律法书消化吸收的古老来源之一，而是属于它本身的、出现在公元前4世纪上半叶的建构，那它就将

记录下第二圣殿时期共同体在波斯帝国的条件下所具有的自信精神，并且也许会揭示出，当那种神话思辨将由超越神主导的以色列历史推断为由开端神主导时，背后的动机之一是什么。在西拉著述的时期，神话诗的功绩——它创造出宇宙起源论，以此作为适合于一段在立约（Covenant）时达到顶峰的历史的开端——已经是过去时；对律法书的建构则是大约两百年之后的事；此时，这种伟大的符号化表达能被字面化为一种“历史”，神性智慧在其中首先说出宇宙和人（《西拉书》42：15—43：33），然后又说出以色列的“名人”和律法书（《西拉书》44：
102 1—50：21）。在沉思的经师进行的智慧思辨中，他将创世过程同历史过程相融合，这种历史是由神借人之口而说出的言语构成的。有关开端的言语和来自超越的言语都是唯一的神性智慧的展现，它说出唯一的实在。就像古典哲学所使用的各种神话诗符号被转化为哲学教条那样，律法书所使用的神话思辨式的符号化表达，此时被转化为一项关于实在的叙事，它能从创世开始一直讲到那位作者所在的当下。而且，我们必须注意到《西拉书》42：15的这一表述：“通过主的言语，他的工作得以完成。”这是不是首次将“言语”（word）这个符号用于指称创世的神性机制？这一点并不确定，但它肯定是最早一批使用者之一。抽象的“言语”一词在有关智慧的文献中的出现，与抽象的“张力”一词在后古典哲学中的出现相平行。

在犹太教传统和基督教传统中，“摩西五经”意义上的律法书都是《圣经》的第一个部分。根据传统上把律法书视为《圣经》的理解，律法书并不是由后流亡时代的犹太教创造出来的里程碑式神话诗，而是一部有着神—人起源的文献，它从摩西时代开始传播，经过一段未曾中断的中间传承，直到天下时代的那些思想家。《君父篇》在开篇就着重宣扬这一著述与传承路线：“摩西从西奈获得律法书并将其交给约书亚，约书亚将其交给长老们，长老们将其交给先知们；先知们将其交给犹太大会堂里的人们。”接下来，这条传承路线从正义者西缅、一位“犹太大会堂的幸存者”开始继续延续，直到约公元前30—公元10年的希列和沙买（《先贤篇》1：2—12）。正义者西缅可能与在《西拉书》50中被誉为最后一位“名人”的西缅是同一个人；在公元前200年左右严格的拉比*传承者路线中，那些“名人”相对模糊的结局变得清晰起来。[14]

我从上述资料和时间中得出结论：“《圣经》”是一层意义，它被强加于一套由口述信仰传统和文字记载构成的载体之上，以便在那个普世—帝国社会的不利条件下保护它。之所以必须用“强加”（superimposition）这个词，因为律法书并不仅仅是一批古老文献的集合体，而且还是自有其意义的一项神话诗建构。体现这一建构之意图的重要片段，似乎就是《创世记》中的宇宙起源论和《申命记》中的一些部分。而且，这一神话诗不是由一个作者创作，而是一项绵延数世纪的集体工作。这个过程的开端几乎不会早于公元前6世纪；尽管“律法书”本身似乎在公元前4世纪上半叶就已完成其最终形式，但《圣经》的意义继续在其他文献中发散，以至于作为教义的《圣经》不仅包括了律法书，而且还包括了有关智慧的先知和事例，以及公元前2世纪的启示录文献。到公元前2世纪，更为严格的、通向《米什纳赫》编纂者的传承路线变得引人瞩目了；这种更为严格的路线也具有缩小有待讨论和分化的问题范围的效果。短文《节日牲礼》说道：“但凡思忖如下四事者，未曾踏足此世于他更好——天上是什么？地下是什么？往昔是什么？将来会是什么？”同一段话尤其要求，不准在两个人面前详细解释创世叙事，以西结所见到的马车景象甚至不能在单独一个人面前详细解释，除非他是一个能理解自己知识的圣人（《节日牲礼》2：1）。该禁令记录了《圣经》为一个想要在律法之下生存的社会所起的保护功能， 103

* Rabbi，即犹太教教士、犹太教法学教师，希伯来语原意为“知名人物”。——译注

14 在这段话与后续段落中，我引用的是Herbert Danby对《米什纳赫》(*Mishnah*)的翻译（Oxford：Oxford University Press，1950）。

令人印象深刻，因为如果对实在加以探索，则会在多个方向上（启示录式与灵知主义思辨、基督教灵性思维与终末论、异教神秘主义与哲学）带来超越律法的结果，而《圣经》则在实在的各个区域间划定了界线。

在《圣经》起保护作用的各个层面中，最初出现的那些符号也畸变为教条，就像柏拉图的神话诗通过斯多葛派提出的各种实体而发生的畸变一样。那些首先受到影响的符号所关系到的，是相互交织的两个问题：神之言语问题与历史问题。在之前的思考中，这个话题的结构已得到充分澄清，所以现在只需做个简要陈述即可。

有关人在神—人的居间生存的真理所使用的语言，是在那些神显事件（它们带来了起分化作用的意识）中产生的，也是由这些事件产生的。就其含义而言，这些语言符号属于那些经验的居间，它们作为关乎
104 这些经验的真理而从这些经验中涌现出来。只要这个经验和符号化过程未被教条思维所畸变，这些符号所具有的参与地位便是毋庸置疑的。在先知文献中，真理言语能被统统说成是由神或先知所说出的。而且，最初的经验不一定是来自听觉的；言语被“听到”；它也能被“看到”，就像在《阿摩司书》1：1或《以赛亚书》2：1和13：1中那样；或者，景象和言语能混合成有关一场发生在神和先知之间对话的故事，就像《阿摩司书》7里的景象那样；或者，“言语”能从《耶利米书》伟大的神—人对话中出现。经验的居间有一个终点，那些符号从该终点中出现，对有关这种经验的真理加以解释，但该终点本身不能成为命题式知识的对象。如果那种参与式符号（它既是神的言语，也是人的言语）被实体化为一种教条性的神之言语，这种机制能保护已获得的洞见，使其免于在社会中瓦解，但它也能损害对真理之来源的敏感性——真理来源于在时间中、构成了历史的神性显现之流。除非对沉思的行为采取了预防措施，否则，对符号的教条化将会中断重新激活经验、实现语言复兴的过程。当符号同其处在经验性的居间的源头相分离时，神之言语会

发生蜕化，变成人可以信也可以不信的人之言语。

与言语的教条化紧密相关的是历史的教条化，这是通过将言语从关于超越的直接经验扩展为关于开端的经过中介的经验而达成的。正如我所说，关于开端的宇宙起源论神话将会受到关于超越的意识的分化程度影响。因此，只要《创世记》的宇宙起源论被理解为一种神话诗，反映出它的作者也许是在公元前6世纪时达成的灵性分化状态，那它就并没有什么错。当那些以神话思辨的方式创作了律法书的作者将宇宙起源论置于他们笔下的人类（由以色列来代表）历史的开端之处时，他们也没有什么错；当这种宇宙起源论被精细化为“从虚无中创造”时，当那句言语（它将关于实在的真理启示在历史中）被投射回关于开端的宇宙起源论神话时，亦是如此。只有当人的意识在符号化过程中的中心地位（以及人对开端加以符号化的想象能力）被误解为一种能将开端置于意识控制之下的能力时，对超越的符号化和开端之间的关系才会变得在生存意义上具有危险性。这种危险体现在天下时代的 105
灵知主义中。在分析这个问题时，我已强调过，《约翰福音》中的灵知主义“因素”比更加丰富多彩的各种心理剧变体对现代的各种灵知主义运动影响更大。作为这一观点的依据，我要引用能表明这种畸变的典型现代文本，即黑格尔在其《逻辑学》中的自我呈现：“应当将**逻辑**理解为纯粹理性体系（System），理解为纯粹思维领域。**该领域是毫无遮掩、自为的真理**。因此可以说，它的内容就是，**将神呈现为他是在他永恒的存在中，在自然和任何有限存在者被创造出来之前**。”[15]

在开端处是智慧；在开端处是律法书；在开端处是言语；在开端处是黑格尔和他的逻辑。随着这种自我显现的畸变将符号变为体系，而这种自我呈现将这个思想家的意识视为居于开端的神性言语，我们便来到了意识形态教条之争的核心，它使公共空间为致命的怪诞所占据。

15 Hegel, *Wissenschaft der Logik*, ed. Lasson (Hamburg: Tiel, 1963), 31.

结　语

刚刚结束的导论性思考是为了说明《秩序与历史》的原定研究计划为什么必须放弃。但是，最令人信服的理由是，那些既必须得到涵盖又相互交织的问题范围极广，对其加以分析所需的篇幅极大。这篇导言自身所呈现的形式，正是历史哲学在当前历史条件下必须采用的形式。这种形式肯定不是一个由可按时间顺序排列的有意义事件构成的叙事。

在这种新形式中，所进行的分析必须前后左右地探察，以便在各种意义模式在由历史中的人与社会所做的自我阐释之中揭示自身时，从经验上把握它们。这是一种在带有多元节点的意义之网中的运动。然而，在这张网中运动时，一些主要的意义发展路线仍然浮现出来。有从紧凑意识到分化意识的根本性进展，以及分化意识在众多民族文化中的分布。有分布于以色列和古希腊、由灵性分化和理智性分化构成的
106 发展路线。有由普世—帝国征服构成的突进，它迫使先前的各民族文化融合为一个新的普世社会。有各民族文化对这种帝国征服的反应，各条分化路线发展出保护性的畸变路线。以及帝国征服本身，它承载着关于人性（超越于部落与民族层次之上的人性）的某种含义。自从天下时代开始，出现了一种新型的普世人性（ecumenic humanity），这连同其所有复杂含义，作为一种千年常态，一直延续到现代西方文明之中。

在我们的时代，流传下来的关于普世人性的各种符号化表达正在瓦解，因为具有畸变作用的教条化，已在社会层面上变得比那些经验性洞见更为强大，而这些洞见是它原本意在保护的。当前的问题是要从已失去其意义的符号回到构成意义的经验。这一点已得到普遍承认，以至于不必再特别说明。这种回归所面临的巨大障碍来自经年累积的众多符号，包括次级和再次级的符号，它们遮蔽了人于居间的生存实

在。使人们意识到该障碍及其结构，并且在关于实在的真理将其自身揭示在历史之中时，通过去除该障碍而协助达成对此真理的回归，《秩序与历史》的目的正在于此。

该目的决定了这项研究第四卷和第五卷的组织结构。当前这卷《天下时代》呈现的是普世问题及其错综复杂之处。下一卷，同时也是最后一卷，名为《求索秩序》，将研究那些激发了对历史秩序之追寻的当代问题。 107

第一章

历史创生论

在古代东方的各个文明中，研究者将会遇到一种独特类型的思辨，它涉及社会的秩序、起源及其在时间中的过程。

发展出这类思辨的符号表达者（symbolist）让政府统治在某个绝对的起源时间点，作为宇宙秩序本身的一部分跃入生存，并且，由那个时间点往下，他们让所在社会的历史向下延续到他们所生活的当下。然而，在更仔细的审察下，关于起源与当下之间的那些事件的叙事，并不像它所声称的那样是一个同质化的叙事；相反，它在事实上包含两个部分，二者具有极为不同的特征。只有这个叙事的后半部分，亦即延续到它的作者当时的那个部分，才能说它叙述了现实意义上的既成事实（res gestae）；前半部分涵盖了数千年（有时是数十万年）的巨大时间跨度，充满神话传说事件。尽管这些符号表达者拥有一定数量的历史资料可供使用，但他们显然并不满足于仅仅叙述这些资料；他们想要通过创作神话诗的行为来将它们同宇宙秩序的出现联系起来，以便使那些事件带上使它们值得流传后世的意义。通过这种并未脱离神话形式的神话诗推测，他们围绕某个特定领域存在的起源问题形成了某种思辨，它在原则上与爱奥尼亚哲学家们所从事的关于本原、关于所有存在者之根基与开端的理智性思辨并无不同。因此，历史编纂、神话诗以及理智性思辨，都可被识别为这个相当复杂的符号化表达中的成分。

在美索不达米亚、埃及和以色列出现了若干个这种类型的实例，它们之间的高度相似已引起学者们的注意。而且，由于它们对那些历史学家来说是一座宝库——他们想要从中提取出由实际发生过的事件 108
构成的丰富混合物（这些案例已得到充分探讨），以便重构各个古代社会的历史。然而，人们尚未尝试过将这种类型识别为一种独特的符号形式，或是探讨它的发展动机，或是分析其本性。迄今为止，这种符号化表达的确一直处于理论研究兴趣的视域之外，以至于它还没有名称。因此，作为识别它的第一步，我建议将其命名为**历史创生论**。这个名称的选择是出于对这种符号化表达中的以色列实例的考虑，在那里，现实层面的历史被推测至《圣经》意义上的创世。

第一节　神话思辨

一旦这种类型得到这样的辨识，它就会对关于经验和符号化的哲学提出特定的问题。

如果历史创生论是一种关于社会秩序之起源和原因的思辨，那么就必须认为它与神谱论、人类起源论和宇宙起源论同属一类。这一类的所有变体的共同点在于对本原的探寻。从对参与（在实在的神性区域、人性区域和宇宙区域进行的参与）的经验中，出现了关于众神、人和宇宙之起源的问题；与此相似，从对社会领域的经验中，出现了关于社会及其秩序之起源的问题；除了用于表达关于实在之奥秘（它令神性实在、人性实在和宇宙实在的探索者感到困惑）的符号化表达之外，还发展出另一种符号化表达，用于表达同样的、关于社会之生存的奥秘。

这种分类不只是提供了一种通过属加种差规则对历史创生论加以定义的可能性。如果我们还记得，众神与人、社会与宇宙是实在的全部要素，各个宇宙论社会将它们识别为存在共同体的构成者，那么，上述分类便将展现出它的全部意义。集合在一起的这些要素囊括存在的整个领域，而列出的这四种符号化表达则形成一个与那些要素相对应的集合体，涵盖该领域。通过使历史创生论加入其他三项的行列，这个集合体成为与关于存在之本原的思辨相当的一种符号化表达，只不过前者是通过理智性意识的语言，后者则是通过宇宙论神话的语言来表达。
109 该集合体确实在关于宇宙的紧凑、初级经验的层面上表达了对存在之本原的经验；到那时为止，它尚未达到经过分化的理智性层面，这在巴门尼德的存在观中能见到。而且，它仍然受限于在存在的各个领域之内获得的经验，从而具有多元化特征；它尚未上升为作为所有存在者之本原的唯一存在（the One Being）。然而，尽管这些简单的思辨尚未超越实在的诸领域（这些思辨正是从中生发出来的，以共同本原为方向），但是，它们的集合体由于涵盖了实在的整体，因而同样表达出哲学家所感受到的、以作为一的存在为方向的张力。

进一步而言，这种等价特征不仅与该集合体相关，而且分别渗透到构成该集合体的各种符号化表达中，因为各种思辨并不局限于它们各自所源出的那片实在领域，而是将来自存在的其他领域的资料也纳入它们的建构范围。在众神谱系的框架内，赫西俄德的神谱论通过其在巨人之战（Titanomachia）中达到的高潮，为我们讲述了朱庇特的正义（Jovian Dike）对较为原始阶段的人性与社会秩序在文明层面上取得的胜利。接下来，赫西俄德所说“世界诸时代的逻各斯”主要是一种人类起源论，但它也对政治史与文明史的各阶段加以思考，例如荷马英雄的时代、这些英雄的可悲后代的时代，或是对迈锡尼青铜时代和多利安铁器时代加以思考。而且，美索不达米亚史诗《埃努玛—埃利什》的宇宙起源论既是一种神谱论，又是一种人类起源论，并很可能包含对控制河流、获取可耕地等文明成就的暗示。最后，我们这里关注的历史创生论思辨也扩展到神谱论、人类起源论和宇宙起源论主题上。因此，不仅通过由那四种思辨构成的集合体，甚至也在单独一种形式之内、通过它们的相互渗透，所有存在领域的本原的终极导向性均得以显明。

为了使这个复杂的经验与符号化网络一目了然，我们将为其中的那些元素引入抽象符号，建构一种代表它们之间关系的表达式：

（1）这种思辨是由在实在某个部分中获得的经验而激发的。对应于各部分的那些思辨形式被称作神谱论、人类起源论、宇宙起源论和历史创生论。我们用这四个名词的首字母t、a、c和h来指代实在的四个 110
部分。

（2）与这四个部分相对应的四种思辨变体，我们将其标注为S_t、S_a、S_c、S_h。

（3）就该主题而言，这四种变体并不局限于它们各自对应的实在部分，而是从其他部分吸收资料融入它们的符号化表达，并在此过程中剥离（有时甚至彻底改变）这些资料原有的含义。因此，我们必须对由这几种符号化表达所组织起来的原生资料与次生资料加以区别。我们将通过列举这些资料来表达这种关系，根据它们所源出的部分进行分类，并将原生资料置于开头。由此形成的标识是：$S_t(t-a, c, h)$、$S_a(a-t, c, h)$、$S_c(c-t, a, h)$和$S_h(h-t, a, c)$。

（4）这四种变体对应于实在的四个部分。通过它们的多元方式，这些变体穷尽了关于存在之起源的思辨的全部可能性。该集合体的这种特征使它相当于一种存在哲学。为了表达这一特征，我们将这些变体按顺序排列，并用竖线将其集合在一起：

$$\left| \begin{array}{l} S_t(t-a,c,h) \\ S_a(a-t,c,h) \\ S_c(c-t,a,h) \\ S_h(h-t,a,c) \end{array} \right|$$

（5）尽管该集合体相当于一种存在哲学，但它本身并不是一种哲学性的符号化表达，而仍然是在宇宙论神话范围内的一种思辨。为了表示将神话思辨归属于宇宙神话的做法，可以在表示该集合体的标识前面加上一个C：

$$C\left|\begin{array}{l} S_t(t-a,c,h)\\ S_a(a-t,c,h)\\ S_c(c-t,a,h)\\ S_h(h-t,a,c)\end{array}\right|$$

这个公式将比单纯的论说更加有效地表明，与关于事物本原的哲学思辨相对应的宇宙论等价物所使用的语言想要表达什么意思。

从哲学家的立场回顾，也能看出该集合体相当于对本原的理智性
111 探寻。然而，在各个宇宙论文明的语境中，这种经过分化的意义分散在四种类型的思辨中。一方面，每种类型的思辨都将理智性因素紧凑地绑定在对它所源出的那个特定领域的经验中；另一方面，每种思辨又都作为一种理性建构而具有自足性，因为那种理智性因素赋予了它由思辨理性（这种理性超越了对实在的特定区域的探索）构成的一个维度。现在，历史创生论必须被视为一种自足的符号化表达，是在面向史实的历史编纂与神话诗思辨、理智性思辨的合作下产生的。

关于史实方面的内容，我曾暗示过，现代学者们将这个符号化表达视为一座采石场，他们从中发掘资料以重构古代史。这种做法本身无可厚非，因为现实层面的那些事实和事件必须同现代的历史编纂所使用的不同于古代的符号化表达相适应；但是，倘若对历史创生论的探讨止步于此，那就必定会摧毁那种古代的符号化表达所包含的意义。每当看到已荒废结构的残留物被视为不值得进一步关注的渣滓而弃若敝屣，我们便不免痛惜。例如，在安德烈亚斯·霍伊斯那本包罗万象的《罗马史》（1960）中，这位博学的作者审视了带有历史创生论特征的罗马传统史学，将其神话部分视为“杜撰而非历史”，并因此

不予理会，他也不关心为什么会有人不厌其烦地进行“杜撰”，以及为什么这种“杜撰”的产物会被官方接受为罗马史。带着与此类似的轻视态度，让·巴耶在他的《罗马宗教的政治与心理史》(2d rev. ed., 1969)中认为，罗马人将他们的神话拉下神坛并转化为一种“伪民族历史”。这些现代学者批评古人没有按实证主义历史学家认可的方式撰写历史。在面对这种优越感时，我们必须提醒当代人，古代作者并不是为了取悦现代的实证主义者才发展出他们所使用的各种符号化表达的；进一步而言，我们必须提出以下这些问题：对神话的创造与接受，这不也是历史事实吗？对罗马社会的自我阐释和凝聚力来说，这或许还是相当重要的事实？因而它对历史学家来说也还是颇为有趣的？[1]如果我们并不沉溺于由对实在的意识形态偏执造成的恶习，那么 112
这个事情就会呈现出不同的情形：历史创生论思辨中的神话部分并不是一种非历史的杜撰，而是一种旨在呈现个中缘由的尝试，这些原因会将现实部分的既成事实提升至历史的地位；作为整体的那种符号化表达具有历史著作的地位，它的作者们意识到他们的相关性原则。抛开表现形态上的差异不论，在实质上，历史创生论是后世各种类型的历史编纂在宇宙论神话层次上的等价物——二者的差异也许在于，早期的那些符号表达者比他们的现代同行更敏锐地意识到这种相关性背后的错综复杂之处。于是，这个等价问题不仅与那个集合体相关，而且与历史创生论的变体相关。

然而，这种符号化表达所具有的理性维度，并没有反映一种充分分化的理智性意识之光；就那些现实层面的资料的相关性而言，它们更多地是被一种仍然从属于宇宙论神话的思辨所照亮的。神话诗和理智思

1　不过，雅克·厄尔贡(Jacques Heurgon)的近作*The Rise of Rome to 264 B.C.*(Berkeley：University of California Press, 1973)——由詹姆斯·威利斯(James Willis)译自*Rome et le Mediterrané Occidental*(1969)——对“传统的兴起”给予了适当的关注(128 ff.)，但并未发展出历史创生论这一类型。

维（noesis）结合成一个有塑造力的单元，位于紧凑的宇宙论和分化的理智思维之间的一个位置上。我们可以恰当地称之为神话思辨，亦即一种以神话作为媒介的思辨。在历史创生论、神谱论、人类起源论和宇宙起源论中，都可以看到这种有塑造力的单元在其中发挥作用。

第二节　历史创生论思辨

将这种符号化模式应用于各种现实事件的动机，来自关于历史的经验。首先，每当一种历史创生论思辨的时代能被确定下来时，人们都会证明它的发展晚于在存在的其他领域中进行的思辨。这并不意外，因为在一个社会拥有一段足够长的历史过程，使其能将历史推测至某个绝对的起源时间点之前，它必定已经生存过一段时间了。然而，在承认该过程需要某种特定时长，以之作为这种思辨不可或缺的基础的同时，我们也必须意识到在现代的历史创生论思想者中常见的一种谬
113 误——将这段“时长”实体化为某个在其表面上即彰显出意义的实体。这是因为，那些事件的相关性是被那些参与其中之人的理智性意识所体验到的，而不是由这段“时长”（作为一个人人可见的现象）呈现出来的。黑格尔和孔德认定，到了他们所在的时代，一种真正的历史哲学已成为可能，因为历史过程的时长已经最终提供了所有必需的资料，使一个哲学家能最终宣布历史从开端到终结所具有的意义。恰恰是这种谬误，经常被现代的思辨者们当作一块帷幕，用来隐藏他们工作的真实动机。

这种符号化表达的最早实例出现在埃及和美索不达米亚。在这些实例中，正是“神话思辨在历史上的出现时间较晚”这一点，使我们能看出它的动机来自一种不安或焦虑，它是由那些无法逆转的事件带来的新近冲击而导致的。这是因为，在历史创生论出现之前很久，这些生活在宇宙论形式之下的社会已拥有一系列给人深刻印象的符号化表

达，它们旨在应对处在时间中的社会秩序与无序的意义问题。例如，在新年庆典与加冕典礼上，我们看到旨在使社会秩序同宇宙秩序的节律相适应的仪式。宇宙与帝国的既有秩序被体验为受到来自新爆发的动荡及其力量的威胁，宇宙原初的创生和帝国的建立都曾经压制住这种威胁；通过以类比的方式重复宇宙秩序的创生过程，上面提到的那些仪式致力于社会秩序节律的恢复。在历史创生论出现前的数百年里，有关建立与恢复的那些仪式充分表达并保护了在秩序与动荡间岌岌可危的社会生存。因此，对历史创生论各个实例的研究必须确定，是哪些事件促使人们认为那些较为古老的符号不再适应新形势了。无论这些事件具体来说是什么，结论是一目了然的：历史创生论坚决地将事件置于不可逆转的时间路线中，其中的机会已永远失去，失败是最终结局。

将一些远非线性排列的事件置于单一时间路线中的那种符号化表达所具有的意涵，明显地体现在苏美尔列王表中。它可能构想于公元前2050年左右，在谷泰安人（Gutaeans）被驱逐、苏美尔人通过乌鲁克的乌图—黑噶尔恢复帝国之后。托基尔·雅各布森已经阐明了它的建构方法。[2]苏美尔帝国是由多个地方王朝统治下的城邦组成的复合体，每 114
当其中某一个城市（并不总是相同的城市）通过征服性的扩张而对其他城市取得优势地位时，就会在这些城邦之上叠加一个帝国组织。一个带有批判性的历史学家必须叙述这些城市的平行历史，以及优势地位的各种变迁，但列王表的作者们则将这些平行的城市王朝前后相继地置于一条单一的统治者世系中，一直延续到在他们自己的时代恢复了的帝国为止，从而构建起一种单线的苏美尔历史。这些城市的平行历史被废止，但又被吸收进一种想象的单线帝国历史。看起来，一个宇宙只能有一种帝国秩序，而由多种秩序共存带来的罪恶必须得到补偿，

2　Thorkild Jacobsen, *The Sumerian Kinglist*, Assyriological Studies no. 11（Chicago: University of Chicago Press, 1939）.

其方式是在死后被纳入那种唯一的历史，该历史的目标已通过征服者的成功而得到体现。接下来，如果我们能记住，那种想象的诸王世系被推断至它位于神性宇宙事件中的绝对起源点，以便没有什么外在于它的事物有机会搅扰那个唯一允许出现的进程，那么，这种建构就显得像是一种针对历史实在而采取的暴力行为。相关的事件进程不可避免地从宇宙起点下降到那些作者所在的当下，而他们的社会是唯一重要的。最后，与那些咄咄逼人的言外之意相对应的，是一股不由自主的焦虑暗流。那些作者试图通过想象，将短暂的收获转化成永恒的拥有，从而超越这种焦虑。这种建构是一种变形工具，旨在将处在时间长河之中、具有偶然性的帝国秩序升华成永恒宁静的宇宙秩序本身。

对历史实在的这种蓄意扭曲和由帝国秩序的兴衰引发的焦虑，连同那种变形魔法（它将一种想象中的第二实在投射于一条永恒的、在作者所在当下所具有的永恒意义中达到其终点的时间线上），共同形成了一种值得注意的综合征，因为不仅是苏美尔列王表有此特征，而且那些现代的历史创生论思辨事业，例如黑格尔的《历史哲学讲演录》，也有此特征。黑格尔必须面对的技术性问题，同那些苏美尔符号表达者
115 所面对的非常相似。传统的历史建构将历史视为一条单一的意义路线，它从创世开始，经过以色列、犹太教、基督教、罗马和西方神圣帝国（sacrum imperium）的历史，直到当下。18世纪已经摆脱了这种历史建构；最后一个这种类型的历史建构是由波舒哀进行的，但已被伏尔泰的批判性工作取代；中国与印度、伊斯兰世界与俄罗斯的平行历史已如此明显地跃入眼帘，以至于历史哲学家再也不能忽略它们。但是，黑格尔想要在一个新的层面上延续基督教的历史创生论符号化表达，该层面是一种关于精神（Geist，它在历史中辩证地展开，直到它在由法国大革命和拿破仑帝国造成的觉醒中达成充分自我反思性的意识为止）的新柏拉图主义、此世论（immanentist）思辨。因此，从他位于一种帝国性当下的立场出发，黑格尔必须应对现实层面的众多事件，它们比那些苏美

尔城邦更难以归入一条单一的时间线。然而，通过将那些伟大的文明社会解释为前后相继的精神展开阶段，完全无视它们在时间上的同时与先后，他还是实现了那一壮举。尤其令人震惊的是对埃及和美索不达米亚的处理。从时间顺序上说，它们必须置于开端。但这样就会打乱帝国以不断增长的自由为目标的向西进军，这种进军从中国和印度开始，经过波斯、希腊和罗马，到达日耳曼世界，其高潮发生在由法国大革命形成的帝国。通过将较早的近东诸帝国降格为较晚出现、征服了近东诸帝国的波斯帝国的下属部分，黑格尔消解了这个问题；他也将同样的命运施加在以色列王国和犹大王国身上。通过诸如此类的新奇工具——将“穆罕默德教”(Mohammedanism，即伊斯兰教)包括在“日耳曼世界”之中的做法是值得记住的——他设法将错误的资料汇集成一条直线，通向人类的帝国性当下，也通向作为这个时代的哲学家的他自身。看起来，现代的历史创生论建构所使用的技巧仍然与苏美尔人使用的一样。

正如对苏美尔列王表和黑格尔《历史哲学》的比较所表明的那样，历史创生论作为一种自足的符号化表达，至今已有四千年历史。一旦作为一种类型得到认可，它便证明了自己毋庸置疑的重要性，因为它在实际上无所不在。最早的实例出现在美索不达米亚和埃及诸帝国。由于在这些实例中，历史创生论思辨是在由对宇宙的原初经验所设定的范围之内进行的，因此，我们也许会以为它是那些尚未脱离宇宙论形式的社会所特有的。然而，这种期望将会受挫，因为这种符号化表达也出 116
现在以色列。通过它在神之下自由订立的契约，以色列不仅摆脱了埃及的宇宙论秩序，而且也摆脱了关于宇宙本身的神话。随后，历史创生论也出现在中国、印度和罗马各个普世帝国的语境中，作为一种应对社会秩序史的工具。而且，它使自身适应了城邦和哲学的氛围；在犹希迈罗斯的“乌托邦”中采用一种奇特的形式，与亚历山大的帝国扩张相联系；在后亚历山大诸帝国时期通过贝鲁索斯和马内托的思辨而获得一种新的近东生命。它甚至体现在亚历山大的克雷芒那鲜为人知的思辨中，它在那里成为反对多神论战斗中的一种奇特武器。最后，它通过犹太教和基督教传播到中世纪与现代西方文明。自启蒙运动以来，它已激增到令人眼花缭乱的地步——进步主义、理想主义、唯物主义和实证主义，均就历史的起源与终点进行思辨。因此，这种符号化表达展现出一种奇特的顽强生命力——从各个宇宙论社会到当代西方社会，后者对世界的理解很难说得上是由对宇宙的原初经验所激发的。在从古至今寻求秩序的过程中，历史创生论是一种重要的常态。

第三节　生存与非生存

对作为一种千年常态的历史创生论的初步呈现已揭示出意识历史中的一些结构，而对作为现象的各种符号的常规描述还未能涉及它们：理智性意识，即理性生活，活跃于宇宙论神话这一媒介中，并产生各种类型的神话思辨；在以宇宙论风格表达真理的范围内进行的思辨，也出现在那些已经摆脱宇宙神话的社会中；关于存在之本原的理智性思辨，我们将其与古希腊哲学的源头相联系，它在早期的各个宇宙论帝国中有其等价物；根据通常的看法，对单线历史的构想属于以色列—基督教启示的产物，但它不仅出现在各个宇宙论帝国和普世帝国，而且也出现
117 在应该是非神话、非神学的当代西方社会中。这些常态和等价物意味着那些惯常主题模块的瓦解，例如神话与哲学、自然理性与启示、哲学与宗教，或者秉持时代循环论的东方与秉持线性历史观的基督教。可以追问的是：如果黑格尔、孔德或马克思为了创造出一幅能支持他们的意识形态帝国主义的历史图像，而仍然运用着与他们的苏美尔先驱者同样的技巧来扭曲历史实在，那么，现代心灵的现代之处在哪里呢？

在本卷中，这一类问题将不断得到探讨。我在这里将集中讨论那个直接相关的问题：尽管那些苏美尔人和埃及人是东方人，按理来说应

当满意于时代循环论，但他们却就线性历史进行思辨，他们是否考虑不周？这就需要简要地陈述一下，对宇宙的原初经验意味着什么，而对那种由焦虑形成的压力（它倾向于瓦解原初经验）的反思又意味着什么。

1. 对宇宙的原初经验

原初经验所体验到的宇宙，既不是由对象组成、有待某个主体加以认知的外部世界，也不是已被某个超越于世界之上的神创造出来的那个世界。相反，它是由居下的地和位上的天构成的那个整体（to pan）——天体及其运行；季节的变化；动植物生命的生长节律；人的生活、出生和死亡；尤其是，正如泰勒斯一直知晓的那样，它是一个充满众神的宇宙。最后这一点（众神是宇宙内的）无论怎么强调也不为过，因为在今天，像多神论、一神论这种轻易做出的分类几乎已经遮蔽了这一点。数量并不重要，重要的是对神性实在的意识，是要将其视为宇宙内的抑或超越此世的。在孟菲斯神学中，帝国秩序是由一出关于众神的戏剧建立起来的。由于所有存在者的同质性，这出戏剧在人的层面上体现为有关埃及的征服与统一的戏剧。在苏美尔列王表中，王权统治是在天上创造出来，随后降到地上的；两千年后，在犹太人的启示录中，仍然有一座位于天上的耶路撒冷，将会在神之王国的时代到来时降到地上。耶和华在西奈山上从燃烧的云中讲话；荷马笔下的奥林匹斯众神住在地上，住在一座直达云霄的山上，他们的争吵和约定都会影响到 118
亚欧各民族的历史命运。赫西俄德笔下的神灵（乌拉诺斯和该亚）本身与天、地难以区分；它们联合起来，孕育了众神，而众神又接着孕育了各种族的人。这种共生性和交融性正是那种我们必须形容为“关乎宇宙”（在其孕育万物的意义上）的原初经验。

在各个宇宙论帝国中，这种对宇宙的原初经验主导了对历史的理解。各种历史事件之所以值得铭记，是因为采取行动的人意识到他在神之下的生存。宇宙论帝国的统治者依据某种神授命令而行动；社会的生存，它的胜利与失败、繁荣与衰落，均归因于神的安排。当赫梯国王萨皮鲁留马斯（约公元前1380—前1346年）讲述他与米塔尼国王图斯拉塔的会战时，他是以神谕执行者的身份讲话，对暴风神（Stormgod）负责（他是这位神的最爱），以便让后代知道这场为这位神所希望的胜利。在贝希吞铭文中，大流士一世（公元前521—前486年）报告了对他的国内敌人取得的胜利，这场战争呈现为智慧神与其对手、真理与谎言之间斗争的形式，以便让后代知道有关获胜真理的真相。一份特别有说服力的这类文献是哈特舍普素特女王（约公元前1501—前1480年）所报告的在驱逐希克索斯后的秩序恢复：[3]

> 万民知悉，
>
> 我慎虑躬行之事如下：
>
> 我并未昏睡，而是恢复了那已遭毁坏之物。当亚洲人生活在北方的阿瓦里斯（Avaris），与游牧民族共处，推翻已生成之物时，我养育了那四分五裂之物。
>
> 他们在没有太阳神（Re）的情况下统治；而他（太阳神）并未通过传达至我的神谕行动。
>
> 我牢牢扎根在太阳神的王座上。
>
> 作为生来要进行征服之人，我被预告了生命的年限。
>
> 我是猎鹰神（Horus）的毒蛇，焚烧我的敌人们。
>
> 119 我已疏远那些众神憎恶之人，大地已抹去他们的脚印。
>
> 这是太阳神，（我的）祖先的父亲的命令，他在（他）规定好的时代到来，阿蒙（Amon）所命令之事将不会受到破坏。

3　由John A. Wilson译为英文，见于James B. Pritchard, ed., *Ancient Near Eastern Texts Relating to the Old Testament*（Princeton：Princeton University Press, 1950），231，后文引用此书时简写为*ANET*。

我(自己的)命令就像山脉一样持久——太阳的圆盘光耀四方,将光芒散布于我的尊号之上,我的雄鹰高高飞扬在(我的)王旗之上,直到永远。

当神发号施令时,由于神性实质流过国王,他将能发号施令;当神的命令悬而未决时,国王便不能作为统治者而行动。因此,神的意志通过统治者的行动或不行动,通过社会的有序或无序而得以显明。国王是宇宙秩序的中介者,宇宙秩序通过他而从神流到人;众神的安排掌管着处在时间中的社会的生存与秩序,为上述这种历史报告所见证。

一个人的胜利是另一个人的失败。这些骄傲的、闪耀着正义之光的报告是由胜利者做出的;那些失败者不曾留下什么纪念物,很可能他们并不愿赞美神性宇宙秩序的壮美。而且,击败了希克索斯的那些法老知道,他曾击败过他们的前人。上述文本中谈到神"在(他)规定好的时代到来",而有时又会出于他自己的理由并不如人所愿地到来,这有点神义论的迹象;无论这种秩序在其他存在领域可能如何地光辉、持久,但在历史中,神作为"废立诸王者"的影响力总是不容小觑的。在这些场合,那种宇宙论风格向一种有关神的真理敞开,也向超越了关于宇宙的真理的历史敞开。由宇宙提供的庇护尽管是无所不包的,但并不安全——也许它根本就不是庇护。那种骄傲激发了这些胜利报告,但它很难掩盖一股焦虑的暗流、一种鲜明的生存感,这种生存战胜了可能出现的毁灭的深渊。

这些思考意味着,对那种将会打破宇宙论真理风格的经验,我们可以做出一种很有吸引力的假定。历史中的社会秩序的兴衰变迁,连同与其共存的焦虑暗流,将最终摧毁对宇宙秩序的信仰。可以论证的是,由于各个宇宙论社会均将它们的秩序视为宇宙秩序的一个组成部分,那么,不安全感一旦被激起,它就会从历史领域扩展到作为整体的宇 120
宙。一场严重的帝国危机也许就会激起对众神(它们就像人和社会一样是宇宙的一部分）之黄昏的忧虑；这也许会动摇对宇宙秩序本身稳定性的信仰。如果帝国在劫难逃，宇宙不也会这样吗？

该假定并没有什么错。对帝国兴衰的厌恶，作为一种推动因素，进入那些以关于生存的真理取代关于宇宙的真理的精神运动；由帝国的无意义更迭引发的失望情绪，甚至会产生诸如《但以理启示录》这样的符号化表达，它怀有对神性干预的变形希望，这种干预将会终结以宇宙论形式塑造了秩序的社会和历史的荒谬无序，其方式是通过充满全世界的神之王国而将这种无序排挤出生存。然而，由帝国兴衰引发的对宇宙的这种不信任情绪，仍不足以用来充分解释宇宙论真理风格的演变机制：它持续时间长，稳定，不曾经历幻灭，内部经历变化，并最终解体。这是由于，有大量甚至早在公元前3000年即已出现的文献证明，帝国的崩溃引发了对宇宙秩序的怀疑，也引发了各种生存异化状态，但并未有人尝试过摆脱关于宇宙的真理。在埃及各个中间期的最糟糕无序的时期里，并无先知站出来宣告一种新的、关于在神而非法老之下生存的真理；我们也不曾听说有革命运动提出过传统类型的帝国的替代品。看起来，现实层面的各种事件能激发消极的生存状态，例如迷茫与厌恶、异化与绝望；而当对关于宇宙的真理发起的相关攻击出现时，这些在生存中出现的情绪反过来又能使人们的心灵易于接受这种攻击；但是，无论是这些事件还是这些情绪本身，都不会改变真理风格。变化只会通过各种理智性进展而出现，这些进展让那些较为紧凑的符号在更加分化的有关实在的经验（以及这些经验的符号化表达）的映照下，变得不再充分。一种真理风格只能通过与一种更加分化的对实在的理解发生碰撞，而在其自身的根基上受到挑战。

这种挑战必须直面那种对宇宙的原初经验自身的根基，并且表明这种经验的真理在更加分化的洞见映照下是不充分的。新旧两种真理
121 紧密相连，因为它们毕竟是有关相同实在的两种真理；它们是等价的符号化表达，区别之处在于它们在紧凑性与分化性天平上的不同位置。

考虑到这种紧密联系，这种原初经验"自身的根基"相当重要，因为形成挑战的那些分化必须在与之相同的根基上运动。我将审视宇宙论社会用来表达它们和宇宙的一体性的那些符号，从而试着确定这种共同根基是什么。为此，我将考察一到两种关于王权统治的符号化表达。

如果一个国王采用那种"统领世界四方的统治者"的风格，那他就想将他对领土与人民的统治类比于神对宇宙的统治。然而，这种类比事实上并不是由宇宙本身提供的，而是由物理意义上的宇宙中的各种现象提供的，更具体地说，是由大地与天体提供的，它们的运行决定着这四个部分。这种类比之所以从宇宙论的角度来说是有意义的，仅仅因为物理意义上的这个世界，连同那些神灵、国王和社会，均被视为宇宙的同质组成部分，宇宙囊括所有这一切，但又不等同于其中任何一方。但在这种特殊的符号化表达中，我们必须注意到一种有待进一步探讨的倾向性，即让这种囊括一切的宇宙（cosmos）混同于那种外在的宇宙（universe）。另一个例子是：如果国王被符号化为神性宇宙秩序的中介者，也许甚至他本身就被符号化为神（或至少是神的儿子），那么我们就会再次看到，这种类比并非来自宇宙本身，而是来自众神。而且同样的情况是，它之所以从宇宙论的角度来说有意义，仅仅是因为众神和国王们是宇宙的同质组成部分。不过，这一次我们必须注意到的倾向性是，让囊括一切的宇宙秩序混同于众神。可以说，实在的这些宇宙内区域彼此相互提供着对存在的类比，这些类比在宇宙论意义上的有效性来自对某种潜在、无形的囊括性的经验，来自某种能对实在的所有区域提供生存、同质性与秩序的东西，即使这种东西本身并不作为某种生存着的东西归属于这些区域中的任何一个。宇宙并不是万物之一；它是实在的背景，生存着的万物的生存以它为背景；它具有非生存（nonexistence）模式下的实在性。因此，这种对相互类比的宇宙论式摆弄，无法建立在某个外在于自身的坚实基础上；它所能做到的仅仅是，生成一个特殊的实在区域（在这个例子里，就是历史中的社会及其秩序），该区域向关于生存（位于非生存的深渊之上的生存）的奥秘敞开。

122 于是，我们可以说，这种原初经验“自身的根基”，亦即它与所有针对相同实在的分化经验（这些经验将会挑战这种原初经验）共有的那种根基，是所有被体验到的实在都会具有的一种根本张力：出自非生存的生存。

作为各早期社会所持有的原初经验，出自虚无的生存（existence）也许会让人觉得可疑，因为它令人想到现代的存在主义（existentialism）。二者之间的相似性很明显，但是认为我们对古代资料进行了现代视角的解读的观点，并没有根据。相反，这种相似性是由一种对无根基生存的意识引发的，这种意识在现代思想家那里剧烈复兴，他们拒绝了教条化的形而上学和神学，但却无法重新建立起对宇宙论神性秩序的非教条化信任。在理智与灵性精神迷惘条件下出现的焦虑和异化洪流，使现代条件近似于公元前3000年的状况，二者有着惊人相似的精神疾病症状，就像各种现代历史哲学与苏美尔列王表那样。无论是在各早期社会还是在后来的那些社会，出自虚无的生存的确是对实在的根本经验。为了表达这种经验而特别创设的那套符号确认了该事实。在关于秩序的宇宙论神话的核心，展开了一片广阔的符号化表达领域，米尔恰·伊利亚德在他的《关于永恒复归的神话》（1949）中对此进行了探讨。这片领域就是之前提到过的复兴仪式，正如伊利亚德所看到的那样，它具有取消时间、消除由时间带来的浪费与腐化、通过重复宇宙起源技艺而回到原始宇宙秩序的功能。他认为新年庆典的目的是试图为停滞带来生成、让有秩序的壮美（它正随着时间的流逝而致命性地消失）恢复存在。生活在以神话形式出现的真理之中的人们感到，由时间造成的破坏正威胁着宇宙；通过仪式来重复宇宙起源，意在“抵消时间的不可逆转”。因此必须承认，位于对宇宙的原初经验的核心的，是对这样一种宇宙的经验：它处在不稳固的平衡之中，一边是刚刚从虚无中出现，另一边则是复归于虚无。

莱布尼茨在他的《建立于理性之上的自然与恩典原理》(1714)中表述了形而上学家必须回答的两个问题,事关由万物构成之宇宙的充足原因:(1) 为什么有东西,为什么不是虚无?(2) 为什么万物必须是它们所是的这样,而不是与此不同?在这些问题的语境中,我必须提醒人们注意的是,“形而上学家的”表述受到“物理学家的”看法的 123
妨碍,后者认定万物是给定的,没有非生存维度;“形而上学家”使拯救实在(它面临着由科学主义的进展而造成的毁灭)的努力带上了争论的色彩。然而,或许正是这种关键性的压力迫使这些问题毫无遮掩地充分显露出来,从而使它们能被直接识别为由对实在的原初经验(该经验体现为生存与非生存之间的张力)引发的问题。在现代哲学中,它们已成为激发思考的最主要问题。一个世纪之后,它们在为萨瓦的欧仁王子撰写的短小论文以及谢林的著作中得到表述;又一个世纪之后,它们在海德格尔的存在主义中得到表述。因此,从经过启蒙的自然神论(deism)和神义论开始,经过浪漫主义神谱论(Romantic theogony),再到当代谈论存在、时间和焦虑的存在主义,在哲学意识中推动思考的结构,与在那些宇宙论思想家意识中的结构是相同的,无论古代人与现代人在各自内部和彼此之间可能就这些问题给出多么不同的回答。莱布尼茨的回答是:“万物的这个终极原因被称作神。”(《原理》,7—8)

我已介绍了由莱布尼茨所表述的这些问题,既为了确立,也为了区分以下三者之间的关系:对实在的原初经验、源自这种经验的那些问题,以及在意识的演变过程中作为一种常态而给出的那些回答。首先是以如下各种方式表达出来的经验:凡生成之物必然衰亡;万物复归于它们所由来之处;没有什么生存着的东西是它自身生存的根基;生存是一种位于存在(on)与非存在(me on)之间的居间运动(planeton)(柏拉图);纯粹的存在与纯粹的非存在是同一的,它们的真理是从其中一方到另一方的运动,亦即生成(黑格尔)。于是,从这种得到不同方式阐述的经验中，出现了那个原因论（aetiological）问题，那个关于本原的问题：并没有被生存着的万物在其自身之中携带，而是作为生存的某种母体与它们共在的这个神秘本原是什么？在这里，“逻辑的”困难会由于对这个问题不够充分的语言阐述而出现，或者会通过实体化越轨（hypostatic derailment）而出现，或者会通过对答案的恐惧而出现——这是黑格尔已经指出的一种可能性。因为无论这个本原是什么，它都必须是某物；但是一旦引入“某物”这个词，它就意味着某个同为“生存万物”这一类型的“东西”；但是，由于本原并不是某个生存之物，那它
124 便只能是“虚无”；但是，由于“虚无”是真正的没有什么东西（在生存万物的意义上），所以关于本原的问题便是虚幻的；如此这般，直到体验到的实在张力中的非生存一端消失在对其实在性的实体化否定为止。没有什么比由万物构成的宇宙的“充足原因”更难把握的了，尤其是如果人们害怕得出莱布尼茨的回答的话。一旦克服了路上的这些障碍，通过理智性分析或者干脆忽略它们，人们就能得出答案。本原可以是：柏拉图式的赋予宇宙以生命的世界灵魂（world-soul）；或者同样是柏拉图式的父亲般的神（Father-God），我们对其知之甚少，以至于他从未得到人们充分赞誉；亚里士多德式的因果链条的第一因（prote arche），它将自身启示为《形而上学》中提到的神性灵魂；以色列人所说的创世神；基督教教义中先于尘世并超越尘世的神；新柏拉图主义的世界灵魂，由黑格尔那种以辩证方式此世化的精神加以改善；柏格森式的生命冲动（élan vital）；模仿者所说的存在，海德格尔徒劳地等待它的降临；或者是阿蒙—太阳神，哈特舍普素特女王对它的降临的等候并不是徒劳。

我现在不加区别地列出回答，并不是因为它们都一样好，而是为了表明，对它们加以相互比较，或是将它们视为论述哲学的论文使用的材料，并不能带来什么收获。这是因为，这些回答只有在与它们所回答的问题相联系时，才是有意义的；而且，这些问题来自对实在的具体经验，

它们只有在与这些经验相联系时，才是有意义的；最后，这些具体经验，连同对它们的语言阐述，只有在对可知的分化方向和范围设定了限制的那种文化语境中，才是有意义的。由经验、问题与回答构成的这个作为整体的复合体，才是意识的一种常态。而且，这种意识不是一个面对某种抽象实在的抽象实体，因而并非任何一种在任何时候随机出现的经验模式都是可能的；相反，它是某个生活在具体社会之中的具体个人的意识，并在该社会的具体历史经验和符号化模式中运动。因此，没有哪种回答是终极真理，可以让人类在掌握了它之后就能永远幸福生活下去，因为没有哪种回答能取消意识的历史过程（意识正是从这一过程中出现的），无论教条化的神学家、形而上学家和意识形态专家多么频繁和热情地犯下这种错误。但是，正是由于每一个据说是最终的回答总会在下一个出现的回答面前变成倒数第二，所以意识的历史领域才
会变得吸引人；正是一个人对这种意识历史的参与，才赋予人在生存中 125
与实在的相遇（他是实在的一部分）以终极意义，而这是那些倒数第二的回答在脱离了由经验、问题和回答构成的复合体之后所无法具备的。

2. 宇宙论风格的真理

上述评论意在使宇宙论风格的真理，作为意识的一种历史过程，引起人们的关注。在历经千年的稳定表象下，理智性意识正作用于一种并不稳定的真理，因为这种真理的紧凑符号化模式，无法充分表达那些已得到隐约领悟但尚未充分分化的实在结构。在历史创生论的符号化表达中，可以看到那些关键的节点：(1) 对神话思辨性回答的探寻；(2) 众多时代观的出现（节律性的、线性的、无限的、循环的），作为对非生存问题的回应。

从根本上讲，这种宇宙论风格的真理是不稳定的，因为尽管在实在中出现的介乎生存与非生存之间的张力被体验为真实的，但它并未得到充分阐述。在紧凑的宇宙论模式下，所有实在均被符号化为一个

由宇宙内“万物”构成的宇宙。生存着的万物变成这个由神塑造秩序的宇宙的同质组成部分，非生存的神性本原则被符号化为宇宙内众神。这个宇宙在很大程度上是内在于它所囊括的万物之中的，就像万物内在于这个宇宙之中一样。事实上，万物在很大程度上就是这个宇宙，以至于在宇宙论思想的早期阶段甚至没有表示宇宙的词，尽管那时已经出现了表示它无所不在的秩序的符号，例如埃及人的ma'at，它被想象为一位更高级别的宇宙内神灵。尤其需要注意的是，在这种风格的符号化中，在实在中出现的那种张力的各方，必然是散见于实在各区域的“万物”，这些区域被视为同属宇宙内的。

将生存与非生存压缩成宇宙内万物，这因应了由实在带来的反压力。甚至早在分化过程开始前，这种冲突便已在控制着那种相互类比的活动的奇特模式中体现出来。在这种活动中，实在的那几个区域向彼此提供对存在的类比。它之所以成为可能，仅仅是因为众神与人、天
126 象与社会均被视为宇宙内万物，亦即存在共同体中的同质组成部分，以便使它们都能代表这个显现在它们之中任何部分的宇宙。然而，在符号化实践中，对平等代表性的这种主张却被对代表性等级的区分所取代，在这种等级中，那种已获理解但尚未分化的在实在中出现的张力，将其自身凌驾于宇宙内实在的那些仅获紧凑符号化的区域之上。正如以宇宙论方式加以符号化的王权统治所表明的那样，处在生存中的国王并不是通过直接处在非生存的宇宙之下而保住他的地位，而是使他的地位以类比的方式得到天体意义上的宇宙和宇宙内众神的确保。这种宇宙和众神起到了非生存本原的功能；它们比人和社会更加宏伟。因此，在实在中出现的那种张力所造成的压力倾向于瓦解由宇宙内万物构成的那个有序整体，但是，通过赋予万物之中的一些东西以更高等级的代表性，这种瓦解倾向受到了阻止。事实证明，这一手段对理解“宇宙”这一符号化表达来说是相当重要的。这是因为，对实在的原初经验之所以是对某个“宇宙”的经验，仅仅是因为，通过这个天体意义

上的宇宙和宇宙内众神，处在生存中的万物的非生存本原变成某个既非生存着的，亦非非生存的实在的一部分。来自实在的这种张力已被吸收进那种作为整体、被称为宇宙的中间性实在。宇宙实在的居间将生存与生存的本原之间的张力封闭在它的紧凑性之中。因此，这个宇宙在有张力的情况下被封闭了。我之所以强调这种**有张力的**封闭，是因为如今由于原教旨主义（fundamentalism）错误地将原初经验所体验到的宇宙想象为**在空间上**被封闭了，从而导致对宇宙论思想的理解被认为是几乎不可能的。

但是，无法永远阻止瓦解的发生。如果人们必须承认，天体物理学意义上的宇宙因生存的一面太多而难以成为实在的非生存本原，众神又因生存的一面太少而难以形成一片宇宙内万物的领域，此时将张力压缩进宇宙实在的居间的做法，就变得非常难以维系了。各种实在的等级秩序控制着对王权统治的符号化，在这种秩序中显露出宇宙论风格走向解体的路线，它持续到宇宙分裂为一个去神化的外在世界和一个超越于世界之上的神为止。然而，在这一点上，我们必须注意，不要夸大分化与分裂的结果。解体的是宇宙论风格的真理，这是就其倾向于将所有实在均以居间式实在为模板来看待而言；分裂的是原初经验所体验到的宇宙。但所有这些分化结果均未影响到原初经验的核心， 127
即对某种居间式实在的经验。相反，它仍然与我们在一起。在《实践理性批判》的“结论”部分，康德也不得不承认：“有两样东西，人们越是经常持久地对之凝神思索，它们就越是使内心充满常新而日增的惊奇和敬畏：我头上的星空和我心中的道德律。”[*]康德所说的“星空”是在天体意义上对其神性本原显明的宇宙，而他的“道德律”是某种神性实在的显现，它在一个已然尘世化的人的有意识生存中变得超越尘世。那

* 参见伊曼努尔·康德，《实践理性批判》，邓晓芒译、杨祖陶校，北京：人民出版社，2003年，第220页。——译注

种原初经验所体验到的居间式实在已遭严重削减；它不再是对所有模式下的实在加以符号化时所依据的模板；但它仍在那里。而且，居间式实在的这两个区域拒绝遵从由生存着的万物所树立的成功模板，它们就是在以宇宙论方式对王权统治加以符号化时被赋予了更高代表性等级的那些实在区域。因此，这种宇宙论风格的真理并不完全是一种天马行空的想象，并不会因为后来出现的更好洞见而被抛弃，它是一种以被体验为真理的实在为内核的符号化风格。反过来说，在一种按照这一模板对所有实在加以符号化的风格中，经过分化的生存万物已变成真理的核心；再一次，这种风格将会在来自实在的压力下解体——这次的实在是那种居间式实在，正如公元20世纪发生的情况那样。

实在要么被体验为一个向神性本原的显现敞开的整体，要么被体验为多样化的、处在以非生存本原为目标的张力之中的生存万物。如果将这些经验其中之一作为所有实在的模板，置另一种经验于不顾，那么由此形成的真理风格就将是不稳定的，需要进行本轮式（epicyclical）符号化，以求获得平衡。在宇宙论风格这一案例中，这种平衡是由那些神话思辨型符号化表达达成的，它们讲述了那些宇宙内实在区域是如何从开端处创生的故事，并因此将这些区域推断为本原。之前已经谈到过神话思辨等价于对存在的神性本原进行的理智性符号化，此处无须赘言。

3. 时间模式

有待考察的是为了回应非生存问题而出现的各种时间。从资料来
128 看，无疑有不止一种时间出现在宇宙论风格的真理中。围绕这个问题的各种含混之处并不是来自有待探究的那些问题所面临的大量困难，而是来自当代科学并不令人满意的状况，它承受着意识形态重压和学术专门化的后果。更大的一个障碍是之前提到的主题模块，宇宙论思想在那里被刻画为时代循环论的，而线性时代观则为犹太—基督教历史所特有。作为科学中的一项命题，这一传统说法（topos）是毫无意义

的，可被彻底抛弃；但它却颇有生命力，因为它带有意识形态的暗示：从循环观到线性观是一种进步。时代循环论是更为原始的，适合像柏拉图这样的异教徒，他们未曾得到启示或启蒙的助益；线性时代观是更为先进的，是历史的真正时代观念，神在其中向基督徒启示自身，意识形态思想家则在其中向人类启示自身。由此带来的结果是一种历史创生论的建构；由此，它越出了基督教的轨道，变成一种意识形态的观念力量（idée force）。因此，鉴于这个多种时间的问题已被那个传统说法遮蔽，对它的澄清就是很有必要的。

该传统说法将时间（无论是循环的还是直线的）视为一条可将万物安置于其上的线。如果我们不再将时间实体化为一条线，可按先后顺序将实在所包含的各项事物安置于其上，那么，由该传统说法所引起的含混之处就将消失。如果我们处于一种更富沉思性的氛围之中，让时间成为实在本身的延续，那么我们就将期待出现许多种时间模式，就像被体验到的实在的模式那样多。在宇宙整体解体之前的时间不是生存与非生存的时间，后者是在实在中的张力分化之后出现的；生存的万物的时间不是非生存的神性本原的时间；季节节律的时间不是处在政治行动中的社会的时间；生物进化的时间不是历史的时间；一个适应于宇宙实在的人的生命时间不是一个启示录信徒的生命时间，后者期待宇宙在下周就终结；诸如此类。因此，这些不同的时间与被体验到的实在相关，而对实在的这种体验是在由紧凑与分化、在真理中生存与在异化和畸变状态中生存所构成的不同模式中进行的。由于宇宙论风格的真理是一个缩略语，用于指代那些在各种社会领域中发展出来、绵延数
千年的符号化表达，而且进一步来说，由于在这些领域内有着各种意识 129
过程，它们延续到对生存的非生存性神性本原的古典和基督教式分化中，因此，我们能期待出现相当多的时间种类，因为对实在的经验是在整个分化和畸变领域中运动的，并在这个过程中形成它自身。如果在这片由不同经验构成的领域中，对时间的符号化竟然是一成不变的，那

反倒会相当令人惊奇。

该传统说法的影响仍然十分强大，以至于它不仅使不可逆时间观在历史创生论思辨中的出现变得相形见绌，而且将所有其他时间模式均归入“循环”时间观的名下。它的这种影响力来自它从早期基督教思想家对那时的主流宇宙观的具体反对中获得的真理，这种宇宙观将宇宙视为一个实体，将会通过体现为大火（ekpyrosis）的灭顶之灾而走向终结，然后又经历重生，从而在无限的时间里有无数多个时代。然而，这种观念并不是作为整体的宇宙论风格的特征，而是代表了它的晚期畸变阶段，该阶段在年代上与它的解体过程是同时进行的——它由于在古典哲学、犹太教和基督教中得到新分化的关于生存的真理而发生解体。这个畸变是一个相当复杂的过程：我将只选择与所谓时代循环论问题有明显关系的那些因素。

首先，可以区分出的是关于历史过程的一种幻象，它将历史过程视为一个有着开端和终点的，在无限的时间中周期性复现的实体。就我所知，对这种幻想的最早的清晰阐述可在《问题篇》17.3中看到，亚里士多德在那里反思道：我们是否真的应当认为特洛伊战争时的那一代人在我们之前活着，而那些生活时间更早的人则又先于特洛伊人？如此等等，永无止境。亚里士多德拒绝了无限回归的观念。历史过程是有限的；我们处于历史过程中越晚的部分，就越接近它的下一个时代。因此，我们也可以是先于特洛伊人的，如果特洛伊人碰巧位于这个过程的开端，而我们则接近它的终点的话。当原初经验所体验到的那个宇宙解体，而被置于不确定的时间、空间和因果关系维度中的生存物则作为存在的模板而出现时，这种状态将引发一些问题，而亚里士多德的这段话正是对这些问题的珍贵展现。对亚里士多德来说，历史是一个带有某种可被理解之意义的事件过程。如果由生存物构成的模板被运用于历史的意义，那它就会与无限回归（亚里士多德认为这剥夺了实在的
130 意义）发生冲突。此时已不再能通过诉诸历史创生论思辨来解决问题，

而终末论又尚未出现。因此，历史就必然变成某种有限之物，被设定在某种不确定的维度上；由于它是宇宙秩序的一个必然组成部分，它就被迫要重复自身。将这种建构称为“时代循环论”，仿佛它是被体验到的某种实在模式的真正时间那样，这样做是否有意义？这至少是可疑的。如果我们考虑到，一方面，我们并未拥有对一个有限的、将会重复自身的历史过程的经验，而在另一方面，这个问题来自将生存的万物不确定的时间维度转移到历史所具有的居间式实在性中，那么，“时代循环论”这个术语看起来便像是用词不当。这个符号化表达根本没有阐述任何体验到的实在，而是一种典型的通过次生思辨实现的对实在的畸变。但是，如果我们还是想在这种关联中谈论时代循环论（这可能比较方便），那么我们就必须认识到，这个术语指的是一种对实在的思辨式畸变。

在《问题篇》中，通过以生存物为模板而实现的对居间式实在的畸变，并未扩展到历史过程之外；亚里士多德的宇宙原封不动。在后亚里士多德哲学（尤其是斯多葛派）中，宇宙本身变成某种处在不确定的时间和空间维度中的对象；包括历史过程在内的多个世界一个接一个地出现在时间中，并共存于空间中。在这种激进形式中，畸变主导了接下来的几个世纪，直到马可·奥勒留（公元121—180年）和亚历山大的克雷芒（约公元150—215年）相重合的基督教时代。那是时代循环论的最后一个阶段，由次级思辨带来的各种荒诞无稽之谈在那时层出不穷。将以不确定的方式重复自身的，不仅有宇宙和历史，还有个体的人；一个人的生命将会带着最细微的细节重生；所能容许的差异顶多只是一个人脸上的雀斑数量。将会一再出现一位与克桑提佩（Xanthippe）争吵，并且不得不饮下毒芹汁的苏格拉底。一致性的重复达到如此之高的程度，以至于逻辑学家们开始担忧一致性问题：某一次循环中的苏格拉底与下一次循环中的苏格拉底是同一个人吗？一些人认为是；另一些人则担忧，一致性要求连续的生存，但这两个苏格拉底则不是连续的。诸如此类。不可避免地，基督教思想家们发现，这个重复的宇宙，

与由他们的神创造的唯一世界并不相容；他们也很难认可这样一种历
131 史，基督的显现在其中是一个反复发生的事件。一旦想象离开了体验到的实在的轨道，次级实在所呈现出的景象就会变得光怪陆离。然而，为了公平地看待这些古人，必须指出，他们在这方面并不比处在相对更加结构化的生存迷惘状态中的现代人更加放纵，这是由于，自从丰特内勒的《关于宇宙多样性的对话》（1686）将多个世界的观念重新介绍给普通公众以来，西方世界已堕落到粗俗的光怪陆离，例如飞碟、火星人入侵、将公共资金投资于倾听来自其他世界的信号、将脉冲星射电误认为这种信号而引发的一波兴奋，以及基于这种幻想的科幻小说产业。

但是，时代循环论的景象并非与体验到的实在完全无关。尽管并没有一个在无限的时间中，在一个外部观察者眼前上演着循环的宇宙，但作为"星空"的宇宙还是有的，它使仰望它的人心中充满崇拜和敬畏；当这个人抬头仰望，他的确能观察到星座季节性往复意义上的循环。对天体意义上的宇宙之内的真正循环的经验，形成了宇宙论风格晚期阶段的实体化时代循环论的历史背景。如果我们从斯多葛派眼中的宇宙开始，通过它更为直接的渊源（赫拉克利特、毕达哥拉斯，或许还有阿那克西曼德的思辨，来到更加古老和广阔的近东神话领域）中关于"宇宙将在大火和洪水造成的灾难之后重生"的神话，那么，上述背景就将呈现出来。这一种类的神话与实体化思辨无关；正如乔治·德·桑蒂利亚纳和赫塔·冯·德兴德在《哈姆雷特的磨坊》（1969）中用大量资料所展现的那样，这些神话是作为对有关特定天体运动的经验的回应产生的，尤其是作为对昼夜平分点岁差（在大年*循环中，昼夜平分点出现在黄道带的不同位置）的经验的回应。因为各个早期宇宙论社会的"世界"是由与太阳运动的那些"点"相对应的"四块区域"加以符号化的；这些点根据春分点来加以定位，也

* Great Year，指昼夜平分点岁差完成一次循环所需的时间，即25729年。——译注

就是说，根据升起的太阳与它在此时所对应的那个黄道带内星座之间的关系来加以定位。然而，这个昼夜平分点并不是固定不变的，而是在大年循环中行进，每过大约两千两百年走过黄道十二星座中的一个。因此，原初经验中的宇宙远非静止不动，而是被体验为不稳定的；昼夜平分点的岁差，无情地搅扰着它的秩序，由此激起的焦虑将 132
它们自身表达在关于宇宙灾难与重生的神话中。看起来，早在昼夜平分点从双子座到金牛座移动之时，这些神话的内容所指向的岁差运动便已出现，所以，这种经验中涉及的那些天文学观测必须至少追溯到公元前4000年。

当那种传统说法中的时代循环论的经验起源得到认识后，它便解体了，成为天体循环的时间维度。然而，这些循环的时间本身并不是循环的，就像植物节律的时间本身并不具有节律，或者单线历史的时间本身并不是线性的一样。在用这些形容词对各种时间模式加以描述时，我们所做的仅仅是，承认实在的多样化适用于为实在的每一种变体所特有的持续模式。然而，持续性实在所具有的多元模式并不是在一片开放的多元化实在领域中发生的随机现象；这种多元化不是体现为物种的多元化，而是体现为宇宙实在的参与者的多元化；它们的关系是由它们对这个持续性整体的参与所决定的。我们体验到，各种实在模式和与其对应的时间是有等级秩序的，而我们又通过制定历法而认识到它们的等级——通过历法的制定，其他时间模式被最终关联到天体循环的时间上。不同于实在的其他变体，天体的循环看上去恰恰是它们自身实在的时间；我们接近了某种极限，实在在那里变成了时间和数字。当柏拉图在其晚期著作中认为理念是数字时，他是意识到这个限制的。而且，通过将宇宙符号化为天父之独子（monogenes of the Father）、将时间符号化为永恒之图象（eikon of eternity），他还表达了他对这种极限的经验，实在在那里变得向其非生存本原敞开了。

第四节　数字与时代

当宇宙变成某种生存物，并在不确定的时间中重复它的进程时，一种只在原初经验的语境中才有意义的符号显然已受到实体化方式的畸变。神话思辨处于宇宙论紧凑性与理智分化之间的某种中间地位。在它那里，符号的地位，以及符号与它们旨在表达的经验之间的关系，远
133 没有那么明白。在没有失去它们原初含义的情况下，神话所使用的那些符号似乎变成了原始材料，必须被纳入某种新的意义语境，例如，当有着各不相同经验起源的宇宙内众神在某种神谱中（它旨在将隐藏在宇宙内众神背后的神性实在加以分化）变成各代神灵时，或者当表现为大洪水、原本作为对昼夜平分点岁差的神话诗的回应的宇宙灾难，变成一个历史创生论事件，与某个最近在位国王的统治处于同一层面上时。若干层意义融合成一种新的整体，在创作过程中彼此影响。对历史创生论来说，织成这张布的那些线索，如今必须通过对那些资料的分析而尽可能加以区分。

如果政府对社会的统治不是被体验为一系列残酷事实，而是被体验为一种在众神安排下的可知秩序的一部分，那么就会出现这样一个问题：主导着处在时间中的那种事件之流的意义是什么？那些发展出历史创生论式符号化表达的思想家，试图通过下述方式来发现这种意义：将事件的进程向某种位于神性宇宙秩序之中的起源外推，从而使当下能被理解为最终的状况，从起源处流出的意义流入其中。然而，当下是迅疾变化的。因此，这种思想家就会试着通过将那一进程投射到未来，向它绝对的神性宇宙目标前进，来为当下提供支持。

在外推至过去这一点上，前面提到的苏美尔列王表，其时间大约在

公元前2050年，这是个很能说明问题的例子。它以已有的城邦王朝列表以及史诗和传说资料为基础，将虚构出来的那个帝国的各朝代推回到神话中的大洪水时代。后来，这份列表被进一步向远古扩展，方法是给它加上一份“前洪水时代的”序言，它为我们讲述了有关洪水之前的五个城市的各朝代情况。这份序言以这种表述模式开篇：“当王权从天上降下，王权（首先）位于厄里杜（Eridu）。”在洪水之后的列表则这样开篇：“在洪水席卷（大地）（并且）王权（再次）从天上降下后，王权（首先）位于基什（Kish）。”这两种表述模式都将政府统治的起源符号化为王权从天上的降下；当由众神所规定的秩序化身在这个世界的世俗进程中时，历史便开始了。[4]

对包括将来在内的整个进程的思辨，蕴含在《圣经》的历史创生论 134
中，这一点从出埃及的时间被置于创世后的第2666年可以看出，因为2666是4000的2/3。随着这场逃离，为期4000年——按每代人40年来算，就是100代人——的一个“世界存续期”（aeon）的2/3已走过了它们的历程。[5]

在第二个案例中，出现了某些数字关系，它们决定着历史过程的长度及其时代与时期分割。我将首先探讨这个数字思辨因素。

很有可能的是，苏美尔列王表中所列出的各个王朝时代之间的数字关系反映出一条数字思辨原则，为对那些时代的建构所遵循。在洪水之前的各个王朝有8位国王，其统治期总共是241000年；在洪水之后的基什王朝有23位国王，统治了总共24510年多一点；接下来，乌鲁克王朝有12位国王，统治了总共2310年。然而，在乌鲁克王朝期间，那种漫长如神话的统治期在塔木兹和吉尔伽美什统治时中断了；对他们的后继者，列

4 文本翻译来自A. Leo Oppenheim，*ANET*，265 f。

5 Gerhard von Rad，“Das Erste Buch Mose，Genesis Kapitel 1—22”，in *Das Alte Testament Deutsch*，ed. V. Herntrich and A. Weiser，Neues Goettinger Biblewerk，Teilband 2，4th ed.（Goettingen：Vandenhoeck and Ruprecht，1956），54.

王表描述了在历史上确有可能的统治期,从6年到36年不等。上面特意列出漫长神话时代中的这三项总和数字,它们呈现出以下景象:

241200年	67 × 3600
24510年	68 × 360 + 30
2310年	65 × 36 − 30

即使隐藏在对这些时代的建构背后的这些数学计算无法在文本中一眼就被清晰分辨出来,但作为一个整体的这幅景象意味着,这些数字并不是偶然聚集在一起的。每个后继时代的长度大约都按10∶1的比例缩减;这种计算的基础看来是为期3600年的"沙罗"(saros);67、68、65这些倍数则在66.66……(亦即100的2/3)这个值附近波动。而且,那个中间时代的24510年相当接近大年循环的25800年,岁差在其中完成一次循环。因此,这些时代似乎来自一种尝试,将在经验上观察到的昼夜平分点岁差融入一种六十进制的(hexagesimal)数字思辨系统。接下来,"100的2/3"这个数值的倍
135 数,令人想到以色列人在关于逃离埃及的日期的思索中提到的"100代人的2/3"。最后,10∶1的比例,决定着各个时代之间的关系,也是决定着这三个时代总和的比例,因为三个时代总共的268020年大约是岁差循环的十倍。

如果我们考察一下来自相同文化区域的又一个重大案例,即贝鲁索斯(约公元前330—前250年)在"救世主"安条克统治时期(公元前280—前262年)进行的晚期巴比伦建构,那么,"苏美尔列王表来自数字思辨"这一点就不只是一种可能,而是实际上确定无疑的了。保罗·施纳贝尔已从文本片断中重构出贝鲁索斯的体系。[6]它的第一

6 Paul Schnabel, *Berossos und die Babylonisch-Hellenistische Literatur*(Berlin: B. G. Teubner, 1923), 176 f.

个时代开始于创世，到最初的国王出现前为止，时间跨度为1680000年。接下来是：洪水之前的最初国王时代，432000年；洪水之后的国王时代，到亚历山大大帝去世为止，36000年；最后是从亚历山大之后到世界毁于大火为止，12000年。把这些年份数量用巴比伦的“沙罗”（saroi，3600年）和“内罗”（neroi，600年）来表示，就会出现下列时代系列：

1680000年	466沙罗，4内罗	从创世到最初的国王出现前
432000年	120沙罗	从最初的国王到洪水
36000年	10沙罗	从洪水之后的国王到亚历山大
12000年	3沙罗，2内罗	从亚历山大之后到世界终结
2160000年	600沙罗	世界存续期的持续时间

最后，必须考察一下以色列历史创生论中对宗谱表的建构。有两种关于亚当后裔宗谱表的不同建构保留了下来，而关于闪（Shem）的后裔则有三种不同的建构，因此，数字建构是故意进行的，这一点毫无疑问。

关于亚当后裔的宗谱表，我们有《创世记》5：3—31中记载的玛索拉（Masoretic）文本，以及《圣经》“七十士译本”和约瑟夫斯文 136
本共有的那个版本[7]：在第二栏中，更高的总和是通过在十个案例的其中六个[*]中，将那些家长在生育长子时的年纪增加整一百岁而形成的。

7 以下表格由H. St. J. Thackeray编制，见于Josephus，*Jewish Antiquities*，in Loeb Classical Library（1963—1965），*Josephus*，4：39 f。

* 原文为“八个”，根据下面的表格所示疑似有误，译文遵照表格内容改为“六个”。——译注

寿　　命			生育长子时的年纪	
玛索拉文本			玛索拉文本	七十士译本、约瑟夫斯文本
亚当	930		130	230
塞特(Seth)	912		105	205
以挪士(Enosh)	905		90	190
该南(Kenan)	910		70	170
玛勒列(Mahalalel)	895		65	165
雅列(Jared)	912		162	162
以诺(Henoch)	365		65	165
玛士撒拉(Methusela)	969		187	187
拉麦(Lamech)	777		182	188
挪亚(Noah)	950			
		洪水到来时的年纪	600	600
		从亚当到洪水的年份总数	1656	2262

以下关于闪的宗谱表用到了同样的技巧(《创世记》11：10—26)。各大家长的寿命，就像在苏美尔和巴比伦列王表中的统治期和时代那样，是不同流派的符号表达者都爱用的数字图表发挥的功能。[8]

8　Josephus, *Jewish Antiquities*, 73.

寿　　命			生育长子时的年纪		
玛索拉文本			玛索拉文本	七十士译本	约瑟夫斯文本
闪	600	洪水后生育长子时的年纪	2	2	2
亚法撒（Arpachshad）	438		35	135	135
凯南（Kainan）	—		—	130	—
沙拉（Shelah）	433		30	130	130
希伯（Eber）	474		34	134	134
法勒（Peleg）	239		30	130	130
拉吴（Reu）	239		32	132	130
西鹿（Serug）	230		30	130	132
拿鹤（Nahor）	148		29	79	120
他拉（Terah）	205		70	70	70
		从洪水到亚伯拉罕的年份总数	292	1072	993

137

关于将数字图表引入符号化表达这一做法背后的动机，所能说的仅仅是那些最为显明之处。在这些图表背后隐藏着一种数字神秘主义，它表达着宇宙的循环式实在。因此，即使在早期神话中，我们也遇到一种认为宇宙是由数字来塑造结构的宇宙观，这在毕达哥拉斯和柏拉图哲学中仍有留存。以色列的数字（4000年），或巴比伦的数字（600沙罗，每沙罗3600年），都是显得神圣或完美的数字，适合用来描述一个宇宙存续期；至于苏美尔列王表，我已指出它可能是将六十进制思辨同大年循环相结合。以色列的那些列表证实了相互竞争的各派符号表达者的生存，但对于他们思辨的理论根据，很遗憾，我们仍然知之甚少。最模糊的是最低层次的建构。为什么苏美尔列王表上的一位国王，或者以色列宗谱表上的一位家长，被分配了某个数量的统治期或寿命？这只在极少数情况下能被推测出来，例如（在亚当后裔列表中）短命的家长以诺，他365年的寿命可能要归因于某个太阳神话。

一个存续期所分配到的总体年份数量，以及位于这种建构物底部的统治期与寿命的单独数量，在这两者之间，有一系列历史时代，其特征是，离当下越近的时代持续时间越短。较之总体数量和最低层面的数量，我们可以对图表的这个中间层多说两句。现在我将转向探讨这些时代及其不断减少的时间长度。

首先是事实：苏美尔的历史创生论有三个时代，从起源直到历史上确有可能的年代。第一个时代的时间长度是241200年，第二个是24510年，第三个是2310年。缩减因数大约是10。在这三个时代里，国王的平均在位时长分别是大约30000年、1000年和200年。贝鲁索斯的建构中有为期1680000年、432000年和36000年的时代。从中看不出大体一致的缩减因数。从创世到最初的国王出现前的那个时代，既没有国王，也没有王权统治；在洪水之前的十位最初的国王，平均在位时间为12沙罗；在洪水之后首先出现的86位国王总共在位34090年，平均在位393年；接下来的八个“中间”（Median）篡位者总共在位224年，这在历史上是确有可能的。尽管以色列的历史创生论没有这种时长明显减少的时
138 代，但在那些时代之中的各大家长时期也遵循了这一缩减原则：

（1）亚当的后裔　约700—1000年
（2）闪的后裔　约200—600年
（3）各家长[*]　约100—200年
（4）普通人　约70—80年

* 指亚伯拉罕、他的儿子以撒、孙子雅各。——译注

通过基督教作家的评论，这些不断减少的时代所包含的意义将变得明了，他们自古以来就必须面对这些家长的高龄问题。对这些评论者来说，这个问题是微妙的，因为报告了这些家长长寿生活的，是一部号称真实、可信地叙述了人类历史的著作，或者更谨慎地说，这种主张被归属于这部著作——因为无法确定那些符号表达者是否将自己的创作理解为严格意义上"真实的"历史。为了说明这个问题，我将提及三个评论者：圣奥古斯丁、马丁·路德，以及当代神学家格哈德·冯·拉德。

在这个问题上，圣奥古斯丁是个原教旨主义者。他感到，有必要通过与早期人类的巨大身躯相类比，而使这些家长的长寿变得可信。尽管他们的长寿无法得到证明，因为他们已死，不再是可观察的对象，但在他看来，至少早期人类的巨大身躯是能得到经验验证的，这种人的骨骼化石的发现证实了这一点。如果那些巨人是真实的，为什么那些长寿的家长就不应当同样真实呢？而且，他在证明过程中还引证了异教徒的证言来支持他的辩护。即使这些证言并不支持他对长寿的辩护，但至少使我们关注维吉尔和荷马的相关符号化表达。圣奥古斯丁提到举起石头的英雄事迹，这块石头让如今的大地养育出来的人来举，十二个也举不起来（《埃涅阿斯纪》12.99 f.;《伊利亚特》5.302）。这使我们看到深嵌于古典文献的历史创生论因素，我们很有希望在这里发现一种类似的符号化表达。[9]

路德在评论那些家长的时代时深入到问题的核心："因此，这是一个真正的黄金时代，因为九位家长和他们的所有后代同时生活在一起，而我们的时代则比所谓的"浊世"还要不堪……这是因为，有这么多虔诚、智慧和圣洁的人同时生活在一起，这是最初那个世界的最高荣誉。
我们不应当认为他们是平凡朴实的人，而应当认为他们是所有那些有 139

9　Augustine, *Civitas Dei* 15.9.

着英雄般卓越品质的人。”的确，路德也是一个原教旨主义者，但他同时也对神话有着敏锐意识；因为英雄辈出的黄金时代，枯燥的宗谱表对他而言也不是什么问题了。[10]

最后，格哈德·冯·拉德在评论《创世记》时引用路德的话，进一步阐发其洞见，去除原教旨主义的羁绊。他认为，那些家长的历史见证了从创世中出现的第一批人类的高度活力，同时对我们当下的自然地位给出一种审慎的判断。

> 毕竟，我们必须认为，这份包含宗谱表的教士（Priestly）文本并未提供有关堕落的叙事。在神学上，该叙事可以解释处在受造物地位上的人所经受的困扰与衰退，以及随之而来的向挪亚同神立约后的那种人类地位转变。在这里，在这些宗谱表中，我们发现某种大体对应于堕落叙事的东西。那些家长逐渐缩短的寿命（这在撒玛利亚家一系中体现得最为明显），必须被理解为人原本具有的某种神奇活力在逐渐衰退，这与他不断远离创世源头的距离成比例。[11]

这些评论带来的第一项结果是，我们必须注意到，古希腊时代的符号化表达已被吸收到这一探寻的视野之中。在美索不达米亚和以色列关于时长不断缩短的时代的思辨中，隐藏着关于赫西俄德意义上的“世界诸时代”的符号化表达；随着不断远离创世源头而不断降低的活力，在柏拉图《政治家》讲述的神话中可以找到相似的身影，在该神话中，随着在时间上远离由神赋予的秩序所具有的原初推动力，世界秩序开始衰退。历史创生论思辨除了出现在近东，还有古希腊变体。而且，作

10 Von Rad, “*Das Erste Buch Mose*”, 58（Luther, Weimarer Ausgabe, 42：245 f.）.

11 出处同上，55。

为第二项结果的是，冯·拉德的思考使我们认识到这样一种类型的经验，它努力通过那些不断衰退的时代来表达自身。因为那个包含关于这些时代的思辨的教士文本（P）并未讲述有关堕落的叙事；而在另一方面，在耶和华（Yahwist）文本（J）中出现的堕落叙事则通过活力不断衰退的时代而使这种表达变得多余。因此，必须认为，除了那种关于时代的思辨之外，这一堕落叙事也表达了对人的天命所归与其世俗地位之间的张力的经验。这一命题可用普遍化的方式加以表达：堕落叙事 140
不仅是教士文本所包含思辨的等价替代物，而且是苏美尔、巴比伦、古希腊以及其他社会出现的每一种相关思辨的等价替代物。作为历史创生论思辨的重要动机之一，对于人在时间中的不完美生存的经验得到了显明：从宇宙起源处下降至当下的事件之流，将这种不完美符号化表达为一种“在时间中并不总是如此”的生存状态；在这种叙事时间中，黄金时代和天堂既能先于，也能随着不完美的当下而出现。在堕落叙事中，这种历史创生论的叙事时间开始崩塌。这个叙事确实仍然在神话时代中运动，但由那些不断缩短的时代带来的笨拙后果已被放弃，取而代之的是已经一劳永逸地发生了的堕落，以至于能出现历史意义上的时间，而在这种时间中，堕落之后的生存结构并未改变。

第五节　对人性的帝国式调和

虽然无论是堕落叙事，还是关于不断缩短的时代的故事，它们均以符号化的方式表达了对不完美生存的经验，但是，这两种符号化表达并非完全等价，而只是部分等价，因为关于亚当及其堕落的叙事是有关每个人的叙事；它直接触及个人的生存。对时代的建构将首要的实在性赋予各种族、各代的人，以至于该建构在人的具体生存中留下的印记被他在此后出现的人类集体中的成员资格所调和。而且，正如数字思辨所表明的那样，有关不断缩短的时代的神话与天体物理学意义上的宇宙秩序关系更为密切，超过与人类领域本身的关系。因此，尽管这两种符号化表达都出现在以色列宇宙创生论语境中，但堕落叙事具有更多的人类起源论特征，而时代叙事则有更多的宇宙起源论特征。

在堕落叙事已获发展的情况下，对不断缩短的时代的建构为什么还应当持续？当我们提出这个问题，各种符号化表达的交织纠缠便不只引起分类学的兴趣。如果说，在历史创生论思辨中，没有什么比找到能充分表达不完美与完美之间张力的符号更重要的事，那么我们可能就会预期，一旦更为充分的有关堕落的符号已被创造出来，那些更具宇
141 宙起源论色彩的符号就将消失。我们甚至会预期，一旦神的命令和人的不服从被理解为人的境况中无可回避的张力，一旦对人处在神之下的生存的经验得到清晰的分化，就像在耶路撒冷陷落（公元前585年）前的年代里出现的耶利米预言那样，那么，对历史的宇宙论前情的思辨将变得完全多余。随着人们发现，形成宇宙论类型历史创生论的动机来自对不完美的经验，这种历史创生论似乎也就会消失，并被以关于生存的真理这种形式出现的对历史的理解所取代。

然而，这些预期将会落空。历史创生论并未消失。它甚至得到了扩展，代价是在经验的宇宙领域、神性领域和人性领域中运动的其他类型神话思辨的缩减。最终形式的《旧约》思辨属于流亡和后流亡时代，它采用了大量宇宙起源论、人类起源论神话和大量传说；它尽可能地除去所有这些资料当中自洽的神话特征，并将它们作为历史事件整合到它自身的符号化表达中。而且，同样的过程也能在贝鲁索斯的《巴比伦志》中看到，它吸收了有关创世、末日大火、洪水和文化英雄（这些英雄赋予人类以写作、农业和建造城市的技艺，也把各门科学带给人类）的种种神话。[12]因此，历史创生论不仅持续存在，而且甚至展现出一种吞

12　参见以下著作中的片断：Schnabel, *Berossos und die Babylonisch-Hellenistische Literatur*, 251 f。

没所有其他类型神话思辨的趋势。正是通过这种符号化表达，宇宙论风格的真理非常顽强地存在于由哲学和启示塑造了真理风格的那些社会领域中。这种顽强意味着，在不完美与完美之间的张力之外还有某个问题。

在埃及的历史创生论中，可以最清晰地看到造成这种扩张性的原因。因此，在开始分析这一独特现象时，我将把埃及案例加入考察资料的范围。

通过在人间诸王的首个王朝之前加上一系列神圣王朝，埃及的历史创生论将历史往后推导至它的起源处。就像在以色列案例中那样，若干个变体得到保留；但在埃及案例中，我们非常幸运，至少对这些变 142
体背后的动机略有所知，因为那几种思辨被识别为由众多重要神庙构成的教士集团的作品。[13]

在第一个变体中，神性统治者的传承开始于孟菲斯的佩塔赫。在来自第十九王朝（约公元前1345—前1200年）的都灵纸草卷中，以及在马内托（约公元前280年，与贝鲁索斯大致同时代）的《埃及历史》中，都能看到这一点。在另一个也许更为古老的变体中，神性统治者的传承开始于赫里奥城的太阳神。这在狄奥多的《历史图书馆》（约公元前50—前30年）1.13中得到保留。接下来，希罗多德在其叙述中（2.144—145）[*]包含了一种底比斯变体，如果牧羊神（Pan，希罗多德将其命名为

13　对事实的描述根据的是Wolfgang Helck, *Untersuchungen zu Manetho und den Aegyptischen Koenigslisten*, vol. 18 of *Untersuchungen zur Geschichte und Altertumskunde Aegyptens*（Berlin：Akademie-Verlag, 1956），4—9。参见Ludlow Bull, "Ancient Egypt", in *The Idea of History in the Ancient Near East*, ed. R. C. Dentan（New Haven：Yale University Press, 1955），1—34。在文中提到的马内托作品的片断见于W. G. Waddell, ed., *Manetho*, Loeb Classical Library（1940），2 ff。

*　参见希罗多德，《希罗多德历史》，王以铸译，北京：商务印书馆，1959年（1997年重印）。本书中引自《历史》的文段，均参考了该中译本，并根据沃格林的英译版本有所调整。——译注

第一个神）被正确解读为底比斯的阿蒙—明（Amon-Min）的话。埃及学专家们对这些变体的分析表明，那些符号表达者在人的王朝之前加上了三个众神的王朝。第一个王朝来自由赫里奥城众神组成的伟大九神（Ennead，例外情况是，在孟菲斯变体中，孟菲斯的佩塔赫先于赫里奥城的太阳神）；第二个王朝来自由赫里奥城“二等神”组成的九神，开始于猎鹰神（Horus）；第三个王朝由“猎鹰神的仆人们”（即亡者的灵魂）组成。马内托的一个片断保留在欧西比乌斯撰写的《编年史》的亚美尼亚语版本中，它列举出这三个王朝的组成——众神、英雄和亡灵，其后是埃及的人的统治者，直到波斯王大流士为止。出于未知的原因，这些变体在一个关键点上不同——都灵纸草卷和马内托仅仅将九神中的男性众神列为统治者，而在狄奥多保留下来的赫里奥城版本中，也有女性众神。这些就是与我们目标相关的事实。

这些事实揭示出历史创生论思辨和埃及编年史记录之间的一种重要关系，涉及时间和主题两个方面。虽然都灵纸草卷来自第十九王朝（约公元前1345—前1200年），但考虑到它的内容，可以认为其年代更为
143 久远一些；该纸草卷可能是某个第二十八王朝（公元前1570—前1345年）文本的复制品。在此之前的一些世纪里，诸如“太阳神的时间”、“冥王的时间”、“大地神的时间”、“猎鹰神的时间”等碑铭和文本上的表述是存在的，它们可能指向更早时候关于众神王朝的思辨。然而，即使根据最大胆的推测，我们也难以将日期推到古埃及中王国时期*之前，或者再往前推到第一中间期（公元前2200—前2050年）。但是，早在都灵纸草卷的内容有可能出现的最早日期之前很久，就已经有第五王朝（公元前2500—前2350年）的巴勒莫石碑了。根据它的记载，在始于美尼斯的埃及统治者之前的，不是众神的王朝，而是当时仍然分裂的

* 约公元前2040—前1786年。——译注

上埃及和下埃及的前王朝时代**统治者，甚至是一个临时统一起来的埃及的一系列统治者。巴勒莫石碑证明，古王国的编年史作者们也许是通过口述传统而拥有了关于埃及前王朝历史的知识，这种知识具有相当可观的持久性和政治意义。因此，这些资料将允许我们得出以下结论：（1）历史创生论思辨在埃及历史中出现得相当晚；（2）它代表着一种新兴趣，但这种新兴趣对由更古老的编年史作者所记载的埃及前王朝历史而言是无用的。而且，从以下事实中能看出这种新兴趣的性质：前王朝的历史被牺牲了。这是因为，在这种新思辨中，埃及的人的历史始于通过征服（这要归功于美尼斯）而建立起的埃及帝国；在这种对秩序的人力创建之前（它本身是孟菲斯神学中的众神戏剧在人间的对应物），盛行的是神性统治者的秩序。因此，通过历史创生论，埃及历史在思辨中被拔高成一种带有神性秩序的历史，它在宇宙时间中的代表是由美尼斯创建的埃及帝国。

为了理解围绕着历史创生论思辨起源的独特资料，我们必须认识到，宇宙论帝国不只是政治组织的诸多类型之一。根据它的自我阐释，帝国的统治是神性宇宙秩序与人在社会和历史中的生存这二者之间的中介。公元前3世纪，位于巴比伦的马其顿人新国王，“救世主”安条克（公元前280—前262年在位），在将自己献给尼波（Nebo）神时，仍然使用同一千二百年前埃及女王哈特舍普素特将自己献给阿蒙—太阳神时一样的符号语言：“塞琉古的长子”向“马杜克的长子、阿鲁阿（Arua）的孩子、塑造所有造物的女王”祈祷，祈求在神“决定着天国与阴间界线的崇 144
高权杖”之下，通过“从未撤销的崇高命令”赋予王位以稳定性，赋予人民以正义秩序；作为回报，国王将从各国收集贡品并带回本国，用来完善新修的供奉埃萨吉拉（Esagila）和埃兹达（Ezida）的神庙。[14]因此，即使这

** 约公元前4500—前3100年。——译注

14 文本翻译来自 A. Leo Oppenheim，*ANET*，317。

种符号化表达在一个充满各种神秘宗教和哲学运动的环境中失去其大部分力量，即使在这样一个时代，帝国仍然是神性统治与人的秩序之间的中介。决定着"天国与阴间界线"的那个神因而也决定着什么是人的秩序；作为中介者的国王通过其统治，掌管着实在的宇宙秩序，从而代表着神与人；神庙是宇宙中心，天国与阴间在此交会。因此，宇宙论帝国瓦解带来的是痛苦的政治无序、相互攻杀；而且它还是一种精神灾难，因为以生存所源出的神性本原为目标的生存张力尚未得到充分分化，尚不能在社会层面上有效地成为秩序的中坚力量。人为了达成他的人性秩序，仍然必须依赖由帝国的至高神设定、由国王掌管的相当紧凑的界线；只有在帝国形式中，人才能生活在关于位于众神之下的人性的真理中。

随着帝国的建立，帝国形式下的生存所具有的含义并未立即得到阐发。埃及案例的资料和日期使我们有可能进一步精确描述之前已不止一次提出过的问题：作为一种神话思辨类型，历史创生论最晚出现于什么时候？它与政治无序的关系是什么？在帝国的功能（作为神—人秩序的代表形式）明确地受到人们的关注，以至于能发展出历史创生论，作为对问题的充分表达之前，帝国的历史确实必须走过一段漫长的历程，至少要长到足够发生某种重大灾变。处于古王国在第五王朝之后的衰落与第十一王朝和第十二王朝对秩序的恢复之间的那段时期（即所谓第一中间期，它在当时的文献中留下了令人难以忘怀的伤痛印
145 记），形成了埃及历史创生论思辨的背景。当时的文学名著是广为人知的。因此，只需通过来自阿蒙黑米特一世（公元前2000—前1970年）时期的"内弗尔—若胡预言"来说明这个问题也就足够了。[15]该作品的文献形式是一篇可追溯到古王国时期的预言，它的经验的宏伟轨迹始于政治灾祸的发生，经过动荡时期，直到新秩序的出现。无序状况是如此深重，以至于摧毁了秩序的神性起源；赫里奥城所在地区是众神的出生

15 文本翻译来自 John A. Wilson，*ANET*，444 f。

地，它已不再存在；太阳神本身必须为一场新的创世奠定基础；当这个神奠定了这些基础后，阿美尼将会到来，他是作为救世主的法老，是胜利者；他将敉平反叛，驱逐亚洲人和利比亚人，恢复正义，并重新统一两个地区。看起来，在精神深处（spiritual depth）对无序造成的恐怖的经验，是将秩序问题提升到符号高处（symbolic height）的动力，这种高处体现为一场新的神性创世和某位救世主国王的降临，很像以色列先知体验到的无序激发他们将秩序问题提交给那些更高层次的符号化表达——新契约、新天与新地，以及作为救世主的和平之王。

于是，根据这些埃及资料，我们可以更加准确地描述历史创生论，其特性已被初步描述为将现实层面的各种事件在思辨中外推到它们的宇宙起源。在埃及案例中，它将人们所熟知的前王朝统治者们排除在外，这一点决定性地证明，那位符号表达者关心的不是一般意义上现实层面的历史，而是只关注作为既成事实、神—人秩序之代表的那个部分。他既不受到任意某个社会的吸引，也不受到众多社会的吸引。苏美尔列王表确实谈到了某种已从天上降到某个美索不达米亚城邦的王权统治。然而，它的兴趣对象并不是各个自治城市及其秩序，而是统一的、由不同城邦的统治者按照想象中的顺序来行使的帝国统治。这些城市以多元形式存在，而帝国及其王权则是单一的。在埃及案例中，我们再次看到，一个处于单一统治者统治下的社会是真实秩序的承载者；分离的两个地区、帝国的解体以及地方统治者的兴起，这些都是无序的同义词。为了确保这种单一性，埃及的符号表达者们比苏美尔人更加激进，他们并不是对前帝国的历史加以畸变，而是彻底将其抹去。关于 146
帝国秩序的思辨看起来意在成为一种关于普遍的人类秩序的思辨。理解这一点需要一点想象力，因为从我们的现代立场出发，我们习惯于将古代社会视为众多社会中的一员，所以我们不容易认识到，对一位美索不达米亚或埃及的符号表达者来说，或是在此问题上对一位中国的符号表达者来说，当他生活在环绕于他的帝国之中时，他是生活在人的唯一组织中。一个人的人性与他在帝国社会中的成员资格确实有着密切关联，以至于在有些情况下，这种关系通过语言上的同一而得到表达。例如，表示“埃及人”的那个象形文字也意为“人”；更为严格的是，常见的词组“一个人的儿子”指的是一个有社会地位的埃及人的儿子。从现代的立场来看，在人的地位与某个具体社会（甚至是其统治群体）的成员资格间存在的紧密关系，将会显得是一种令人痛心的限制或歧视，而从古代符号表达者的立场来看，人的观念是在众神安排下创建起一个帝国之后才被发现的。社会的视野从部落社会扩大到城邦，并进一步扩大到一个帝国，囊括一个文明所在的整片区域，这不仅是人口数量的增多，更是社会组织的质的飞跃，会影响到对人性的理解。这种扩大被体验为创造性的努力，人借此获得有关自身的分化意识，也获得有关一种秩序的神性起源的分化意识，这种秩序对所有人来说都是相同的。通过帝国的严酷现实，开始作为历史主体而闪耀的，是位于神之下的普遍人类。

在阅读早期苏美尔或埃及类型的历史创生论思辨时，从作者所在的帝国当下往回看，我们就来到了帝国的宇宙论神性起源；从神对政权的安排向前看，我们就来到了位于作者所在历史当下的帝国。人位于众神之下的生存牢固地保留在帝国形式中。还没有空间可以容纳一种在古典或基督教意义上得到分化的人性；也不存在对人的两个生存维度——理性动物（zoon noetikon）和政治动物（zoon politikon）——之间的张力的开放。在崩溃发生时，帝国会因其作为真实人性之代表的特征而变得透明；但是，真正普遍的人类不仅包含一个帝国以及同时期各
147 社会的成员，而且还包含过去、现在和将来生活在神意安排之下的所有人，但这种人类观念尚未挣脱帝国形式的人性观的束缚。尽管帝国的秩序是向“超越于特定组织之上的普遍人类”这一观念敞开的，但它也成为这一观念的监狱。因此就将出现这样一个问题：何种经验可能打破帝国式生存的紧凑性？在埃及和美索不达米亚案例中，我们几乎找

不到什么答案。我们也许可以指出，帝国式紧凑性通过阿肯那顿的神秘主义而有所松弛，因为在他的赞美诗中，法老将亚洲人和利比亚人接受为帝国社会内的人类；但在这个如墙上小裂缝的特例并未影响到历史创生论符号化表达。然而，在以色列案例中，普遍人性观念获得如此重大的分化，以至于神学解释者们认为，在古代东方其他民族中盛行的那些符号化表达已被彻底摆脱。这种观点步子迈得太大了，因为尽管有一些差异，但那种共同的历史创生论的近东类型并未被放弃。不过，神学家们偏爱的激烈对立说还是包含了很多有用的信息，所以我将通过呈现这种观点来开始对以色列案例的分析。

格哈德·冯·拉德在评论《创世记》时写道：

> 以色列所走过的路线，并不是一条从原始神话到其自身世俗生存的直线。那种追溯到神话的直线路线是城邦宗教的特点，政治共同体能在其中加以认真对待的只有它自身。（古老的巴比伦最初的列王表是这样开头的："当王权从天上降下，王权位于厄里杜……"）《创世记》的观念则不同：从原始时代开始的路线在其发展过程中伴随着从挪亚到亚伯拉罕进行的决裂，它首先进入由各民族组成的宇宙。当以色列人回望亚伯拉罕之前时，在那条可追溯到起源点的路线中有一个决定性的决裂，也就是各民族列表的出现（《创世记》10）。这种决裂意味着，以色列人以不带幻想、不借助神话的方式，将自身视为处在由各民族构成的世界上。以色列人从耶和华那里体验到的，将会发生在历史领域中。对《圣经》神学来说，各民族列表的插入意味着与神话彻底决裂。[16]

16 Von Rad, "Das Erste Buch Mose", 120 f.

这段话精确地阐明了决定性的差异之处:《创世记》10的各民族列表将人类观念引入以色列思辨中;尽管以色列人是被选民族,但也是众
148 多民族中的一个。

我们可以同意冯·拉德关于差异之处的观点,同时对其结论持保留意见。这是因为,冯·拉德似乎颠倒了构成性事件与旨在表达该事件的符号化表达之间的关系。以色列人对启示的经验,连同由此带来的被选民族在耶和华律法之下的生存,确实都属于历史模式的生存,而不是宇宙论模式的生存。但是,以色列人位于神之下的生存所具有的真正历史性特征,绝不可理解为某种普遍主义人类观的结果;相反,我们必须认为,是启示将以色列的历史建构为一种人类普遍的生存形式;各民族列表是对这一构成性事件的符号化表达。来自荆棘丛和西奈山的启示被直接传达给人和社会;这些启示将人直接置于神之下,从而剥夺了宇宙论帝国的统治者作为神性秩序与人的中介者的地位。由西奈山启示而形成的以色列民族,作为人类的代表,在人的生存问题上被赋予了一项对所有人都有效的新洞见。通过这个西奈山事件,人获得了有关位于神之下的历史直接性(historical immediacy)的意识。然而,这一新洞见并未瓦解历史创生论;恰恰相反,它被吸收到历史创生论的符号化表达之中。尽管历史意识的含义对众先知而言是明晰的,但它在阐发符号时并未获得充分的组织力量,而是必须屈从于宇宙论类型的历史创生论思辨。尽管出现了那份各民族列表,但来自荆棘丛和西奈山的启示还是作为事件而被整合到被选民族的历史创生论之中。

来自荆棘丛的启示表达了一种有关个体直接性的经验,来自西奈山的启示则表达了一种有关位于神之下的社会直接性的经验;于是,二者均作为事件而被记录在一种历史创生论建构中,该建构通过被选民族的成员资格而对关于生存的真理加以调和。这种对多项符号化表达的结合使我们注意到多样化的经验动机,它们业已影响到《圣经》的叙

事。[17]的确，以色列的历史创生论不像埃及和美索不达米亚的案例那样只有一个组织中心，而是有两个中心：大卫对帝国的建立和西奈山立约。尽管帝国的建立是较晚发生的事件，但它在时间顺序上是第一项 149
动机，因为著名的"大卫行述"(《撒母耳记下》9—20;《列王记上》1—2)构成该叙事的核心；从大卫的崛起开始，到耶路撒冷的陷落，该叙事讲述了那个帝国及后续各王国的故事。就"建立帝国"这一动机和"帝国的历史"这一主题而言，该叙述的现实部分，与周边各近东社会的历史创生论中的相应部分，具有相同特征。然而，当涉及将既成事实后推至它们的宇宙起源时，以色列模式就与各宇宙论帝国的模式极为不同了，因为在《圣经》的历史创生论中，在帝国的历史之前，有数百年的事件（出埃及、西奈山立约以及征服迦南）是在埃及或美索不达米亚历史中找不到平行物的，以色列人通过这些事件而成为被选民族。通过礼拜仪式，他们的记忆得到了保留，其中留存下来最古老的可能是《申命记》26：5b—9：

> 我祖原是一个流浪的亚兰人；
> 下到埃及寄居，他人口稀少，在那里却成了又大又强、人数很多的民族。
> 埃及人恶待我们，苦害我们，将苦工加在我们身上。
> 于是我们哀求耶和华，我们列祖的神；
> 耶和华听见我们的声音，看见我们所受的困苦、劳碌、欺压。
> 他就用大能的手和伸出来的膀臂，
> 并大可畏的事与神迹奇事，
> 领我们出了埃及。
> 将我们领进这地方，把这流奶与蜜之地赐给我们。

17　*Order and History*, vol. I, ch. 6, §2—3.

逃离宇宙论文明，进入位于神之下的自由，这是显著的历史事件，对这些事件的记忆通过礼拜仪式和祷告而得到保留。由于它们包含着以色列人生存的意义，假如要像埃及的前王朝统治者那样被抹去，那就会摧毁这个民族；一旦它们的意义得到充分理解，它们就必须在精神层面上变得比任何一种建立帝国的努力更加优先，哪怕是一个以色列的
150 帝国。由于那些符号表达者无法忽视那两个经验中心中的任何一个，所以《圣经》的历史创生论就具有包含一段前帝国历史的特点。

然而，这一妥协带来两个建构方面的问题。首先，那些符号表达者不得不面对“在历史中的秩序承载者是谁？”这个问题。如果帝国社会不是秩序的唯一承载者，谁能作为处在历史中的秩序的行动主体呢？其次，他们不得不面对“启示是否普遍有效？”这个问题。如果启示是神让人将其自身置于神的秩序之下的呼吁，那么是否就连前帝国的以色列民族也能成为历史的主体？

那些符号表达者通过诉诸部落社会的范畴，解决了这些问题。人类被视为一个源自先祖亚当的氏族；在建立帝国之前，是可追溯到立约时期的部落联盟历史，并且更往回推，是各大家长时期的历史，是挪亚和亚当时期的人类历史。亚当氏族的宗谱表取代了美索不达米亚和埃及的历史创生论所描述的各神秘王朝；将各民族列表纳入部落的宗谱，这彰显了在建构一个亚当氏族时所抱的意图，它在人的意义上是普遍的。随后，通过强调神在与人类中善于接受新观念的代表者立约时所走过的神圣路线，即神与挪亚立约（《创世记》9：9）、与亚伯拉罕立约（《创世记》17：1—8），以及西奈山立约，这种在经验层面上普遍的历史被再次提升为一种有代表性的人类普遍历史，由此，这些开创新纪元的契约将人类历史划分为四个时代：从亚当到挪亚，从挪亚到亚伯拉罕，从亚伯拉罕到摩西，从摩西到现在。通过对这四个时代的思辨，帝国的建立（这曾经是历史编纂事业的首要动机）被以符号化的方式从属于那些与全人类相关的事件。我们可以补充说，各篇福音书业已改变纪元

与时代的模式,以便使其容纳来自大卫家族的弥赛亚,并成为人类历史中一个具有进一步代表性的事件。《马太福音》1:17是这样划分四个时代的:从亚当到亚伯拉罕,从亚伯拉罕到大卫,从大卫到流亡时期,从流亡时期到基督的出现。

在以色列的历史创生论中,神与人之间关系的历史取代了帝国的历史,后者对位于神之下的人的生存所具有的秩序敞开。如果我们此时再次追问之前提出的那个问题(尽管流亡与后流亡时期的符号表达 151
者们已拥有对历史的分化理解,为何他们还是给自己套上了历史创生论之轭?),我们就会再次遇到对帝国灾祸的经验。在王国时期,就“人和社会直接处于神之下的生存”而取得的各种分化洞见并未失去;先知们反对民间和王室向埃及和亚述形式的宇宙论神话倒退,这甚至使这些洞见变得更加明晰。然而,对普遍人性的洞见是由被选民族及其政治组织来实现的,二者之间的关联如此紧密,以至于帝国的分裂,以及各分裂王国随后的毁灭,成了激发历史创生论思辨的经验。就像内弗尔—若胡预言展现了埃及的历史创生论所成长于其中的那种精神氛围一样,《诗篇》137将会展现孕育了以色列的思辨的那种心灵纷扰:

> 我们曾在巴比伦的河边坐下,
> 一追想锡安就哭了。
> 我们把琴挂在那里的杨树上。
> 因为在那里,掳掠我们的要我们唱歌,
> 嘲弄我们的,要我们作乐,说:
> “给我们唱一首锡安歌吧!”
>
> 我们怎能在外邦唱耶和华的歌呢?
> 耶路撒冷啊,我若忘记你,

情愿我的右手忘记我！
我若不记念你，
若不看耶路撒冷过于我所最喜乐的，
情愿我的舌头贴于上腭。

耶路撒冷遭难的日子，以东（Edom）人说，
拆毁，拆毁，直拆到根基！
耶和华啊，求你记念这仇。
将要被灭的巴比伦的女儿*啊：
报复你像你待我们的，那人便为有福！
152 拿你的婴孩摔在磐石上的，那人便为有福！

这份令人难忘的文本试图将神及其领域牵扯进发生在古代东方的各场帝国战争，并流露出情绪上的惶惑，其中出现了以下这些极为不同的现象：教士著作中的历史创生论、第二以赛亚有关受难仆人的意象、律法书和拉比学说（rabbinism）、马卡比狂热主义（Maccabean zealotism），以及和平主义（irenic）基督教。

第六节　古希腊案例——犹希迈罗斯的《神圣历史》

历史创生论是一种神话思辨，将现实层面的历史外推向它的宇宙论神性起源点。既然我们现在转向讨论这种符号化表达的古希腊变体，那么就有必要回顾一下它的定义，因为对更早的近东变体的研究可能会形成一种偏见，认为所有历史创生论都必须从某个帝国的当下出发。如果这一偏见属实，那就不会有古希腊神话思辨类型的历史创生

* 原文为Daughter of Babylon，引申为“巴比伦城”。——译注

论了，因为并不存在能为这种符号化表达提供现实基础的古希腊帝国。然而，历史创生论实际上是一种极为顽强、灵活、易变的符号形式。在埃及案例中，它强烈坚守帝国的当下，以至于将现实层面的前王朝历史（尽管已为人们所熟知）完全抛开；在苏美尔列王表中，通过对现实层面资料的剧烈碎片化和重新安排，它将各个城邦整合到帝国的历史中；在《圣经》的叙事中，它将大卫帝国和后续各个王国在现实层面的各种事件外推至部落历史和各种启示事件中。而且，正如以色列案例所示，当位于神之下的普遍人性已从宇宙论帝国的秩序（它以紧凑的形式包含着普遍人性）中分化出来后，历史领域中的神话思辨并未被抛弃。神与人、世界和社会团成一块，就像它们在对宇宙的原初经验中那样；宇宙实在的持续性仍然在宇宙的叙事时间中获得表达。通过一种来自启示、有关人在社会中的生存的经验，它的时间维度可被认识为向神性秩序敞开的历史；通过理智性洞见，有关开端和终结的问题可被认识为一种附着于时间流之上的二元对立；但是，无论是启示还是哲学，均未使宇宙的时间和故事解体。甚至，当处在时间中的普遍人性领域得到前所未有的清晰识别，被视为人与神相遇的历史时，这种神话思辨形式的 153
历史创生论也依然存在着。

历史创生论的古希腊和近东变体在表现形态上的差异，是由现实层面历史的结构差异导致的。在古希腊城邦之上，有一个古希腊文明，古希腊历史学家和哲学家将其视为一个与美索不达米亚、埃及或波斯文明同类型的社会。尽管它在现实层面从未有过将自身组织为一个泛希腊帝国的过程，但它还是被视为有能力以帝国的形式组织起来，从而也被视为会像近东诸帝国那样在历史上取得同类型成就、遭遇同类型灾祸的潜在主体。而且，由于这种能力的存在，它也是历史创生论思辨的潜在主体。我之所以强调它具有成为神话思辨主体的潜能，是因为它的实现受到技术性困难的阻碍——古希腊人既没有编年史记录，也没有足够连贯的传统意义上的历史，并且首先是因为他们没有年代学

(chronology)。因此，从不曾出现过一种为人所知、年代确定的古希腊史具有超过五十年的可观长度——这是一个人能从他自身的经验以及老一辈人的记忆中收集资料的最长期限。可供近东的符号表达者们利用的大量历史事件在古希腊是缺失的，因为那里没有帝国档案馆或神庙档案馆来保存古希腊历史的事实和日期。为相对鲜为人知的事实建构一种年代学框架的尝试开始得相当晚，直到公元前5世纪后半叶才开始。那时，赫拉尼库斯将阿戈斯的女祭司列表同雅典执政官列表以及东方历史的年代相同步。迟至公元前4世纪，蒂迈欧（约前356—前260年）在他的《西西里史》中引入以“奥林匹克运动会”（Olympiad，即四年的周期）为单位的计算方法，这是一种粗陋但必要的纪年工具；直到公元前3世纪，埃拉托斯特尼（约公元前284—前200年）才开始为从征服特洛伊以来的古希腊历史中的主要事件确定明确的日期。已知的历史较短，历史记载出现的时间较晚，这成为希腊化和罗马时期历史学家们争论的热门主题。那时，在西方人征服东方后，东方的作者们开始反驳一种带有偏见的看法——唯有古希腊人拥有有分量的、可信赖的历
154 史编纂。约瑟夫斯的《驳阿比翁》也许原本题为《驳希腊人》，是记载了东方人对古希腊历史学家反对意见的著名文本。稍后我将回过头来讨论约瑟夫斯的问题。

必须被识别为历史创生论的古希腊符号化表达带有以下特点：

（1）缺乏具有千年王国或世俗意义上的既成事实的过程。这种思辨从相对狭隘的历史视野出发，至多只能横跨一些在空间上分布广泛的史诗性与神话性事件，随后就必须立刻跳跃到那个绝对的起源点。

（2）古希腊历史创生论遵循之前已经说明过的规律，即这一种类的思辨是由对政治上的灾祸与重建的经验所激发的。

（3）由于这些灾祸并不涉及帝国的各种制度，那个为人类普遍关注的问题（生存所发生的精神腐化与道德腐化）便凸显了出来。而且，由于从无序状态中的恢复并不能导致帝国各种制度的恢复，所以这种探

究倾向于发展成为一种普遍人类的秩序哲学。

（4）尽管古希腊社会生活在亚洲各强权的阴影之下，但它并未受困于自身的某种帝国形式，因此也并未被迫将人性体验为由处在帝国形式下的生存所代表，所以，古希腊社会对于希腊之外的、在经验层面认识到的人类，是保持着一种开放心态的。正如以色列创造了各民族列表一样，古希腊人发展出“地理志”（Periegesis），即对在经验层面获得认识的人类的普遍考察，尽管这是出自不同结构下的动机。

由赫西俄德和希罗多德创造的那些符号化表达是这种历史创生论类型的代表。

古希腊类型历史创生论的最早范例（赫西俄德关于世界诸时代的神话）最为纯粹地代表了这一类型。严格地说，在《工作与时日》106—179中讲述的言语（logos）是一种人类起源论，但是，这个有关人类各种族的、广为人知的故事，所打出的名义是在强调它作为一种关于历史的神话思辨的特征，这也有道理。这是因为，神话中人类的前三个种族之所以出现，是由于诗人意在创造一种由三代构成的人类起源论，与他在神谱论中描述的三代神相对应，而在金、银、铜种族构成的这个系列之后，出现的是荷马笔下的英雄和当下的铁族人。第四个和第五个种族显然表明，诗人意在将当下人类的无序状况解释为由众神所预定了的一个历史阶段。这段言语展现出这种古希腊类型最为纯粹的特征：首 155
先是尽可能最狭隘的历史视野，仅仅包含诗人本身在公元前8世纪末的本地城邦中所体验到的各种恶行；其次，从这种狭隘视野出发，秩序问题被提到“神的正义与人的行为”这一普遍层次上；最后，从这种受到狭隘限定的当下出发，诗人跳跃到迈锡尼时代的英雄人类那里。我们应当尤其注意，在赫西俄德的当下与典范性的英雄时代之间，既成事实是完全缺失的；在半神半人种族（宙斯将他们当中的幸存者移居到至福群岛上）和当下的人类种族之间，巨大的堕落已经发生。赫西俄德除了对迈锡尼社会进行了荷马式简化之外，完全不掌握任何历史资料（柏拉图在《法篇》中往回走得更远，追溯到了米诺斯立法及其神性起源)；在史诗时代之前的三代人几乎没有人的特征，即使他们被称为人。由于在一众英雄之前的这三个种族是由神谱论中与之对应的神的三个种族创造的，因此，作为整体的这一建构便与埃及的历史创生论有着密切关联，后者让作为人的统治者跟随在神的三个王朝之后出现。[18]

赫西俄德关于世界诸时代的神话可被描述为一种缩减至最低极限的历史创生论。它创作于黑暗时代之后、古希腊文明本身刚刚萌芽之时。在这种对人在社会中的生存秩序进行解释的尝试中，蕴含着进一步发展的充沛可能性，这些可能性直到公元前5世纪才在希罗多德的著作中得到体现。[19]

在希罗多德那里，这种符号化表达的结构根据原则同赫西俄德的一样，但汗牛充栋的地理志十分彻底地改变了它的表现形态，以至于大多数读者很难意识到二者是相似的建构。希罗多德的《历史》写于波斯战争后。推动它的经验是古希腊社会的生存遭受到的威胁，以及通过在马拉松和撒拉米司取得的胜利而恢复起来的不稳固的势力均衡。
156 这种经验，作为每一种历史创生论思辨都具有的典型动机，决定性地提供了比赫西俄德宽广得多的视野。秩序受到的纷扰不再是小城阿斯克拉出现的些许不义；舞台已变成世界性的，亚洲与欧洲的冲突影响到在希罗多德视野中受到牵涉的全体人类。普遍人类的秩序，这在赫西俄德那里也是一个问题，如今它在普世人类中找到一个新的承载者。希罗多德通过他的普世兴趣(这体现在他对各个民族及其文化与历史的广泛考察中)不仅超越了赫西俄德，而且超越了各种近东思辨，甚至也超越了《圣经》叙事，该叙事尽管有各民族列表，但依然执着于将被选

---

18 关于赫西俄德，参见*Order and History*, vol. II, *The World of the Polis*, ed. Athanasios Moulakis(Columbia: University of Missouri Press, 2000), ch. 5, vol. 15 of *CW*。

19 关于希罗多德，参见的内容出处同上，ch. 12, §1。

民族视为秩序的代表性承载者。然而，这种普世兴趣并非发源于希罗多德。从古希腊文明刚刚开端的时候起，它便存在于荷马史诗中，这些史诗将阿卡亚人与亚洲人之间的冲突视为对普遍人类秩序的搅扰。这种秩序出于共同的众神的安排，对阿卡亚人和特洛伊人来说是一致的。早在史诗时期，便出现了古希腊意义上关于人的生存的悲剧，这使得埃斯库罗斯后来能在他的《波斯人》中悲叹敌人的失败，将其视为从伟大巅峰跌落后的悲剧性失败。

然而，在希罗多德的著作中，视野的这种普世性扩展并不对应于时间维度的可观延长。冲突的既成事实开始于公元前547年居鲁士对吕底亚的战事，结束于公元前478年赛司托斯被征服，全部时间前后不过七十五年。由于希罗多德大约出生在公元前485年，所以他对时间的视野并未超出他出生前的半个世纪。相比被整合在近东各种思辨之中的现实层面的漫长历史来说，这些数字是相当不起眼的。的确，范围广泛的地理志提供了早得多的事件信息，例如有关埃及的信息。但是，希腊之外的各地历史中的既成事实仍然保留着historiai（有关询问所获结果之书面报告）的地位；它们既没有被整合到历史编纂的语境中，也没有在希罗多德的思辨主线中发挥任何功能。他的主线就像赫西俄德的那样突然跳跃，从历次波斯战争跳到荷马史诗时代。但它并未就此终结。希罗多德进一步往回推，又经过几次欧亚冲突，回到秩序所遭受的首次搅扰。结果是对正义的一系列侵犯：腓尼基人强暴欧洲的伊奥
（Io），克里特人强暴亚洲的欧罗巴（Europe），希腊人强暴亚洲的美地亚 157
（Medea），特洛伊人强暴欧洲的海伦（Helen），希腊与特洛伊的战争，波斯与希腊的战争。在不超过三页的篇幅中，上述这个系列便从冲突的源头来到了波斯战争的当前阶段；它在第一卷第六节开始讲述体现在伟大的地理志中的既成事实。因此，希罗多德在将历史外推至绝对的起源点时所使用的篇幅几乎不比赫西俄德更多。

这种外推的特征是，将神话传说资料转化成历史事件，就像以色列

人将同样种类的资料转化成各大家长的历史一样。然而，非比寻常的是，这些资料被纳入一项或许是受到了阿那克西曼德启发的哲学假说之中。那些破坏秩序之事是成对安排的，从而使罪行与赎罪能彼此平衡。这种安排的根据是阿那克西曼德的箴言：来自无定（Apeiron）的万物将化为它们所诞生于其中之物，它们将根据由时间颁布的法令，为它们犯下的不义相互给予惩罚和补偿。希罗多德本人便生活在这一箴言的精神之中，他让他的克洛伊索斯（Croesus）警告征服者居鲁士：人间之事就像一个转动的车轮，不会让同一个人总是幸运（《历史》1.207）。为了建构起源，赫西俄德不得不依赖人类起源论和神谱论的形式元素；希罗多德则能运用有关万物本原（arche）的一项爱奥尼亚假说。因此，在他笔下，控制着事件进程的规律是脱离了神话想象的；希罗多德不需要众神来开启万物的运动。借由已转化为历史事件的那些资料，他能将它们的因果链条回溯至某项据说是由人进行的初始行动。该事件链条本身发端于阿那克西曼德所认为的本原，发端于无定。

古希腊历史创生论在希腊化时期的延续出现在一部通常被归为“小说”或“乌托邦”的著作中——犹希迈罗斯的《神圣历史》。我将首先描述一下这种独特的符号化表达的产生条件。

古希腊历史创生论有别于东方的第一项特征，是已知历史的短暂性，这是由于它缺乏编年史资料和传统资料作为历史编纂的基础。古希腊思想家们充分意识到这一事实——柏拉图在他的《蒂迈欧》中让
158 那位埃及祭司对梭伦说：“梭伦啊，梭伦，你们希腊人总是孩子；从来没有一个老希腊人！”（22B）第二项区别特征与第一项紧密相关，即取得了关于人的本性的突破，并且有可能将人类视为这种本性的承载者。只有古希腊人在既没有建立起一个帝国社会，也没有建立起囊括所有希腊人的开放社会的情况下，将普世人类作为历史的主体。因此，催生以下事件的情境，存在于且仅存在于希腊：一种具有普世格局的历史创

生论符号化表达，在亚历山大征服所带来的觉醒中获得帝国的结构时，被运用于那个欧—亚天下（ecumene）。模糊地说“帝国的结构”而不是“帝国”，这是更加可取的，因为在组织层面上，那场征服无法保持凝聚力，不得不分裂为后亚历山大诸帝国。而且，很难说有一个帝国社会，因为那个不同人群的集合体从未有时间获得一种稳定的社会结构。最后，通过帝国的征服而统一起来的那个人类既不信奉共同的帝国众神，也没有一种共同的帝国崇拜对象。在亚历山大的普世筹划的阴影下，为这种糟糕的局面创造一种历史创生论符号化表达的尝试，将不可避免地具有一种奇怪的形态。

当身为卡桑德的朋友的犹希迈罗斯在大约公元前300年进行这样一种尝试时，这种符号化表达采用的形式，是一项旨在塑造为人们普遍向往的社会秩序的事业。作者佯装他的事业是某个实际存在的社会的秩序；他老练而审慎地将这个社会置于印度洋上想象中的潘查（Panchaea）岛。作为一项塑造社会秩序的事业，犹希迈罗斯的著作属于那个时代的那种“乌托邦”（对它更恰当的称谓应该是“君王宝鉴”，因为确定无疑的是，它们是写给天下的新统治者的），至于它们是否真的是乌托邦（在托马斯·莫尔赋予这个由他新造之词的意义上），则需要在对每个案例分别进行考察之后才能下结论。不过，在目前这个语境中，对这个问题只需进行简单勾勒即可，因为我们主要关注的是犹希迈罗斯著作的这样一个部分，当他在其中就秩序的起源进行思辨时，将他的社会事业呈现为由某个身为神的普世统治者的创造物。他按照埃及历史创生论的方式，将那个岛屿社会的秩序（它被认为是对普世人类普遍有效的）外推至它的起源，认为它源自一个众神王朝所取得的、起着塑造秩序作用的成就。159

犹希迈罗斯写道，在潘查岛上矗立着宙斯·提比留斯的神庙，那是在这个神仍是天下的统治者，仍居住在人们中间时，由他所建造的。在神庙里有一块金碑，上面铭刻着乌拉诺斯、克罗诺斯和宙斯的事迹。乌拉诺斯是地上的第一位国王，是一个公正而仁慈（euergetikos）的人，熟悉天体的运动，是他最先用祭品来向诸位天神致敬，并且因此而被称为乌拉诺斯（意为“天”）。在他之后是克罗诺斯，再之后是宙斯。宙斯前往巴比伦，受到贝鲁斯款待，“然后他前往位于大洋之中的潘查岛，他在这里建立了一座祭坛，供奉他家族的奠基者乌拉诺斯”。因此，历史创生论的思辨原则（将历史后推至它的神圣起源点）得到了保留，但是，在古希腊条件下从来也不怎么长的现实层面历史本身的进程，如今则被归零；这位作者不得不立即从他的永恒事业中，跳回那些神圣王朝。[20]

犹希迈罗斯的符号化表达有两项特性值得特别关注。一是该建构的埃及特征。虽然可以有把握地断定，“先于人类统治者的神圣王朝”这一观念起源于埃及，但是，由于犹希迈罗斯区分了天上的众神与地上的统治者，前者向来总是神，而后者则是被提升到了神的行列，这带来了一种复杂情况。在犹希迈罗斯之后，狄奥多在概括犹希迈罗斯的意见时保留了这一区分，他把它放在潘查岛故事的前面：“关于那时的众神，古时候的人们为后人留下两种不同看法。他们说，众神肯定是永恒而不朽的，例如太阳与月亮，天上的其他星辰，风以及其他任何拥有与它们类似本性的东西：对每一个这种事物来说，创生与持续就是从永存到永存。但是，我们又被告知，其他神是地上的存在者，他们之所以获得不朽的荣誉与名声，是因为他们对人类的善行（euergesia），例如赫拉克勒斯、狄奥尼索斯、阿里斯泰俄斯，以及其他和他们相似的神。”[21]因此，关于被赋予了神的地位的仁慈统治者（euergetes）的希腊化时期观
160 念，似乎已和那种埃及观念混合在一起。然而，不幸的是，鉴于阿布德拉的赫卡泰乌斯（与犹希迈罗斯大约同时代）在他的《埃及历史》中，

---

20 Felix Jacoby, *Die Fragmente der griechischen Historiker I-A*（Leiden: E. J. Brill, 1957），no. 63，“Euhemerus von Messene”，frag. 2.

21 保存于Diodorus Siculus 7.1，2—3。

将对这两种类型的神的区分明确地归于埃及人，因此，关于仁慈统治者的观念所具有的希腊化时期特征本身是可疑的。根据赫卡泰乌斯的看法，正是埃及人认为，一方面存在着作为永恒众神的天、天体和元素，另一方面存在着地上的（epigeios）众神，其中一些与天上众神同名的神原本是凡人，但是因为他们的善行获得报答而实现了不朽。地上众神中的一些甚至被认为曾经是埃及的统治者。接下来，在之前引用过的有关埃及历史创生论的赫里奥城变体和孟菲斯变体的段落中，赫卡泰乌斯继续讨论由众神掌管的各个埃及王朝。我们无法确定他的报告是否可信，也无法确定他是否在希腊化时期的影响下修改了埃及的传统。然而，可以肯定的是，犹希迈罗斯的那些问题并不像通常的理解（犹希迈罗斯主义是古希腊怀疑主义的一种体现，接近于无神论）可能引导我们相信的那么简单。

第二个特点涉及犹希迈罗斯著作《神圣历史》的标题。显然，这个标题在“神圣历史”（historia sacra）这一概念的创生过程中起过某种作用。恩尼乌斯（公元前239—前170年）将犹希迈罗斯的著作翻译成拉丁文，而当拉克坦修斯（约公元260—340年）引用这个拉丁文译本时，他将其称为Sacra Historiaor或Sacra Scriptio。[22]而且，拉克坦修斯提到，犹希迈罗斯是收集了“朱庇特及其他知名神祇的壮举”（res gestae Jovis et ceterorum qui dii putantur）的作者。[23]正如这些引文所表明的那样，术语“神圣历史”在人们的理解中不仅指某项书面记录，而且指这种记录的主题，而这两种含义都意味着历史创生论符号化表达意义上的历史。这种双重含义与狄奥多的描述完美吻合，根据他的描述，犹希迈罗斯谈到了事件（praxeis），亦即他发现记载于宙斯·提比留斯圣殿金碑

22　见于Jacoby, *Die Fragmente*，参见*Sacra Historia*，位于frags. 14，18，20—25，以及*Sacra Scriptio*，位于frag. 14。

23　Jacoby, *Die Fragmente*, frag. 17. Augustine, *Epistulae* 17.

上的众神的既成事实。[24]正如阿布德拉的赫卡泰乌斯的用法所示，甚至早在犹希迈罗斯之前，术语“神圣历史”本身可能被用来指祭司记载
161 的埃及历史。这一系列事实表明，词组“神圣历史”很有可能是通过犹希迈罗斯的《神圣历史》及恩尼乌斯的拉丁文译本的中介，从埃及人的用法渗透到了西方词汇之中。关于这个问题，目前没什么别的可说了，因为作为术语的“神圣历史与世俗历史”(historia sacra et profana)如今是众所周知了，但其起源与含义从未得到系统探讨。无论如何，奥古斯丁并未使用这对通常被与他联系在一起的概念。在《上帝之城》17.8中，出现了“神圣的经书”(scriptura sancta)和“神圣的历史书”(libri divinae historiae)这样的表达，用来指《旧约》作品；在15.9中，“神圣历史”这一表达在同样意义上得到使用；在18.40中，出现了“神圣文本”(litterae divinae)与“世俗文本”(litterae saeculares)的对立。《基督教义》28用“万民历史”(historia gentium)来指异教作者的著作，与福音书作品相对。在每个例子中，“神圣历史”的用法都与埃及人对这个术语的用法一致。

第七节　史学之争

早期的历史创生论符号化表达，与它们所成长于其中的那些社会有着密切联系。当那些较为古老的宇宙论帝国被正在崛起的普世帝国征服时，一系列新问题形成了。这是因为，尽管那些较为古老的符号化表达仍然得到发展，但此时它们为了跻身普世代表的行列，被迫彼此竞争。在贝鲁索斯和马内托的案例中，可以看到这场竞争的开端。他们分别是巴比伦和埃及的教士，在亚历山大的征服之后，大约同时撰写了各自社会的历史。他们仍然使用历史创生论符号化表达，因为它

24　Jacoby, *Die Fragmente*, frag. 3. Lactantius, *Divinae Institutiones* 1.11, 233.

已在他们的社会中发展起来，但他们的语言是希腊化时期的通用希腊语（koine），而且，他们是在新的政治形势下写作。当时，塞琉古王朝和托勒密王朝试图通过发展一种调和主义的帝国文化来巩固他们新近建立的统治。不可避免地，这些最早的适应新形势的尝试令人失望，因为几乎不可能通过将有关普世人类的经验限制在一种扎根于巴比伦或埃及帝国形式的符号化表达，或是在此问题上扎根于以色列或古希腊的符号化表达，来使这种经验得到符号化。然而，这种尝试依然还是进行了，一种有着相互竞争主张的模式开始形成。竞争对手们借以估量他们各自优越性的根据，显然是他们所在社会的独立性与古老程度，这是 162
因为，狄奥多大约在公元前1世纪中叶撰写了他的《共同历史》、他的人类普遍历史，就古希腊历史学家和蛮族历史学家的主张进行了思考，他们每个人都主张人类起源于自己的民族。狄奥多看来是个有常识的人；他决定不介入那些悬而未决的年代学之争，而是不偏不倚地报告了那几种传统观点。[25]这种为了通过历史而跻身普世行列的竞争现象迄今为止未获命名，所以我将称其为“史学之争”（historiomachy）。在结束本章之前，我将勾勒一下这种激烈斗争的主要阶段。

希腊历史学家在与他们的东方同行竞争时处于劣势，因为并没有可信赖的、在时间上具有可观深度的古希腊历史。前面我已简要提到，希腊人试图从传说资料中，重新建构一种回溯至特洛伊战争的希腊历史。该过程开始于公元前6世纪的前希罗多德史学家（logographer），在实质上结束于埃拉托色尼（约公元前284—前200年）。随后，阿波罗多洛斯将埃拉托色尼的成果以诗的形式融入他的《编年史》，并将他的著作献给佩加蒙的阿塔罗斯二世（公元前159—前138年在位）；它也正是以这种更加令人愉悦的形式获得广泛阅读。希腊人由此获得了某种类似于崇高历史的东西，从特洛伊时代延续到公元前144年。当帝国

25 Diodorus Siculus 1.9.

的权力和相应的对壮观历史的需求西移后，罗马人发现，在面对与希腊人的关系时，他们处在与希腊人面对东方人时同样令人尴尬的局面中。来自哈利卡尔那索斯的狄奥尼西奥斯（活跃于公元前30—前7年）在其《罗马考古学》的前言中为我们讲述了希腊人在这个问题上的公众意见：

> 古希腊公众对罗马早期历史实际上仍然一无所知。多数人受到一种完全建立在道听途说基础上的错误观点的误导：罗马的创立者是未开化的流浪者与歹徒，他们甚至没有自由的出身；罗马崛起为世界的主导者，个中奥秘不在于她的正义、对神的恐惧或任何道德品质，而在于命运女神（Fortune）的非道德自发行动，她将其最丰厚的礼物赠予最不配领受它们的仆从。那些心怀怨毒之人滔滔不绝地进行指控，责备命运女神将希腊人的特权授予最低贱的蛮族；其实，谈论普通公众的看法都已是多余，因为当时其实已经
> 163 有作者敢于将这种立场在他们的历史著作中永久记录下来。[26]

这就是狄奥尼西奥斯在撰写他的《罗马考古学》时所面对的意见状况。在他的著作中，他让罗马历史开始于希腊欧诺人（Oenotrian）和佩拉斯吉人（Pelasgian）的部落移民，其时间要早于特洛伊战争。简单地说，罗马人就是希腊人，他们的历史是古希腊历史的一部分。[27]如果我们还记得，在与哈利卡纳苏斯人（Halicarnassian）大约同时代的时候，尽管维吉尔没有狄奥尼西奥斯那种“把罗马人变成希腊人”的雄心壮志，但他还是将罗马的历史同特洛伊战争相联系，这样一来，狄奥尼西奥斯想要让罗马人变得可敬的这种努力，就将得到更好的理解。

26 Dionysius of Halicarnassus 1.4.

27 出处同上，1.11 ff。

在犹太人叛乱和耶路撒冷陷落（公元70年）后，约瑟夫斯·弗拉菲乌斯认为有必要参与到这场竞争中。在狄奥尼西奥斯的《罗马史》问世一百年后，他针锋相对地发表了《犹太考古学》。他从一种强有力的立场出发进行写作，因为他能在西方人最早的记忆之上，再加上有关这个世界本身的创世叙事。而且，在希腊和罗马考古学不得不仰仗有关众神和英雄的（时常不够体面的）故事时，与之形成鲜明对比的是，他能呈现的立法者摩西则一贯纯粹而真实地讲述神，尽管对遥远时代事情的叙述原本很有可能诱使人陷溺于虚假偶像（pseude plasmata）。最后，由于他认定摩西生活在约瑟夫斯自己的时代之前两千年，所以他能骄傲地指出，即便是最大胆的异教徒诗人，也从不敢将众神的诞生置于这么早的一个年代。[28]但是，对于约瑟夫斯有关犹太历史更加久远、更加可靠的主张，异教徒公众显然不会做出赞许的反应。至少，他所遇到的怀疑主义充分激怒了他，并使他决心对希腊的历史编纂展开普遍攻击。他在晚期著作《驳阿比翁》中致力于进行这种攻击。这部文笔非凡的作品的主要论题可以归纳为：埃及、巴比伦、腓尼基和犹太的历史著作更加优越，因为他们早早便具备写作的技艺，并且悉心保存文档，而古希腊的各种历史著作则是以不准确、华而不实的方式撰写，并在缺乏可信资料的基础上拼凑起来的。[29] 164

在史学之争的最后一幕，基督教徒作为剧中人物登场。他们在多种意义上终结了这场竞争。这是因为，一方面，为了向那个环地中海天下提供一种对于秩序充分的符号化表达，各方进行着竞争，而基督教徒是这场竞争的存活者；另一方面，对于那种为了获得代表性地位（凭借更久远的年代）而进行的毫无结果的斗争，他们以几乎不为人察觉的方式，将其转型为通过对比评估所有可利用资料，来产生普世人类的年代

28　Josephus, *Jewish Antiquities* 1.15—16.

29　Josephus, *Contra Apionem* 1.6—27.

学和历史的努力。在亚历山大的克雷芒（约公元150—215年）的《杂录》致力于年代学探讨的那一章中（1.101—147），可以看到这种转变。我将首先探讨这一章中的史学之争的这个方面——这同时恰巧也是体现它宇宙论特性的一面，因为对犹太教—基督教传统的精神地位来说，想要通过时间上的优越性来证明它，这是南辕北辙的做法。

克雷芒在《杂录》105.1中说："因此，得到证明的是，摩西生活在狄奥尼索斯被接纳为众神一员的六百零四年之前，如果他的确是在珀修斯国王在位第三十二年时得到接纳的话，就像阿波罗多洛斯在他的《编年史》中所报告的那样。"他在106.2—3中说："然而，普罗米修斯生活在齐欧帕斯（Triopas）时代，就是摩西之后第七代人的时候；由此可见，根据古希腊神话，摩西生活在人出现之前很久。而且，写了有关古希腊众神的作品的莱昂认为，古希腊人把犹太赞美诗中的伊西斯称为得墨忒耳，生活在吕凯乌斯时代，就是摩西之后第十一代人的时候。"在107.2中，克雷芒表示赞同品达诗中的说法："阿波罗在很晚的时代才出现。"他在107.6中说："因此，我们已经证明，摩西不仅先于那些圣贤和诗人，而且先于大多数古希腊众神。"关于那些圣贤的先后顺序，130.2的论证总结道："因此，很容易看出，生活在墨涅拉俄斯时代（他生活在特洛伊战争时代）的萨洛蒙比古希腊圣贤要早很多年。"

《杂录》中的这些段落使人再次关注到历史创生论的一项特征，它是再怎么频繁地强调也不为过的——这种符号化表达吸收了神话资料。正是通过被整合到历史创生论之中，那些神话故事才失去了它们的原初本性，转变成历史事实。伊西斯和得墨忒耳、狄奥尼索斯和阿
165 波罗变成年代明确的历史角色，从而使克雷芒在进行了有关众神的探究之后，能运用同样的方法接着论证基督的年代。无论是都灵纸草卷中记载的众神王朝，还是《圣经》中记载的创世神话，或是更进一步，犹希迈罗斯或阿布德拉的赫卡泰乌斯笔下的众神，最后，或是道成肉身（Incarnation）——所有这些都得到仔细钻研，并被"历史"这一虚假

实在捆绑在一起。在原教旨主义或字面论的作用下，它们僵化为“事实”，而这与自由的神话诗是格格不入的，无论是孟菲斯神学，还是荷马、赫西俄德、埃斯库罗斯或者柏拉图的创作。神话中的那些符号具有它们的真理，即对存在的类比这种意义上的真理；如果这种有关类比性真理的意识被摧毁，主要原因之一（另有别的原因）必定在于通过历史创生论对神话进行的“历史化”。克雷芒的论证语气独特，有时开玩笑，有时令人难堪，这源自这种摧毁带来的粗俗之风。时至今日，在有关《圣经》字面论（biblicism）和去神话化（demythicization）的争论，以及围绕基督之“历史真实性”（historicity）的讨论中，依然可见这个问题的身影。

尽管史学之争本身无利可图，但它却带来了重要的后果。这是因为，参与竞争的各方都不得不在资料所允许的范围内彻底完成对自身历史的建构，以便通过展示它而获取最大利益。而且，由于这场斗争是通过比较与论证来进行的，因此每一方为了获得成功都必须熟悉对方的资料与论证。而且，对更久远年代的追求带来了有关经验层面的历史的年代学纲要，无论它仍有多少缺陷，仍然多么不准确；这种纲要开始得到一些事件的填充，那些竞争者所争论的正是这些事件的年代。在他的《杂录》中，克雷芒并不仅仅依赖《圣经》的叙述，而是对所有可资利用的古希腊（136—139）和蛮族（40—43）的纪年法作品，以及关于到康茂德为止的历代罗马皇帝的历史的著作，均加以百科全书式的使用。不经意间，参与这种史学之争的意图带来了一种关于古代近东和环地中海区域各民族的历史，无论它在形式上是如何不成熟。作为一种新的文献种类，纪年法作品正在形成，它通过凯撒利亚的欧西比乌斯（约公元260—340年）撰写的《编年史》而决定了世界历史的西方模板，直到公元16世纪。然而，随着纪年法作品这种新的文献种类的出现，由历史创生论带来的那些问题转变为由世界历史的创生带来的那些问题的时刻已经到来。 166

第二章

天下时代

天下时代将指代人类历史中的这样一个时代，它大约是从波斯帝国的兴起开始，延续到罗马帝国的衰亡。由于这个概念并不是当代科学中的现成概念，所以本研究必须先展示那些开创新纪元的事件（以色列和希腊衰亡于帝国权力之手），正是它们导致有必要创造这个概念。这是因为，在秩序的历史中，当那些已经通过启示和哲学对关于生存的真理进行了分化的社会，在现实层面的历史中臣服于帝国类型的新社会时，一个新时代便真正出现了。

以色列在历史形式中生存，在这种形式中，通过来自荆棘丛和西奈山的启示，它得以建立；它的历史学家们在追寻起源时发现，从逃离埃及开始，这种形式往回延伸至亚伯拉罕在公元前第二个千年时代早期从乌尔的逃离。从古希腊世界的危机中，哲学这一符号形式兴起；在回首往事时，哲学家们也将希腊和他们自身的生存解释为一个历史过程的终点，该进程包含了米诺斯、迈锡尼和古希腊的文明，从而在时间上与以色列自其首次逃离开始的历史相平行。而且，以色列和希腊都意识到，通过他们在存在中的飞跃，以和超越秩序保持协调为目标，他们已离开那些尚未脱离宇宙论形式的帝国，并且更加远离部落层次上的社会。通过将周边的人群称为异族人（goyim）和野蛮人，二者都表达了对他们所具有的更高秩序的意识；当这两个社会在希腊化的和罗马的世界中面对面相遇时，他们甚至还将对方包括在这些受鄙夷的列表中。然而，关于特权地位的骄傲意识并未使两个社会摆脱它们的命运，依然 167
要臣服于来自帝国权力的猛烈攻击。以色列王国和犹大王国落入亚述人和巴比伦人之手。在波斯人的许可下，后流亡时代的神庙得到重建，并在马其顿统治期间持续存在，但最终毁于罗马人之手。古希腊社会经受住了来自波斯人的第一波帝国攻击，但臣服于马其顿人和罗马人。那些帝国再次包围了它们在历史上留给以色列和希腊供其发展的空间。用关于生存的真理（无论是神所启示的言语，还是哲学家对智慧的爱）来塑造社会秩序的努力，似乎都已走到尽头。

第一节　秩序的光谱

在现实层面的历史中，在帝国形式下的各个宇宙论社会之后出现的，不是经由先知和哲学家的真理形成的社会，而仍然是帝国形式下的社会。在以色列和希腊有代表性的思想家十分明白，现实层面的历史秩序并不会像这些思想家的精神秩序那样发展。在东方，同塞琉古帝国的冲突激起《但以理启示录》的宏伟回应，它针对的是并不追随精神完善化路径的历史之中的无序行为；同时，在西方，同罗马帝国的冲突促使波里比阿做出更加谨慎、更加温和，从分析的角度来看也更加机敏的反应。当历史中的秩序进程分裂为现实路线和精神路线后，无论是《但以理启示录》的作者还是波里比阿，都意识到自己正在目睹一个新纪元的出现；然而，这个新纪元的意义即使在今天来看也依然模糊，因为那些事件有着非比寻常的复杂性。要阐明这个问题，从以下这些发问开始将会是合适的：(1) 通过关于生存的真理来形成社会的尝试，是否已遭那些新帝国及某种其他因素的完全破坏？(2) 那些新生的帝国社会是否和更古老的近东诸帝国属于同一类型？以色列和希腊通过对关于生存的真理加以分化，远离了这种类型的社会。

关于第一个问题，无论是启示的言语，还是对智慧的爱，尽管已经出现在以色列和希腊，但都不曾真正渗透到各自的社会之中；这种状况
168 远非外部的搅扰所致，而是由于内在的抵制。而且，在持续不断的抵制压力下，这种言语和智慧的代表者尽管不情愿，但也不得不承认，启示和哲学的秩序永远也不会真正塑造他们所生活于其中的那些社会。必须建立由追随者们组成的共同体，作为未来真正有秩序的社会的核心。因此，以赛亚及其追随者从政治生活中撤出，以形成将成为新以色列核心的故国残留物；至于哲学家们，他们开始是城邦的批评者，最终成为学园的创立者。更有甚者，如下洞见开始成型：为了在现实层面的历史中采取行动而组织起来的各个具体社会，根本就不是实现超越秩序的恰当载体。这是因为，经由第二以赛亚中介的言语，要求以色列超越自身，成为各民族之光；晚年柏拉图则变身为雅典陌生人，在《法篇》序言中，将由他现场发表、但已被雅典人拒绝的口头言语转变成书面言语，并说给所有想要创造新秩序的人听。那些已经体验到超越秩序之普遍性的人，在他们原有的有限社会之外寻求秩序的社会承载者，因为这种有限社会的成员资格似乎不再能穷尽人的生存意义。神之仆人的先知性生存，与处在律法书之下的被选民族的集体性生存相分离；哲学家的理论生活（bios theoretikos）与政治生活相分离；普遍人性与地方范围的人性相分离。一种秩序的光谱开始分化出来，它要求在多个社会都拥有成员资格，以此作为它的充足形式。隐隐约约地，世俗秩序与精神秩序的，以及国家与教会的根本性区分开始出现。因此，那些新生的帝国是否真正破坏了在以色列实现启示秩序、在希腊实现哲学秩序的尝试？对这个问题的回答，只能是否定的。它们并不能破坏一种已在原则上被视为错误而放弃了的尝试；它们只能在现实层面提供一个新的舞台，在这个舞台上，在存在中的飞跃带来的那些秩序问题，能在其本性获得更好理解的情况下得到解答。

对第二个问题——那些新帝国是否和更古老的各个近东社会属于同一类型？——也必须给出否定的回答。确实，我们通常会说波斯帝国、马其顿帝国和罗马帝国，但这些名称所指的，并不是像埃及、巴比伦和亚述那样以帝国形式组织起来的具体社会。这些新帝国的名称来自 169
位于文明外围地区相对小型的社会，他们在大约两百年的时间里征服了巨大的近东—爱琴海文明区域。在公元前6世纪，各伊朗部落社会开始了对美索不达米亚和小亚细亚的征服，并将其帝国扩展到印度河流域和埃及；在公元前4世纪，马其顿的腓力二世在希腊建立起霸权，而后亚历山大征服了除小亚细亚内陆地区以外的波斯帝国；公元前2世纪，罗马人开始介入马其顿、希腊和亚洲事务，随后是该帝国向东的扩张，直抵帕提亚和萨珊王朝的边界。在以上这些案例中，征服者都不属于由他们组织起来的社会；所形成的帝国都没有组织起相应的波斯社会、马其顿社会或罗马社会。相反，这些征服者在广袤领土上的分布显得相当稀疏，他们只有在得到本地原住民协助的情况下，才能维持自己的帝国。在伊朗的案例中，古希腊的雇佣兵队长（condottieri），亦即那些军队承包商，以及他们手下的雇佣兵，为波斯人提供了高效而可靠的武装分队。接下来，亚历山大不仅依靠马其顿人作战，而且也雇用了古希腊部队，后来又将伊朗人纳入他的部队。更加复杂的是其后继者的武装力量：拉菲亚之战（公元前217年）发生在塞琉古王朝和托勒密王朝之间，参战的有马其顿人、希腊人、埃及人、伊朗人、凯尔特人、色雷斯人和阿拉伯人。最后，罗马甚至无法为其帝国提供统治者：在罗马人担任皇帝的尤里安王朝和意大利人担任皇帝的弗拉维安王朝之后，依次是伊比利亚人、非洲人、叙利亚人、阿拉伯人和伊利里亚人皇帝。因此，作为一项有着制度化权力的事业，这个帝国已同具体社会的组织相分离，并且能作为一种形式，施加于那些不再能自我组织起来的社会遗留物之上。

对这两个问题的回答，预示着一种奇特的趋势的融合。精神秩序的承载者们倾向于同他们所源出的那些社会相分离，因为他们感到，具体的社会不适合作为收纳普遍精神的容器。那些新帝国显然不是有组织的社会，而是一些组织性外壳，它们将会以不确定的方式扩张，将先前的那些具体社会纳入其中。在这个历史时代，精神秩序的普遍性契
170 合了缺乏实质的权力外壳所进行的不确定扩张。一方面，精神秩序的普遍性似乎要将整个人类天下，而非某个具体社会作为其实现领域；另一方面，那些新帝国倾向于扩张至整个天下，并提供一种制度层面的，已准备好接受那种精神实质的秩序。

就目前而言，在上述预示之外进行更多的探讨将会是不明智的。在能对这个普世问题尝试进行考察之前，必须先拓宽资料基础。为了实现这一拓宽基础的目标，现在我将更仔细地考察这种新型帝国，这种显然并无自身实质的独特权力外壳的性质。

第二节　现实层面的天下——波里比阿

那些新帝国并非源自残暴的征服意志，而是源自致命的权力真空，它从外部吸引未曾使用过的组织力量，甚至将其纳入自身；它源自脱缰的时局，而非精心的谋划。我将在此假说下考察伊朗、马其顿和罗马的案例。

相对简单的是伊朗帝国的开端。在美索不达米亚地区，亚述和巴比伦之间历次两败俱伤的战争，连同亚述在公元前7世纪中叶对伊朗的渗透，为巴比伦—米底亚联盟准备了舞台，该联盟在公元前612年摧毁了尼尼微和亚述强权。随后，巴比伦的最后一位统治者那波尼德，试图从米底亚人手中收复北部亚述和哈兰城，他诱使波斯人居鲁士背叛他的米底亚君主（同时也是他的外祖父）阿斯提亚格斯；结果，阿斯提亚格斯于公元前550年被废黜，米底亚被并入阿契美尼德王国。由于米底亚同吕底亚结盟，克洛伊索斯对居鲁士抱有敌意——结果在公元前546

年，吕底亚成为居鲁士帝国的一部分。公元前538年，巴比伦陷落；公元前525年，冈比西斯征服埃及。

更为复杂的是马其顿案例，因为阿契美尼德帝国此时已经存在，权
力关系网已变得更为复杂。我们只能涉及一些相关点。随着吕底亚的
陷落，爱奥尼亚希腊人已处在波斯统治下；随着头两位阿契美尼德君主 171
完成对亚洲—埃及的征服，以及大流士一世早期对帝国的巩固，并将边
界扩张至印度河流域，扩张的方向移往希腊。可以说，从公元前6世纪
末开始，波斯历史就是希腊历史，反过来也一样。由权力真空造成的吸
引力显露出来。公元前510年，雅典的三僭主统治被推翻；公元前508
年，克里斯提尼开始对雅典政体进行民主改革。贵族派迅速向斯巴达
寻求并获得帮助。公元前507年，克里斯提尼被临时放逐出雅典。在
此困局下，雅典人向位于萨迪斯的伟大国王寻求帮助，他们派出的使团
献上表示臣服之意的波斯符号——泥土和水。尽管雅典人没有批准协
议，但已在符号上表明了这种臣服之意；而在公元前506年，雅典人拒
绝服从波斯王让希庇亚斯复职的命令，这必定被波斯人认为是臣子的
反叛行为。公元前499年，爱奥尼亚人开始反叛，并获得雅典海军支援。
他们倾尽全力给予支援。当这场叛乱于公元前494年平息时，大流士便
着手准备一场针对叛乱者的惩罚性远征。公元前490年，于公元前510
年被逐出雅典的僭主希庇亚斯引导波斯舰队驶向马拉松平原。在这件
事情上体现出来的模式，主导了公元前5和前4世纪的希腊—波斯关
系，直到腓力和亚历山大时期。在西方的历史编纂中，希腊在马拉松和
撒拉米司的胜利，以及波斯战争后的雅典文化和政治成就，掩盖了上述
事实。但是，由阿契美尼德人开创的这种新型帝国有强大的生命力；对
希腊、对历史的未来进程意义十分重大的这些胜利，几乎没有影响到波
斯的强权。当雅典帝国被伯罗奔尼撒战争（公元前431—前404年）拖
垮并瓦解后，古希腊的局势又变得与公元前510年时非常相似。公元前
387年，斯巴达人安塔赛达斯在萨迪斯谈判达成了一项有关希腊与波斯

关系的普遍安排，它采用王室法令的形式，从埃克巴坦那传到萨迪斯，允许希腊人的各个城邦保持自治，但位于亚洲的那些城邦除外，它们仍将处于波斯统治之下。希腊城邦的自治条款在实际上意味着，任何成
172 规模的城邦联合都将引起波斯的干预。因此，权力真空始终敞开着。

然而，波斯帝国自身也有些问题。要使内部纷争不止的希腊饱受折磨，这个帝国的外交技艺和庞大的财政资源绰绰有余，但后宫的争斗、层出不穷的王族谋杀以及内部的叛乱，侵蚀了这个帝国的力量，而它的军事实力也严重衰弱，以至于埃及在公元前404年之后获得了事实上的独立。而且，在公元前401年库纳克萨战役中，居鲁士在希腊雇佣军的协助下战胜了王室军队，这场胜利通过色诺芬在其《远征记》中的记叙而在希腊留下了深远影响。尽管这场胜利半途而废（因为居鲁士在战斗中被杀），但一个率领着希腊军队的希腊化君主，看起来很有可能与波斯强权匹敌。这个帝国在公元前4世纪是否仍足够强大，能对抗团结起来、拥有能干的领导、想要摆脱沉重负担的希腊？亚历山大对这个问题给出了答案。到公元前4世纪中叶，必定已经有不少希腊人想到，让希腊脱离苦海的唯一方式，是在正在崛起的马其顿君主霸权的领导下，结成一个联盟。权力真空的吸力再次起了作用。

伊索克拉底致腓力的公开信（写于公元前346年的《腓力》），是关于古希腊心灵状态的重要文本，它部分地契合了马其顿国王的计划。伊索克拉底的聪明才智令人敬佩，他将政治问题归结到与之相关的各种术语。首先，希腊的主要城邦（雅典、斯巴达、阿戈斯和底比斯）为希腊社会提供自我组织的尝试已经失败，而且将来的尝试也没有希望取得更大的成功。其次，这些城邦深受束缚与打击，被持续不断的战争拖得精疲力竭，人口压力和政治流放又进一步加剧了它们的可怕苦难。伊索克拉底苦涩地评论道，在希腊，从流离失所的难民中比从公民人口中更容易招募到一支强有力的军队（ek ton planomenon e ton politeuomenon, 40）。克服第一项恶果的措施是组建一个由腓力领导的

泛希腊联盟（伊索克拉底谨慎地没有提及细节，但他无疑会喜欢科林斯联盟）；克服第二项恶果的措施是一场反对波斯的战争，这将解放爱奥尼亚人，并将小亚细亚开辟为前沿定居地，供那些过于拥挤的城邦和数以万计的难民使用。这两项建议必须认真地关联起来，因为马其顿人 173
并不被认为是希腊人（伊索克拉底避免称其为野蛮人，而是用委婉的说法“并非同族”，ou homophylou genous，44），而腓力的领导将只在反对波斯的泛希腊事业名义下得到接受。然而，我们不应认为伊索克拉底的筹划对马其顿的计划有什么影响。该观念处在这样一种氛围中：将希腊力量真空中的潜在能力组织起来，以便推翻站在松软泥土上的波斯巨人。《腓力》只不过表明了希腊的某种政治和理智氛围，它与腓力和亚历山大的政策形成共谋。

帝国的这种新类型从亚洲向西扩张到爱琴海地区，最终将罗马拖入它的天命。在亚历山大的后继者们分割他的征服成果后，以军事君主国的形式组织起来的巨大领土国家，成为东地中海和近东地区的主导强权。尽管帝国的分裂使西地中海地区各民族摆脱了被纳入该帝国的命运（这是亚历山大原本想达成的），但是，如果我们相信《备忘录》的说法，那么即使是这些后亚历山大帝国也相当可畏，它们足以激发西方那些具有相当大规模和军事潜能的权力单元为了自卫而组织起来。在那些东方事件的冲击下，西地中海地区必须重塑自身的政治结构，成为潜在的组织者，将各领土国家和潜在的属民人口加以组织。这种斗争是为了形成具备能抵抗东方威胁之规模的政治组织，罗马在第二次布匿战争（公元前218—前201年）后从这种斗争中脱颖而出，成为占据主导地位的强权。一旦获得这种地位，罗马（可称其为第一罗马帝国）向东方的扩张便再次被那个权力真空的吸力所主导。我们必须说“东方的权力真空”，因为身为帝国一部分的各后继国家均被帝国观念所笼罩。这份政治地图并非最终版本，任何拥有实力并采取了行动的人都有可能改变它。在发生于东方的冲突中，当那些较小政权的生存受到威胁时，他们便可能请求正在崛起的西方强权协助。这种情形出现在公元前201年，当时佩加蒙、罗兹和雅典请求罗马协助抵抗马其顿的腓
174 力五世和叙利亚的安条克三世。从公元前200—前197年的马其顿战争开始，这种扩张在两百年内将罗马带到了帕提亚边界。

在描述帝国的创生时，我所使用的是波里比阿在其《历史》中为此目的而发展出来的方法。现在，我将把波里比阿（公元前201—前120年）的方法和理论引入对此现象的分析，这与"一个社会的自我阐释是其秩序之实在的一部分"这一原则是一致的。[1]

在分析一个事件（praxeis）进程时，波里比阿（3：6）坚持认为，我们必须区分它的原因（aitia）、借口（prophasis）和开端（arche）。在"现实层面的历史"这一研究领域（tes pragmatikes historias tropos）有高超造诣的研究者（1.2.8），绝不应满足于描述事件，而必须看透现象和借口，还原最初的原因。例如，在马其顿帝国这个案例中，波里比阿认为，公元前401年希腊人在色诺芬率领下撤退，以及公元前396或前395年阿格西劳斯对亚细亚发动袭击（它表明波斯的虚弱），这是事件的原因；复仇波斯人，解放爱奥尼亚，这是事件的借口；亚历山大进入亚细亚，这是事件的开端（3.6）。

然而，对最初原因的探究，不能成为历史方法的自足原则。这是因为，因果链条无限回溯；通过寻求原因的原因，我们永远也无法达到某

1　接下来对《历史》的分析在许多方面不同于古典学研究者对波里比阿问题的处理，因为我集中关注的是天下问题。尽管那些标准论文，例如库尔特·冯·弗里茨（Kurt von Fritz）的*The Theory of the Mixed Constitution in Antiquity: A Critical Analysis of Polybius' Thought*（New York：Columbia University Press，1954），为所有的历史细节提供了基础，但是解释的重点是不一样的。感兴趣的读者应当将我对主要论题的处理同以下新作中的相应段落相参照：F. W. Walbank，*Polybius*（Berkeley：University of California Press，1972）。然而，我要强调的是，在关键性的第六卷，沃尔班克的结论与我并无不同，如果我已正确理解作者老练谨慎的语言的话。

一项历史对象(1.5.3)。因此,只有当历史对象已经给定时,才能进行对原因的寻求;这种寻求必须受到现象(theorema, 1.2.1)——我们想要获得对它的充分认识(theoria, 1.5.3)——的指导和限制。尽管原因(aitia)在时间上先于现象的开端(arche),但开端在分析的逻辑上先于 175
原因;现象的开端必须是得到普遍认可和了解的事物;它必须在事件中明显可见(ex auten theoreistai)(3.5.4)。波里比阿将其研究对象选定为罗马帝国的扩张,这一"非比寻常的壮观景象"(paradoxon kai mega theorema)(1.2.1)。他先是将研究对象限定在半个世纪的时间跨度内——从公元前218年第二次布匿战争开始,到公元前168年皮德纳之战结束了第三次马其顿战争为止(1.2—3);但随后又将其加以扩大,包括了从公元前264年第一次布匿战争到公元前146年摧毁迦太基这一段时期。在探究最初的原因时,他将自身限定在探究罗马人于公元前264年"首次从意大利穿过大海"的背后动机(1.5.1)。这就是波里比阿的方法及其应用。

对这一时期的研究所面临的关键问题看来是:如何界定波里比阿所说的现象?他为解决这个问题,确立了如下原则:研究对象必须从事件本身自发显现出来。(该原则的一般形式——历史的秩序来自秩序的历史——正是当前这项研究所遵循的。)然而,在将该原则具体运用于帝国问题时,波里比阿的界定显然与我们的并非完全相同。现在,我将考察那些一致与差异之处,以便进一步澄清这种新类型帝国的性质。

在马其顿帝国的案例中,关于现象的各个方面(原因、借口和开端)并无公开的意见分歧。然而,这种一致性受到了削弱,因为波里比阿只是顺带讨论了马其顿案例,作为运用其方法的一个例子,而不像我们那样,将其置于"帝国扩张"(它跨越了整个文明区域,从东到西,从伊朗到罗马)这一更大语境下来考察。出于自己的研究目的,他更偏好将"罗马的征服"这一现象独立出来;结果是,他必须认定每一个案例都是孤立的现象,而我们则意在将这些案例结合成一个有关普世帝国的宏大现象。这种分歧似乎对所运用的这一方法的客观性投下了阴影；因为如果这些意见分歧是可能的，那么，对现象的界定可能就不像该方法所认为的那样，是自发显现的。但是，如果我们对波里比阿的程序详加审
176 视，这种分歧就将显得不那么严重。在我们的分析中，我们认为第二次马其顿战争（公元前200—前197年）的开始是罗马扩张的开端，并将后亚历山大诸帝国的形成，视为促使西地中海地区出于防御目的形成相应的领土国家，并最终引起罗马介入东方事务的原因。但是，在“究竟是将开端定在公元前218年第二次布匿战争的开始，还是定在公元前264年第一次布匿战争的开始”这个问题上，波里比阿犹豫不决。波里比阿对那些较早日期的偏爱，以及他在二者之间的犹豫，反映出由这个问题带来的压力，因为它使他可以研究那些发生在希腊和近东，与第二次布匿战争同时进行，并与它相互交织的战争，它们是公元前200年开始的罗马东扩本身的前奏。采用一个较早的开端，使他能在罗马的崛起与东方马其顿人更早的帝国的历史间建立起联系，尽管他所关注的是罗马的现象。一旦达成这个目的，波里比阿甚至愿意承认，只有在公元前202年在扎马赢得了对迦太基的胜利后，罗马人才敢于向希腊和亚细亚地区扩张（1.3.6），他由此将开端最终定在公元前200年。因此，在更仔细的审视下，这种冲突并不存在。然而，波里比阿在看待帝国的性质时所关注的是罗马的扩张，这一事实依然存在。因此，现在我们必须转向其理论的这个部分。

吸引波里比阿注意力的首先是事件的非凡特征（to paradoxon ton praxeon），是史无前例的、正在他眼前成型的强权汇集。这些事件是闻所未闻、史无前例、非比寻常或独一无二的，因为罗马人在半个世纪这样短的时间内，将“几乎整个有人居住的世界（oikoumene）”置于他们的单独统治下（1.1.5）。以往，这些天下事件（tes oikoumenes praxeis）似乎也曾在各自孤立的区域发生过，它们在目标、成就或位置上缺乏统一性，但是，历史如今已获得一种有机特征（somatoeides），发生在意大利

和利比亚的事件，已同发生在希腊和亚洲的事件相互联系起来，共同通往一个目标（telos，1.3.4）——罗马的至高无上（hyperoche，1.2.1）。接下来，波里比阿将罗马的扩张同以往各帝国（dynasteia）相比较，从而支持“罗马的扩张具有非凡特征”这一论题。的确，波斯人在一段时期内 177
成就了范围广大的统治（arche）和帝国（dynasteia），但是每当他们越出亚洲范围进行冒险，那么不仅是他们的统治，甚至连他们的生存都处于了危险之中。斯巴达人在伯罗奔尼撒战争后获得了对希腊的霸权，但仅仅无争议地保持了十二年。马其顿人在征服亚洲后建立了在范围和权力上前所未有的最大帝国，但是天下的大部分（利比亚、西西里、撒丁和西欧）仍在边界之外。只有罗马人才将几乎整个天下（而不是天下的一些部分）纳入他们的统治（1.2）。最后，波里比阿认为，需要有一种新的文学形式来契合这些史无前例的事件。当命运（tyche）本身使整个天下的事务（pragmata）向同一个终点汇聚时，历史学家理当以一种研究（pragmateia）来回应，这种研究能使人认识整个天下的大势（tes holes oikumenes schema）（1.4.6）。罗马扩张的结构使所有民族及其事务的特殊历史显得不足和过时；历史学家想要研究的是事件背后的普遍的综合结构（ten de katholou kai syllebden oikonomian）（1.4.3）；为此所需的是一种普遍的共同历史（tes katholikes kai koines historias）的新形式（8.2.11）。

在将波里比阿的理论纳入视野后，现在可以继续探讨普世帝国的性质了。

这种性质是难以捉摸的，因为并没有哪个具体的社会能被认为是帝国秩序的主体。波里比阿确认了这一观点：成为现实层面的历史舞台的，并不是单个社会，而是地中海和近东各民族的整个地理和文明视域（从大西洋到印度河）。这一新现象要求使用一种新的术语，因为当那些事件共同导向的是各个社会及其秩序的毁灭时，我们的讨论对象便不再能是社会及其秩序。取而代之的是天下。“天下”这个词原本只具有文化地理学的意义，它指的是有人居住的世界；但是，通过波里比阿，它获得了“被纳入帝国扩张过程的各民族”这一技术性含义。在这个波里比阿式含义层面之上，还能加上“处于罗马司法管辖之下的人类”这一含义（《路加福音》2：1；《使徒行传》17：6，24：5），最后还能加
178 上“将要到来的弥赛亚世界”这一含义（《希伯来书》2：5）。但是，在波里比阿的理解中，这个天下是组织的对象，而非组织的主体；它并不像埃及、被选民族或古希腊城邦那样，将自我加以组织，以便投入行动。而且，它并没有发展出一种符号化表达，它的思想家们可通过该符号化表达来阐述他们对新秩序的经验（尽管可以在它之上叠加某种秩序和某些符号，就像我们将要看到的那样）。在天下之上，并没有宇宙论符号化表达兴起，就像从近东诸帝国产生的那样；也没有体现为世界历史的符号化表达，就像从以色列的位于神之下的当下中产生的那样；也没有哲学家的城邦理论，就像从柏拉图和亚里士多德的雅典产生的那样。取代阐述了心灵秩序的哲学家的，是阐述了政治事件的演变机制的历史学家；取代了柏拉图式对话或亚里士多德式论著的，是波里比阿的研究。那些术语（“事件”、“现实层面的历史”以及“研究”）通过波里比阿获得了它们的技术性含义。

最后，创造了“天下”和“现实层面的历史”新含义的人并不是一个关注他所在社会秩序的先知或哲学家，而是他所研究之剧变的受害者。波里比阿出生在麦格罗波利斯，是阿卡亚联盟的政治家吕科塔斯的儿子。在公元前168年的皮德纳之战后，他是因为反对罗马统治而被押往罗马等待审判的一千名阿卡亚人之一。比其他被监禁于乡下小城的人幸运的是，他被允许留在埃米利乌斯·保卢斯家中，担任他的儿子们的家庭教师。直到公元前151年，他才被允许和在等待那场从未举行的审判期间幸存下来的三百名阿卡亚人一起返回家乡。两年后，他在罗马外交机构中，随同他先前的学生西庇阿·埃米利阿努斯，参加了同

迦太基的战争，并在他身边目睹这座城市于公元前146年毁灭。在阿卡亚联盟的最后一次暴动被粉碎后，波里比阿迅速返回希腊，设法减轻由L.马缪斯在阿卡亚实施的处死与毁灭；在罗马的权威之下，他将幸存城市的行政管理重新组织起来，并作为这些城市的恩人，得到了他们赠予的塑像。他是一个通世故、识时务的人，生活在一个愚者既无法统治也无法接受统治的时代；他均衡地保持了对罗马人的崇敬与憎恨；他没有让情感模糊他对事件的看法，尽管这些事件摧毁了他所成长于其中的那种秩序。

天下并非秩序的主体，而是征服的对象；这就是它作为一种理论对象的地位并不清晰的原因。然而，命运促使那些事件走向一个可辨 179
别的终点（telos）。尽管征服者主导权的扩张在原则上是无限制的，但它还是在天下自身之中遇到了它的极限——人无法征服不存在的地区。因此，研究的对象终究还是自我显现为普世帝国的建立。对于波里比阿对罗马现象的关注，我们必须结合事件的这种自我限制来加以理解。他对罗马帝国与波斯帝国、马其顿帝国的比较表明，他对一整出天下戏剧及其各阶段间关系有着相当到位的意识。但波斯帝国已然陷落；马其顿人的征服随着亚历山大之死走向停滞，在一个世纪后也没能重拾动力。随着罗马的崛起，这个过程的内在机理看来已得到充分展现；终点出现了，在它之外看不到有什么进一步的终点；波里比阿感受到围绕着这些事件的终结性氛围，它后来在维吉尔的符号“无限帝国”（imperium sine fine）中得到阐述。这种圆满达成目标的特征，在理论上为专注于罗马现象提供了正当性；研究的对象不是作为一个整体的那出天下戏剧，而是它在臻于圆满的过程中借助的机制和发生的事件。

然而，对最后的演出和演员的关注，进一步提出了一些问题。首先，必须追问的是，在波斯人和马其顿人失败之处，为什么罗马人就应该成功？而且，像波里比阿这样具有哲学素养的人知道，尽管罗马的征服似乎具有终结性，但在这个世界上没有什么是最终的。因此，意义问题就会强有力地闯入对毁灭过程的研究，该过程从表面上看并没有意义，即使它必定走向终结，在它力所能及之处的一切均被毁灭时。这两个问题均成为波里比阿著作的研究主题；第一个问题以“对罗马政体优点的思考”这一形式出现；第二个问题以“这出戏剧中的演员对他们所获成功之短暂性的忧心忡忡的评论”这一形式出现。

《历史》第六卷对罗马政体进行了探讨，它回答了“罗马为何成功”这一问题。波里比阿著作的这个部分非常著名，但却谈不上明晰或没有讨论余地；而且，当今不够严谨的解读者的误解，进一步模糊了它的
180 观点。该论证的前提是在以下两部分文本中给出的：有关政府形式的一般理论（6.3—18）和罗马政体与其他政体的比较（6.43—58）。插入这两部分文本之间的，是对罗马军事组织的研究（6.19—42）。然而，应由前提推导出的结论，则没有清晰地被得出。

6.3—18的文本是一个奇怪的论题组合体，它刻意地不让自己上升到理论层次。波里比阿首先叙述了对政府形式的柏拉图—亚里士多德式分类。好的形式是王制、贵族制和民主制；相应的坏形式是君主制（僭主制）、寡头制和暴民制。这些形式在历史上按照这个顺序出现，首先是王制；每一种好的形式都被与它对应的坏形式取代，这种坏形式之后则会出现下一种好形式，如此循环往复；于是，一个社会的整个政体系列就是从王制到暴民制。这些转变的发生是源自自然的（kata physin，6.5.1）。这种分类脱离了它在柏拉图和亚里士多德各自著作中所处的理论语境。波里比阿将结论概括为一些传统说法，它们适合于“现实层面的历史和常识性理解”（6.5.2）；用我们今天的话来说，它是一种以教科书风格呈现的叙述。他将斯多葛派的循环范畴运用到整个政府形式系列中；每个社会都经历一种返回起点的政体循环（politeion anakyklosis）（6.9.10）。随后，关于政府形式和政体循环的这些传统说法，得到了关于混合政府形式的传统说法的补充，后者是由逍遥学派

学者梅塞尼的第凯尔库斯（大约活跃于公元前320—前310年）在其著作《三元政体》中提出的，用以解释斯巴达政体。每个只根据一种原则（君主制、寡头制或民主制）建构起来的政体将会很快衰朽；通过混合并均衡这三种原则，由某一种元素导致的衰朽将能为其他两种元素的反作用所制约，从而避免那种不可避免的衰朽（6.10）。波里比阿发现，罗马政体实现了这种幸运的混合。他认为，执政官代表了君主制元素，元老院代表了贵族制元素，而部落大会则代表了民主制元素。他将罗马在其建立帝国的斗争中展现出的效能归功于这三种元素间的制约与平衡（6.11—19）。

对传统说法的这种叙述所要达成的目的，并不是一目了然的。的确，在脱离它们语境的情况下，这些传统说法为观念史提供了很好的资料，人们能够博学地将它们呈现为波里比阿的政治理论。但它们是有 181
语境的；第六卷的读者肯定会很想知道，作者究竟想要证明什么。首先，波里比阿承认，尽管斯巴达的政体是最佳政府形式的典范，但它在希腊寻求霸权的斗争并不成功，因为与这三项政体元素无关的其他内部因素起着阻碍作用（6.48—50）。因此，如果对最佳政府形式的探究是要揭示罗马成功的原因（8.2.3），那么这个证明已经失败。其次，他知道，他所认识到的万物变化规律没有例外情况（6.57.1）。尽管罗马的政体拥有最佳形式，但它也会像背负着寻求胜利和繁荣的压力的任何其他政体一样衰朽（6.9.12—14）；新的财富和奢侈将毁掉人民的精神风貌，促成暴民制的发展（6.57）；腐败的征兆在当时已相当明显（18.35）。因此，最佳政体似乎仅仅能使一个民族创造出最终将毁灭它的条件。最后，波里比阿甚至没有尝试执行他所宣称的意图，即表明为何罗马能在波斯和马其顿失败之处获得成功，因为第六卷对罗马政体和其他政体的比较表明，波斯和马其顿并不像之前提到的那样糟糕。

波里比阿著作的这个部分几乎是令人难以置信地徒劳无功。据我所知，尚未有人对此加以评论。这一点值得引起一些关注，因为它表明，在柏拉图和亚里士多德之后不过两百年，哲学的衰落就已达到何等令人震惊的程度。哲学已让位于常识性理解（koine epinoia）。波里比阿对能引出结论的各种术语加以主题性的概括，以此取代对秩序的分析。当他这样做时，他所平淡无奇地诉诸的，正是这种常识性理解。秩序问题已被归结为一种对各种演变机制的计算，它既含混又令人含混。随着作为秩序之主体的社会毁灭，对心灵本身之秩序的感受已明显变得迟钝。在现实层面的历史中出现的各种打击，摧毁了较为古老的社会；它们正在那个天下之中解体，但这个天下尚不具备充分的自我生活，除了在绝望中爆发的奴隶起义之外，它未能对这种大肆破坏做出反应；研究现实层面历史的史学家太过痴迷于成功现象，以至于无法在秩序层面上评价这些事件。就波里比阿而言，在权力竞争中不重要的，便
182 根本不重要。在他关于最佳政体的比较研究中，他断然拒绝对柏拉图的典范政体给予任何关注——同有生命的存在者比起来，一个无生命的东西算得了什么呢（6.47.7—10）？西塞罗的态度已经呼之欲出，他以嘲笑的口吻否定了古希腊哲学家心目中的最佳政治，将其视为无足轻重的幻想，与罗马军队统帅们（imperatores）在战场上创造出来的最佳政治体不可同日而语。这种理智氛围和灵性精神氛围，强有力地让人想起斯大林的名言：教皇有几个师？

第二部分文本（6.43—58）比第一部分更有意义。关于最佳政体的传统说法退居后台。波里比阿在这里提出一条原则：一个政治体的状况（stasis）是由习俗和法律决定的（6.47.1—6）。如果人们的私人生活正直，公共生活正义，那么这个政治体便可谓良好；如果他们的生活与此相反，那么这个政治体就将是坏的。罗马处于良好的状况中，因为它的各项事务是由一种合乎高标准的贵族制掌管；如果这些标准衰退，人民不再同意服从（这是难免的，迟早会发生），那么这个政治体就将走上通往暴民制的道路（6.57.6—9）。在罗马贵族制所具备的各种品质中，首先应该提到一项总会带来世俗层面进步的特性：罗马人会拿走他们

能得到的东西，并且从不给予任何人任何东西，如果他们能忍住自己的话（31.26.9）。接下来，波里比阿描述了葬礼仪式，罗马贵族领导人及其祖先的卓越品质，能通过这些仪式铭刻在人民心中，从而系统性地增强统治阶级的权威和特权（6.53—54）。他解释道，公共服务的诚实程度令人惊异，这是罗马不同于迦太基之处，然而，罗马在获取财富时又有着熟练的手腕，这赋予罗马以军事扩张的手段，而这些手段是斯巴达所缺乏的（6.50，56）。在意大利开展的联合和联盟政策为罗马军队在农民中找到了优秀的士兵来源，而迦太基则不得不依赖雇佣兵（6.52）；书中有很长的一个部分是在描述罗马的军事体系及其优点（6.19—42）。最后，波里比阿强调了人民的deisidaimonia，视其为罗马国家最重要的特性。这个词通常被译为“迷信”，但它在此语境中意味着对神的恐惧，或者说虔诚。波里比阿是站在开明希腊人的立场上来讨论这个问题的。在其他民族眼中，虔诚将会受到谴责，但在他看来，它保持了罗 183
马政治体的团结。他带着智者派的口吻暗示说，罗马人为了普通人民的利益而宣扬虔诚。“如果我们能形成一个由智慧者构成的政治体，那么这个过程将是不必要的；但是，由于各处的群众都是不安定的，他们满怀非法的欲望、不理性的激情和狂暴的怒气，所以必须用无形的恐怖和诸如此类的盛况来约束大众。”古代人在人民中引入对众神的信仰和来自地狱的恐怖，这种做法是正确的；现代人则愚蠢地摧毁了这种信仰（6.56.6—12）。

尽管这两部分文本为有关罗马成功之原因的结论提供了前提，但波里比阿从未清晰地给出过结论。这并不是说结论无法给出。但是，那些传统说法实际上是一种阻碍而非帮助；进一步而言，其中一些结论对罗马人来说并不那么令人愉悦，而且必须考虑到这样一种可能性：波里比阿想做的仅仅是简单勾勒而已。由于在这个问题上的相关术语是由循环论设定的，因此，在一个多元化的权力领域中，合乎自然的胜利者将必定是那个恰巧位于其效能巅峰的国家。在比较罗马和迦太基时，波里比阿着重强调了以下这个观点："每个机体，或者国家，或者行动事业，都有其自然周期：先是成长（auxesis），接着是巅峰（akme），最后是衰败（phthisis）。当这两个国家处在巅峰之时，它们的每个方面都处在最佳状态，所以它们之间的差异在那个时候由于那个原因而变得明显。"（6.51.4）由于迦太基先于罗马走上发展道路，所以，当罗马仍处在巅峰之时，迦太基已开始衰落。在迦太基，大众已经在影响政策，而在罗马，元老院仍然控制着各种事务；在普通人民与最优秀者之间的斗争中，罗马贵族制的优秀品质占了上风（6.51.5—8）。因此，罗马的成功与罗马的品质无关，而是源自这两个国家在它们各自的时代循环中所处的相对位置；成功不过是历史的侥幸。

然而，这个结论并不能直截了当地被得出——不仅因为那种做法是不明智的，而且因为结论本身就是错的。我已指出，建立在循环论和混合政府形式的传统说法的基础上的那种论证，是无效的。波里比阿
184 知道，斯巴达也拥有混合政府形式；即使在比较罗马和迦太基时能用时代循环中的不同位置来作为论据，但在考察斯巴达的案例时这种论据又是无效的。显然，除了混合形式和在循环中的位置之外，还有别的因素与帝国的成功有某种关系。因此，波里比阿赋予葬礼仪式和虔诚的重要性便凸显出来了。作为一个希腊人，他必定已被罗马秩序的坚如磐石所打动；他意识到，罗马并未经历公民信仰的解体，而这是发生在公元前4和前5世纪的雅典人身上的典型情况。那种解体不仅是由时代循环带来的问题，而且是古希腊特有的哲学发展带来的问题。罗马的公民神学尚未在哲学家的自然神学带来的冲击下解体，就像瓦罗在一个世纪以后所描述的问题那样。因此，波里比阿至少触及了罗马在人类历史中的地位所包含的真实悖论（paradoxon）：这个国家相对原始，位于古希腊文明外围地区，仍然由农夫那种坚韧不拔、完全不令人愉悦的精神风貌推动，但它具有在与迦太基几乎致命的斗争中存活下来的耐力，以有组织的方式统领天下的政治天才，以及吸收古希腊文化

的能力。

如果说，罗马成功的原因过于复杂，以至于无法用有关政体的那些传统说法来解释，那么循环论倒是具有一定的有效性。因为罗马共和国的确很快便从其巅峰跌落；衰落的迹象在波里比阿眼前日益明显。然而，这位研究现实层面历史的史学家尽管忠实地记录下了这些迹象，但却没有作为哲学家来解读它们。的确，他看到那些事件从秩序的角度来说是无意义的；而且他也敬畏于命运女神的手笔；但在他的著作中，总体而言占上风的是默然接受的基调。我们必须再一次考虑这样一种可能性：波里比阿并未表明他的所有想法；因为罗马人自己也在担忧事件的进程，而通过他与罗马统治阶层的密切联系，这位历史学家非常熟悉政界交谈的主题。第二次布匿战争造成的人口损失，城市无产者和奴隶数量的增加，由小农经济到建立大庄园的转型，以及一个新的金融阶层（骑士阶层）的兴起，这些因素业已动摇了罗马的社会结构。而且，一群保守派元老在西庇阿·纳西卡的领导下宣布，摧毁迦太基是 185
不可取的，因为罗马将失去一个能使她保持健康的对手——但他们的这一表态并没有取得什么成效。在公元前146年对迦太基和科林斯这两座重要城市的刻意毁灭，被理解为一种能预示未来灾祸的措施的失去。进一步而言，由大规模的人口流放和奴役带来的社会动荡必定已是触目惊心。例如，当塔兰托于公元前209年被攻克时，三万名塔兰托人变成奴隶；公元前168年的皮德纳之战后，埃米利乌斯·保卢斯摧毁了七十座马其顿城镇，将十五万人卖作奴隶。在西西里各庄园爆发的由叙利亚人尤努斯领导的奴隶起义，经过一场为期三年（公元前135—前132年）的正规战才被镇压下去。最重要的是，对公元前2世纪的罗马人来说，罗马本身正变成一段过往，它被加图作为一种古老的行为典范向同时代人展示。

波里比阿对这一切都了如指掌。然而，他并未尝试系统地描述罗马秩序面临的问题，而是通过反思他在一些人身上看到的命运，表达了对难以计数的无序状况的意识。在谈到珀修斯的战败时，他让这位马其顿末代国王回忆起先知的一段话，它来自法勒鲁姆的德米特流斯，大约写于公元前317年（29.21）：

> 如果你看的不是无限长的时代，也不是许多代人以来的时间，而仅仅看过去这五十年的话，你就将在其中看到命运的残酷。五十年前，你可曾想到过，如果某个神向马其顿人和马其顿国王，或者波斯人和波斯国王预示了未来，他们竟会相信，那时候还主宰几乎整个天下的波斯人竟会湮没无闻，而那时候不过是无名之辈的马其顿人竟会成为所有人的统治者？然而，这个命运女神从不对我们的生活守信，而是出乎我们意料地变换所有事情，通过意外之事来展现她的力量。如今，她使所有人明白，或者说在我看来是这样的：当她让马其顿人得到波斯的财富时，她只不过是把这些好东西暂借给他们，到她决定另行处理为止。

接着，波里比阿给皮德纳的胜利者阿埃米利乌斯·保卢斯分派了一个任务，让他规劝他的同胞，当着战败的珀修斯的面，希望他们在成功的时刻记住命运的残暴，保持通向繁荣的举措（29.20）。这个主题最
186 后一次的出现是在迦太基毁灭时。那时，波里比阿在西庇阿的身边俯视着这座燃烧的城市，听见他学生说出一条可怕的预言：命运女神给特洛伊，给亚述人和米底亚人，给波斯人和马其顿人，如今又给迦太基带来了末日，她也将给罗马备下相同的命运（38.22）。

在以上整理的这些资料基础上，至少可以在澄清概念上迈出第一步了。

通过波里比阿的著作可以明确的是，当时的人们为了解释事件，确实使用了“天下”一词。这个词原本的意思是，古希腊观察者所知的有

人居住的世界。此外，在那个关键性的时代，它获得了“一片权力领域”的含义，现实中的事件将各民族拉入其中。然而，这种新意义上的“天下”，并不是一个已经一劳永逸地作为探究对象而被给定的实体。相反，它是某种随着帝国权力的扩张或缩减而同步增大或缩小的东西；进一步来说，它的强度随着统治中心行使的直接管辖程度或间接政治控制的程度而变化。在波斯案例中，这个帝国的天下在以下意义上包括了希腊：古希腊文明区域完全处在波斯的外交控制范围内，尽管只有位于亚细亚的希腊人曾经暂时处于波斯总督的直接统治之下。在亚历山大案例中，他的帝国除了包括希腊，还将先前的波斯领土的绝大部分置于管辖之下；但如果我们认可《备忘录》，则西地中海地区只是在外交上被包括在这个天下之中，以服务于征服者的统治这一目标。最后，在罗马案例中，帝国将整个地中海区域，以及高卢、西日耳曼和不列颠纳入管辖。罗马的扩张足够强大，从而使“天下”一词带上了司法层面的意义，即与罗马的司法管辖权范围相应的“全世界”(orbis terrarum)。因此，皇帝变成担负着保护功能的帝国之神，拥有作为天下之善神(agathos daimon tes oikoumenes)的能力。[2]然而，尽管罗马人向西方和 187
北方惊人地扩张，但美索不达米亚、伊朗和印度的领土则逃脱了帝国的掌控。不过，在这片广大区域中，其中一个部分在现实层面发生的重大事件会影响到其他部分的权力结构。就此而言，即使东方各民族并不在司法意义上属于这个天下，但他们仍是现实层面的天下的一部分。

这些帝国对这种变动不居的天下现象提供了连贯一致的制度化权力。的确，对于在超过一千年的时间里程度不等地成为这个现实层面天下的一部分的那些民族来说，并不曾有一个帝国将他们全部统一到

2　W. Dittenberger, ed., *Orientis Graeci Inscriptiones Selectae*, no.666.该铭文指的是尼禄。第668条铭文把同一位皇帝称为天下之救世主(soter)和仁慈统治者(euergetes)。马可·奥勒留是天下之主(kyrios)，见A. Boeckh, ed., *Corpus Inscriptionum Graecorum*, no.2581。

自身的司法管辖之下。通过发端于相距如此遥远的各个中心(伊朗、马其顿和罗马)的一系列帝国扩张,这个现实层面的天下得以形成。这三个权力中心全都在如下意义上建成了普世帝国:它们的帝国建构参与到创建同一个天下的过程之中。因此,一方面,这个天下是通过现实层面的帝国建构事件而形成的;另一方面,这些帝国通过它们所产生的那个天下而变成同一类别之下的不同个体。结果是,这三个帝国的伊朗、马其顿和罗马特征从属于它们的普世功能,而这个天下从未上升到作为一个自我组织的社会的行列中。尽管这些普世帝国的组织延伸到同一个天下,但它们并未前后相继地对同一个社会加以组织,因为这个天下并非具体的社会。这个社会领域的独特特征迫使我们去探讨一个天下时代,它意为这样一个时代:先前生存在自主形成的秩序形式下的多个具体社会,在这个时代里被纳入一片政治权力领域,它是通过来自不同中心的现实层面扩张而形成的。该过程有着可辨别的开端,即伊朗人的扩张;也有着可辨别的终结,即罗马权力的衰落,那时候这个天下开始分崩离析,瓦解为拜占庭文明、伊斯兰文明和西方文明。

第三节　精神层面的天下

通过现实层面历史中的那些事件而创造出天下现象,这并未穷尽
188 由天下引发的那些问题。的确,天下并不是一个秩序主体,而是征服和组织的对象;它是社会的墓地(包括征服者自身所在的社会在内),而不是一个独立存在的社会。然而,在先前那些社会解体的同时,关于秩序的新型经验、用于阐述这些经验的新型符号化表达,以及为了将这些经验加以制度化而进行的新型事业,却都被现实层面的毁灭的受害者们发展出来。寻求秩序的人类并未被抹去。普世的是那些大宗教(其中首先是基督教)起源于其中的那个时代。现在我将介绍体现在保罗对于“向异教徒传教”的自我理解之中的天下问题。

1. 保罗

《马太福音》24：14中的一段话说明了保罗传教行为的基础："这天国的福音，要传遍天下，对万民（ethnesin）作见证，然后末日（telos）才来到。"现实层面意义上的天下已经建立起来了；但是，在通过罗马的征服而进行的那个过程的波里比阿式终点（telos）之外，如今又出现了一个通过福音的传播而达成的进一步的终点。这并不是说天下被彻底拒绝了，而是说它的建立被降低到救赎戏剧之前奏的地位。对这些新意义的分化体现在《路加福音》4：5的引诱场景中，在那里，魔鬼撒旦要把"天下万国"的权力交给耶稣。那将是现实意义上君临天下的帝国权力；但如果这种预备性的天下被当作终点的话，它就变成魔鬼的了。那个真正是终点的王国，正如保罗在他的雅典发言中所提出的那样，将会在神所定的那个日子到来，那时"神要藉着他所设立的人，按公义审判天下，并且叫这个人从死里复活，给万人作可信的凭据"（《使徒行传》17：31）。尽管这个日子无法通过人的计算准确确定——"因为主的日子来到，好像夜间的贼一样"（《帖撒罗尼迦前书》5：2）——但它在不远的将来就要到来。帖撒罗尼迦人哀悼他们的死者，因为他们不会看到基督的来临，无法成为他的王国的成员。保罗向他们保证，死者将在那个日子复活："我们现在照主的话告诉你们一件事，我们这活着还存留到主降临的人，断不能在那已经睡了的人之先。因为主必亲自从天降临，189
有呼叫的声音，和天使长的声音，又有神的号吹响。那在基督里死了的人必先复活。以后我们这活着还存留的人，必和他们一同被提到云里，在空中与主相遇。这样，我们就要和主永远同在。"（《帖撒罗尼迦前书》4：15—17）因此，那个日子将会在现今活着的人全部死去之前到来；那些死者，如果是在基督里死了的人，就将首先被提升到那个王国里。

然而，那些死者为了能被提升到基督的王国里，就必须在基督里死去。如果人们从未听说过基督，那他们如何能在基督里死去呢？因此，福音必须尽可能快地被传达至所有人。将福音传遍整个天下，这是使徒担负的救赎任务；时间紧迫，因为天下很大；基督将会在人们活着的时间里降临，而使徒的生命是短暂的。因此，保罗在作为一名传教士旅行时，持续背负着压力，不断与时间赛跑。“甚至我从耶路撒冷，直转到以利哩古，到处传了基督的福音。我立了志向，不在基督的名被称过的地方传福音，免得建造在别人的根基上。”（《罗马书》15：19—20）使徒的工作不应重复；他只会来到主要的地区中心，而把进一步传播福音的工作留给新建立起来的教会共同体；频繁的访问是不可能的。“我因多次被拦阻，总不得到你们那里去。但如今在这里再没有可传的地方，而且这好几年，我切心想望到西班牙去的时候，可以到你们那里。盼望从你们那里经过，得见你们，先与你们彼此交往，心里稍微满足，然后蒙你们送行。”（《罗马书》15：23—24）保罗是否真的执行了他访问整个天下的计划，从罗马帝国的东部边界到西班牙，这一点不得而知，因为没有足够的资料来考证这位使徒的晚年和去世。但是，通过《克雷芒前书》5：5—7，至少有可能对此加以推测：“历经猜忌和争斗，保罗展现了以坚韧不拔作为奖赏的道路；他被囚禁，被放逐，被石头砸，一共多达七次；他是东方与西方的报信者，他因其信仰而获高贵之名，他向全世
190 界（kosmos）教导正义；当他来到西方的尽头，他向君王作了见证，接着便离开了这个世界，被带上天，进入了圣地——这实在是有关坚韧不拔的最伟大范例。”由于这封信是在罗马这个帝国的中心写的，“西方”最有可能指的便是西班牙；在从天下的尽头返回后，保罗似乎是在罗马殉教。这是因为，在现实层面的历史中，他的告发者们指控他“如同害虫一般，是鼓动普天下众犹太人生乱的”（《使徒行传》24：5）。

保罗对其使徒身份的看法表明，当各种事件迫使人类进入无意义的现实共存时，人类能够诉诸自救。的确，现实层面的反抗性暴动，其目的在于重建先前存在过的具体社会的独立秩序，但在面对帝国权力时注定会失败；但是，各民族（即保罗所说的ethne）的普世共存，却能

向人类的某种普世秩序敞开，该秩序超越了帝国的现实秩序。在那些撼动世界的事件（即波里比阿所说的praxeis）的阴影笼罩下，人们能建起一个新社会，它的秩序来源于此世之外。然而，那种努力是充满困难的，正如方才引用的文本清晰表明的那样。这是因为，保罗设想的社会是一个由信基督之人组成的共同体，他们等待着那个日子的到来，到时候位于主之下的"将来的天下"将取代位于皇帝之下的这个人间天下（《希伯来书》2：5）。这种期盼着基督再临（Parousia）的共同体生活势必遭遇两个问题。第一个问题出现在使徒传播给帖撒罗尼迦人的慰藉中——他们不必因为死者而悲伤，因为当主降临时，那些在基督里死去的人们将会复活，并和那些仍然活着的人一同成为新王国的成员。尽管这一保证也许可以平复至亲好友的忧愁，但却引发了更大的问题：那个将要到来的王国是对所有人开放呢，还是只对基督及其使徒的同时代人开放？即使使徒成功地让福音传遍全天下，那些生在并死于基督降临之前的人们会怎样？这个问题在热切期盼末日到来的氛围中也许只会停留在人们的潜意识里，但随着使徒这一代人的去世，它会变得更加尖锐起来。当"活着的人"全都死了，而基督再临并未发生的时候，等待着终极转变的这样一个天下还会有什么意义？让天下适应于基督再临的推迟，这是蕴含在 191
保罗对其传教使命的看法之中的第二个问题。对如此这般提出来的这个问题，根据经验和符号化语境的不同（天下问题出现于其中），可以有多种不同的回答。在宇宙论文明中，例如在印度，对于"当下活着的人所生活于其中的这个天下，如何与过去和将来的人类相关联？"这个问题，轮回转世（metempsychosis）成为佛教的解决方法。在犹太教—基督教人类学的轨道中，这种解决是不可能的；必须通过基督降临到死者，通过"福音准备"（praeparatio evangelica）和"上帝之城"（civitas Dei）的概念（一般地说，通过一种历史哲学），才能找到对这个问题的答案。

然而，作为对该问题的回答而发展出来的各种符号化表达，并非我们当前的关注点；我们关注的是这个问题本身，即具有普遍性的精神秩序与天下之间的张力，这种张力涵盖了同时代活着的人。该问题既是理论的又是实践的，实在是头等重要。它是每一种历史哲学都要探讨的理论问题，因为只有当一个带有普世意图的精神共同体对人类的普世秩序加以符号化表现时，该秩序才能在历史中变得具体起来——这就是教会问题。而且，它是政治和历史中的实践问题，因为通过一个带有普世意图的共同体来代表普世秩序的努力，显然充满了变数，这源自这样一种可能性：若干个这种共同体将会在历史中建立起来，并通过并非完全精神性的方式来追求它们各自的普世雄心。由于当代科学缺乏可用于处理这些问题的批判性词汇，因而有必要引入**普世性**（ecumenicity）和**普遍性**（universality）这两个词，以便区分发源于天下时代的这个精神共同体类型中的两种成分。**普世性**指的是，代表着秩序之神性来源的共同体的趋势，它倾向于使自身与天下重合，从而表达其主张的普遍性；**普遍性**指的是，对于作为秩序来源、超越于世界之上的神的经验，由他带来的秩序对所有人具有普遍的约束力。对这种类型的精神共同体，我们将使用与**普世帝国**相对应的**普世宗教**一词。**普世宗教**（ecumenic religions）这个词比**普遍宗教**（universal religions）或**普遍教会**（churches）更好，这不仅是由于它强调了这些共同体与天下问
192 题之间的关联，而且是出于对那些现象的经验描述方面的理由。这是因为，在各种普世宗教中，具有普遍性的经验与追求普世扩张的欲望之间，并非总是有着严格区分的。事实上，通过武力手段在现实层面进行扩张的趋势有时会占据很大的上风（如在伊斯兰案例中），以至于很难在一个普世帝国与一种普世宗教间划清界限。**普遍宗教**这个词会对以下关键问题预设判断结果：一个带有普世雄心的精神共同体，已在多大程度上澄清并实现它作为普遍和超越秩序之代表者的特征？

2. 摩尼

在普遍性为一个普世宗教的扩张在经验层面提供动力的同时，这

种宗教的普世雄心使它在社会秩序的领域变得行之有效。我已分离出基督教的普世性层面(这体现在保罗对其传教使命的看法中),现在将进一步探讨这个普世性问题,而将普遍性问题暂时搁置一边。

通过伊朗、马其顿和罗马的征服,现实层面的天下已被创造出来。这些征服向东延伸得很远,超出了罗马帝国的司法天下——保罗将其传教工作限定在此范围内。在基督教传教领域和天下的实际范围间存在的这种不一致,延续了两百多年;到公元3世纪中叶,基督教依然尚未大规模进入美索不达米亚、波斯和印度。因此,如果以普世性来检测是否具有真正的普遍性,那么基督教便是失败的。看来,天下之中被忽略的那个部分将事态掌握在自己手中,并建立起一种新宗教的时机已经到来,这种新宗教能通过更有成效的普世扩张,来证明它掌握了更加优越的普遍真理。这便是摩尼这位耶稣的新使徒所持的观点,他出现在萨珊王朝创立者阿尔达舍统治下的北巴比伦。[3] 193

理解摩尼观点的基本文本见于《沙卜赫拉甘》,这是这位先知用波斯语写的唯一著作,它是献给阿尔达舍的儿子和继承人沙普尔的:“智慧和壮举总会时不时由神的使者们带给人类。所以,它们在一个时代被那个名叫佛陀的使者带给印度,在另一个时代被琐罗亚斯德带给波斯,在又一个时代被耶稣带给西方。因此,这种启示已经降临;我,摩尼,作为真理之神的使者,在这个最后的时代将这种预言带给巴比伦。”[4]

---

3 关于摩尼的一般性情况,参见Henri-Charles Puech, *Le Manichéisme*(Paris: Civilisations du Sud, 1949)。关于摩尼自称为“耶稣基督的使徒”(Apostolus Jesu Christi),参见F. Chr. Baur, *Das Manichaeische Religionssystem*(1831), 368 f.; C. Schmidt and H. J. Polotsky, *Ein Manifund in Aegypten*(Sitzungsberichte der Preussischen Akademie der Wissenschaften, Phil.-Hist. Klasse, 1933), 26 f.; Puech, *Le Manichéisme*, 61 f。主要的资料来源是Augustine, *Contra Faustum* 13.4。

4 引自F. C. Burkitt, *The Religion of the Manichees*(Cambridge: Cambridge University Press, 1925), 57。来源是Al-Bairuni的*Chronology*, trans. and ed. C. E. Sachau(London: W. H. Allen, 1879), 190。我未能获得它的副本。

这个文本只简单提及的那些单个主题，在《精要》中得到详细阐述。由那些使者及其宗教构成的序列，并不只是表明时间顺序，而且还像独立发源的多条小河那样，汇集成一条由摩尼代表的真理大河：

> 早先所有教会(ekklesia)的著作(graphe)、智慧(sophia)、末日启示(apokalypsis)、寓言(parabole)和诗篇(psalmos)，均已在各地汇集起来，来到(katantan)我的教会，并已和由我启示的智慧结合。就像小河流进小河，变成了一条大河那样，古书进入我的著作，变成伟大的智慧，古代的那么多代人(genea)从未宣布过这样的事情。那些书从未有人写过，也未有人启示过，而我已将它们写出。[5]

早先那些宗教的缺点主要体现在它们的地方局限性：

> 选择在西方建立教会(ekklesia)的人，他的教会便没有来到东方；选择在东方建立教会的人，他的教会便没有来到西方；于是乎，他们中间有些人在别的城市(polis)甚至连名字也不为人所知。我的希望(elpis)却将传到西方，也将传到东方。人们将会听到用所有的语言来宣告它，人们将会在所有城市(polis)宣告它。我的教会在这第一点上便优于所有早先的教会，因为它们都只建立在单个地方、单座城市。我的教会将传到所有城市，它的讯息将抵达
> 194 每个国度(chora)。[6]

5 Carl Schmidt, ed., *Kephalaia*, Manichaeische Handschriften der StaatlichenMuseen Berlin (Stuttgart: Kohlhammer, 1940), ch.154. Schmidt-Polotsky, *Ein Manifund in Aegypten*, 42.

6 *Kephalaia*, ch.45.

刚刚引用的这段文本意味着，早先的宗教仅仅具有地方性意义，因为它们的传播技巧不足。佛陀、琐罗亚斯德以及耶稣，他们作为摩尼的先驱者的共同点在于，他们并未亲自写作，而是将确定他们所传播讯息的工作留给门徒来完成。“正义之父们（dikaiosyne）并未将他们的智慧写成书。”单单这样的话，必定会带来困难，因为各种不同的传统将不可避免地成为宗派分裂的源头。不过，早先的宗教创立者们不从事写作，这还不只是犯下了疏漏的过错。那些先驱者们之所以故意不写作，是因为“他们知道自己的正义（dikaiosyne）和教会将会从世界（kosmos）中消失”。[7]因此，早先的宗教之所以有局限性，不是由于技术上的过错，而是与启示的神意计划保持一致。只要“纯洁的领导者们”还在，这些宗教便能在一段时间内保持良好秩序；而当这些领导者死后，随之而来的便是思想混乱的蔓延，纪律的废弛，工作的疏忽。但是，这种命运将不会落到“我所建立的宗教”头上。在做出这一保证后，该论证回到普世主义，作为对优越性的测试。早先的那些宗教只在一个国度，用一种语言传播；但摩尼的宗教将在每个国度，用每种语言传播，它会到达最遥远的那些国度。通过由摩尼亲自将讯息撰写成书，并由鲜活的著作、教师、主教、骨干和听众来宣传，这种持续性将得到保证，从而使摩尼的智慧和工作将持续到这个世界的终结。[8]

摩尼特别关注的是基督教的衰落、保罗的工作，以及他自己在使徒职分上的改进。在《精要》的第一章“论使徒的到来”中，他探讨了“被派往这个世界，以便建立教会的使徒的奥秘”。[9]保罗也外出布道，但是，“在使徒保罗之后，整个人类一天天被诱入歧途。他们将正

7 *Kephalaia*, introduction, 7 f.

8 F. C. Andreas and W. Henning, *Mitteliranische Manichaica aus Chinesisch-Turkestan II*（Sitzungsberichte der Preussischen Akademie der WissenschafterBerlin, 1933）, 294—362, 295.

9 *Kephalaia*, ch.1, 15.

义抛诸脑后，避开狭窄难行的道路，喜欢在宽阔大道上行走”。于是，“这个世上没有了教会，就像你从一棵树上摘下并拿走果实，使它没有
195 了果实一样”。但是，当救世主的教会被拿走，“那时候，我的使徒职分（apostole）便开始了——你们已经问过我这方面的事了。从这时开始，圣灵（parakletos），亦即作为真理的精神，被派来，它在这最后一代人（genea）的时候来到你们中间，就像救世主已经宣告的那样：当我走时，我将给你们派来圣灵”。[10]然后，论证又从以圣灵摩尼为顶点的使徒传承关系，转向普世性问题。“在国王阿尔达舍在位的最后日子里，我外出布道。我坐船来到印度人的国家，向他们宣讲生活的希望（elpis），并在那里建立起一个好教会。”他从印度前往波斯、巴比伦、梅塞内和埃兰。沙普尔对他以礼相待，允许他在整个王国游历，以便布道。他的传教使命将他带到“帕提亚人的土地，远至阿比阿德内（Abiadene），直到罗马人的王国领土的边界地区”。他的足迹“从东到西，就像你所看到的”；他往北、往南走遍了天下（oikoumene）的所有地区。“从没有哪个使徒做到过这一点。”[11]

对摩尼的工作所达成的普世性的极度强调，会给人留下这样的印象：世俗成就是这位使徒的主要关注点。因此，作为结论，记住下面这一点将会很有意义：普世人类是普遍人类的符号。当那种讯息已经充满天下，终末事件出现的时机也就成熟了。摩尼教的《诗篇》223中有两个部分将说明摩尼工作的这一终极目标。第一个部分是关于这种普世性成就的：

> 看啊，你的神圣教会已遍布这个世界（kosmos）的四方。
> 看啊，你的葡萄树已充满每个地方。

10 *Kephalaia*, 13 f.

11 出处同上，15 f。

看啊，你的儿子们已在每一片土地上扬名。

看啊，你的讲坛已牢固矗立在每个地方……整个大地上，每条流动的河流旁。[12] 196

第二个部分预示了那个终末奥秘：

这整个世界（kosmos）牢固持续了一会儿，
此时正有一座巨大的建筑在这个世界（kosmos）之外建造。
那个建造者将很快完工，
而这整个世界（kosmos）将会解体并被点燃，
大火将吞没它。[13]

在这些摩尼教文本中出现的历史观，与波里比阿的十分相像。在波里比阿看来，波斯、马其顿和罗马帝国的前后相继，很好地界定了现实层面历史中的一个时代；这个时代的统一性，是从它所产生的效果（天下的创建）中自我显现的；这个时代正通过罗马的征服而达到它的高潮，因为它的目标（将文化意义上的天下转变成现实层面历史中的天下）正接近全面实现。在摩尼看来，由佛陀、琐罗亚斯德、耶稣和他本人建立的那些宗教的前后相继，同样很好地界定了精神历史中的一个时代。这个时代与波里比阿的时代一样，都开始于公元前6世纪；它的统一性也是自我显现于那些宗教的普世主义中的；这个时代正通过摩尼，这个"众先知的封印"，在接近其目标的全面实现；摩尼的教会将会克服其先驱者的地方主义，建立起最后的、完全普世性的宗教。对一个愿

12　*A Manichaean Psalm-Book*, vol.3 of *Manichaean Manuscripts in the Chester Beatty Collection*, ed. C. R. C. Allberry (Stuttgart: Kohlhammer, 1938), Psalm 223, lines 3—7, p.11.

13　出处同上，lines 20—24，p.13。

意将他的资料作为理解一个时代的权威指导的历史哲学家来说，这种相似性并不会令他感到惊讶。在被我们称为“天下时代”的这个时代里，帝国的建造者和宗教的创立者们确实关注由所有人类构成的社会；已经可以看出，它是超越了先前各具体社会限制的；他们关注已被拉入现实事件漩涡的人类大众的秩序；在“正在形成中的普世秩序”这一符号化表达中，上述那种社会和秩序相遇了。在事件的进程中，“天下”这个词获得了我们已在多处涉及的意义光谱。文化意义上的天下转化为现实层面的天下；接下来，后者对过去、现在和将来所有人类的普遍秩序敞开；在一个包含了同时代所有活着的人的普世教会的秩序中，普遍秩序找到其符号化代表；最后，一种宗教的普世性使它再次进入各个共
197 同体在现实舞台上展开的竞争。这个时代的目标发展出由多种意义构成的平行光谱：从罗马帝国的终极性，到一个经过变形的人类所具有的终末论终极性；从超越的终极性（教会的普遍性表现在其中），回到最后的使徒所具有的普世终极性。因此，天下是帝国与教会的汇聚点。通过它的普世性扩张，帝国实现了一种跃升，从原始征服的残暴，上升至作为“全人类的代表性组织”的尊严；通过它的普世性使徒职分（这代表着秩序的普遍来源），教会下降到“为社会和历史塑造秩序的力量”这一地位上。现实层面的外壳与超越层面的实质，它们注定迟早要在普世性组织这一层次上相遇，就像实际发生了的孔雀帝国与佛教的相遇，或是罗马帝国与基督教的相遇那样。

3. 穆罕默德

现实层面的征服与精神层面的使徒职分，二者的融合在天下时代将近结束时影响到穆罕默德的显现。到公元7世纪，罗马与基督教的联合已在拜占庭形式中确定下来，而一种相似却更不稳定的融合，则是萨珊王朝统治下的马兹达克主义帝国的特征。将帝国和教会相结合的拜占庭式和萨珊式普世主义范例，形成了穆罕默德在构想那种新宗教时的视域，它将

会以帝国权力的同时发展来支持它的普世雄心。这个案例是饶有趣味的，因为伊斯兰教无疑首先是个普世宗教，其次才是个帝国。因此，在其极端形式中，它揭示了天下时代的所有宗教都面临的危险：由于它们的普世性传教使命蜕变为对权力的获取，从而损害它们的普遍性。这种权力是此世的（world-immanent）、在现实层面控制一群人的权力，然而，无论这群人为数如何众多，也不可能是过去、现在和将来的全体人类。

从《古兰经》中选取的一些相关段落可以最好地阐明穆罕默德眼中的普世主义问题。[14]从总体上讲，他对精神层面的历史及其终结性的 198
看法，是与摩尼的看法相同的。有一系列的神圣启示，传给一系列的使者（3：78，中译本3：84）：

> 你说：
> 我们确信真主（God），确信我们所受的启示，
> 与易卜拉欣（Abraham）、易司马仪（Ishmael）、易司哈格（Isaac）、叶尔孤白（Jacob）和各支派所受的启示，
> 与穆萨（Moses）、尔撒（Jesus）和众先知所受赐于他们的主的经典，
> 我们对于他们中的任何人，都不加以歧视，
> 我们只归顺（muslim）他。*

14　关于以下文本中的用词，我使用了J. M. Rodwell的译本*The Koran*（London：J. M. Dent，1933），以及Arthur J. Arberry的译本*The Koran Interpreted*，2 vols.（London：Allen and Unwin，1955）。

*　参见《古兰经》，马坚译，北京：中国社会科学出版社，2013年。本书中的《古兰经》引文，都参考了该中译本，并根据沃格林的英译版本有所调整。部分引文在英译本和中译本中的章节标记，会有一些出入；为方便读者查阅，本书译文在所有引文出处后面，补上了中译本的章节标记。——译注

与使者的前后相继对应的是讯息的前后相继（3：2，中译本3：3—4）：

> 他降示你这部包含真理的经典，
> 以证实以前的一切天经。
> 他曾降示《讨拉特》（Torah）和《引支勒》（Gospel）于此经之前，以作世人的向导；
> 又降示证据（furquan）。

在“经书”本身的历史中，最后的这部经书优于之前的那些经书（10：38，中译本10：37）：

> 这部《古兰经》不是可以舍真主而伪造的，
> 却是真主降示来证实以前的天经，
> 并详述真主所制定的律例的。其中毫无疑义，
> 乃是从全世界的主所降示的。

在使者的前后相继中，穆罕默德居于最后一位使者的地位，作为“众先知的封印”（33：40，中译本同）；他是派到天下的使徒（7：157—158，中译本7：158）：

> 你说：
> “众人啊！我确是真主的使者，他派我来教化你们全体。
> 天地的王国只是真主的，
> 除他之外，绝无应受崇拜的。他能使死者生，能使生者死，
> 故你们应当信仰真主和他的使者，
> 那个使者是信仰真主及其言辞的，但不识字的先知——

你们应当顺从他，以便你们遵循正道。”

使徒职分的功能在于照看万物。这个世界是由神创造的，也必定回到神那里。“他确已创造了万物，而后又使其回归”*，报偿正道之人，惩罚不信真主之人（10：4，中译本同）。创世戏剧是真理与谬妄间的一场斗争，而真理在使者们的协助下将会胜利（21：16—18，中译本同）： 199

我们未曾以游戏的态度创造天与地，
和天地之间的万物；
假若我们要消遣，
我们必定在我们自身找到消遣的东西，假若我们愿意。
不，我们以真理投向谬妄，
重击它，看！谬妄就会消亡。
悲哉你们，由于你们（对真主）妄加描述。**

这段话表现出的好战性并非比喻。真理与谬妄间的斗争，必定会经由穆罕默德的军队与其对手的军队在战场上进行。处在历史中的神的王国，很难与一个紧密团结的武士共同体区分开（48：29）：

穆罕默德是真主的使者，
追随他的人，对外道是庄严的，
对教胞是慈祥的。

---

* 此句在马坚的中译本中为：“他确已创造了万物，而且必加以再造。”——译注

** 此处引文在马坚的中译本中为：“〔16〕我未曾以游戏的态度创造天地万物，〔17〕假若我要消遣，我必定以我这里的东西做消遣，我不是爱消遣的。〔18〕我以真理投掷谬妄，而击破它，谬妄瞬时消亡。悲哉你们！由于你们［对真主］妄加描述。”——译注

不信真主之人必须停止他们的不信真主，否则，世界上的真理与谬妄间的张力就将被充满活力的行动除去（8：40—41，中译本8：39—40）：

你们要与他们战斗，直到迫害消除，
一切宗教全为真主。
如果他们停战，那么，真主确是明察他们的行为的；
但如果他们背叛，那么，你们应当知道，真主确是你们的保佑者。
保佑者真优美！援助者真优美！

因为“在真主看来，最劣等的动物确是不信道的人，他们是不信道的”（8：57，中译本8：55）；如果在战争中抓住他们，对待他们的方式必须是让他们的追随者作鸟兽散（8：59，中译本8：57）。有信仰之人必须做好战争准备，给神的敌人、同时也是有信仰之人的敌人带去恐怖；他们不必害怕付出代价，因为“凡你们为主道而花费的，无论是什么，都将得到完全的报酬，你们不会吃亏”（8：62，中译本8：60）。在天下扩张宗教，这桩事业甚至会是有利可图的，但不应只为了这一理由而执行仗剑
200 传教的工作（8：78，中译本8：67）：

先知在大地上重惩敌人之前，
不该有俘虏。
你们欲得尘世的浮利，
而真主愿你们得享后世的报酬。

通过认真尽责地大规模消灭不信真主之人，由此给出带有精神意图的承诺，只有在此之后，抓住俘虏用来出售才是允许的。即使到了那时，普通人的获利也还是受到“两成规则”的某种削弱（8：42，中译本

8：41)：

> 你们应当知道：你们所获得的战利品，无论是什么，
> 都应当以五分之一归真主、使者，
> 归至亲、孤儿、赤贫、旅客。

然而，在有信仰之人眼中，这条规则可能被视为一种受欢迎的税收减免，因为在前伊斯兰习俗中，部落首领有权获得四分之一的战利品。

第四节　亚洲之王

各宇宙论帝国的紧凑秩序折射到由现实层面的天下和精神层面的天下构成的光谱中，也就是说，折射到无限扩张但缺乏精神意义的权力组织，以及在人的意义上普遍的精神运动中，这些运动在寻找一个能让它们塑造其秩序的民族。这个历经千年的秩序解体过程，这种秩序在各正统帝国文明兴起后走向终结的过程中所经历的变迁，这就是我们所说的天下时代。

在前面各部分中，对这个过程的呈现，必须在相对晚近的阶段的视角下进行，事件的进程在此时已对参与者们（无论是主动的还是被动的参与者）足够充分地展开，使他们能意识到它的内在机理，并通过“天下”这一符号化表达来表达他们的意识。该程序在哲学上是必要的，因为在历史中并没有秩序实体，有的只是由那些参与者的理智性意识所体验到并加以符号化表达的实体——除非天下时代中的各种秩序问题已由某些体验到这些问题的人通过一些符号界定出来，否则就不会有通过这些问题来加以界定的天下时代。但是，我们在使用这一程序时必须注意，不要将这些参与者的视角（不可避免地受限于他们在时间和空间中所处的位置、对资料的获取，以及来自日常紧迫事件的压力）作

201 为一种限制强加给当前这项研究。例如，在波里比阿的研究中，罗马并不是在宇宙论帝国之后，而是在波斯人和马其顿人的普世性努力之后出现的。天下时代（波里比阿的罗马注定要将其内在机理发展到极致）的阿契美尼德开端并未得到认识。而且，尽管波里比阿和西庇阿似乎生动地领悟了征服的无意义，但普世性目标的终极性仍被视为理所当然的，以至于人们并未追问帝国聚集起来的各个民族人口将会是何种社会，以及他们将拥有何种实质性的秩序。然而，事件的进程将马其顿国王推上“亚洲”的王座，并迫使一种由亚里士多德训练出来的意识去弄清他到底是什么的国王，此时，这些问题却困扰着亚历山大。最后，波里比阿从未听说过与他同时代的伟大人物，也就是《但以理启示录》的作者，这位作者已将作为众多帝国的无意义序列的历史一笔勾销，并期待通过一种将会给历史带来终结的神性干涉，来恢复人在社会中的生存秩序。直到圣奥古斯丁写出《上帝之城》，人们才找到一种能将现实秩序和精神秩序整合到一个意义整体之中的符号化表达，至少是勉强地，至少是对西方基督教文明来说，至少是暂时地。

我们必须从这个过程的波里比阿阶段及其后各阶段上升到那些源头。那时，紧随着阿契美尼德对巴比伦的征服，那些普世性的秩序问题首次得到阐述；紧随着亚历山大从大流士三世手中夺取“亚洲之王”称号，将要被强加神国形式的那个社会的性质成为一个问题。在呈现了这两个问题之后，我将要考察亚历山大对旁遮普的渗透所留下的希腊—印度余波，直到它在东方淡出历史舞台，这与波里比阿在西方认识到罗马帝国的普世性目标大致同时。

1. 阿契美尼德序幕

在呈现阿契美尼德资料时，首先要介绍的是对经验动机的一般性陈述，这些动机倾向于将紧凑的宇宙论秩序形式分解为权力和精神。

202 宇宙论形式的社会被其成员们体验为宇宙的一个部分，这个宇宙的秩序是由神塑造的，而这个社会的秩序则以类比的方式塑造。将它的秩序符号化为对宇宙秩序的类比的过程，与它的人口或领土规模无关；它也不需要征服外国人或扩张领土；多个这种类比对象的共存，并没有被体验为与宇宙的唯一性发生的剧烈矛盾。因此，在这个意义上，宇宙论形式的社会是完全自足的。然而，在来自现实事件的压力下，这种形式会失去其坚实。当一个宇宙论帝国扩张到它所起源的族群范围之外时，就像埃及在图特摩斯三世进行的历次战争后那样，对扩张到多个民族身上的单一帝国秩序的经验，就能激发出对一种所有人共有的神性秩序的精神意识。在阿肯那顿系列赞美诗中，这种类型的运动体现于利比亚人、亚洲人与埃及人的合作，他们都是同一个宇宙论神性类比的成员，但这种运动并未走到宣称一种对所有人都适用的具有普遍一神性来源的秩序这一地步。对扩张的经验，对正在形成的现实层面天下的经验，不一定会带来这种效果：在亚述和巴比伦的真正普世性人口迁徙案例中，它们的符号化表达中并未出现任何对帝国的普世性构想的迹象。这个问题的复杂性在摩西案例中得到了体现。通过摩西之口的神性宣示（作为神之子的，并非法老，而是以色列人），将对被选民族的符号化同埃及帝国潜在的普世主义紧密相连。而且，与摩西的显现同时代，第十九王朝的阿蒙赞美诗集开始对位于已知的宇宙内众神背后的未知普遍神加以分化。人对神性实在的参与，无论是以“对该实在之问题的理智性洞察和阐明”这一形式出现（阿蒙赞美诗集对此更为强调），还是以“势不可挡的神性突入”（divine irruption）这一形式出现（摩西领受的启示对此更为强调），显然都是紧凑宇宙论帝国解体过程中的一种独立因素，无论各种现实事件会反过来在多大程度上激发这种起分化作用的关于参与的经验，并使其具有说服力。

字面论越轨或实体化越轨是内在于所有符号化的，这些越轨的可能性使上述经验动机问题变得更为复杂。对世界四方的类比性统治，总是可能在想象中越轨成一种对无限扩张的领土的严格统治；在早至 203

公元前3000年的宇宙论帝国的每一次侵略性扩张中，字面论也许都是个中成分。在原则上，宇宙论符号的这种字面论退化与“位于神之下的普遍人类”这一符号化表达的退化并无不同，后者来自因普世雄心而出现的越轨。就像人类的某种普遍秩序能被错误地认为是可以实现的那样（通过将一个普世帝国强加于一个时代中所有活着的人身上），一种宇宙论秩序也能被认为是可以实现的（通过权力的无限扩张）。关于“位于神之下的人之生存”的普遍主义，被紧凑地包含在关于生存的真理中，其途径是成为一个作为宇宙类似物组织起来的社会的成员。无论是在这种普遍主义发生分化之前还是之后，它都会发生字面论越轨。将“超越—神性秩序”翻译为“人造此世秩序”的那种字面论，在结构上与存在哲学的此世论越轨是相同的现象，该哲学从巴门尼德对“存在（Is）！”的洞察，转换到智者派的此世论思辨。神性显现于人在社会与历史中的生存所具有的秩序中，对于表达了对此之经验的那些符号，总是有可能以此世论的方式使其变得毫无意义。

如果考虑到这些因素，那么，我们之前用简略语所表达的过程（从宇宙论帝国到普世帝国的“转变”，或者较晚类型与较早类型的“前后相继”），便成为一个由相当多样化的经验带来的压力而导致高度分化的解体过程。当一个宇宙论帝国受到邻近部落的攻击并保持胜利，结果可能是一种不带有普世意图的扩张，或任何一种字面论越轨。随后，对真实扩张的经验能够（但不一定）动摇宇宙类比的坚实性；它能够（但不一定）成为一种激励物，并催生起分化作用的、关于对神性实在之参与的经验。当这种精神突破发生，要么它们依然以帝国形式出现，就像阿蒙赞美诗集的情形那样；要么，它们进展到对既有的帝国神造成损害的程度，就像阿肯那顿的情形那样，这种运动就会在既有机制的固有抵抗下半途而废。进一步而言，必须注意的是，在各宇宙论帝国历史的晚期，在亚述和巴比伦的狂飙突进中，通过复古运动，出现了某种类似于在事实上存

204 在的现实层面普世主义的东西，但是，无论是在征服者还是在被征服者

中，他们都未将此现象以经过分化的方式理解为一个目标，也没有对一般性搅扰和不安的回应。[15]考虑到这个多元化的现象领域，摩西和被选民族的案例值得作为普世帝国兴起之前的唯一案例受到关注。在这个案例中，一种经过分化、超越了宇宙类比的进展，成功地在现实层面和精神层面创造出一种新型秩序。这个独一无二的事件的特点看起来在于，它为精神突进找到了一个合适的种族承载者，就像摩西在由他率领逃离奴役的那些部落中发现的一样；对宇宙论紧凑性的这种精神层面逃离，似乎要求一个身为臣民的民族在现实层面也进行逃离，如果要为一个处在历史中的社会建立一种经过分化的秩序类型的话。

关于阿契美尼德的各种开端，确定它们与摩西及其民族的逃离存在哪些相似和差异，将会是很有帮助的。在这两个实例中，新型秩序都未能从一个处于帝国形式下的社会的内部发展中生成；在这两个实例中，承载者都是一个位于帝国文明圈之内的小民族。而且，摩西在以色列的精神运动是与琐罗亚斯德在波斯的精神运动相平行的。然而，在现实层面，波斯的运动恰与以色列的相反，因为以色列人是逃离埃及，而波斯人则征服了巴比伦、埃及、印度河流域和安纳托利亚。进一步而言，作为这种现实层面逃离的结果，以色列成为一个位于神的王权之下的民族，但卷入了在现实的权力世界中争取生存的致命斗争，而作为现实层面征服的结果，阿契美尼德人得到了一个帝国，但卷入了要为一种秩序寻找精神意义的问题，该秩序既不是对宇宙的类比，也不是某一个民族的秩序。

阿契美尼德扩张的特点是，对宇宙的类比越轨成现实层面的无限扩张，并与琐罗亚斯德教精神运动相结合。我将首先追踪这种字面论

15　关于以色列、亚述和埃及的复古之风，参见 *Order and History*，I：378 f。

205 越轨，在稀少的铭文资料允许的范围内。[16]

当居鲁士大帝征服巴比伦时，他是安珊（Anshan）国王；通过这一征服，他又成为巴比伦国王。在阿契美尼德扩张的这个阶段，巴比伦帝国的宇宙论符号化表达仍居于主导地位。当居鲁士“抓住马杜克神的手”时，他能对自己说：

> 我是居鲁士，万物（kiš-šat）之王，伟大之王，全能之王，巴比伦之王，苏美尔和阿卡德之王，世界四方之王，
> 伟大之王、安珊城之王冈比西斯（Cambyses）之子，
> 伟大之王、安珊城之王居鲁士之孙，
> 伟大之王、安珊城之王泰斯佩斯（Teispes）之曾孙，
> 是深受贝尔（Bel）和纳布（Nabu）所爱的王国的永恒种子
> 他们是为了自己心灵的愉悦而向往着这个王国。[17]

然而，随着居鲁士、冈比西斯和大流士一世领导的帝国扩张，来自现实层面的事件的压力开始显现。这场征服的迅疾和暴烈，或许动摇了有关对四方之统治的静态符号化表达。无论如何，在贝希吞铭文中可以感受到这一扩张的推动机制和实际运动；大流士在铭文第六节中谈到根据阿胡拉玛自达的意志而“前来侍奉”的那些国家；随后他列举了它们的名字：“波斯、埃兰、巴比伦、亚述（叙利亚）、阿拉伯、埃及、海上的那些国家（希腊诸岛）、萨迪斯、爱奥尼亚（塞浦路斯和西西里沿海诸城邦）、米底亚、亚美尼亚、卡帕多细亚、帕提亚、德兰吉亚那、阿雷亚、花

---

16 F. H. Weissbach, *Die Keilinschriften der Achaemeniden*（Leipzig: J. C. Hinrichs, 1911）. Ernst Herzfeld, *Altpersische Inschriften*（Berlin: D. Reimer, 1938）.关于贝希吞铭文尚未解决的问题，参见F. W. Koenig, *Relief undInschrift des Koenigs Dareios I am Felsen von Bagistan*（Leiden: E. J. Brill, 1938）。

17 黏土圆筒上的居鲁士铭文。Weissbach, *Keilinschriften*, 5.

剌子模、大夏、粟特、甘达拉(帕洛帕米萨达)、萨卡、撒塔吉地亚(旁遮普)、阿拉寇西亚、玛卡——一共二十三个国家。"[18]这里所说的不再是宇宙论意义上的四方之王,而是一位已经越出他原本所在王国的边界,进行无限征服的统治者,他到此时为止已聚集起二十三个国家。接下来, 206
普世主义倾向表现在纳格什—鲁斯坦铭文里的NRa部分中,大流士在其中称自己为"所有部落国家之王,这片广袤大地之王"。[19]在紧接下来的列表中(第三节),他提到他在"波西斯(Persis)之外"掌控的那些国家;这些国家的数目已经增长到二十九个,不包括波斯在内。在薛西斯的珀塞波利斯城岱瓦神铭文中有一套与此类似的话,之后是一份列表。[20]最后,希罗多德在一篇归于薛西斯的讲话中,证实了他的普世意图。通过征服希腊,薛西斯意在使波斯的领土(gen)与宙斯的以太共同延展。"当我征服整个欧罗巴后,便没有哪片阳光照耀下的土地位于我们的疆界之外,我将把所有的土地都并入一个国家。"薛西斯的看法强调了天下的现实层面特征:一旦希腊被征服,就将没有哪个城邦或民族会与他在战场上相遇。[21]

其次,在这种普世主义之外,通过由现实事件造成的压力,另一种符号化表达开始出现,即通过阿胡拉玛自达的意志和恩典而形成的,作为正义或真理的普遍秩序。作为整体的贝希吞铭文,是对阿胡拉玛自达所获胜利的赞美,大流士代表这种胜利,他战胜了由假的斯迈尔迪斯(false Smerdis)和其他反叛者代表的谎言(drauga)王国。接下来,纳格

18 Weissbach, *Keilinschriften*, 11—13.在将patijaiša翻译为"前来侍奉"(came forward to serve)时,我遵循的是Koenig, *Relief*, 62,他认为这个词属于宫廷用语。那些国家的使节带着礼物前来拜见这位国王,充当他的侍臣;这种仪式也能在绘画作品中见到。在这份国家列表中,我将柯尼希建议的相同名称放在括号里,出处同上,62 f。关于罗列的顺序及其与伊朗人眼中世界的关系,参见的内容出处同上,63 f。

19 Darius, Naqsh-i-Rustam Inscription (NRa), §2. Weissbach, *Keilinschriften*, 87.

20 Xerxes, Persepolis daiva, §3. Herzfeld, *Altpersische Inschriften*, no.14, 34.

21 Herodotus 7.8.

什—鲁斯坦铭文中的NRb这部分，根据赫茨菲尔德的识读，将大流士创建的秩序作为阿胡拉玛自达的作品而加以赞美：

> 阿胡拉玛自达是伟大的神，
> 是他创造这一震烁古今的杰作，
> 并使人得见，
> 是他为人们创造和平，
> 是他赋予大流士国王以智慧和幸福。

在这序言之后是国王的自夸(autolouange)，开篇如下：

> 大流士国王说：
> 207 出自阿胡拉玛自达之意，我是这种人：
> 正确之事是我所爱，
> 错误之事是我所恨。
> 身居低位之人因为身居高位之人而遭受不义，
> 这是我所不喜，
> 身居高位之人因为身居低位之人而遭受不义，
> 亦是我所不喜。
> 正确之事是我所喜。
> 说谎之人是我所恨。[22]

用亚里士多德的话来说，这篇自夸涵盖了可被称为“国王的卓越之处或德性”的那些东西；它以如下保证作为结束(第三节)：这位国王的成就来自阿胡拉玛自达所馈赠的各种德性。这位国王的这番自我称赞

22 NRb，§1. Herzfeld，*Altpersische Inschriften*，no. 4，9.

（它应当得到通读）远远超出了将统治者视为法老时期的宇宙秩序中介者的观念。相反，它令人想起以大卫的最后言语风格出现的君主。[23]这个神塑造了这位国王的性格；这位国王变成一个带有独特的卓越之处，并按照这个人格化的神的形象塑造的人。通过这位国王的征服与管理行动，充满这个幅员辽阔帝国的秩序实质不再是宇宙论的，而是阿胡拉玛自达的精神与道德实质。

关于秩序的这种经验是新型的、经过分化的，它最为强烈地出现在薛西斯的珀塞波利斯城的岱瓦神铭文中。[24]在列举了位于他的统治之下的那些国家后（第三节），薛西斯讲到，帝国的这些省份中，有一些在他成为国王时发动叛乱。在阿胡拉玛自达的协助下，他们的叛乱被镇压；由于其中一些地方之前曾经崇拜过岱瓦神，薛西斯此时"将这些用于崇拜岱瓦神的马棚夷为平地"，禁止崇拜岱瓦神，并建立起对"身怀真理的阿胡拉玛自达"（Ahuramazda with Rtam the brazmanic）的敬拜（第四节）。这个表述的含义很难确定，因为它在现存的铭文中只出现过一次。不过，已知Rtam是琐罗亚斯德教的核心概念，意为"关于秩序的神圣真理"。坦—瓦胡（Rtam-Vahu）祷文（Yazhd 27，15）说： 208

> 真理是完美的善（直译：最好的善）；
> 由它自身的意志是，为我们，由它自身的意志
> 可能成为完美的秩序（rtai），成为真理（rtam）。[25]

23　*Order and History*，I：473.

24　Xerxes，Persepolis daiva. Herzfeld，*Altpersische Inschriften*，no. 14，27—35.

25　赫茨菲尔德在*Altpersische Inschriften*，288，Y. 27，15中将坦—瓦胡祷文转写为：

rtam vahu vahištam asti
uštā asti uštā ahmāi
hyāt rtāi vahištāi rtam

这段有关在世上为我们实现关于秩序的真理的祷文，在实质上是祈祷神之王国到来的主祷文（Lord's prayer）。最初，通过真理的到来而令世界变形，这被认为是此世的；但琐罗亚斯德教就像基督教一样，不得不将其终末论希望转而寄托在遥远不定的世界终结点，从而为某种浸染于作为真理的精神之中的秩序在历史上的幕间演出留出空间。[26] brazman的含义在此语境中相当模糊。它肯定就是印度语brahman这个词；但是那样的话，brazmanic的含义将会与Rtam的含义很接近，以至于就我们目前的知识水平来说无法对其加以区分。[27]不过，可以肯定的是，在"Ahuramazda with Rtam the brazmanic"这个表述中，薛西斯将琐罗亚斯德教的符号引入他的帝国秩序观念。在这个场合，秩序的普遍实质不仅在国王身上，而且在帝国的臣民身上得到人格化。因为该铭文接着说：

> 将来，当你们想到"我想生时太平，死后有福"，
> 你们务必遵守阿胡拉玛自达制定的法律。
> 务必敬拜身怀真理的阿胡拉玛自达。
> 那些遵守阿胡拉玛自达制定的法律，
> 敬拜身怀真理的阿胡拉玛自达的人，
> 将会生时太平，死后有福。[28]

通过最后这几句告诫，薛西斯比其他阿契美尼德国王都更加远离

26 Herzfeld, *Altpersische Inschriften*, Glossary s.v. Rtam, 288: "Ursprünglichwird diese Verwirklichung, gāth. haθyā-varštāt-. wie im Urchristentum, jeden Augenblick erwartet; die spätere Theologie folgt der traurigen Realität der Geschichte, indem sie sie in weite Ferne ans Weltende rückt; die apatiyārakīh oder das frašam, vgl. s.v."

27 出处同上，Glossary *s. v. Brazmani*.-

28 Persepolis daiva, §4结尾处。Herzfeld, *Altpersische Inschriften*, 35.

宇宙论神性秩序，走向超越—神性秩序。Rtam是个古老的宇宙论符号，209
其功能与埃及的玛特或中国的道（Tao）并无不同；是琐罗亚斯德创造了它的新含义——遍及所有作为个人的人的普遍秩序来源。带着这种新含义，该符号被薛西斯采用，这使阿胡拉玛自达不仅变成塑造了国王和帝国的神，就像阿肯那顿的神所做的那样，而且能使每个崇拜他的人，在不经过国王中介的情况下，参与到他的Rtam之中，从而使这些人能在死后有福（rtava）。[29]就我们所知，也许正是薛西斯在精神层面的热忱，使他成为唯一积极介入古老的岱瓦神崇拜，并以阿胡拉玛自达崇拜取而代之的阿契美尼德国王。

2. 亚历山大

马其顿人是波斯帝国的后继者。相比我们对阿契美尼德人观念的了解状况，我们对亚历山大对其帝国征服的看法所知更多，尽管也还不够充分，因为由其战友撰写的文献有相当多已经佚失，除了由后来的历史学家保留下来的一些片断，尤其是阿里安（约公元96—180年）的《亚历山大远征记》中的那些。根据官方的宣传，这场战争开始时是一场复仇波斯人之战，也是一场解放爱奥尼亚希腊人之战。真正的目标是什么，如果真的有过某种明确计划的话？这只能根据马其顿军官们（这

29 Herzfeld, *Altpersische Inschriften*, Glossary *s.v. Rtavan-*. Herzfeld, *s.v. frašam.*, p.164: “In dem eschatologischen §34 des *MāhFrav.*, paraphrase der saušyantverse des *Yt.* XIX, 89, werden amaršantam azaršantam mit mp.amurg utazarmān ‘frei von Tod und Alter’ übersetzt, vgl. s.v. mrδ-, und das voraufgehende frašam ebenso richtig mit abēš ut apatiyārak ‘frei von Befeindung und Bekämpfung (durch das Böse)’. Der frašam-zustand ist in jüngerer Sprache die apatiyārakīh, das ‘nicht-mehr-bekämpft’, das ‘über-den-Kampf-hinaus-sein’, die ‘Kampflosigkeit’. In ihm haben die Auferstandenen als ’rtavano das Ziel des ’rtam, das absolut-gute ‘erreicht’. In *Xerx. Pers. daiv.* sind die Gläubigen auf Erden šyātā ‘quieti’ frei von Kampf. šyātiš ‘quies’ ist das durch die Annahme der Religion auf Erden verwirklichte frašam.”

是亚历山大从腓力那里继承下来的，其中尤其是帕曼纽）对于“将马其顿部队湮没于广袤的亚洲大地中”这一做法日益强烈的抵制来加以推断。很可能在腓力及其军官心目中，征服的目标被限制在了安纳托利亚沿海地区，以及足够的小亚细亚内陆，这是为了创建一个独立的领土
210 国家，以在战略上抵抗已遭削弱的波斯，使其无法重获失去的地位，并且足以容纳过剩的希腊人口前来定居，但又不要大到超出马其顿有限的军事控制能力范围。我们不知道战争开始时亚历山大的想法是怎样的，但很有可能的是，他已经在大体上构想了后来得到展开的计划。

在伊苏斯之战后，在答复大流士关于签订友好同盟条约的提议时，亚历山大第一次表现出怀有比他保守的幕僚们远大得多的目标。亚历山大致大流士的信，被阿里安保留了下来（2.14），这是极其重要的资料，因为它是现存唯一能使我们听到亚历山大本人声音的文本。在拒绝了大流士关于“自己正在进行一场防御战争”的辩解，并谴责他发动侵略后，亚历山大继续说：

> 我是全亚洲的主人，所以你来见我！如果你怕来了以后受到我的羞辱，那就派你的朋友来接受我的誓言。你来的时候，带上你的母亲、妻子和儿女，以及你想带上的任何人。你能说服我给你的，都将是你的。关于未来：在你跟我说话时，称我为亚洲之王；别想和我平等交往，而要称我为你所有东西的主人，如果你需要任何东西的话；否则，我将视你为无礼之人。如果你仍要为你的王国斗争，那就站直身子为之而战，切勿逃跑——因为无论你在哪里，我都会抓住你！

这封信与其说是一项资料，不如说是展现帝国更迭（translatio imperii）本身的精彩时刻。

继大流士之后得到的亚洲之王角色无法长久持续。由于征服的速度异乎寻常地快，它面临着“成为由众多领土和民族形成的一团乱麻”

的危险，缺乏确定的制度形式和符号形式。塔恩简洁地概括了这个问题：“在埃及，亚历山大是独裁者和神。在伊朗，他是独裁者，但不是神。在希腊各城邦，他是神，但不是独裁者。在马其顿，他既不是独裁者也不是神，而是一位准立宪君主，他治下的人民享有某些约定俗成的权利。”[30]除了一些例外，波斯的行政组织仍由那些总督管理。这一点并不 211
能掩盖如下事实：亚历山大的统治，作为一个整体，以及他自身作为统治者的地位，并不具有形式。关于亚历山大创建这种形式的意图，有大量的片断性资料，但无法单独通过某项资料得出决定性的结论。我们只能进行拼图工作，让它形成尽可能完整的画面。

首先要考察的文本是普鲁塔克（约公元46—120年）在其《亚历山大的命运与德性》中所概括的亚历山大普世主义。该作品是一篇辞藻华丽的演说，在赞扬亚历山大的德性时运用了修辞上的传统说法。其中之一是将国王提升到哲学家之上，因为国王通过行动实现了哲学家仅仅梦想和谈论之事。这是我们在波里比阿的著作中看到正在形成的老生常谈。在这篇演说的相关部分（1.6；329a—d），普鲁塔克首先概括了“受到许多人崇拜的廊下派（hairesis）创始人芝诺的政体（Politeia）”，以作为基本前提：人不应当相互分离地生活在各自城邦和民族的法律之下，而是应当形成一个政治体和民族，拥有为所有人共有的生活和秩序。芝诺仅仅梦想的东西，普鲁塔克继续说道，由亚历山大付诸实施了；他为芝诺的理性（logos）提供了行动（ergon）。亚历山大并未像亚里士多德所建议的那样，作为希腊人的霸主（hegemon）、作为野蛮人的主人来对待他们，而是深信“他是由众神（theoten）派来，作为所有人的协调人（harmostes）、调解人（diallaktes）”。当他无法通过理

30　W. W. Tarn, “Alexander: The Conquest of the Far East”, *Cambridge Ancient History* 6(1927), ch. 13, pp. 432 ff.

性(logos)将人们凝聚在一起时，他便通过武器(hoplois)迫使他们在一起；由此，他使他们的生活、性格、婚姻和习俗相互融合，就像在一个“爱杯”(loving cup)里那样。他要求他们“将这个天下(oikoumene)视为他们的祖国，将他的军队视为他们的堡垒(akropolis)与保障，将所有好人视为他们的同族，将所有坏人均不视为亲属(allophylous)”。他们不应当像从前那样，根据习俗和服饰来区分希腊人和野蛮人，而应当承认，优秀之人(arete)是希腊人，邪恶之人(kakia)是野蛮人。对这一概括，还必须补充如下信息(1.9：330e)：亚历山大的计划是“使所有人在彼此间获得和谐(homonoia)、和平(eirene)与共同体(koinonia)”。

如果除了普鲁塔克的这一叙述外，现存的别无其他资料，那么将很难评估其可信度。也许普鲁塔克仅仅是为了修辞效果而将芝诺的观念赋予亚历山大？如下事实进一步增强了这一怀疑：亚历山大不可能将他
212 的行动与芝诺的理性相结合，因为芝诺是在亚历山大死后十年才来到雅典，而在他来到雅典时至多不过二十一二岁。不过，即使我们抛开时代错误不论，假定对亚历山大信念的叙述大体准确——其中有一部分可追溯到埃拉托色尼(约公元前275—约前195年)，但它仍然不能令人满意，这是因为，亚历山大在谈到自己作为世界的调解人和协调人时，俨然这一宣称已是某种常识，但我们对该谈话的具体背景一无所知。亚历山大就哲学话题发表过演说吗？抑或他在日常谈话中使用了这种语言吗？他的同僚们报道过这些演说吗？简而言之，我们会很想知道《旧约》研究者们所说的那种“生活场景”，而这些符号正出现于其中。

幸运的是，有许多片段被保留了下来(主要是通过阿里安)，它们能证明亚历山大确实具有这些观念，即使他从未以普鲁塔克描述的那种一般化形式来呈现它们。我们将分析三个这样的片段，亚历山大对帝国、统治阶级以及他自身地位的看法将展现于其中。

第一个这样的片段是阿里安在其《亚历山大远征记》(7.7.8—9)中描述的欧皮斯的盛宴。当发生在欧皮斯的哗变以国王和他的马其顿老

兵达成和解而告平息后，亚历山大进行了献祭，并安排了一次盛大的宴会。宴会上围坐在他身边的是马其顿同僚，远一点的是波斯人，再远一点的是其他部落的代表，按照他们的名声与才能排序。亚历山大与他的同志们喝同一杯酒，倒洒同样的祭酒，希腊预言者和波斯魔法师开启典礼。仪式在亚历山大起身发表那篇著名祷文时达到高潮。祷文的文本很可能并不完整，但其传统可追溯到托勒密；而且，它的语法表明，它可能经过不止一次的翻译。根据大多数学者接受的理解，亚历山大“为其他好事祈祷，为马其顿人和波斯人之间的和谐，为他们在统治上的伙伴关系（koinonia tes arches）祈祷”。如果这一理解得到接受，那么这位国王所祈祷的只不过是马其顿人和波斯人在联合统治帝国时的和谐关系。塔恩在对相关文本进行广泛分析时认为，该解读不符合举办这场宴会时的局势，当时在场的王国内各民族代表数量多达九千人；那种 213
和谐必定是为亚历山大统治下成分复杂的众多人口而祈求的，就像普鲁塔克那几段可能翻译了该祷文要旨的话所暗示的那样。因此，塔恩想这样翻译：亚历山大“为其他好事祈祷，为和谐祈祷，为马其顿人和波斯人共有的王国中的伙伴关系祈祷”。“这篇祷文所说的‘和谐’必定是作为一项实质性事务而单独列出的，而不仅仅是附加在‘马其顿人和波斯人’这些词之后。”[31]就我所见，塔恩的理解与得到更广泛接受

31　W. W. Tarn, *Alexander the Great*, vol. 2, *Sources and Studies*（Cambridge：Cambridge University Press, 1948），444. 关于塔恩对与该祷文相关问题的讨论，以及与该主题相关的文献，参见pp. 434—449。Ernest Barker, *From Alexander to Constantine*（Oxford：Clarendon Press, 1956），6，将该祷文翻译为：“亚历山大为好事祈祷，尤其为人与人的和谐（Homonoia）、马其顿人和希腊人（原文如此！）的王国中的友谊（koinonia tes arches）这一好事祈祷。”Fritz Schachermeyr, *Alexanderder Grosse*（Graz-Salzburg-Wien：A. Pustet, 1949），411，将该祷文的要点翻译为：“有人为马其顿人和波斯人祈祷，为他们统治的和睦与一致祈祷。”这种翻译引入了这样一种可能性：将Makedosi kai Persais理解为有利与格形式，正文接下来对此有更多讨论。他反对塔恩的观点，认定（n 256）和谐不可能作为一项实质性事务被单独列出，而是强调，祈求统治层内部的和睦与亚历山大对全人类和谐的愿望并不矛盾。

的第一种理解同样有道理，尤其是因为前者还得到普鲁塔克片段的佐证。但我怀疑，关于“这两种理解何者正确”的争论是无用功。因为就我们所看到的这一文本的现状来说，几乎可以肯定的是，它并未严格地翻译亚历山大的祷文——它原本必定有着不同的遣词造句和更长的篇幅[32]——我们并不知道，经过这一简略化传统，它的含义已在什么方向上发生了变化。我们应当将保留下来的形式视为一篇残缺的文本，必须尽可能地从中重新建构原始文本可能的含义，而不是绞尽脑汁地研究它，仿佛它就是这篇祷文的原文。在探寻这种可能的含义的努力过程中，我们应当利用在语法上出现的机会，将Makedosi kai Persais理解为有利与格形式（dativus commodi），并假定这位国王所祈祷的不是马其顿人和波斯人**之间**的友谊，而是**为**马其顿人和波斯人寻求众神的福泽庇佑。接下来，在那些福泽庇佑中，祈祷者挑出homonoia kai koinonia tes arches（和谐与伙伴关系）。如果我们做出这一假定，我们便能创造出一种在理
214 智层面和现实层面均可理解的意义语境。这是因为，对具体福泽的描述将亚里士多德为城邦而发展出来的homonoia（灵魂同一、心意相通）和koinonia（共同体、伙伴关系）这些范畴，迁移到亚历山大的创造中，亦即迁移到那个帝国，它不仅包括马其顿人和波斯人，而且还包括希腊人、埃及人、弗利吉亚人、腓尼基人、阿拉姆人、巴比伦人、阿拉伯人、印度人等。毋庸置疑的是，由文化差异巨大的多个民族组成的这样一大块人群迫切需要有一个心灵（nous）共同体，以便成为一个帝国的人民。

而且，在这种局势下，认为亚历山大祈求的是帝国的统一，而不只是马其顿人和波斯人的团结，这也是有意义的，因为他意在使这两个民族（他们加起来也不过在帝国人口中占一小部分）成为帝国的共主。然而，亚历山大的这一规划（通过马其顿人和波斯人的融合，为帝国提供一个统治阶级）遇到相当大的阻碍。他的第一项举措是，让他

32 Tarn, *Alexander*, 443.

的同僚与新近被他们击败的敌人分享行政管理和军事指挥的荣耀，但这项举措在根本上并不受他们欢迎。接下来，亚历山大与他的马其顿士兵之间的关系，使情况进一步变得复杂起来，前者是一位准立宪君主，而后者则同时也是某种类似于人民大会的机构。亚历山大重组军队，以便使亚洲分队与马其顿人地位平等，但这只会被后者理解为，这表明他有意为了亚洲之王的身份而放弃马其顿之王的身份。马其顿人感到被他们的国王抛弃了，而他们曾经为他赢得多次胜利；发生在欧皮斯的哗变并非出自军官的密谋，而是愤愤不平的普通人的一次情绪爆发。最后，要想达成将两个民族融合成一个统治阶级的意图，除了任命波斯人担任那些原本将由马其顿人担任的职务外，还需采取更加实质性的措施。因此，亚历山大倡导风俗习惯的混合，采用部分亚洲化的服饰，并引入波斯宫廷礼仪元素。就像在欧皮斯那样，这些努力的高潮还是一场带有仪式性的宴会——在苏萨（Susa）举行的盛大婚宴。根据国王的命令，他的八十位同僚娶了波斯和米底亚贵族的女儿，另有一万名马其顿人必须与亚洲妇女结合。亚历山大本人娶了大流士的大女儿巴森。这场集体婚礼是按照波斯风俗进行的。[33]这些奉命成 215
婚的丈夫们会对国王对他们最私密事务的干预做何感想？我们不得而知。

在亚历山大的所有观念中，他对自身作为帝国统治者的看法是最模糊的，因为自古以来，有关跪拜（proskynesis）和神化问题的杂乱报道遮蔽了它。战友们的著作可能更加详细而清晰，但罗马时期历史学家（他们是我们唯一的资料来源）的报道则十分模糊，以至于从表面上看，他们根本没有抓住问题的本质。[34]

33　Arrian，*Anabasis*，vol. 7，ch. 4，pp. 4—8.

34　出处同上，vol. 4，pp. 10—11。

跪拜国王，这是波斯宫廷礼仪的一部分；它并不意味着承认国王是神。然而在希腊，人们只跪拜众神，所以亚历山大引入这种波斯礼仪的尝试，会被马其顿人和希腊人理解成（也许必定被理解成），他在主张拥有神性。那些不可避免的冲突，例如阿那克萨图斯和卡利斯提尼斯在演讲中发生的冲突，或者卡桑德遇到的可怕场景[35]，都得到古代历史学家的广泛报道，因为这些冲突都是很好的故事素材。但是，这些场景是否触及问题的核心？这一点相当可疑。如果有这样一个核心的话，那么，它将会在一个不只是仪式性宴会的场景中找到，亚历山大看起来更愿意在这样一个场合来创造他的帝国符号化表达。它被保留在两个版本中，它们也许能够追溯到在亚历山大的典礼教师卡瑞斯的一部作品中描述的事情。这两个版本本身都不是很明晰，因为它们关注更多的并非典礼，而是卡利斯提尼斯的吵闹行为；但它们互相补充，从而有可能十分接近真相地重构当时的场景。

普鲁塔克在他的《亚历山大的生平》(54.3—4)给出了第一个版本：

> 根据迈提勒尼(Mitylene)的查里斯记载，亚历山大一次参加宴会，喝完酒将杯子递给他的一位朋友，那人接过杯子站起来面对祭坛(hestia)把酒喝下去，然后跪下致敬(proskynesai)，再亲吻亚历山大，等这套仪式完成才回到自己的席位。所有的宾客都按照程序行礼，轮到卡利斯提尼斯的时候，他接过杯子喝完酒，就走向国王要去亲吻他——亚历山大正与赫菲斯提昂说话，没有
> 216 看到事情的经过。这时，德米特流斯·费敦喊道："陛下，不要让他吻你，只有他一个人拒绝向你行礼致敬。"于是国王拒绝他的吻，然而他却高声说道："那么我在离席的时候会比各位少一次

35 Plutarch, *Life of Alexander* 74.

亲吻。”*

阿里安在他的《远征记》(4.12.3—5)中给出了第二个版本:“在喝完一只金杯里的酒后,亚历山大把它传给旁人,先是传给那些他已经同他们安排好要进行跪拜的人。第一个人站起来喝了酒,倒身下拜,得到了亚历山大的一个吻;就这样,他们一个接一个地做了。”接下来还是卡利斯提尼斯的尴尬场景。

将这两个版本相结合可以看出,这并不是个偶然发生的事情,而是精心策划好的场合,以便引入跪拜仪式。这场宴会是由亚历山大和他最亲密的朋友们安排的,尽管我们并不知道它在哪里举行。这种仪式将首先由他的心腹幕僚来实行,然后,可以预见的是,其他人也将依样实行。该礼仪本身显然包括以下步骤:(1)国王将从爱杯(phiale)中喝酒,并传给旁人;(2)接到的人将起身走向祭坛;(3)他将喝完酒,并在祭坛前跪拜;(4)接下来,他将走到国王身边接受亲吻;(5)他将回到他的座位上。该礼仪的意义显然取决于祭坛的意义。如今,这种祭坛被认为是阿契美尼德王室符号化表达的一部分。[36]伟大的国王区别于普通人之处就在于,在宗教崇拜的意义上拥有一把王室之火,它对遍布宇宙的神性力量加以符号化。神圣的并非国王,而是他的火。在国王行军时,它被置于一座银质祭坛上,在他之前行进。[37]它甚至与国王一起进入战场。[38]它只在国王死后才熄灭。[39]在赫菲斯提昂去世时,亚历山大下令熄灭圣火,仿

* 参见普鲁塔克,《希腊罗马名人传》,席代岳译,长春:吉林出版集团有限责任公司,2009年,第1250页。此处引文根据沃格林的英译版本有所调整。——译注

36 F. Jacoby, *Kommentar zu den Fragmenten Griechischer Historiker*, 436. Schachermeyr, *Alexander der Grosse*, 310.

37 Xenophon, *Cyropaedia* 8.3.12.

38 Curtius, *History of Alexander* 3.3.9.

39 Diodorus Siculus 17.114.4.

佛他是一位国王。[40]我们由此可知,亚历山大接过了这一符号化表达。

将神性—国王之火引入跪拜礼仪,这在几个方面引起我们的兴趣。
217 首先,它表明亚历山大已在何种程度上接受了关于神性秩序、王权和帝国的波斯观念。其次,它证明他作为一位心理操纵者的技艺。因为令马其顿人和希腊人反感的跪拜,是要在带火祭坛前进行,而不是向国王跪拜;侍臣们要在神灵的符号前跪拜,但国王本身仍然是人。至少看起来差不多是这样,如果马其顿人和希腊人能被瞒哄过去的话。但卡利斯提尼斯进行了抵制,这也许是由于他理解到,这种巧妙的安排恰恰意味着,它要施加的正是它看上去似乎要拒绝的东西。这是因为,第三,这种礼仪在一定程度上揭示出亚历山大关于自身神性的观念。波斯式跪拜是向身为人的国王跪拜;亚历山大式跪拜是向神圣的国王之火跪拜。通过这种礼仪,国王与这种火的神性相联系,这充分证明在普鲁塔克的版本中德米特流斯的喊叫(卡利斯提尼斯没有"向你",也就是说,没有向亚历山大跪拜)是有道理的。亚历山大在设计他的礼仪时,既用到了波斯的宫廷仪式,又远远超越了它,巧妙地宣示了他的神性。[41]

亚历山大关于其自身神性的观念模糊难解,而且,鉴于相关资料的状态,这种情况可能还将持续。不过,我们还是有可能对多种多样的资

---

40 Diodorus Siculus 17.114.4.

41 有关现在讨论的这几段话的确切含义的争论,仍在进行中:亚历山大是要求向那团火跪拜?还是向他自己跪拜?在正文中,我采用了Schachermeyr在1949年发表的关于亚历山大的首部专著中给出的解释,因为考虑到当时的情景,这种解释在我看来是最可信的。不过,该解释遇到了批评。在他的新作*Alexander der Grosse: Das Problem seiner Persoenlichkeit und seines Wirkens*(Vienna: Verlag der oesterreichischen Akademie der Wissenschaften, 1973)中,Schachermeyr仍坚持他早先的解释,认为是向火跪拜;但他也承认,这样的话,当时的情景会变得十分复杂,因此向国王跪拜也是有可能的。关于这种情景的复杂性,相当广泛的呈现参见1973年的*Alexander*, pp. 370—385。并参见appendix 7,"Das persische Koenigsfeuer",682 ff。

料和问题进行分类，从而可以对这种困难本身进行一定程度上更为清晰的界定，这是与现在关于这个问题范围广泛的争论相比而言。[42]

（1）相当肯定的是，亚历山大于公元前324年要求科林斯联盟各城邦承认他是一尊神，这一要求是一项行政措施，与他自身观念这一问题无关。作为该联盟的霸主，他受到条约限制，不得干预各城邦内部事 218
务；但是，为了重新安置难民，这种干预变得必不可少了，而他作为一尊神，就能拥有作为霸主所不拥有的管辖权。

（2）与"亚历山大对其神性的理解"这一问题更为相关的，是亚里士多德关于"因德性（arete）而与众不同，'就像人群中的神'（《政治学》1284a11）的人"的观念所带来的影响，如果确有这种影响的话。由于围绕这一短语（黑格尔用它来指亚历山大）出现的争论显然不会平息，因而有必要就此问题阐明我们自己的观点。正如我在这项研究的较早时候提到的那样，亚里士多德的文本中没有明确提到过亚历山大。[43]然而，由于依然存在着这样的可能性（即使没有明确提及，该短语也应当被理解为指的是亚历山大），现在我必须补充说，该短语所出自的那段论证十分清楚明白地表明，它与亚历山大毫无关系，上述那种疑问只有在这条短语脱离了语境之后才会出现。该论证可概述如下：

在《政治学》的关键章节1284a3—1284b34中，亚里士多德讨论的是作为一种安全工具的"贝壳放逐法"（ostracism）这种制度，它要从政治社会中除掉那些在德性上胜过其他公民之人，因为他们的在场对各自城邦的政制规定构成了沉默的谴责（也许并不总是沉默），这些规则不允许他们根据其个人等级而获得相应的公共地位："由于他们在德性和政治能力上与其他人并不平等，所以如果将他们置于同其他人平等

42　关于这些资料与范围广泛的争论，参见Tarn，*Alexander the Great*，vol. 2，appendix 22，"Alexander's Deification"。

43　*Order and History*，vol. III，*Plato and Aristotle*，ed. Dante Germino（Columbia：University of Missouri Press，2000），365—366，vol. 16 of *CW*.

的等级，他们就将受到不正义的对待——因为这样一个人就像人群中的神。”“对他们是没有法律（Nomos）可言的，因为他们自己就是法律。”在这种情况下，“政治正义”将会要求从舞台上除去这些令人不悦的人；这是一种与政体形式无关的必然性。僭主们将会以较为残酷的方式做这件事；而实行寡头制或民主制的城邦也会根据同样的原则做这件事，尽管他们使用的是贝壳放逐法这一较为温和的工具。一个帝国式城邦，比如雅典，对这一工具有更进一步的使用，用于在臣属于它的城邦中镇压潜在的抵抗；波斯人的国王用它来防止在米底亚人、波斯人及其帝国内
219 其他骄傲的民族中出现的反叛力量。对于这项“政治正义”原则，只有一种例外值得探讨，那就是最佳政体（ariste politeia）的情况。此时，由其他人来统治这样一个人将会是真正不合适的，因为那样无异于主张对宙斯实行统治，分散他的力量（tas archas）。在最佳政体中，人们应当愉快地服从这样一个人，从而使这种人成为这些城邦永远的君王。

这一概述虽然简短，却无遗漏。该论证并无一处提到亚历山大，无论是明示还是暗示。而且，关于人群中的众神的说法，以及对他们在最佳政体中的地位的探讨，都延续了柏拉图《法篇》739B—740A的说法和问题；亚里士多德的讨论是在柏拉图设定的理论语境中进行的；在亚里士多德的语境中，该论证之所以会采用这种形式，这种理论上的引导是一个充足的理由。考虑到该论证的理论连贯性，如若想方设法地寻找轰动性的政治暗示，这样做不仅不必要，而且在方法论上也不恰当。最后，必须强调的是，将“就像人群中的神”这一短语运用于亚历山大的任何尝试，均完全违背了亚里士多德在论证中明示的内容。这是因为，人们确实可以从这一章得出有关亚历山大的结论，因为这段话中的类比论证也涵盖了亚洲帝国的情况。波斯国王也将有着超群德性之人从他的王国逐出，以维护政体秩序这一利益（亚里士多德对这种“政治正义”是赞同的），这正是因为波斯国王本身**并非**“就像人群中的神”；同样的推理可以运用于在亚洲王位上出

现的马其顿后继者。的确，亚里士多德并未明白地得出这一结论，我们因而无从知晓他是否这样想过——但没有理由认为他想不到这一点。而且，亚里士多德发展出一个用于描述类型的概念pambasileia，即“统治一个城邦、一个民族或若干个民族”的独裁君主制，并将其特征描述为oikonomike basileia，即一种家长制王权（1285b30—33），因此，毫无疑问的是，这种类型的政治组织并非德性超群之人能在其中被认可为统治者的“最佳城邦”，它甚至连城邦都根本算不上。因此，我们可以得出结论：这个争论颇多的短语，不仅没有被亚里士多德用来指亚历山大，而且它所在的语境排除了进行这种指代的可能性，甚至可以说，对任何一个想要得出一些结论的人而言，它也许还意味着，亚里士多德对他从前的学生所从事的活动持有相当负面的看法。 220

（3）看起来与亚历山大对其自身神性或半神性的占有有一定关系的唯一段落，是与他前往锡瓦绿洲聆听阿蒙神谕的旅程相关的。普鲁塔克在他的《亚历山大的生平》27的结尾处报告了埃及哲学家萨蒙的评论：“所有人都处于神的王权统治下。”随后他继续说道，亚历山大以“更加哲学的”思考来回应：“神是所有人共同的父亲，而最优秀之人尤其是他所爱。”将神描述为所有人共同的父亲，这令人想起荷马笔下的宙斯，他是“人类和众神的父亲”（《伊利亚特》1.544），亚里士多德则用这句话来说明父亲对其子女的王权统治（《政治学》1259b14）。在被归于亚历山大的这个说法中，新颖之处在于，他将神的父亲身份与他作为宇宙创造者的王权统治相对立，并挑出最优秀之人，“尤其是他所爱”。这一评论所表明的态度（假定它是真实的话），很好地吻合了普鲁塔克在《亚历山大的命运与德性》1.6中所描绘的亚历山大普世主义的总体画面：希腊人和野蛮人已变成一个共同的人类，天下就是他们的祖国，亚历山大的军队就是他们的卫城（acropolis）。不过，除了这种吻合之外，我们很难再断言更多了。像塔恩那样更进一步地推论，认为这种说法是关于“四海之内皆兄弟”的首次划时代宣言[44]，那是一种意识形态化的夸张，它无论是对以往还是将来的状况都是一种歪曲。这是因为，就人类共同体而言，晚期智者派有关平等与和谐的片断中便已包含了这句箴言的全部内容[45]；就神的父亲身份而言，并没有什么观念展现出对柏拉图和亚里士多德的精神突破。亚历山大关于普遍秩序的经验，尽管因为组织一个多元文明帝国的任务而有所松弛，但依然受制于征服者的普世主义。

如果我们将亚历山大的信念“最优秀之人尤其是神所爱”置于它的发言语境中加以考察（征服埃及，接过法老的传承，访问阿蒙），那么这种束缚就将明显体现出来。阿里安说（3.3.1—2），亚历
221 山大访问利比亚人阿蒙的愿望之所以那么强烈，部分原因是他想要请教绝无谬误的神谕，就像赫拉克勒斯和珀修斯在他之前曾经做过的那样，部分原因是他将“他的一部分血统”（Ti tes geneseos tes heautou）追踪到阿蒙那里，希望更多地了解他自己。我们不知道这位征服者从神那里获知了什么；阿里安只是说，答案是“听从他的心（thymos）”（3.4.5）；但很可能就是这位祭司，对亚历山大刚刚在孟菲斯获得的法老式的神之子身份进行了更详细的解释，这种身份对一个在马其顿—希腊式教育下成长起来的年轻人来说，必定显得神秘而令人不安。普鲁塔克的确说过，这位祭司在接待亚历山大时将他视为神之子[46]；西西里的狄奥多鲁斯将这条来自祭司的信息解读为对世界帝国的允准：“他从阿蒙那里获得了主宰整片大地的许可。”[47]法老的宇宙论式主宰已被转化成（无论是由这位祭司还是由那些历史

44 Tarn, *Alexander*, 2: 437.

45 *Order and History*, II: 397—403，尤其是第401页。

46 Plutarch, *Life of Alexander* 27.

47 Diodorus Siculus 17.93.4.

学家）一种普世性主宰。[48]

我们想知道的远远不止这些，但除此之外我们所能知道的就只有亚历山大的pothos（欲望）了。正如我们所见，阿里安说道，有一种欲望驱使亚历山大前往拜访利比亚的阿蒙，可能是为了从神本身那里更多地了解他新近拥有的神之子身份。就我们所知，pothos这个词在亚历山大的用法中所具有的意义（一种强有力的，向前所未闻之事无限伸展的欲望）是由他自己新造的；很可能的是，当那种欲望牢牢掌控了他，促使他前去拜访位于沙漠中的阿蒙时，他首次在此意义上使用这个词。[49] 为了理解亚历山大对其普世角色的意识，我们最终被引向他的天才所具有的精灵特性（daemonism）。

3. 希腊—印度尾声

随着亚历山大在旁遮普战事的进行，建立帝国的舞台延伸到印度。以下综述将限定在与马其顿人在"亚洲"（由孔雀王朝和各个希腊—印 222
度帝国构成的复合体）的统治最密切相关的那些事件。它将不会涉及由月氏和其他游牧民族建立的组织，因为它们属于以中华帝国的建立为开端的事件链条；它也不会涉及较晚出现的印度本土笈多帝国的兴起。而且，对于在我们的时代能十分明显地观察到的，与帝国的撤退和扩张相似的现象，就像之前的章节一样，我将不会加以勾画。

在亚历山大的战事进行期间，印度文明区域在政治上仍然是众多的部落共和国，以及规模和权势不等的君主国。一个较大的政治单元

48　这是从那些文本中所能抽取出的全部内容。关于在亚历山大生平的语境中对这段阿蒙情节的想象性呈现，参见Schachermeyr, *Alexander der Grosse*（1973），242—256；并参见appendix 5，"Umstrittene Orakel"，672 ff。

49　关于亚历山大的欲望，参见Victor Ehrenzweig, *Alexander and the Greeks*（Oxford：B. Blackwell, 1938），52—61；以及关于"Pothos"的附录，见于Schachermeyr, *Alexander der Grosse*（1973），654 ff。

是位于恒河流域、处于难陀王朝统治下的摩揭陀王国。普鲁塔克在《亚历山大的生平》(62.4)中讲述了以下插曲:"安德罗科都斯在少年时代见过亚历山大本人。我们被告知,他后来常常对人说起,亚历山大差一点便完成了征服(ta pragmata),因为当时在位的国王行为卑鄙且出身微贱,深受憎恨和蔑视。"*这段插曲中的安德罗科都斯就是孔雀王旃陀罗笈多,是第一个印度帝国的创立者。他曾招致可能是其亲戚的难陀王不悦[50],并流亡到西方。公元前325年,他和其他印度王侯一起来到亚历山大位于帕塔拉的营地。大约八年以后,也就是公元前317年,当最后一位马其顿总督离开印度后,在西北各部落的帮助下,旃陀罗笈多在新出现的权力真空中确立了自身的地位,随后南下进入摩揭陀王国;他废黜了末代难陀王(根据他的说法,此人口碑极差),并夷平了他的房产。在这场家族内部革命中,他的军师是查那基亚,其姓为考底利耶(Kautilya),他是《政事论》的编辑者,甚至可能就是其作者。[51]大约在公元前305—前303年,这个新组织的关键时刻到来。当"胜利者"

---

* 在席代岳翻译的《希腊罗马名人传》第1256页,此段引文被译为"安德罗科都斯……后来常常对人说起,他们的国王由于行为卑鄙而且出身微贱,深受人民的厌恶和蔑视,亚历山大差一点要指派他接位",其意与沃格林的英译版本有出入。可参考《希腊罗马名人传》的其他英译本:*Plutarch's Lives*, trans. by John Langhorne and William Langhorne, New York: Harper & Brothers, 1845, vol. 3, p. 490; *Plutarch Lives*, Vol. VII, trans. by Bernadotte Perrin, in *The Loeb Classical Library*, Cambridge, Massachusetts & London, England: Harvard University Press, first published 1919, reprinted 1999, p. 403。——译注

50 Justin 15.4.

51 所有这些日期都不是确定无疑的。我遵循的是P. H. L. Eggermont对孔雀王朝年表的重建,*The Chronology of the Reign of the Asoka Morya: A Comparison of the Data of the Asoka Inscription and the Data of the Tradition*(Leiden: E. J. Brill, 1956)。参见Vincent A. Smith, *The Early History of India: From 600 b.c. to the Muhammadan Conquest*, 4th ed.(Oxford: Clarendon Press, 1924);以及F. W. Thomas在*The Cambridge History of India*, vol. 1(New York: Macmillan, 1922)中关于孔雀王朝的第18—20章。

塞琉古一世最终确立自身在“亚洲”的地位后，他发动了一场战争，恢 223
复了在印度的多片总督领地，并且或许比亚历山大更加深入印度腹地。我们对这段事件进程所知甚少，但它肯定结束于塞琉古王朝和孔雀王朝之间达成的某种和解。塞琉古得到一队战象；作为交换，他承认帕洛帕米萨达、阿里亚、阿拉寇西亚或许还有格德罗西亚是孔雀帝国的一部分。旃陀罗笈多娶了一位马其顿公主，我们不知道这名公主和“胜利者”塞琉古一世的确切关系是什么。大约在公元前302—前298年，作为塞琉古王朝的使节，麦加斯梯尼在位于帕塔里普特拉的孔雀王朝宫廷逗留了一段时间；现存他的著作片断已成为一份供我们理解孔雀帝国的社会和组织结构的重要资料。

在阿育王于公元前233年去世后，孔雀帝国立刻开始衰落，但直到公元前184年才最后终结，那时，孔雀王朝末代统治者手下的一位将领，位于巽伽的婆罗门贵族弗沙密多罗，暗杀了他的主人。一个帝国权力真空再次出现，它堪比先前那个在亚历山大死后、马其顿人放弃在印度的各片总督领地时出现的权力真空；就像先前的真空吸引了孔雀王旃陀罗笈多一样，此时的这片真空使大夏国王德米特流斯开始了征服行动。不过，在概述希腊人第二次深入印度的尝试前，有必要就大夏王国说几句。

在塞琉古帝国的大夏总督领地中，马格尼西亚的尤西德姆斯已成为一个独立王朝的创立者。这个王朝独立之前的历史并不清晰。得益于W. W. 塔恩对古钱币和文本资料的出色分析，我们能分辨出来的是，这片总督领地作为抵御游牧民族的帝国东部屏障，一直享有某种特权地位。[52]公元前246年左右，塞琉古二世将他的一个姊妹赐婚给总督狄奥多图斯。狄奥多图斯前一次婚姻所生的儿子，狄奥多图斯二世，继承

52　接下来呈现的天下时代典型过程的所有资料和日期，均基于W. W. Tarn, *The Greeks in Bactria and India*, 2d ed.（1938；Cambridge：Cambridge University Press，1951）。关于新近出现的历史综述，参见George Woodcock，*The Greeks in India*（London：Faber，1966），带有参考书目。

了王位，与塞琉古王室决裂，并与帕提亚的提里达提斯结盟。接下来，或许是塞琉古太后掌控了局势，她将女儿嫁给尤西德姆斯（他当时不过
224 是狄奥多图斯二世手下的一名总督），并谋杀了狄奥多图斯，将尤西德姆斯扶上王位。尤西德姆斯与塞琉古统治者安条克三世的关系难免引人猜疑，但是，至少大夏与身为塞琉古王室之敌的帕提亚人的联盟终结了。尤西德姆斯是一名有着非凡能力的统治者。在表面上，他成功地实现了亚历山大不曾做到之事——将来自大夏本土的统治者同马其顿人与希腊人相结合，从而奠定了大夏权力的基础。在他于公元前189年去世后，其子德米特流斯可以运用该权力基础，征服塞琉古王朝治下的伊朗东部省份，从而扩张大夏王国。公元前184年，随着孔雀王朝的终结，通过征服黑发西斯河以东的印度（亚历山大想要进入但未能成功）而效仿亚历山大的巨大机遇出现。

比起德米特流斯、他的儿子们和他的将领们的军事实力，更加有助于这项征服事业成功的，看来是局势的变幻莫测。这是因为，孔雀王朝创立者旃陀罗笈多娶了一位塞琉古公主，而德米特流斯是塞琉古王室的母系亲戚。尽管这并未使他真正成为孔雀王朝的继承人，但至少使他成为与孔雀王朝有着最密切亲缘关系的君主，如果要根据与亚历山大在“亚洲”的后继者们的关系来衡量王朝之间关系的话。进一步而言，发生在婆罗门和印度的武士种姓刹帝利之间的内部冲突也成为影响局势的因素。在印度，婆罗门最坚决地组织和从事对亚历山大的抵抗，而刹帝利王侯们则很快就愿意与征服者达成协议。而且，旃陀罗笈多和塞琉古公主的孙子阿育王大力宣扬和保护佛教；而佛陀本人，以及阿育王，都是刹帝利。看起来，佛教主要是对刹帝利具有吸引力，而婆罗门则反对它。弑杀末代孔雀王的巽伽王侯弗沙密多罗是一位婆罗门；后来的佛教传说将他描绘成佛教迫害者，想毁掉阿育王的成果。然而，在印度人眼中，希腊人和马其顿人的种姓地位属于刹帝利的一个略微低级的变体。最后，这一次的希腊入侵者有了对付“本地人”的经验

和技巧，而这是亚历山大所不具备的。德米特流斯在入侵印度时遭遇 225
的抵抗，要比印度的军事实力本可以构成的抵抗小得多。为了理解这一点，所有这些因素都必须考虑在内。

德米特流斯计划的内容可以相当清晰地从它的执行情况中反映出来。孔雀帝国的核心是摩揭陀王国；它的首都是位于恒河边的帕塔里普特拉，并在塔克西拉设立了负责西北部的副王，在邬阇衍那设立了负责西部的副王。德米特流斯从大夏开始他的征服，必须保持与大本营基地的联系。因此，他首先占领西北部，在塔克西拉安营扎寨，随后派遣两支部队，一支向东南进军夺取帕塔里普特拉，另一支向西南进军夺取沿海地区和邬阇衍那。这场钳形攻势倘若成功，就将使希腊人通过麦加斯梯尼认识的整个"印度"置于德米特流斯的管辖之下。塔克西拉将成为首都，帕塔里普特拉和邬阇衍那将成为副王驻所。向东南方向进军的部队由德米特流斯的将领兼女婿米南德率领，并确实到达了帕塔里普特拉；希腊人对孔雀帝国前首都的控制至少从公元前175年持续到公元前168年。向西南方向进军的部队由可能是德米特流斯兄弟的阿波罗多特斯率领，也确实深入到邬阇衍那的大部分地区。但是，该钳形攻势从未合拢；弗沙密多罗家乡的王国威迪萨位于钳形攻势的双螯之间，并未被占领。

这场战争必定得到了某种解放宣传的支持。至少有两位王侯，阿波罗多特斯和米南德，在他们的铸币上采用了"救世主"(Soter)的称号。这是天下时代的一种新符号化表达。"救世主"称号此前只出现过两次：一次是埃及的托勒密一世，当从"围城者"德米特流斯手中拯救了罗德斯后，他将自己刻画为救世主；另一次是安条克一世，是在他从高卢人手中拯救了小亚细亚后。阿波罗多特斯和米南德必定是以从婆罗门弗沙密多罗手中拯救佛教徒的面目出现。若干年后，这种救世主称号将被用来反对他们，那时，"神的化身"安条克四世成为救世主，从尤西德姆斯王侯手中拯救了东部塞琉古。看起来，一个普世性帝国主义时代必定会产生如今被称为“解放”的那种奇怪现象，也就是在面临一位可憎的帝国统治者时，以一位略微不那么可憎的帝国统治者（或者是，至少不允许对其有其他评价）取而代之。就阿波罗多特斯和米南德而言，他们对佛教救世主角色的扮演并不意味着他们本身成为佛教徒。
226 然而，他与佛教徒共同体的关系必定是友好而亲密的，否则米南德也不会成为《弥兰陀问经》保留下来的佛教传说中的英雄。

在巅峰时期，德米特流斯的领土从土耳其地区，经过阿富汗和俾路支地区，延伸到孔雀王朝时代的“印度”。然而，征服从未结束。最迟在公元前168年，安条克四世的将领和堂表兄弟欧克拉提德斯发动了收复东部塞琉古的战争。在德米特流斯向印度进军时使他获益的变幻莫测之事，如今使欧克拉提德斯在进攻德米特流斯的大夏基地时获益。欧克拉提德斯也是塞琉古王室的亲戚，并且比德米特流斯的亲缘关系更近。而且，是在位的塞琉古国王命令他前来的，他本人也许还任命了一位副王来对付一个反叛的篡位者。在大夏的马其顿人从效忠德米特流斯，转为效忠欧克拉提德斯；尤西德姆斯王室曾经因为与本地居民的良好关系而获得强大实力，但这种关系如今反而变得对他们不利，因为在这一代的马其顿人和希腊人中间，也许能找到许多反对与野蛮人进行融合的人，就像亚历山大的战友们那样。欧克拉提德斯是又一位救世主，这回是要将马其顿人和希腊人从一位更喜欢本土野蛮人的统治者手下解救出来。这可以解释，为何欧克拉提德斯在武力并不十分强大的情况下取得了成功。到公元前167年，他已拥有兴都库什山脉以西的所有领土。德米特流斯及其副王们在印度的征服不得不停下来。德米特流斯本人返回大夏迎击欧克拉提德斯，而后战败被杀。米南德和阿波罗多特斯不得不放弃他们的前进基地，以便应对来自兴都库什山脉另一边的危险。

此后事件的年代并不确定。最迟在公元前165年，欧克拉提德斯穿过兴都库什山脉，开始了他对印度的征服；在公元前163年安条克四世死后，他将他的命运同塞琉古帝国做了切割，成为独立的国王；公元前160年，帕提亚人米特拉达特斯介入这些事件，征服了大夏；欧克拉提德斯不得不回过头来应对在后方出现的危险，并于公元前159年在战场上被杀。随后，由于未知的原因，帕提亚人从大夏撤退，从而使欧克拉提德斯王朝能在这个国家持续存在下去，直到萨卡和月氏在大约公元前130—前129年征服大夏为止。在此时已和大夏基地中断联系的
兴都库什山脉以南地区，米南德组织起了一个包含印度西部和西北部 227
的王国。他大约死于公元前150—前145年这段时间内。在他铸造的一个铜币上，出现了轮子符号，这表明他将自身视为一位印度“转轮圣王”；在他死后，那些城市给予他“转轮圣王”的荣誉，将他的骨灰供奉于佛塔中。他在佛教传说中的角色之前已经提到。看起来，他试图创建一个希腊化的印度帝国，而对阿育王的效仿则是其观念中的一个强有力因素。萨卡对印度的入侵开始于公元前120年左右，这逐渐侵蚀了希腊人的势力；到公元前30年左右，希腊人在印度统治的最后痕迹也
已消失。 228

第三章

历史过程

那些事件迫使生活在天下时代的人们去反思它们所在之进程的意义。于是，该过程的参与者的反思，迫使之前的那些研究转而对那些业已提出的问题加以推断。这些历史哲学问题原先只能在分析的主线之外偶尔得到提及，现在则必须明确地成为主题。

第一节　实在过程

看起来胜过其他一切的首要问题，就是身份问题。一个过程必须是某个事物的进程，但是天下时代这个过程所关涉的事物被证明是难以把握的。它既不可能是消失了的宇宙论帝国，也不可能是在天下时代的进程中兴起的普世帝国。它不是巴比伦或埃及的历史，不是波斯、马其顿或罗马的历史，不是希腊或者腓尼基城邦的历史，不是孔雀帝国或帕提亚帝国的历史，也不是以色列王国或大夏王国的历史，尽管所有这些社会都或多或少地牵涉其中。如果我们不能发现这个事物，那么历史可能是虚无的历史吗？是否可能存在诸如“历史的历史过程”这样的一个事物？这个问题要求得到严肃的考察，并且也将得到这种考察，只不过目前我们必须将它暂时搁置。无论如何，在天下时代本身之中，各个较古老社会的剧烈缩减、瓦解和消失，以及各个征服性强权就它们所建立之物的身份所做的令人尴尬的探寻，都是令人感到困惑的经验。该经验产生了“天下”，这个迄今为止未曾遭到怀疑的历史过程的主体。 229

然而，这个全新的符号遭到了本体论难题的困扰。因为天下并不是一个社会，处在得到具体组织的生存之中；它是一场有待实施的征服之目标。于是，在追求这个目标的过程中，文化意义上的天下最终远大于预期，而征服则从未达到其目标。更有甚者，人们无法在征服那个非生存的天下的同时，不去摧毁那些生存着的社会，也无法在摧毁这些社会的同时，不去意识到那个全新的、由毁灭性的征服建立起来的帝国社会，正像那些此刻已被征服的社会一样是可被摧毁的；这一整个过程看起来都没有意义。最终，当足够多的生活在同一时代的人被赶入一个帝国，并为有关一个天下的虚构叙事提供支持时，这个集合而成的人类（humanity）最终却表明，自己并不怎么够得上成为人类（mankind），除非他们作为神之下的人类（human beings）的普遍地位得到承认。而当普遍人性被理解为来自人位于神之下的生存时，“位于一个帝国政府统治下的普世人类”这一符号化表达的地位便遭到严重削弱。在哲学上，天下是一个命途多舛的符号。

1. 历史的主体

在天下时代本身之中，方才勾勒的身份问题从未得到过彻底思考。对它的洞察在圣奥古斯丁那里达到顶点，他将朝向对神的爱（amor Dei）的运动辨识为在生存中逃离现实层面的权力世界——“他开始离开，也开始爱”（incipit exire, qui incipit amare）[1]——并因此将上帝之城与世俗之城（civitas terrena）的“混合”视为历史的居间式实在。不过，在他

1　*Enarrationes in Psalmos* 64.2. 对这个问题的进一步分析，参见《秩序与历史》卷五《求索秩序》中“不朽：经验与符号”一章。［后来该部分并未在《求索秩序》一书中发表。最初以“Immortality：Experience and Symbol”为题发表于 *Harvard Theological Review* 60（1967）：235—279，并收录于 *CW* 12：52—94。——英文版编注］

撰写《上帝之城》时，他的这些伟大洞见从属于一种历史创生论模式，它的单线历史在教会和罗马帝国的双重普世主义中来到其富有意义的终点。除开他当下的双重普世主义以外，历史别无意义，不过是等待那些终末事件的到来而已。然而，与当前的分析相关的，不仅有那些洞见
230 （关于在生存中的逃离与作为居间的历史的那些洞见），还有对整体的建构。这是因为，圣奥古斯丁试图通过将一种终末论终极性赋予特定事件与社会（这种终极性超越了这些事件和社会在历史的居间之中的生存），来破解关于意义的奥秘。该尝试作为一种类型，在为历史主体建构身份时频繁重现。

自圣奥古斯丁以降，在西方历史的漫长进程中，这个问题发生改变的是其外观，而非其结构。诚然，在历史知识大幅扩充的压力下，奥古斯丁式历史创生论的内容已然瓦解，但是那种符号形式本身则在其基督教—帝国实质消亡之后得以保存；这是因为，启蒙运动时期的和浪漫主义的思辨思想家们继续使用这种形式来建构各种单线历史，这些历史将会通向他们各自选择所在的帝国性当下，亦即意识形态性普世主义的某种变体，它就像奥古斯丁式双重普世主义那样被赋予了终末论的终极意义。至于奥古斯丁就历史的居间得出的那些洞见，它们的命运也不是太好。它们并未得到进一步发展，而是被黑格尔所谓的"新教原则"加以严重畸变，后者将神圣理智的世界（die Intellektual-Welt）重新置放在人的心灵之中，从而使"人能在自己的意识中去看、去认识、去感觉此前曾属超越的万物"。[2]也就是说，历史的居间已被颠覆为一种辩证运动，处在这个知识分子的意识中。随着降临在《上帝之城》身上的命运而来的是，我们今天仍然在一项假定和一项令人不安的怀疑之间悬而未决：假定历史必定是某物的历史（帝国、城邦、民族国家、文明

2 Hegel, *Vorlesungen ueber die Geschichte der Philosophie* (Stuttgart: F. Frommann, 1965), vol. 3 (*Jubilaeumsausgabe*, ed. Hermann Glockner, vol. 19), 300.

或是普世人类的历史)，怀疑历史的过程无法植根于在历史的进程中出现又消失的各个社会。这个过程中的每一个假想主体都曾被认为是一个实体(hypostasis)。

将历史上掠过的那些社会实体化，变成历史的终极主体，这种诱惑是有强烈动因的。在其核心处是一种在情感上难以忍受的张力：该张力的一方是一个社会在历史性的生存中所具有的意义，另一方则是从未得到完全遏制的知识——但凡生成之物，必将归于终结。或许可以说，一个社会总是具有两种历史：(1) 内在于其生存的那种历史；(2) 它 231
在其中进入生存，又脱离生存的那种历史。历史(1)是为一个社会的成员们高度珍视的；历史(2)则遭到情感上的抵制，最好不被提及。在围绕汤因比的争论中，在它多少有点荒诞不经的那些方面中，我们能很好地观察到这种情感抵制现象。汤因比提出了“作为‘可辨识的研究领域’的文明”这个概念，由此，他既刺痛了各民族的历史编纂者，也刺痛了人类历史进步论的信奉者。各民族的历史学家感到他们心爱的历史主体受到了威胁，因为它将缩减为文明循环中的一个阶段，作为一段纷争时期(处于一个文明的成长与该文明终结于一个普遍国家之间的纷争期)，而被嵌入该循环；进步主义者则受到如下假定的刺激：西方文明，在他们的历史创生论思辨中因“现代”这个终末论标志而声名显赫，或将不得不走上所有文明都走过的道路，直到停滞和解体。不仅如此，批评者们的任务相对来说比较轻松，因为汤因比自己的终末论梦想已经使他很容易受到攻击：四种普世宗教，由于它们对应于荣格所说的四种心理类型，将会实现一种全新的、由全球均衡分布的人口所共享的普世主义。在由汤因比对禁忌的冒犯所引发的愤怒的深处，我们不难看出人们对生死循环的恐惧。那些梦想着一个社会一旦生成便将永远幸福地生活下去的梦想家，不愿面对阿那克西曼德的箴言所蕴含的洞见(A9; B1)：“万物之本原(arche)是无定……万物必然朽坏成它们所源出之物；因为根据时间的法令，它们会就自己的不义(adikia)相互惩罚。”

2. 阿那克西曼德关于过程的真理

得益于古希腊城邦毗邻亚洲各帝国的便利位置，爱奥尼亚人拥有大量机会，去体验天下时代的暴力。阿那克西曼德的残篇恰好是现存最早的、由哲学家对实在的过程及其结构提出的看法。而且，阿那克西曼德对宇宙过程的紧凑经验与符号化，已然预示了从希罗多德、修昔底德直至波里比阿的一系列人物对处在社会和历史领域中的这种过程的
232 理解。这份残篇因此成为有关那些可谓悲惨的历史经验的关键性符号化表达。我将简要阐明这篇紧凑文本的内涵，接着指出一些在后来的意识分化中出现的重要观点。

阿那克西曼德（活跃于公元前560年左右）将实在体验为一个宇宙过程；在此过程中，万物从作为非生存的无定之中出现，又消失于其中。万物的生存并非突然地、永恒地出自它们自身；它们的生存出自它们所返回之本原。因此，生存意味着参与到两种实在模式中：(1) 参与到无定之中，这是万物的永恒本原；(2) 参与到万物的有序衔接之中，这是无定在时间中的体现。万物对实在的这种双重参与已由赫拉克利特（活跃于公元前500年左右）通过有关奥秘的简练语言加以表达（B62）：

> 不朽者也是可朽者
> 可朽者也是不朽者
> 生在他者的死中
> 他者的生也死去。

处在生存模式中的实在，被体验为沉浸在非生存模式中的实在；反之，非生存也延伸至生存。那个过程具有一种居间式实在的特征，受制于生与死的张力。至此，我们可以对这些文本做出一种分析性的说明，但也仅限于此；转述其意义的任何尝试都将破坏它们的紧凑性。相

反,我们必须谨防以下做法:将不朽者视为众神,将可朽者视为人,或是将生与死视为人类的生与死,或是将万物(ta onta)视为无机对象、有机体、人或社会,等等。这些符号确实意味着所有这些“万物”;但是,它们紧凑地意味着作为整体(the Whole)或是一(the One)的那个实在的过程,既超越于该过程在存在的诸多领域中的多样化,亦超越于万物在这些领域中的多样化;生存于存在诸领域之中的万物,带着它们的多样化结构,参与到该过程的结构中。若进行转述,则将破坏一种经验和真理;这种经验和真理必须在其紧凑形式下得到接受,人们也必须承认它早于并建立了所有经过分化的、有关那个过程在存在诸领域(尤其是社会和历史领域)之中各种变体的经验。

而且,转述式解读将会模糊这些符号的含义所具有的历史分层。
这是因为,经验及其符号化并不是自足的单元,并未在自身之中携带其 233
意义整体;它们是那个实在过程中的事件,并作为这种事件而与过去和将来的事件相关联。转述将毁坏那些符号通过它们在意识历史中的位置而累积起来的那部分含义。当后世思想家们探索处在历史中的各个社会的具体结构时,出现在他们意识背景中的,是有关那个过程的爱奥尼亚式真理。例如,希罗多德有关历史过程的表述就预设了“爱奥尼亚式假说”,尽管阿那克西曼德和赫拉克利特的名字并未被提及。在此情况下,如果忽视了“早先的那些符号化表达被隐含于其中”这个事实,如果这样一段话被理解为仿佛只有字面本身直接的含义,那它的含义就无法得到充分认识。除非读者和柏拉图一样,意识到作为背景的爱奥尼亚式符号化表达,否则,柏拉图对实在之中的居间结构的分析便不能得到充分理解。因此,当后世思想家们在存在的诸多领域中探索那个过程的结构时,关于实在的紧凑真理并未变得过时;相反,它提供了一种语境,那些具体的洞见唯独在此语境中才有意义。关于过程的真理是有历史分层的,因为后世的那些具体洞察将早先的那种整体性作为隐含的语境,分化工作得以在其中开展。

更有甚者，真理的历史分层还反映在哲学语言的结构中，该结构是一项持续至今的常态。这是因为，人们仍在爱奥尼亚学派的意义上使用“万物”这个符号。例如，海德格尔在对“此在”(das Sein, to on, 最终也就是阿那克西曼德所说的“无定”)和“存在者”(das Seiende或die seienden Dinge, ta onta)做出前苏格拉底式的仔细区分时，他就是这么做的。又如，怀特海所说的“实在过程”在物理实在过程与宇宙过程整体性这二者之间摇摆不定，并从中获得意义。当他这样做的时候，他的著作便在真理的历史张力问题上踌躇不决。另一方面，如果(并且每当)对那种作为语境的整体性的意识迷失在形形色色的分化所带来的喧嚣中，就像在启蒙运动之后(尤其是在康德的认识论怀疑主义之后)出现的状况那样，那么，对实在的理解就会不可避免地受到严重困扰。在这种具有公共无意识状态特征的“意见氛围”下，真正的哲学家(他们总是罕见的)有责任通过重新认识意识的历史分层，来重新获得
234 意识。发现自身处于这种状况的哲学家所面对的生存问题，已由尼采在其《作为教育家的叔本华》一书中加以探讨，他在书中将“重获意识”这个问题描述为一项任务，即找到一条“从怀疑论的不满和批判性的顺从这一水平上升到悲剧性沉思这一高度”的道路。[3]然而，这种个人努力尚未对那种意见氛围造成多大冲击。正如围绕汤因比的争论所表明的，就实在的过程所进行的“悲剧性沉思”，迄今尚未进入公共意识。

3. 理智性意识领域

在作为奥秘的无定和时间的围绕下，万物生成又衰亡。认为“在生成的这些万物中有某一个能终止那一过程，并能在此后永远掌握它”的想法，是很荒谬的。只要人对实在的认知未被严重干扰，这种想法便

3 Friedrich Nietzsche, *Unzeitgemaesse Betrachtungen*, 409, in *Werke*(Leipzig: C. G. Neumann, 1899), I: 1.

不会进入人们的头脑。不过，无论阿那克西曼德的洞见看起来有多么平常，它对那个必然出现的、有关它自身地位的问题未置一词：关于那个过程的一项真理是不是出现在此过程中的一"物"呢？或者说，该真理是从某个超越该过程的地方发现的？之前提到过意识的历史分层问题，现在必须进一步探讨它。

首先，一些常见的误解有待消除。绝不可将关于过程的真理实体化为某种"绝对"真理。它并不是古典智慧蕴含的一项珍品，有待作为一项财产被永远珍藏，不时向易受影响的观众展示；它也不是一项廉价的真理，用来引入就"太阳底下所有事物的一文不值"而发出的伤感沉思；它也不是一项记录性的真理，有待在就古希腊人的悲观主义进行渊博的深思时被用作证据。对第三种实体化误用提出一个特别的警告，将会是恰当的。这是因为，"悲观主义"和"乐观主义"都是18世纪的新词，指的是在生存中对实在做出回应时的某种"现代"情绪。将这些情绪范畴运用到古希腊哲学家身上，这是时代错误——古希腊人不是"现代人"；他们直面实在的过程，并无过度的悲观主义或乐观主义。但是，对各种绝对主义的拒斥并不意味着，人们应当寻找某种相对主义替 235
代品。在批判性的考察中，没有哪种意识形态性的主义是可接受的。

爱奥尼亚学派的发现构建了一片理智性意识领域，思想家们在其中从关于过程的紧凑真理，推进到由不断探索的意识提出的分化真理。一开始的有关过程的奥秘与结构的洞见，之后便引向了已在该洞见中得到阐发的经验，并且进一步使它被承认为意识的一项行为，人通过该行为参与到实在的过程之中。被称为人的这个"物"发现自身具有意识；结果是，它发现人的意识就是实在所在的区域，实在的过程就在其中向自身显明。而且，随着理智性意识领域通过思想家们的前后相继而在时间中展开，该领域自身也逐渐被人们认识到是属于实在的结构。这个过程并非"万物"无意识的前后相继；相反，理智性意识的进步使这个过程在时间中形成了结构。一个沉默的、人们可能对其意义有所怀疑的过程，变成了一个其意义得到日益明晰的阐发的过程；被作为其意义发现的，正是理智性意识在此过程中的出现。于是，那些起到分化作用的发现，便产生了用于阐发这些发现的语言符号：Psyche（心灵、灵魂）成为对实在的有意识参与所在的场所；Depth（深处）成为心灵的维度，全新的洞见正是从中得出；Nous（灵魂、理智）成为对那个过程的知觉性（apperceptive）参与能力；Philosophy（哲学），亦即对智慧的爱，成为人处在对真理的追寻之中的生存所面临的张力；诸如此类。在数百年间，理智性意识从爱奥尼亚学派的开端，展开为在柏拉图和亚里士多德那里达到的顶峰。然而，从始至终，由阿那克西曼德的真理所构成的这场运动之起源，依旧富有活力。意识的分化使实在变得既明晰又具有意义，同紧凑真理所构成的背景相映衬；它并未过度扩张自身，并未扩张到超越那个过程的程度。哲学家的真理并未成为一种财产；它一直是有关探寻（zetesis）的真理，这种探寻处在充满爱欲的张力之中，是对生存的神秘本原的探寻。因此，哲学家对处在充满爱欲的张力之中的生存所具有的理智性意识，成为奥古斯丁所说“他开始离开，也开始
236 爱”（也就是将逃离巴比伦视为生存意义的启示性意识）的最亲密近邻。

第二节 人类的对话

在意见编纂术层面上，古希腊哲学的那些现象为人熟知。人们并不怎么熟悉的是，借助阿那克西曼德有关过程的真理，以及对理智性意识领域中的真理加以历史分层，从而建构起理智性意识领域的过程。该领域被建构为一个处在“天下时代”这一更大过程之中的次级过程；对于发现在历史中的意义，该领域是至关重要的；在生存层面的逃离与帝国的征服之间有着密切关联——对于以上这些，人们实际上一无所知。因此，为了给进一步的分析奠定基础，有必要通过选择一些有代表性的例子，在理智性意识领域中对真理加以历史分层。

1. 希罗多德

关于过程的真理一经发现，立刻就会彰显出来。但它是关于作为整体之宇宙的紧凑真理。为了揭示其意涵，我们必须通过它在存在的诸多领域中出现的不同模式来认识它。因此，首先应考虑采取的第一项分化步骤，将是从关于整体的真理，过渡到该真理在人、社会和历史领域中的体现。

在《历史》1.207中，希罗多德让克洛伊索斯向居鲁士进言：

> 如果你认为自己不朽，你所领导的军队也不朽，那么就不该由我来为你进言。但如果你知道自己只是人，你所统治的也只是人，那就要首先知道这一点：人间事务有一个转轮（kyklos），转动着的它不会让同一个人永远昌盛。

这条建议的第一部分（人间事务围绕其旋转的那个转轮），对应于阿那克西曼德所说万物的生成（genesis）与衰亡（phthora）。它的结论（转轮的运动将不会让同一个人永远昌盛），对应于阿那克西曼德的结论（通过衰亡，万物为它们在生成之时犯下的不义而彼此惩罚）。因此，这条进言，作为一个整体，是以阿那克西曼德残篇B1为模板的。

这种早期符号化表达是处在意识背景下的，这一点毋庸置疑；但
是，这一关系并不具备它本应有的那种明晰，因为灵性精神品质和理智 237
品质的显著下降损害了希罗多德有关历史过程的宣告。希罗多德对人间事务之轮有所洞察，但是他不知道该如何看待无定。神性本原已被惯常的符号化表达（不朽者和可朽者）所取代；由于这种惯常说法被和来自阿那克西曼德箴言的那条建议并列，它的含义就变得模糊不清了。这是因为，这段话所说的不朽者并非荷马笔下的众神，后者在奥林匹斯

山上召开的议事会中就人间事务进行辩论并做出决议；之所以引入他们，仅仅是为了在实现修辞上的功能之后，也就是将注意力引向真正重要的问题（人间事务及其命中注定的厄运）之后，可以将其弃置不顾。不过，这种修辞性的弃置不顾看起来的确也只不过是修辞。如果不朽者真的被当作神性本原的陈旧符号而予以抛弃，那么这段话中的可朽者就必须要变成类似赫拉克利特所说的“不朽的可朽者”的某物。但这显然不是希罗多德的用意。这是因为，那个在居鲁士的议事会上浮皮潦草地谈到不朽者的克洛伊索斯，在落入居鲁士之手时，曾对这个征服者说过这样的话：“啊，居鲁士！众神令我成为您的奴隶。”（1.89）看来众神终究还是插手干涉了人间事务。

这些含混不一之处，是由关于过程的真理在转到历史领域时经历的畸变导致的。在希罗多德的作品中，那些对历史过程的结构做出权威宣告的并不是哲学家，而是像克洛伊索斯、居鲁士、薛西斯以及他们的谋士这样的人。天下时代里的这些帝国缔造者将生命的意义理解为在扩张权势上取得的成功（或者说顺遂，eutychia），并将每一次挫折视为神性超能力干涉的结果。在这些帝国人士就灾难的可能性和现实性所进行的各种讨论中，反复出现的主题是“众神的嫉妒”（phthonos）。除非在背景中潜藏有作为限制因素的神的“嫉妒”否则征服大计无疑会成功（1.32；3.40；7.10；以及7.46的结论）。不自量力或者说爬得太高的人，狂妄自大的人，会引发众神的狂怒；就此而言，这种“众神的嫉妒”是神话的古老主题。悲剧作家们不止一次地在此意义上运用这个
238 主题，例如埃斯库罗斯对阿伽门农返乡那宏伟一幕的描写（《阿伽门农》855—947）；索福克勒斯甚至将众神的这种狂怒加以绝对化，变成作为莫名力量的嫉妒（ho phthonos，《菲洛克忒忒斯》776）。但是，只有在希罗多德的作品中，在与关于过程的爱奥尼亚式真理相联系时，它才成为一个被广泛使用的符号，用于指代降临在光辉灿烂的生存之上的阴影。因此，就生成和衰亡的模式而言，关于过程的真理得到保存，而无定和

时间所具有的奥秘则已受到侵蚀，侵蚀它的是对可朽者与不朽者之间围绕权力而出现的张力的构想。作为实在的那个过程并未被否定，但是被称为人的那个“物”并未以其生存整体来参与该过程。人的一部分已被豁免。因为人已然分裂为一个权力自我（power-self），以及他的另一部分自我；前者是完全属于他自己的，后者则无法逃避参与，尽管它的参与被体验为由该过程带来的伤害。如果将帝国缔造者的这种分裂自我，与圣奥古斯丁在心灵中分辨出的两个核心（对自我的爱和对神的爱）相对照，其中征服者的受害者自我取代了对神的爱的地位，那么就能看出一种严重的生存畸变，这是真理畸变背后的原因。

在《历史》中，希罗多德让历史人物就历史的过程及其结构发言。他们的反思在多大程度上确实来自他们自身而非希罗多德，这是个错综复杂的问题。的确，按照批判性历史编纂的标准来看，他们的话语并非“历史性的”。例如，大约死于公元前540年的克洛伊索斯给居鲁士的建议是以如下思考开篇的：“我所蒙受的苦难（pathemata）业已转变为智慧（mathemata）”——这一表述听起来仿佛他很熟悉埃斯库罗斯似的，而后者生活在公元前525—前456年。但是，我们并不能就此得出结论，认为那些话语所表达的都是希罗多德的观点。在如下意义上，它们完全可以说是历史性的：希罗多德归诸笔下人物的、关于过程的一般性看法在地理上广泛传播，是因为波斯帝国幅员辽阔，并且历经数百年。除非有人想要假定，伴随居鲁士的扩张而来、由征服与战败构成的那些重大事件，未曾受到当时卷入其中的人们关注，否则的话，某种关于人间事务中的好运和厄运（fortuna secunda et adversa）的观点，在希罗多德进行写作之
时就必定已经相当常见了。不仅如此，既然这种看法已然普及到足以容 239
纳多种具体变化的程度，就像薛西斯和阿尔塔巴诺斯在达达尼尔海峡的对话（7.45—53），或是阿玛西斯致波律克拉铁斯的信（3.40），或是美凯里诺斯的故事（2.129—133），那么，希罗多德就很有可能忠实地记录了一种常见的观点及其各种变体。希罗多德本人也持有这个观点，并给出了他

自己的一种变体，这个事实并不会损害这份记录的可靠性。

在《历史》的结论部分（9.122），我们或许可以触及这种个体性变化。希罗多德在那里讲了一个故事，讲的是居鲁士在公元前550年罢黜阿司杜阿该斯之后的波斯局势。一个名叫阿尔铁姆巴列司的人建议这位胜利者着手进一步的征服：波斯是个地势崎岖的贫穷国度；应当走出国门，在周边占领一块富庶的土地。“哪个掌权者不会这样做呢？如今，我们是这么多个民族的主人，并且统治整个亚细亚，还能有比这更好的机会吗？”但居鲁士拒绝了这个建议。他警告波斯人：他们无法在那些富庶的国家一直当统治者，因为温和的土地产生温和的人；随着好战精神的丧失，他们将会落入他人统治之手。希罗多德总结道：“于是，波斯人承认居鲁士比他们更睿智，并带着改变了的想法离开了；他们选择在贫瘠的土地上定居，施行统治，而不是去开发平原，沦为他人的奴隶。”[4]公元前478年希腊人攻打赛司托斯的军事行动结束了波斯战争，《历史》在叙述了这一行动后，做出了上述结论。曾向居鲁士进言的那个阿尔铁姆巴列司，他的孙子在这一行动中被杀。

征服即逃离，因为人们必须为了进行征服而抛弃他们所拥有的一切；生存的这种扩张超越了业已达成的生存秩序，这会引起众神的嫉妒。这就是这个故事的寓意。看来，希罗多德已然敏锐地看出这样一个问题：在普世征服这一现实主义表象下，隐藏着出于贪欲的对实在的逃离。

2. 修昔底德

在《历史》中，对众神与人之间权力角逐的构想，侵蚀了过程的奥秘。人的人性已被缩减得只剩下他的贪欲自我，而众神则和人共命运。不过，希罗多德笔下的人物对这一奥秘并非全然无感。他们清楚地懂
240 得对与错，从而知道在扩张权力时取得的成功（eutychia）有所不妥；不

4 Rawlinson的译本。

论这种错误是什么，它都会引来众神的灾难性干涉。随后，希罗多德将这种错误的本性确定为“出于贪欲的对实在的逃离”。于是，对于那种奥秘，至少还留有一丝战栗。

在修昔底德笔下的弥罗斯对话中，战栗踪影皆无。起侵蚀作用的那种构想，其地位得到提升，被视为实在本身（5.105）：

> 我们相信，众神出于自然的必然性而统治他们所能统治之处；我们知道，人亦如此。这项法则不是我们制造出来的，我们也不是最早按其行事的人；我们发现它在我们之前即已有之，也会让它在我们之后永远存留；我们只是运用它，而且知道，无论是你们，还是其他任何人，只要和我们同样强大，都将像我们一样行事。*

阿那克西曼德所说的“万物”参与其中的那个过程，已然变成权力自我据以行动的法则。甚至可以说，被实体化为一项法则的这个过程，是一种自然的必然性，它恰恰是在那个进行这种实体化的人身上起作用：要想虚构出征服与实在的同一性，可以通过将实在等同于某种缩减得只剩下贪欲自我的人性来达成。借助这种出于对畸变后的生存的想象而转变实在的游戏，历史找到了可以掌控它的主体——至少直到伊哥斯波塔米战役为止。那些并非主体的人，在这里也就是弥罗斯人，则只能在“俯首称臣”和“遭受屠杀”之间进行选择。

如今，权力自我借以使自身变成虚构的历史主宰者的那种游戏，仍在进行。历史的主体通过一些政治情境来确定自身的身份，而这些情境的现代等价物是不难想到的。需要强调的毋宁说是在灵性层面和理智层面出现的差异。这是因为，雅典的谈判者直截了当地承认甚至强调那种恐怖；他们丝毫不曾试图给它蒙上各种理想主义、意识形态真谛

* 参见修昔底德，《伯罗奔尼撒战争史》，谢德风译，北京：商务印书馆，1960年（1985年重印），第五卷，第七章，第417页。此处引文根据沃格林的英译版本有所调整。——译注

或是思辨体系的外衣。诚然，他们已使自己的生存发生畸变，并且创造一种想象出来的、能使他们“自行其是”的实在，但是，在由这种想象出来的实在构成的背景下，依然存在着对那个过程的悲剧意识。他们并未陷入意识形态者缺乏悲剧意识的卑劣；每当这种意识形态者大肆践行他所想要的杀戮，以便获得某种“身份”来替代他已失去的自我时，他便总是充满说教意味地诉诸某种有关终极真理的教条。

241 修昔底德让他笔下的雅典使节特别凸显了这种直截了当。他们在谈判一开始时就要求摒弃在正义和高贵行为名义下的所有伪装，不再有人相信这些。他们并未以他们对波斯人的胜利作为依据，要求得到帝国的权利（arche），亦未指责弥罗斯人犯有任何过错。帝国就是帝国，终极的实在（5.89）。在这里，帝国的前后相继，作为一种经验，进入人们的视野，该经验导致关于过程的真理在过渡到历史领域时发生畸变。天下时代里的帝国前后相继（从巴比伦、埃及到波斯，到雅典，再到马其顿和后亚历山大诸帝国，最后到罗马帝国），的确是一幅给人留下深刻印象的壮观画面。那些目睹这一过程的人无力插手，但却能意识到它。希罗多德充分意识到了这一点，以至于他将帝国的前后相继作为实际的主干，围绕它来安排他的《历史》的篇章结构。他的地理志，也就是对当时所知的文化意义上的天下所做的历史考察，实际上是对各个相继节点的一系列偏离，这些偏离将他所考察的各个地区和民族纳入波斯帝国普世扩张的进程。希罗多德以叙述爱奥尼亚各城邦的近邻吕底亚人，以及波斯人推翻吕底亚人的统治开篇，随后表述了他的建构原则（1.95）：“我的研究过程现在促使我去探询，这个摧毁了吕底亚帝国的居鲁士是谁，波斯人又是通过什么方式成为亚细亚的主人。”[5]接着，他阐述

5 关于希罗多德的地理志，它和各普世帝国之间的关联，以及这个问题在历史编纂中持续至今的连续性，参见Manfred Henningsen, *Menschheit und Geschichte*, *Untersuchungen zu A. J. Toynbee's "A Study of History"*（Munich：List，1967）。

了叙利亚人、米底亚人、塞西亚人直到波斯人的前后相继，并做了一个有趣的边注，提到此前并不重要的许多部落“集合”到作为统治民族的米底亚人之中（1.101）。希罗多德对这个现象的观察在很大程度上已经和后来出现在《但以理启示录》中更为著名的观察相同。[6]

随着这种前后相继的经年累月的延续，时人对其残暴与无意义有了深刻印象。而且，这种印象会变得十分强大，以至于遮蔽实在的所有意义：由这一前后相继现象开始，这种无意义扩展至遍及全部历史的程度，并且超越了历史，遍及作为一个整体的宇宙过程。在此后的天下时 242
代里，所有实在的这种无意义变成十分普遍的压抑感，使得这种情绪通过作为极端反应的启示录和灵知而表现出来。在对弥罗斯对话不动声色的叙述背后，我们可以感到由这种极端的绝望带来的黑暗正在升起。

3. 柏拉图

关于过程的真理确实建构了一个意识领域，但在历史领域中探索这个过程的人所揭示的是对真理的各种畸变，而不是真理的进一步分化。考虑到希罗多德和修昔底德在其历史编纂著作中让天下时代的帝国缔造者们主导了舞台，这个结果也就不那么令人意外了。因为在任何时候，如果历史进程的实在被局限于“出于贪欲的逃离”和“帝国的前后相继”这些现象，那么历史的进程都将只是导致绝望的原因。研究那种将其人性缩减为一个权力自我，并且为了模糊那个具有意义的实在而发明种种第二实在的人，并不能使那个过程的意义得到显明。只有在人们向奥秘（他们通过自身的生存而参与其中）保持开放，并且允许那个过程的实在在他们的意识中变得显明的地方，那个过程的意义

6　关于从希罗多德到但以理都在使用的符号化表达“前后相继”，参见 Martin Hengel，*Judentum und Hellenismus*（Tübingen：J. C. B. Mohr，1969），333。关于这个问题在整个中世纪的延续，参见 Werner Goez，*Translatio Imperii*（Tübingen：J. C. B. Mohr，1958）。

才能得到揭示。在真理由于生存的封闭而被损毁之后，哲学家便有了这样的任务：将他的生存对实在的神性本原开放，从而修复并还原真理。

在《菲力布》16C—17A中，柏拉图不仅还原了阿那克西曼德的真理，而且进一步发展了它。通过简要回顾那些经过分化的符号所具有的启示特征，苏格拉底引入他对这些符号的阐释：

> 有个礼物是众神赐给凡人的，至少在我看来是这样。众神让某个像普罗米修斯这样的神，从他们的住所将这个礼物，同一把极度明亮的火一起带下来。古人比我们更好，住得离众神更近，他们将这个礼物通过下面这个说法传了下去：所有那些据说是生存着的万物，都从一和多得到它们的存在，并在自身之中结合了限定
> 243 (peras)和无定(apeirian)。[7]

柏拉图笔下的众神并不嫉妒。相反，他们使光被带给人，被那些离众神最近的人收到，再由这些人传给全部人类。这个全新的普罗米修斯不必非得盗火；极度明亮(phanotaton)的真理之火是免费给予的。因此，在这种作为符号形式的神话中，柏拉图认识到，哲学家在历史中的角色是一个对实在保持开放，并且愿意让众神的礼物照亮自身生存的人。

接下来，柏拉图在诠释他经过分化的经验时，将作为奥秘的存在符号化为介乎一(hen)和无定(apeiron)这两极之间的生存。当一变成多(polloi)，无定变成限定(peras)，在这两极之间就会出现"万物"的数量(arithmos)与形式(idea)。由形式与数量构成的这片区域正是一(hen)和

7　关于柏拉图神话的启示特征，参见《求索秩序》中关于"福音与文化"的那一章。［该部分内容后来并未发表于《求索秩序》。它被发表在*Jesus and Man's Hope*, ed. Donald G. Miller and Dikran Y. Hadidian (Pittsburgh: Pittsburgh Theological Seminary Press, 1971), 59—101，并被收入*CW* 12: 172—212。——英文版编注］

无定(apeiron)的居间(metaxy)(16D—E)。这个居间就是人类知识的领地。在探究这片领地时,始终意识到万物的这种居间地位,这种探究所采用的恰当方法被称为“辩证法”;而不恰当地将居间的万物实体化为一或无定,这是被称为“诡辩术”的那种思辨方法的典型缺陷(17A)。

阿那克西曼德认为,存在的两极分别是无定和时间。无定是具有不竭创造力的本原(arche),它将“万物”释放到存在之中,并在它们衰朽时将其收回,而时间及其法令则是生存的限制性一极。在柏拉图经过分化的真理中,一成为出现在万物中的原因(aitia)(30B),将与智慧和心灵(sophia kai nous)同一(30C—E);接下来,限定进入居间;留给无定的则是一种无限大的、无形式的原初物质(materia prima)所发挥的功能,一在其中能将自身分化成“万物”,它们是多,有其形式和数量。从这种分化中出现了作为全新符号化表达的居间式实在,也就是Metaxy;它通过神性本原,也就是理智(Nous)得以建构,并由此获得它的具体意义。

这一分化既清晰又切中肯綮。但这是如何做到的呢?是什么样的普罗米修斯将阿那克西曼德箴言的修订版带到了苏格拉底和柏拉图这里?如果人们还记得,由较早的符号化表达所表达的真理能建构起一片理智性意识领域,因为它表达了哲学家对实在(他以他的生存参与其中)的经验,那么,上述这些问题就都将得到回答。实际上必须从早期经验 244
中分化出来的,是蕴含在紧凑箴言中的理智性意识。一旦关于人之生存的真理被理解为作为居间式实在的理智性意识,那么,关于过程的真理,作为一个整体,就能被重述为一切事物处于一和无定的居间的生存。

在人作为一种居间式实在的生存中出现了爱欲张力,对它的符号化可以在《会饮》中看到。*在第俄提玛讲述的神话里,爱若斯(Eros,爱欲)是波若斯(Poros,丰盈)与珀尼阿(Penia,贫乏)的儿子;他是一

* 参见柏拉图,《柏拉图的〈会饮〉》,刘小枫译,北京:华夏出版社,2003年。此处引文根据沃格林的英译版本有所调整。——译注

个精灵，介乎神和人之间。追寻真理的精灵般的人（daimonios aner）就介于知识和无知之间（metaxy sophias kai amathias）（202A）。“整个精灵（daimonion）领域实际上都居于神和人之间（metaxy）”（202E）。那些精灵的力量“向众神解释并传达人类之事，也向人类解释并传达神圣之事；他们从凡间带上祷告与牺牲，从神界传下答谕与诫命；他们自身即是介乎二者之间的居中状态，他们令二者走到一起，将其结合为一个非凡的整体……因为神并不与人混杂；只有通过这些精灵力量，人类（无论是睡是醒）才得以与众神对话”（202E—203A）。

女先知第俄提玛将处于爱欲张力中的生存真理传给苏格拉底。苏格拉底和第俄提玛之间的这场灵魂对话，由苏格拉底所讲述，作为他对一场有关爱欲、在柏拉图灵魂中发生的对话的贡献；这场对话被一个名叫阿波罗多洛斯的人复述给朋友们听，他在很多年前从阿里斯托得莫斯那里听到了这场对话，后者则在很多年前参与了那场会饮。这场对话是为关于居间的真理而精心设置的壁垒。因为这个真理并不是一条有关实在的信息，而是一个事件，作为过程的实在得以在其中向自身显明。它也不是一条被接收的信息，而是在灵魂“辩证地”探询自身“介于知识和无知之间”的悬置未决状态时，从灵魂的对话中产生的洞见。当这一洞见产生时，它具有“真理”的特征，因为它诠释了被体验到的爱欲张力；但是，只有当人们对这种张力的体验，使这一洞见能在它自己进行的对话式诠释中迸发出来的时候，该洞见才会出现。爱欲张力并不会待在某个地方，等着某个碰巧遇到它的人来加以探究。“主体/客体”的二分法是以外在世界中的人与万物之间的认知关系为模板建
245 立起来的，并不适用于“经验阐明自身”的事件。因此，《会饮》中的苏格拉底认真地拒绝就爱若斯（爱欲）发表一篇“谈话”。相反，他在讲述自己与第俄提玛的对话时，让真理通过这一对话而展开自身。而且他指出，他的讲述恰恰正是开始于此前和阿伽通（善）对话时最后出现的那个问题。苏格拉底的灵魂对话延续了这场会饮中各位同伴之间的对

话；反过来说，这种连续性确保此前的对话具有同样的“事件”特征，一个人灵魂中的爱欲张力在这种“事件”中奋力追求对其自身实在的清晰阐述。因此，灵魂对话并未被锁定为出现在某个人身上的一桩事件，并不是由这个人在该事件发生后，将它的结果作为一项全新学说，昭告人类之中的其他人。尽管这场对话发生在一个人的灵魂中，但它并不是“一个人有关实在的观念”，而是处在居间之中的一个事件，人在那里与所有人共享的那个过程的神性本原进行“对话”。由于精灵般的人所进行对话之中的神性在场，该事件具有了社会和历史维度。苏格拉底的灵魂将同伴们拉进它所进行的对话，而且，不仅是当时在场的那些同伴，还包括所有热切地想要获悉这些对话内容的人。《会饮》将自身呈现为对数年前的一番讲述的讲述；这种讲述活动持续至今。[8]

灵魂以对话的方式在丰饶与贫乏之间、知识与无知之间、众神与人之间运动，发现了生存的意义，同时也是作为一场在实在之中、以理智明晰为目标的运动。在这一运动背后，闪耀着极度明亮的火光，它与来自众神的礼物相伴而来，由柏拉图笔下的普罗米修斯带给那些愿意接受它的人——这或许透露出神秘主义者的某种澄明经验。在柏拉图的理智性意识那更为深远的背景中，还燃烧着赫拉克利特笔下的火焰，它在匮乏（chresmosyne）与满足（koros）之间，以其消长明灭的运动主宰着宇宙（赫拉克利特，B64—65）。

4. 亚里士多德

当灵魂发现生存的意义在于以理智性意识为目标的运动时，它也就发现这个发现的意义在于它是历史中的一个事件。 246

柏拉图认识到，历史领域是由这个事件建构起来的，而且他通过各种符号阐述了它的结构要点。在《会饮》中，在精灵的领地（pan to

8　关于作为平行问题的福音书信息和事件，参见的内容出处同上。

daimonion）中运动的哲学家得到了“精灵般的人”的称号；对于生活在更为古老、更加紧凑的形式，亦即神话形式之中的人，柏拉图将“史诗中的可朽者（thnetos）”这一称号留给了他；对于已然熟悉那种新洞见，但却拒不接受它的人，柏拉图径直称其为“无知的人”（amathes）。尽管“史诗中的可朽者”和“无知的人”这样的称号之前也都有人用过，但在此时，通过它们各自所指称的生存类型同那种在历史上全新出现的类型（“精灵般的人”）之间的关系，它们获得了新的含义。一个全新的意义领域由此浮现，而在理智性意识的映照下，那些更古老的或是依然顽抗的生存类型则变得可被理解为紧凑或畸变的类型。不仅如此，柏拉图还认识到，对居间的发现是在历史中建构了一种“之前和之后”的结构；该事件是一个新纪元，将历史划分为两个时期。在《高尔吉亚》和《政治家》中，他发展出“历史过程中的一种可理解意义进展”这一符号化表达，其标志是哲学家不可逆转的出现。要从得到分化的理智性意识，返回更为紧凑的各种民间神话形式，是不可能的。因此，通过哲学家意识所提供的视角，就可以认识历史的意义了——但凡从帝国缔造者的视角来看待那个过程，这种意义便是要么可疑，要么完全缺失的。

柏拉图发现：

（a）居间是实在的领域，宇宙过程的意义在其中变得明晰起来；

（b）意识向理智性洞见的晋级过程是意义的历史维度；

（c）通过意识的晋级而在居间中出现的各种结构，是在历史中的意义的各种发展路线。

这些发现建构起一片广阔的领域。直至今天，有关历史的意义的各种探究仍在其中进行。通过18—19世纪的各种思辨体系，意识的时期、阶段或年代，也就是Bewusstseinslagen（意识状态），一直是探究所针对的常态，人们甚至展开了对那些“辩证式”问题的“诡辩式”畸变的探究。

作为柏拉图上述发现的后果，哲学、古老神话以及爱奥尼亚学派对过程的符号化这几种符号形式之间的关系，需要得到进一步的澄清。

符号形式不止一个，因为对实在的经验具有不同程度的紧凑和分化，以 247
及由于生存的缩减和错谬的实体化而导致的畸变。这些变化多样的经验模式要求采用不同的符号来加以充分表达，而在认识层面，人们所体验到并加以符号化的实在仍然是同一个。在处理这个问题时，亚里士多德发现了各种符号形式之间的等价关系。尽管两种符号化表达在表现形态上有差异，但是，如果它们在认识层面上所指的是实在之中的相同结构的话，则仍然是等价的。

亚里士多德认为，人对神性本原的探寻，就是由上述几种形式加以符号化的实在。就像柏拉图在《菲力布》中所做的那样，亚里士多德回溯到阿那克西曼德残篇B1，并对业已建构了理智性意识领域的那种真理，给出他既有转述性也有论辩性的解读。在《物理学》第三卷第四章（203b7 ff.），亚里士多德写道：

> 不论任何东西，要么自己是开端（arche），要么就由开端生成。但是，对于无定（apeiron）来说，它没有开端，因为倘若如此，它就会有一个限定（peras）了。而且，就开端来说，它不会有什么生成和毁灭可言，因为凡生成物都必然到达终结，一切毁灭也有完结之时。因此，就像我们所说的，它没有开端（arche），而是反过来，它被认为是万物的开端，并且包容万物、支配万物，就像那些思想家所宣称的那样，他们不承认除了无定之外的其他原因（aitias），例如灵魂（nous）或爱（philia）。而且，这（无定）是神（to theion），因为它是不朽、不灭的，正像阿那克西曼德和大多数自然哲学家（physiologoi）所宣称的那样。*

* 参见亚里士多德，《物理学》（《亚里士多德全集》第二卷，苗力田编），徐开来译，北京：中国人民大学出版社，1991年。此处引文根据沃格林的英译版本有所调整。——译注

这段话对当前的分析具有特殊的价值，因为它并不是仅仅列举哲学“立场”，而是进入到“对话”之中，那场对话从阿那克西曼德的紧凑性，发展到由德谟克利特、阿那克萨戈拉、恩培多克勒、柏拉图以及亚里士多德本人提出的各种逐渐分化的符号。在阿那克西曼德的原初经验中，那个过程（事物在其中生成和毁灭）所具有的神性奥秘仍然完整，因此，带有arche特征的Apeiron，仍然可以被毫不迟疑地译为万物的“起源”（origin）。在亚里士多德于智者之后所说的这些话中，arche必须被译为“开端”（beginning），因为经验在此时重点关注的是那些生
248 存在时间中的万物，以至于无定被视为某种独特的实在，它在时间中没有开端，它的开端就是它本身。无定不再是毋庸置疑的神性在场，就像有关那个过程的紧凑经验所认为的那样；相反，它的性质（万物的神性本原）必须以论辩的方式，通过否定，从在时间中有着开端和终结的“真实”万物中演绎出来。这样一种局面正在形成：在其中，那些据说能证明有神的证据显示其必然性。而且，除了“在时间中的万物”这一模式之外，同时彰显自身的，还有对于“万物以形式质料建构起来的方式”的经验性重点关注。在这第二种模式的主导下，无定被推向原初物质（materia prima）的方向，就像德谟克利特所谓的“唯物主义”所做的那样。于是，在质料的方向上对无定施加的压力，就能激发又一项原因（aitia）的引入，它将对据推测是无形式的质料惯性（例如阿那克萨戈拉所说的理智）加以塑造。不过，又一项原因的引入剥夺了无定作为“起源性的”arche的性质，而在阿那克西曼德提出的真理中，arche是有这种性质的。由此，这一论辩就来到了《菲力布》所说的位于一与无定之间、为那个过程所具有的张力。简而言之，当亚里士多德认识到“原初本原（prote arche）是神性理智”时，关于各种原因的这场伟大“对话”便走在了通往高潮的路上。因此，确实可以看出，从公元前6世纪的自然哲学家到公元前4世纪的哲学家（philosophoi），对神性本原的探索是他们所提各种符号化表达之中的常态；从阿那克西曼德到亚里士多

德，神性本原（to theion）从Apeiron（无定）变成Nous（理智）。推动这一“对话”沿其分化过程发展的力量，是由经验对实在的不同模式的重点关注所提供的——对生存于时间之中的万物，对由形式和质料构成的万物，最终对具有意识之物的重点关注。经由居间现象而取得的“辩证”进展，消除了早期真理的紧凑性，并使神性本原得以被辨识为神性理智。在人对本原的寻求中，这种神性理智是在场的。

意识是实在的场域，神性理智（nous）在其中推动人的理智（nous）去寻求本原。亚里士多德仔细地分析了神性理智和人的理智在其中彼此参与的那个过程。用他的话来说，人发现自身先是处在一种对其生存之本原（aition，arche）无知（agnoia，amathia）的状态下。然而，人不可能知道他不知道，除非他在生存中体验到一种不安，想要逃离无知 249
（pheugein ten agnoian），并寻求知识（episteme）。由于在古典哲学家那时的希腊语中，还没有与后来的anxiety（焦虑）相对应的总称性术语，所以，亚里士多德必须用更为具体的术语diaporein（疑惑）或aporein（有疑问）来描述这种不安，它们指的是在一种困惑或怀疑状态下提问。“一个处在困惑（aporon）或惊奇（thaumazon）之中的人，便意识到（oietai）无知（agnoein）。”（《形而上学》982b18）从这种处在困惑之中的不安，出现了人的求知欲（tou eidenai oregontai）（980a22）。于是，在对存在之本原（arche）无止境的探寻（zetesis）中，必须作如下区分：一是对目标加以欲求（oregesthai）和认知（noein）的那些因素，二是与此相应的，在目标自身之中、作为欲求对象（orekton）和认知对象（noeton）的那些方面（1072a26 ff.）。因此，这种探寻并不是盲目的；提问就是认知，认知就是提问。想知道一个人所知道要欲求的东西的欲望，为这种探寻注入了内在的秩序，因为提问指向的是某个认知对象（noeton），该对象一旦被发现，便可作为欲求的对象（orekton）而被认知。或者，按照亚里士多德的说法，在进行探寻时，所要探寻的对象（noeton）作为探寻活动的推动者而在场。“心灵（nous）被对象（noeton）推动（kineitai）。”

(1072a30)看来，由人进行的探寻以来自神的推动为前提：没有启示运动(kinesis)，没有来自本原的吸引，那么也就没有求知欲；没有求知欲，那么也就没有处在困惑之中的提问；没有处在困惑之中的提问，那么也就没有对无知的认知。在无知状态下是没有焦虑的，除非焦虑充盈着人对其来自某个本原的生存的认知——他不是他自身。

“思想(nous)通过参与(metalepsis)思想的对象(noeton)而思考自身；这是因为，通过被接触和被思考，思想成为思想的对象(noetos)，从而使思想(nous)和被思考的东西(noeton)是同一。”(1072b20 ff.)在我方才所复述的对探寻的诠释中，属人的参与到属神的之中，属神的参与到人的理智中。由于亚里士多德用metalepsis这个符号来表示这种相互参与(对“变得日益明晰的那个过程”这一事件的参与)，因此，将人的生存的理智性诠释，以及由这种诠释产生的那些符号，描述为属于参
250 与式实在领域的事件，这种做法是合适的。

在哲学家对话中出现的那些符号化表达，尽管在表现形态上有差异，但却是等价的，因为它们通过不同的紧凑和分化模式，表达了同一个实在。在认识层面保持同一的这个实在，是对本原(aitia, arche, prote arche)的探寻。在他的《形而上学》中，亚里士多德扩展了等价关系，使之超出哲学家所使用的多种符号化表达的范围，涵盖那些由神话诗人(尤其是荷马与赫西俄德)发展起来的符号。《泰阿泰德》中的苏格拉底已经观察到，对惊奇(to thaumazein)的经验(pathos)是哲学家的标志。“哲学的确别无开端(arche)。”(《泰阿泰德》155d)亚里士多德延续了这一观察，但是承认惊奇是人普遍具有的一种可能性。每个人的生存都能被惊奇所搅扰，但是有的人会用神话来表达他们的惊奇，有的人则用哲学来表达。因此，与爱智慧者并肩而立的是“爱神话者”(这是一个新造词，很不幸我们的哲学语言未曾保留它)，而这个“爱神话者在某种意义上也是一个爱智慧者，因为神话是由令人惊奇之事(thaumasion)构成的”(《形而上学》982b18 ff.)。语言学线索从神话中的令人惊奇之

事（thaumasia），转向一般意义上的人的惊奇（thaumazein）——哲学由此起源，并且进而和这样一种观点紧密相连：尽管神话中的令人惊奇之事（thaumasia）对哲学家而言无用，但是，在他投身于理论活动时体验到的幸福中，他自有他的惊奇（thaumaston）（1072b26）。理智性意识一旦被分化出来，哲学家就无法认可神话中的众神是万物之本原（arche），但他还是能理解，当荷马和/或赫西俄德将众神和万物的起源追溯至乌拉诺斯、该亚和欧凯阿诺斯的时候，他们在做什么：他们通过自己的神谱论思辨，与亚里士多德本人一样，都在投身于对本原的探寻（《形而上学》983b28 ff.）。[9]

出于显而易见的理由，在20世纪有关在历史中的意义的争论中，
很难看到亚里士多德的名字。这是因为，从对理智性意识的柏拉图— 251
亚里士多德式探索中出现的意义路线，是人类关于生存所源出的神性本原的对话，它有意识地在居间之中进行，在以神作为运动伙伴的参与式实在中进行。与此相反，现代的意见氛围是由同样有意识的对该对话的反叛所主导。18世纪以降，这种反叛通过各种想象的历史来表达自身，这种历史是站在受到缩减或异化的自我的立场上创造出来的。不过，这并不意味着等价关系不再适用，因为这种反叛就其目标而言得到了相当充分的阐述，从而可以通过它针对生存所源出的神性本原而建构的各种此世论反本原（counter-grounds），来对其加以认识，例如孔德的实证意识，黑格尔的辩证意识，或者马克思的生产关系（Produktionsverhaeltnisse）。因此，即使在那些畸变模式中，对本原的探究依然可被视为得到体验的实在。无论那些畸变的符号化表达多么严重地将生存表达在非真理中，它们依然等价于作为符号化表达的神话、

9　对等价物问题的进一步研究，参见《求索秩序》中关于“历史中的经验与符号化的等价物”那一章。[该部分内容后并未发表于《求索秩序》，而是作为*Eternita è storia: I valori permanenti nel divenire storico*（Florence：Valecchi，1970），215—234的一部分发表，并被收入*CW* 12：115—133。——英文版编注]

哲学和启示。尤其是，人们应当记得，柏拉图认为，“诡辩式”思辨将居间式实在的某个片段等同于一或无定，从而犯下使其实体化的谬误。黑格尔将居间混同于一，马克思将居间混同于作为“物质”的无定，这些做法是“诡辩式”实体的这些根深蒂固的可能性在表现形态上的代表。而且，这两位思想家在用“辩证法”这个符号指称哲学语言中被称为“诡辩”的东西时，便成了歪曲术语意义的典型。

现代人痴迷于对实在加以畸变，其途径是将人的人性缩减为贪欲自我，谋杀上帝，拒绝参与由人类进行的、神在其中作为伙伴的对话。要想充分认识这种痴迷有多么暴烈，就必须将它与古典哲学家突出的开放性相对照。诚然，亚里士多德并不认可神话中的众神是万物之本原，但从一封他写于生命最后几年的存世信件片断里可以读到：“我愈是独处，便愈热爱神话。”在“现代”，生活于其中的思想家本应成为哲学家，但他们却偏爱帝国缔造者的角色。这样的一个时代将会经历许多动荡，然后才能超越自身，超越它在进行反叛时的那种傲慢，找到回
252 归谦卑的人类对话的道路。

第三节　雅各布·布克哈特论历史过程

当作为过程的实在变得明晰，一条意义路线出现在历史中。不过也就仅此而已了。理智性意识并未终止那个它在其中是个事件的过程。过程仍在继续；全新的光亮，如果有的话，使该过程的奥秘变得前所未有地诱人。因此，绝不应该用那种格外明亮的火光来使未曾包围这个过程的黑暗变得模糊。

对天下时代的人来说，尤其是对那些分化出理智性意识的哲学家来说，这些观察或许是再明显不过的。而在我们的时代，它们则需要得到强调，因为各种各样主导着公共无意识的思辨体系带来了亮光，但这恰恰被用来使那个过程的实在性变得模糊，以及用来假装能够终止它。

因此，参考雅各布·布克哈特的观点将会是恰当的，他在现代历史学家中难得一见地直面并分析了这个问题。

在其1868年题为《论历史研究》的系列讲座中，布克哈特反思了常见的那些判断，它们认为历史进步的意义胜过为此而在人的悲惨境遇上付出的代价。“最有分量的例子是罗马帝国……通过不计其数的血流成河而令东方和西方臣服，从而缔造帝国。在此，我们可以在宏观尺度上看到一种世界历史性的目的，至少对我们而言是明显的：创造出一种共同的世界文化，使一种全新的世界宗教的扩张成为可能，二者都被传承到日耳曼蛮族手里，成为在将来整合一个新欧洲的力量。”（263）[10]他断定，对进步的如此看重（尽管只是暗示性地被提及），是不被允许的，因为它建立在谬误之上，错误地认为世界历史是为了那些沉溺于这种看重之中的人的利益而上演的。“每个人都认为他自身所在的时代不是众多短暂的浪潮之一，而是时代的最终完成……然而，世间万物，也包括我们在内，都不是为了它们自身而生存，而是为了整体的过去和整体的未来而生存……人类的生活是一个整体；它在时间和空间上的兴衰看起来像是潮涨潮落，福祸交错，但这只是在我们虚弱的理解力看来如此；在真理中，它们属于某种更高的必然性。”（259 f.）这些表述温和婉转，但这只是表象，在其背后则是布克哈特冷峻的洞见，洞察到这 253
种看重所怀有的生存动机：“我们深刻的、最荒谬的自私性。”（259）多数人遭受的这种苦难被看作是“短暂的不幸”；人们提到的一个不可否认的事实是，大多数情况下，持久有序的时期都是旨在争夺权力的残酷斗争带来的；一个人通过自身的生存在历史上属于某个当下，而它正是建立在他人所遭受苦难的基础上（259）。历史是否必定由每一代

10 雅各布·布克哈特在1868年冬天做了“Ueber Studium der Geschichte”系列讲座，并在1870—1871年冬天重复了一次。他的笔记由雅各布·奥埃里（Jakob Oeri）于1905年编辑出版，题为*Weltgeschichtliche Betrachtungen*。文中所引页码按鲁道夫·马克思（Rudolf Marx）编辑的Kroener版本。

人，站在自身所在当下的立场上，加以重新书写？对不同历史构想的提出起到决定性作用的历史学家有何“价值”？布克哈特将这些影响深远的方法论争论一扫而光，取而代之的是他对这些争论的洞见：它们的生存根基在于“我们深刻的、最荒谬的自私性”。苦难是真实的，将其强加于受害者身上的那些背德者亦然。这种暴力是邪恶的；而且，就算有更好的人士对这种邪恶所创造的权力格局加以矫正，从而使单纯的权力最终“转化成秩序与法律”，这种暴力也不会减少一点它的恶（263）。

不过，布克哈特并没有沉溺于“悲观主义”。他密切关注着那些摧毁老旧之物，为新事物开辟空间，却无法享有自身幸福的时代、民族和个人。“他们的革新力量根源在于一种永恒的不满，每一项成就都令其感到厌倦，并且不断朝着全新的形式努力。”（262）我们会想起希罗多德关于“出于贪欲的逃离”的洞见。不过，这样一种永无止息的争斗，无论其结果是多么重要，都依然具有以下形式：“最深不可测的人类利己主义，将它的意志强加于他人，并从他们的顺从中获得满足，哪怕对所有的顺从与尊崇都不餍足，而且它将容许自己采取所有的暴力行动。”（262）不仅如此，布克哈特还能想象到比利己的暴力更加邪恶的东西：“邪恶所占据的主导地位十分重要，因为只有有了邪恶，才会有公正无私的善。如果在这个地球上，善一贯受到奖赏而恶始终受到惩罚，从而使邪恶的人们出于理性的忠告而表现得体，那将会是一幅令人难以忍受的场景；因为那样的话，邪恶如斯之人就仍将比比皆是。人们或许想祈求上苍，让邪恶免受惩罚，这样他们就会再次本相毕露。世界上总是不乏伪善。”（264）因此，布克哈特接受阿那克西曼德关于那个充满奥秘
254 的过程的真理。他既不否认普世帝国与普世宗教是有意义的，这是就在对人性的自我理解上取得可获认知的进展而言；他也没有将邪恶正当化，没有视其为达成这一进展目标的手段。他语带讥讽地评论道，如果你去询问民众，他们对世界革新几乎没有兴趣，如果要通过他们的灭

绝和蛮族部落的迁徙来实现这种革新的话。接着，他又毫不妥协地评论道："在这个地球上，生成和毁灭是普遍命运；但是，必须将每个因暴力而缩短了生命的真实个体生命都视为无可替代的，它甚至无法由另一个同样卓越的生命所替代。"（267 ff.）

为了抵制在此问题上满是伪善和无知废话的意见氛围，布克哈特这种毫不妥协的立场是必不可少的；而在今天，这种立场甚至要比一百年前更加必要。然而，如果对此问题的分析就此戛然而止，那就会将那个过程的奥秘化约为在停滞不动的善和罪恶昭彰的进步之间的选择，类似于在"猪的城邦"和"高烧城邦"之间进行的柏拉图式选择。而且，它还会在没有选择的情况下创造出有选择的幻觉，从而助长鄙俗的说教式利己主义，这恰恰是布克哈特最憎恶的。因此，我们必须仔细区分交织在他思考中的两条思想线索。

第一条线索是攻击"利己主义者"，他们想让历史及其意义进入一种合乎他们偏好的状况。所有那些有关"世界历史"的思辨建构，无论是圣奥古斯丁、黑格尔还是那些进步论思想家做出的，都被视为"粗鲁的预测"而扫到一边。这是因为，"永恒的智慧"并未向我们告知它的目的。那些假装成有关"世界计划"的知识的各种"历史哲学"并非毫无偏见，而是"受到那些哲学家三四岁时所吸收观念的影响"（5）。抛开其中的夸张不论，这段话是很重要的，因为它指明了我们这个时代公共无意识中的幼稚病的根源。布克哈特批判的是，试图从我之前称为历史（1）的立场来建构某种历史意义行为，因为这样的建构旨在使历史（2）变得模糊不清——所谓历史（2），就是作为实在的那个过程，历史（1）的各种现象在此过程中也不过是"短暂的浪潮"。他想要通过赋予历史（1）之中的各种现象以某种终末论标志，鉴别出历史的主体，从而消除这个谬误。 255

在他的第二条思想路线中，布克哈特关心的是作为实在的那个过程。起到畸变作用的那些意义建构一旦被去除，那个过程便会向思想者显现自身。不过,在他进行的尝试中,他遇到一些困难。这是因为,对于通过各种思辨性的“历史哲学”而使实在受到的畸变,他无法完全弃之不顾。它们也是这个过程中的事件;对历史现象的任何分类都必须足够普遍,以便能将那些畸变作为可理解的事件包括在内。布克哈特意识到这个问题;正如前文所引段落表明的那样,他用“利己主义”或“自私”这样的范畴来刻画暴力征服者和具有世界历史意义的暴力建构者。不过,“利己主义”作为一个生存层面的范畴,尽管它因其大体正确的意图而具有可信度,但是作为一个概念,它缺乏足够的分析力度。“利己主义”,就像“乐观主义”、“悲观主义”、“虚无主义”、“利他主义”等,都属于启蒙运动的新词(newspeak);尽管它适合用来对一种在主观上受到畸变的生存加以自我阐释,但我们并不愿将其用在批判性的语言中。将拿破仑的征服和黑格尔的体系视为“利己主义”的两种表现形式,这并不十分令人满意,即使这种描述说不上完全错误。

布克哈特所遭遇的困难是理智性分析普遍令人不满的状态。成熟与不成熟、成型与畸变、原始主义、幼稚病、失衡、逃避现实,等等,这些大问题都遭到严重忽视,因为在“世俗化”[“去教养化”(deculturation)的一种礼貌说法]的现代氛围里,那些“伦理”或“道德”问题都已同生存的各种结构相分离。在天下时代的伦理学中,它们是紧密结合的。亚里士多德《伦理学》探讨的问题不是“道德”,而是行为标准,该标准由生存层面的成熟之人(也就是亚里士多德所说的spoudaios)设定。对伦理德性*和理智德性的分析并没有构成一片独立的洞见领域,其真理性依赖于作为生存德性的正义(dikaiosyne)、实践智慧(phronesis)和爱(philia);也就是说,依赖于它们在某个人的生存之中的真实在场,也依赖于对这种实在的仔细分析。除非将这些德性理解为一个人经过

---

* 原文为ethical virtue,也译为“道德德性”。——译注

训练之后养成的习惯（hexeis）——这个人通过以其生存所源出的神性本原为目标的爱欲张力，有意识地塑造自身——否则它们就毫无意义。不仅如此，当柏拉图和亚里士多德将成熟生存的意义发展为对死亡与不朽（athanatizein）的实践时，他们充分意识到，社会并不是一个由“成熟之人”构成的共同体，而是一个由“民众”构成的多元体，是“大众” 256
（Plethos），成熟之人在其中总是少数派，并且很少占据主导地位。民族是一片集合了多种生存类型的广袤领域：成年人和年轻人；男人、女人和孩子；农夫、手艺人、工人、商人、士兵和官员；艺术家、诗人和神职人员；占卜者、修辞学家和智者；穷人和富人；别忘了，还有“天生的奴隶”。成熟之人的各种德性虽然为人性提供了标准，但并没有被期望成为民族中每个人的德性；柏拉图和亚里士多德甚至试探性地为不同的基本类型提出多样化的伦理标准。如今，由各种生存类型及其各自的问题构成的这片广袤领域，已然为一种启示录式幻梦所遮蔽：只有一种“道德”，它适用于一个由全都平等的人构成的共同体。然而，这个幻梦表征了一种严重的生存畸变，而它在社会上的主导地位带来了以下后果：在伦理上，这个幻梦是当代个体无序与社会无序的重要原因之一；在理智上，对那些梦想家来说，“大众并未按照启示录的要求行事”这一事实持续令他们感到诧异。有这样一种“心理学”，它幻想着某种内在于世界的“心灵”，从而使那些有关参与式实在的问题隐而不彰；这种“心理学”进一步加剧了由启示录式说教对理智德性和伦理德性造成的损害。将贪欲视为生物学意义上的冲动；建构出以唯物主义方式加以构想、有待升华的欲望（libido）；建构出教条化的自我和超我，它们必将使生存所面临的各种张力隐没不彰；建构出个体无意识，但它并非彻底的无意识，以至于心理学家们能使其内容被意识到；建构出承载着各种“原型”的集体无意识，而在心理学家们记录下这些“原型”之前，它们曾经是对参与式实在的有意识符号化——这些是漫长的想象性建构物清单上的一些条目，它们致力于一个共同的目标：使生存的居间结构变得无法被认知。

然而，尽管有如此艰辛的努力，通过将参与式意识推入无意识，来使人性发生畸变，但是，通过历史学家和哲学家进行的人类对话，实在依然彰显自身。要将布克哈特有关“永恒不满”的评论，与希罗多德对出于贪欲的逃离的构想联系在一起，这已被证明是有可能的。征服不仅仅是“邪恶的”，不仅仅是“侵略性”的一种表现。在不断进行着征服的扩张之中，最明显的特点是布克哈特所强调的“暴力”与“自私”，
257 但是，其中也流露出了对每项成就的“厌倦”与“不满”，以及将会舒解不安的想象性事业的色彩。沿着普世征服和大屠杀的路线来释放张力，这确实是对生存秩序的越轨，但它依然是一项在想象中进行超越的行动。征服者出于贪欲的逃离是对人性的畸变，但它与哲学家、先知或圣人所进行的逃离一样，也带有人的生存张力的标记。居间结构越过理智性意识，下降到了行动的贪欲根源之中。

第四节　扩张与退缩

出于贪欲的逃离与在精神层面的逃离之间的关系，是天下时代的重大问题。在这一节里，我将综述普世意识经历的变化。对征服性扩张的经验，以及由实在所具有的结构对不受限制的冲动施加的限制，引发了上述变化。变化的结果是普世主义的一种独特退缩，因为这种符号化表达在保持无限扩张假象的同时，又接受了在实际上受到的限制。出于贪欲的逃离不得不退缩成令人尴尬的意识——对一个并不普世的天下具有的意识，对一种有限的无限具有的意识。对这种难以自圆其说的结果产生的经验，为一种局面的形成做好了铺垫，那些普世统治者得以在该局面中将他们的帝国与某种普世宗教相联结。通过这种联结，在精神层面的逃离所具有的意义，被引入已然变得臭名昭著、毫无意义的出于贪欲的扩张。

1. 伪亚里士多德的《论宇宙》

从希罗多德到《新约》收录的那些文字，在这五百年间，oikoumene这个希腊语单词累积形成了多种含义，我已通过以下形容词对其加以区分：oikoumene可以指“文化的”、“现实层面的”、“司法的”、“精神的”，最终直到“变形的”（metastatic）天下。这些意义变化并非随机出现；相反，它们标志着对宇宙实在的意识，在求知欲以及增强了该欲望的新获知识的压力下，从紧凑的神话意识，发展到了经过分化的理智性意识与启示意识。两种表面上大相径庭的现象，经由一种竭力追求更加成 258
功实现的“欲望”，具有了内在联系。在天下时代，通过一批旨在向受过教育的公众提供信息的多样化文献，这种内在联系普遍地为人所知。《论宇宙》是一封伪托亚里士多德名义的公开信，由某位佚名作者在大约公元前50年写给亚历山大。在这封信中，我们可以看到（391a8—13）：

> 已经证明，要想凭借身体而上达天界，或是离开大地而去探索苍穹，就像阿洛亚代兄弟在他们的愚行中设计的那样，是不可能的：因此，通过哲学，以天地间的理智（Nous）作为向导，灵魂就越过它的边界，离开它的家园，找到一条令人永不厌倦的路途，因为在思想中，它能将那些在空间中相距遥远之物结合在一起。

这段话的无名作者展现出尼采在找出作为能量之源的“权力意志”时的风格，这一能量之源推动巨人们将皮立翁山堆在奥萨山上，推动哲学家致力于对神性本原的探究。但是，这位作者将“贪欲逃离”与“精神逃离”之间的差异，化约为手段问题（在身体失败的地方，灵魂获得了成功），并且忽略了一种情况下在生存层面的反叛，以及在另一种情况下对处在居间之中的生存的接受；他也使有关参与（Metalepsis）的经验从属于某种超越，而灵魂正是通过这种超越而留下自己的痕迹——

当采取这些做法时，他也暴露出一种原教旨主义倾向，即想要将那些由对参与的经验而产生的符号，转变成教条化结论，以便能由某位才华出众、文字优美的作家优雅地表述。说真的，他所构想的哲学家是这样一个人：他享有理解神圣之物（ta theia）的特权，并且毫不嫉妒地（aphthonos）向人类揭示它们（propheteuousa），从而使每个人都能参与到他的特权之中（391a15—18）。[11]

这种构想非常迷人，因为我们在这里可以观察到，有种类似于完善
259 阶梯之反转物的东西正在形成：从柏拉图笔下不嫉妒的众神，以及带来真理的那位"普罗米修斯"，下降到不嫉妒的哲学家，再进一步下降到《论宇宙》的这位不嫉妒的作者，他将哲学家的"成果"置于一种令人愉悦的形式中，用它来启蒙公众。在这座阶梯上，不可避免地下降的，不仅是关于实在的真理——从它在哲学家的理智性意识中具有的明晰性，下降到可被所有人掌握的命题式知识的含混性——而且，为一尊神所具有的品质也在下降。只需一步，就友善地将哲学家提升为一个不嫉妒的人，像众神一样分派真理；之后，又用了一步，这位搞文字工作的大众宣传员自己变成一尊小神，将有关宇宙的神圣统治者的真理加以分派，该真理与有关物理意义上的宇宙南北极的信息，或是有关地球陆地和大海的可能布局的信息，处在相同的命题层面上。因此，内容的某种神圣性（它来自柏拉图的参与式意识中那格外明亮的火），同巨人们的事业结成一种非神圣的联盟，该事业旨在将实在所具有的奥秘转

11 关于《论宇宙》的文化语境，以及有关其年代的争论，参见A.-J. 费斯蒂吉埃（A.-J. Festugière）的翻译和评论，*La Révélation d'Hermès Trismégiste*, vol. 2, *Le Dieu Cosmique*, 3d ed.（Paris: Lecoore, 1949），460—520。费斯蒂吉埃的译文有时做了自由发挥，例如正文引用的391a8—13。它似乎受到了18世纪译本的影响，例如Abbé Batteux, *Lettre d'Aristote a Alexandre, Sur le Système du Monde*（Paris: Chez Saillant, 1768）。Loeb Classical Library丛书中D. J. 弗利（D. J. Furley）的译本是可靠的，但它并不总是充分传达了原文在修辞上的平滑性。正文中采用的是我自己的译文。关于《论宇宙》的年代，我采用弗利在Loeb版提出的建议。

化为人在启蒙后拥有的知识。在《论宇宙》中，由真理与力量（power）组成的这个杂交品种尚未充分实现它的爆发性潜能，因为这个混合物的分量依然在于那些神圣的内容。人们无须怀疑这位作者对宇宙的虔敬，也无须怀疑他是真诚地想要宣传他认为是哲学真理的那些东西。只有当哲学家的真理，作为命题式宣传的基础，被有关一种反叛的真理所取代时，那种大爆发才会发生。该反叛针对的是参与式意识，包括它的理智形式与启示形式，就像在18世纪发生的那样。在这个方面，将《论宇宙》同孔多塞的《人类精神进步史表纲要》加以比较，可以带给我们一些启发。

不过，某种程度的爆发甚至在《论宇宙》中就已经出现：在第六章中，这位不知名的作者对统治宇宙和统治波斯帝国进行了著名的类比。他对宇宙的构想在很大程度上依赖于对一种几何学观点和一种本体论观点的亚里士多德式结合：根据前者，地球被置于宇宙的中央；根据后者，宇宙之中的秩序源头被置于它的边缘。他写道，按照某种人尽皆知的古代传统，万物都来自神，并且经由神，神是将整体结合在一起的原因（aitia）；而且，这个神也被称为是至高无上的（hypatos），因为他住在天上最高、最重要的地方；最后，他塑造秩序的力量遍及万物，但人们 260
在天体的运动中才能得到最直接的领会，因为那些天体离他最近，而地上的事务则显得满是不谐与混乱，因为大地是离他最远的（397b13—398a6）。宇宙秩序随着与神性源头的空间距离增长而下降，这样的秩序必定显得有些奇特。有鉴于此，作者接着便将这种奇特性同帝国秩序从王权中心开始的扩散相比较，从而使这种宇宙秩序变得可信。位于苏萨或埃克巴塔纳的国王本身“对所有人均不可见”，他住在一座非比寻常的王宫中，它的墙壁是用黄金、琥珀金和象牙制造的；他的身边围绕着层层卫兵、官员和情报人员，从而使这位主宰和神灵（despotes kai theos）能得知一切事情，并且相应地发出他的命令；接下来，从达达尼尔海峡延伸到印度河流域的广袤亚洲帝国（arche tes Asias），被划分为不同地区，由总督之类的官员治理，这样就能使伟大国王的意志遍及整个王国，直到它的尽头，即使统治者不能亲自关注到遥远地方的事物也不要紧（398a6 ff.）。当然，不应该期望帝国也像更大的宇宙城邦那样，在整体上运转良好（400b27），因为国王的至高无上（或者说王权，hyperoche）并不像神那样；但是，在适当考虑差异的情况下，我们绝不应丧失我们的比例感，因为从卑微臣民到国王的距离，就像从国王到神的距离那样遥远（398b3）。因此，国王是位于帝国的卑微臣民和宇宙的神这二者中间的一个存在者。巨人们仍然尚未到达天上，但至少他们已经提升自我，高出他们的受害者像天那么高的一段距离，就像天比那些帝国巨人所高出的程度一样。

对帝国巨人的建构非常类似于之前对哲学家的建构——哲学家是一个位居中间的存在者，位于“撰写了《论宇宙》的那些受造物”和“作为最早的真理分派者的众神”二者中间。处于人和神中间的那些哲学家和国王，同柏拉图的哲学家—国王极为不同。一种新型的“居间生存”出现在历史过程中，而对权力的顺服则侵蚀了理智性意识。这位作者声称，哲学不应思考“小”（mikron），而应“用配得上那些最卓越人物的礼品向他们致敬”，就像致亚历山大的公开信所做的那样（391b7—
261 8）。[12]而且，这些建构和断言并不是一位其他时候都有着哲学头脑的作者可被原谅的口误。相反，哲学堕落为权力的仆从（ancilla potestatis），这一点牢固地植根于对阿那克西曼德有关过程的真理所做的显著转变之中：“在那些个体事物中，有的生成，有的正值鼎盛，还有一些正在衰朽。正在生成之物（geneseis）与正在衰朽之物（phthorai）相平衡，由此，衰朽使万物更易生成。”在这种变化结构中，有的东西上升到有权力的

12　关于在黑格尔与拿破仑关系中出现的同样现象，参见《求索秩序》中“论黑格尔：一项关于巫术的研究”一章。［该部分内容后来并未发表于《求索秩序》，而是发表在 *Studium Generale* 24（1971）：335—368，并被收入 *CW* 12：213—255。——英文版编注］

地位，其他东西则从这种地位下降，这使得作为一个整体的系统免于毁灭，永远持续下去（397b2—8）。生存的正义与光明已被抹去。万物的生存被化约为权力；那个过程本身则被实体化为一个强有力的生存物。实在所具有的奥秘已被畸变为一场权力斗争，那个过程的权力通过这种斗争而保持自身的生存。

2. 天下与大洋——实在的地平线

在《论宇宙》中，宇宙变成一种出于贪欲的生存，就像莫洛克神那样吞噬在时间中的万物，以为自身获得永恒的存在。这部作品的理智品质很糟糕；人们竟然曾经以为这样的东西是亚里士多德写的，这简直无法想象。不过，对各种宇宙奇迹的真诚敬畏，在描述宇宙令人惊异的组成结构（systema；391b9）时［从天开始，经过火、气、水各层，下降到居于核心的大地，尤其是以陆地和海为构造的天下（oikoumene；392b21）］充满愉悦的兴奋与骄傲之情，这样的因素激发了这位作者的写作。尽管它们并未消除理智上的困惑，但这些情感依然使出于贪欲的畸变变得可被理解——由征服者们的行动导致天下的地平线（ecumenic horizon）大范围扩展，这激发了这种畸变。帝国的扩张拓宽了知识的视域（horizon）。

这位作者所描述的oikoumene正是帝国式天下，它使自身同荷马时代那个以紧凑的方式得到体验的天下相脱离。在史诗中，oikoumene这个词指的是高出水面的有人居住之地；在《论宇宙》中，当作者将oikoumene划分为岛屿（nesos）和大陆（epeiros）时，他仍然是在这个意
义上使用该词。但是，荷马所说的地球（包括地中海、它的岛屿，以及 262
与地中海相邻的大片陆地）由流回自身的欧凯阿诺斯（Okeanos，意为“大洋”）河所限定并环绕，而这位作者所说的天下“由人称大西洋的海（thalassa）所环绕”（392b23）。由众多岛屿与大陆构成的这个全新天下，本身也是辽阔大洋上的一座岛屿；此外，在未被看见的地方，很可能坐

落着多得多的天下（这里用的是复数！），与我们已知的这个天下相仿。荷马时代的Okeanos变成了ocean（大洋），在语言上依然与各种各样的海（thalassa，pontos）不同。这些海是大洋的分岔，给我们的岛屿天下塑造出犬牙交错的海岸线（393a17）。[13]

天下与大洋同属于一个符号化表达的组成部分。这个符号化表达，作为一个整体，表达了对人在宇宙中的生存的紧凑经验。人不是无身体的心灵。他用来产生经验的意识是以身体为基础的；这个身体是在各代人之间进行着传承的生命过程的一部分；人的生命过程是那种还囊括了动植物领域的生命的一部分；这个更大规模的生命过程是以它所发生于其上的地球为基础的；地球是被希腊人称为宇宙的那个实在整体的一部分。按照字面意思来说，oikoumene就是人在宇宙中的居住地。

这个宇宙具有空间上的广延和时间上的持存。但它之所以具有它们，是从居住地的视角来说的。宇宙不是一个处在时间和空间中的客体；广延和持存都是从位于宇宙之中的居住地体验到的实在所具有的维度。这些透视出的维度既不是无限的，也不是有限的，而是向着一条"地平线"延伸，也就是说，向着天地汇合之处的那条边界延伸，位居超越的那个世界在那里对这个世界构成了限制。在天下时代，对"地平线"的这种经验仍然是以紧凑的方式，通过宇宙起源论思辨、神谱论思辨和历史创生论思辨，通过有关创世的神话，通过有关作为天下边界的欧凯阿诺斯的神话等，来得以符号化的。而且，地平线是可移动的。只要是通过空间中的各种构造或是时间中的各种事件，来对地平线加以紧凑的符号化，那么，边界线就会通过地理学和天文学知识的扩展，而
263 在空间上被推至更远，并且通过历史知识、进化知识、地球物理学和天

13　关于okeanos这个符号的历史，参见Albin Lesky，*Thalatta, Der Weg der Griechen zum Meer*（Vienna：R. M. Roher，1947），尤其是第79页及以后，论及柏拉图在《斐多》所讲神话中关于世界的构想，它与《论宇宙》的构想非常相似。

体物理学知识的扩展，在时间上被推至更远。不过，尽管这条地平线是可移动的，但却无法被消除。即使这条地平线大幅度地后退，导致空间和时间变成无空间性、无时间性的存在本原的图像（eikon），但是，对地平线的经验也不能被“取代”，或被解释为某种“幻觉”，因为地平线的拓展并不能使我们越过边界线。每次这样的拓展确实都会引发一场所谓的“精神危机”，因为总是会有只接受字面意义的人，他们将有关边界的符号化表达因知识扩展所带来压力而发生的改变，误解为对边界的消除，并在消除边界的同时也消除了边界背后的神性超越。对于天文学意义上的地平线在伽利略之后得到的扩展而言，这种误解状况尤甚。这一扩展已成为促使人们持有如下凡俗信念的诸多因素之一：人不再生活在古希腊意义上的宇宙（cosmos）之中，而是生活在一个“物理学意义上的宇宙（universe）”之中。[14]

在天下时代，必定被扩展中的知识所取代的那种古老符号化表达，就是作为天下边界的大洋。在史诗时代，大洋是地平线的标志，奥德赛在那里发现西美利人，以及通往死者所在地下世界的入口（《奥德赛》II）；大洋是天下的边界，在它之外坐落着福人岛（4.56 ff.）。因此，在史诗中，天下，连同它的居民，尚未成为一片有待征服的土地。有关“地平线”的经验（地平线被体验为一条边界，位于天下的可见辽阔区域与它的存在所具有的神性奥秘之间）依然是充分鲜活的；天下—大洋，作为一个完整的符号化表达，依然表达了作为一个整体的宇宙所具有的居间式实在。然而，如果我们只将这个符号化表达的谱系追溯到史诗，那么，使它在天下时代瓦解的那些事件的历史重要性就将遭到严重扭曲。这是因为，尽管这个符号化表达从荷马到赫西俄德一直为人所熟知，但

---

14 关于对此问题的进一步阐述，参见《求索秩序》中论“运动的灵魂”的一章［“运动的灵魂”完成于1969年，见 Voegelin Papers，box 75，folder 2。发表于 *CW* 28：163—172。——英文版编注］

它的源头不在荷马，甚至不在古希腊。okeanos这个词并没有印欧语系词根；在古希腊语中，它是一个外来词。就像thalassa（海）一样，它属于古希腊人抵达爱琴海的时候获得的有关海的词汇。虽然okeanos这个
264 词在语言学上的真实起源并未确定，但这个符号化表达本身实则十分古老，它在美索不达米亚神话和埃及神话中都出现过。[15]吉尔伽美什在位于大洋边界上的太阳花园中找到了乌特纳皮兹姆，而在图特摩斯三世（公元前1490—前1436年）的一条铭文中，阿蒙对法老说：

> 我已降临，
> 我将让你踏遍大地的尽头，
> 那为大洋所环绕的，尽在你的掌握之中。[16]

---

15 Lesky, *Thalatta*, 64 ff。关于okeanos分别作为古典希腊的符号化表达和迈锡尼文明的符号化表达二者之间的连续性，参见Robert Boehme, *Orpheus: Der Saenger und seine Zeit*（Bern-Munich：Francke，1970），尤其是第183页及以后，第286页及以后。

16 *The Hymn of Victory of Thutmose III*（1490—1436），*ANET*，374，trans. John A. Wilson。我想知道哪个埃及文单词可被翻译成“ocean”（大洋），并请求慕尼黑大学的埃及学家迪特里希·威尔东（Dietrich Wildung）博士在这个问题上启蒙我。以下就是他友善地向我提供的信息：这段话中的埃及词语是šn。这个词属于一组概念，它的基本含义是“圆的，环绕，围绕”；衍生出来的其他含义有“环境，周边”、“全世界”（orbis terrarum）。在托勒密时期，šn可以指“围绕着爱琴海诸岛的海”。在中王国时期，这个词仅仅出现在与其他词连用的场合，例如“巨大的šn”、“由巨大的šn环绕的一切”（意为整个世界）。在这段话中被译为“ocean”的那些词，字面意思是“巨大的环绕者”。它可以回溯到埃及人对有序世界的构想，这个世界由原始水域，亦即混沌（chaos）所环绕。于是，作为这个原初意义的衍生物，šn wr，亦即“巨大的šn”就能用来指埃及北边的海。“巨大的环绕者”是一片水域，这一点只能从限定语（运河或吃水线）推断得出，而在其他情况下，šn还可以出现在“由太阳所环绕（šn）的一切”这种表达中，它也指“作为一个整体的世界”。

由于古希腊语okeanos从荷马—赫西俄德时代的用法，到后来在地理学语境和帝国语境中的用法，其间经历了相当程度的意义分化，所以，若在翻译近东文本时使用“大洋”这个词，就容易模糊地平线与死亡之间的联系，模糊生存所受到的空间—时间限制，而这在早期神话中是以紧凑的方式加以表达的。吉尔伽美什还不是一位经过分化的发现者或征服者，试图超越大洋（作为空间意义上的地平线），而仍然是一位神话英雄，（转下页）

到公元前5世纪，欧凯阿诺斯河已经变成了大洋—海，它环绕着作为天下的那片广大陆地，也环绕着居住其中的人类。希罗多德对那种更加古老的构想表示了不屑："就我这方面来说，我从来不知道有一条 265
叫'大洋'的河流。我想是荷马或者是更古老的一位诗人发明了这个名字"(《历史》2.23)；而且，"在这之前有多少人画过全世界的地图，但没有一个人有任何理论的根据，这一点在我看来，实在是可笑的。因为他们把地球画得像圆规画的那样圆，而四周则环绕着大洋的水流，同时他们把亚细亚和欧罗巴画成一样大小"(4.36)。从希罗多德本人在4.37 ff.的论述中，我们可以看到，在地理知识的拓展与帝国的扩张(以及帝国为了进一步探索天下与大洋而进行的远征)之间，有着多么紧密的联系。从作为原住民的波斯人开始，他追随波斯国王们发动的历次战役，从四个方向对大海进行探索。在埃及方向上，他将环绕非洲和"赫拉克

(接上页)寻求获得超越死亡的生命。根据第十块石板的记录，他所必须穿越的各片水域并不是大洋，例如，N. K. Sandars版本的*Epic of Gilgamesh*(Baltimore：Penguin，1964)就将其译为"大洋"，意为天下的边界；这些水域是此生所在世界之外的死亡水域。而且，若将"水"或"海"译作"洋"，则将模糊该神话在经验层面与其他神话的等价关系。那些神话所描绘意象的重点并不在于在空间中漫游，而在于争夺生死的战斗，就像有关巴尔(Baal)和海—河(Yam-Nahar)之间斗争的乌伽利特(Ugaritic)神话那样，最终以巴尔的永恒王国(*mlk. 'lmk*)的建立而告终。G. R. Driver，*Canaanite Myths and Legends*(Edinburg：Clark，1956)，80—81；并参见新的法文译本：André Caquot and Maurice Sznycer，"Le poème de Baal et la Mer"，in *Les religions du Proche-Orient asiatique*(Paris：Fayard-Denvel，1970)，388。海—河神的一部分被符号化为"河流法官"(Judge Nahar)。德赖弗在*Canaanite Myths*第12页推测道，这个称号反映出"这样一个神话：在获准进入阴间之前，死者的灵魂所受的审判发生在环绕世界之河的河岸上，或者说发生在大洋的岸边"。因此，一种有关地平线—死亡的非常紧凑的经验，就能扩展为花样繁多的神话，例如：吉尔伽美什穿越死亡水域；巴尔和海—河之间的战斗；在《旧约》的所谓"王室诗篇"中出现的，同乌伽利特神话有着密切关联的神话，讲述了在各片水域(它们位于人们所发现的深处)之上建立起神圣王国的故事；以及柏拉图《高尔吉亚》和《理想国》中对死者的审判。如果这些根基性的等价物和变体都被遮蔽的话，那么，我们就几乎不可能认识到，在诸如追求"革命的不朽"(Lifton)这样的现代现象背后，有着相同的经验在起作用。

勒斯之柱”（Pillars of Hercules，即直布罗陀海峡两岸的峭壁）的航行包括在内；在印度方向上，他受到了阻碍，因为再往东的土地“无人居住，谁也说不清那里是怎样的一块地方了”（4.40）。

在亚历山大发起对印度的战争前，西方人在构想文化意义上的天下时，将北方和南方的游牧部落排除在外，这在很大程度上仍然是一个世纪以前希罗多德的构想。值得认识和征服的有人居住的世界只是波斯帝国的疆域，加上东地中海地区。如果我们相信希罗多德有关薛西斯之雄心的说法（他想征服希腊，因为那样的话，他的人间帝国就将与宙斯的以太世界同样广大），那么，这场阿契美尼德式普世征服计划就同亚历山大的没有多少区别，除了征服所赖以进行的基地从伊朗变成了马其顿以外。当亚历山大的扩张到达印度时，他认为他将抵达位于东方的大洋。他的后期战役少了几分征服的色彩，甚至更加谈不上是理性的军事行动，而不如说是对天下之限度的探索。由于地形和气候方面的困难因素，他不可避免地陷入
266 困境。在穿越旁遮普后，印度显现出超乎预期的广袤，剩余的部队拒绝仅仅为了满足亚历山大的欲望（pothos）而遭受进一步的伤亡。在海达斯皮斯，他不得不调头返回。抵达东方大洋的欲望不得不遭到削减，被改为顺印度河而下，直达阿拉伯海，希腊人在那里首次见到大洋的潮涨潮落现象。在从印度返回苏萨的路上，穿越格德罗西亚沙漠的艰难跋涉同样是灾难性的，而海上力量与此线路平行的探索航程也一样。一位进行了理性计算的军事将领必定会派出小股力量，就像大流士在其沿印度河而下的探险中所做的那样，但亚历山大却让整支军队面临未知的自然障碍，从而陷于毁灭境地。在亚历山大的天才中，征服者的权力欲混合着探险者的好奇心，以及对到达“地平线”的极度贪欲，这些因素共存于被称为他的欲望（Pothos）的那种生存张力中。通过这次爆发，西方人眼中的天下就获得了一条不确定的地平线，远在旁遮普之外，但印度文明区域的实际范围，以及更遥远的远东地区的实际范围依然是未知的。

扩展中的有关文化层面天下的知识，对现实层面天下的创建，这二

者之间的联系是当前关注的要点。随着帝国征服范围的扩张，文化层面的天下进入了视野；对一个超越此前视域限制的广大人类的发现，不仅反过来影响到发现者正在形成的人类观念，而且影响到普世征服者的计划。亚历山大将会如何回应他对天下的东方维度的发现，我们无从得知，因为他的生命戛然而止。但我们至少知道，在东方的那场灾难过后，他的目光转向了位于西方的大洋；比西西里向西更远的地方，尤其是比“赫拉克勒斯之柱”更远的非洲和欧洲大西洋沿岸，作为天下的一部分，都还不怎么为人所知。如果一些历史学家更倾向于将《备忘录》中的那些计划解读为探险计划，而不是征服计划，那么或许他们并没说错；甚至就在论及印度之战时，征服和探险也已变得难以区分。

在亚历山大之后，那些普世—帝国符号的意义开始发生微妙变化，这种变化反映出，不可能使一个帝国的司法管辖范围，同正在扩展中的文化层面和现实层面的天下完全吻合。当亚历山大在拥有马其顿、希 267
腊和埃及的王权之后，又取得亚洲的王权时，他仍然能相信自己业已建立起涵盖整个天下的帝国。当印度河以外的天下的广袤范围得到认识以后，这种构想便发生了动摇；一到分别位于“亚洲”东部和西部的孔雀帝国和罗马帝国开始联合时，这种构想也就必然烟消云散了。在后亚历山大战争之后，当塞琉古一世取得亚洲之王的称号时，由一个单一的普世帝国向现实层面的天下之内的多个帝国的转变过程，就已经开启了。从公元前166年的各种事件开始，意义的改变就已极为明显。那时，“神的化身”安条克四世在达芙涅和巴比伦举行了两次感恩庆典(Charisteia)，并自封“亚洲救世主”(soter)。军队的胜利阅兵以及新的称号所指向的，只能是欧克拉提德斯在东方对德米特流斯的胜利，后者已建立起一个希腊—印度帝国，其中一部分是占据的塞琉古帝国东部数省。而且，公元前168年发生了皮德纳之战，而在公元前167年，马其顿的征服者埃米利乌斯·保卢斯在盛大的安菲波利斯的节日上庆祝了他的胜利。因此，有历史学家推测，安条克四世的两次感恩庆典是针对罗马的胜利举行的反制庆典，他们很可能是对的。这些平行出现的胜利和庆典，以及在这个时间点上出现的“亚洲救世主”称号都表明，由于罗马势力的崛起已是不可改变的事实，故而文化天下与现实天下之分已获接受。在大流士一世和薛西斯时期，亚洲的西方除了一个四分五裂的希腊，再没别的什么了，而要控制这个希腊的话，并不需要去征服它；在东方，只有印度的一些部落联盟和公国，它们显然并未引发波斯人对印度河以东地区的兴趣。安条克四世统治下的亚洲是一个强权，但它在西方与罗马接壤，后者刚刚警告过安条克，让他不要染指埃及；在东方，它与新兴的各种帝国组织接壤，它们剧烈蚕食着塞琉古的领土。从西方到东方，不断扩大着的天下充满了相互竞争的帝国。

3. 再论波里比阿的符号化表达

在埃米利乌斯·保卢斯战胜马其顿人，欧克拉提德斯战胜德米特流斯那个时候，波里比阿发展出他的符号化表达：研究（pragmateia），以
268 及罗马扩张的普世目标（telos）。波里比阿对这个天下问题的表述是否充分？或者说，该表述是否需要根据我们今天所知的事件进程而加以修正？现在必须考察一下这个问题。

波里比阿是普世帝国主义的古希腊受害者。在他当时的局势下，罗马主宰着舞台。诚然，他了解在亚洲发生的事件，并且叙述了安条克四世的战争，但他对研究的构想在很大程度上受限于现象（theorema），受限于现实层面的景象，因为它在罗马扩张的过程中变得“自我显明”（self-apparent）。尽管他可能拥有关于亚洲和印度的一般知识（这能从希腊化时期的作者那里获得），但那种知识本身是相当有限的。关于印度，人们所知的不过是他在麦加斯梯尼的著作中所能读到的那些，而麦加斯梯尼所知的也不过是他在旃陀罗笈多宫廷中所能见到的那些。当时，任何人想要对“孔雀帝国的崛起、范围和衰落”形成一种清晰的构想，都将会是十分困难的。此外，波里比阿并不比其他西方人对中国所知更多，也不知道孔雀

王朝阿育王的生活年代与中华帝国缔造者秦始皇有所重合。在波里比阿的时代，人们还不知道，实际上有一个现实层面的天下，从大西洋直到太平洋。在塞琉古塑造“亚洲”，孔雀王朝统治者塑造“印度”，秦汉王朝塑造“中国”时，波里比阿用与“罗马”相关的词汇来表述天下问题。从他位于西方的观察视角看来，在公元前2世纪就已征服西地中海地区的罗马，看起来注定要吞并先前为波斯人和马其顿人所占有的土地。对波里比阿来说，这便是他真正所知的天下的全部。这就是为什么在他看来，现实层面的历史具有一个普世性的目标。显然，我们在空间和时间上对天下时代的了解越深入，波里比阿对天下的构想便将越被证明是不够充分的。

不过，有关这种符号化表达之不足的这些评论，并不能成为对这个问题的最终判断。为了得出最终的判断，必须要由对“地平线/视域”的经验来提供判断尺度。诚然，征服能扩展有关文化层面天下的知识；更宏大的知识视域能激发更进一步的征服；征服者们能将文化层面的天下转变为现实层面的天下；他们能做出进一步的尝试，将现实层面的天下转变为司法意义上的天下；各种各样的原因都能挫败这些尝试；多场帝国缔造事业能在文化—现实层面的天下兴起，各自均在保持自 269
身对天下之主张的同时，又与他者共存。然而，所有这些事件都发生在从人位于宇宙之中的居住地，以空间—时间视角对实在进行的观察**之内**，我们已将这称为天下的“地平线”，而人们既无法抵达该地平线本身，也无法超越它。因此，所谓之前描述的那种不足影响了波里比阿有关罗马命定目标的构想，这仅仅是就该构想预测了发生在天下的地平线**之内**的事件而言；波里比阿的符号化表达表达了对那条地平线的经验，也表达了对那种出于贪欲而付出的努力的经验（该努力意在通过身体层面的征服而抵达那条地平线），就此而言，那种不足并未影响到他的符号化表达。一个世纪之后，“罗马”与帕提亚人的“亚洲”之间的冲突证明，对一个罗马天下的预言是错的，但这一事实并未损害关于目标的那条真理。关于目标的那个符号化表达，依然是一项非凡的洞见，它洞察到帝国扩张的意义在于，它是一种尝试，旨在通过在人类的宇宙居住地之中，将人类有组织地结合成社会，从而以可见的方式来代表普遍人性。波里比阿清楚地知道，这种尝试注定要失败，因为进行征服的贪欲无法抵达那条地平线，在它之外是人的普遍性所来自的神性源头。但是，正是从这一失败之中，产生了人类及其居住地。在此居住地上，人的普遍性必须在个人的、社会的以及历史的生存中得到实现。

一旦有关普世生存的意识从有关天下—大洋的紧凑经验中分化出来，该意识的真理性就变得独立于一个帝国的实际范围。通过中华帝国的建立，通过游牧民族的移民（他们是因为中华帝国的建立而被推动起来的），通过这些移民活动对西方造成的影响，现实层面的天下仍在增长；正是在这个时候，那些征服者的普世欲望退缩了，退缩到由地形的、民族的、文化的、军事的以及行政管理的各种条件对帝国事业设置的种种限制之内。然而，各个新兴帝国的自我理解并未从普世主义退回到宇宙类比，反而是前进到与各种新兴普世宗教结盟，而这些宗教则毫不犹豫地将它们从灵性精神的层面对普遍人性得出的各种洞见，理解为一项使命——在全天下扩张。这些新兴宗教中有三种——基督教聂斯托利教派（也称“景教”）、摩尼教以及伊斯兰教——真的就从近东扩张至中国，而另一种宗教，佛教，则从印度扩张至中国和日本。另
270 一方面，经由波里比阿而成为人们关注焦点的普世目标，依然是对罗马人眼中的全世界（orbis terrarum）的经验（pathos），以及对它的塑造性（formative）符号化表达。在“亚洲”、“印度”和“中国”有多个普世帝国，这一点并未在罗马的帝国意识中搅扰它所怀有的普世目标。同宇宙类比一样，尽管帝国的司法管辖范围在实际上明显小于“整个世界”，但那种普世性符号化表达所具有的塑造性力量并没有多少减损。当意在进行扩张的贪欲完全得到释放，新出现的普世意识，就会连同对普遍人性的意识一起，退缩到它作为塑造性力量的功能，以服务于那些已从帝国磨难中产生的社会。一种全新的社会类型已经出现。

在结语部分,有必要进行两点思考。

一种全新的社会类型已从天下时代的帝国所引发的混乱中产生,尽管这一点并非不为人知,但是,无法令人满意的分析状态和术语状态却依然遮蔽了它。最常用来指代这些新兴社会的术语是**文明**。我们谈论希腊—罗马文明、拜占庭文明、西方文明、伊斯兰文明、俄罗斯文明以及中华文明。不幸的是,这个术语也被用来指代前天下时代(pre-ecumenic)的社会,例如美索不达米亚的宇宙论文明和埃及的宇宙论文明。不仅如此,它还被用来指代另外一些社会,它们的特征不在于它们对宇宙秩序和社会秩序的塑造性经验与符号化,而在于民族和文化特征的连续性,例如将前天下时代和后天下时代的社会均涵盖在内的"印度"或"中国";但是,那个受到大流士或亚历山大入侵的"印度",显然不是那个由佛教帝国和印度教帝国塑造出来的"印度",周代的那个"中国"也显然不是那个由与儒家思想结盟的汉帝国塑造出来的"中国"。话又说回来,这种用法可以为自己提供便利的说辞,因为在不止一个例子里,一些过度扩张的"多元文明"帝国,例如阿契美尼德、马其顿和罗马帝国,其分裂就是沿着那些由民族和文化层面的连续性所决定的界线进行的。不过,正是这种便利说辞再度提醒我们注意由这些帝国的"身份"所导致的种种困难。不可否认的是,这些困难就是在天下时代起作用的重大塑造性力量。对这些相互冲突用法的不满有时会出现在人们的评论之中,例如莫米利亚诺的评论:汤因比"责备吉本没能理解,罗马帝国在它诞生之前四个世纪就已经开始衰落了。的确,汤因比教授坚持认为,罗马文明的危机始于公元前431年,当时雅典人和 271
斯巴达人在伯罗奔尼撒战争中两败俱伤"。[17]最后,那些常规用法均未

17　Arnaldo Momigliano, "Christianity and the Decline of the Roman Empire", in *The Conflict between Paganism and Christianity in the Fourth Century*, ed. Momigliano (Oxford: Clarendon Press, 1963), 1.

承认如下一些现象具有文明地位：希腊人的流离失所，它形成了“古希腊精神的时代”的社会基础；犹太人的流离失所，它为福音书的传播扩张提供了最初的基础。在此，我无意进一步讨论这些问题，但以下这点应该已经变得明晰：各种“文明”是实体化的“历史主体”，它们遮蔽而非照亮了历史的进程。

其次，必须对天下（作为人在宇宙视域内的居住地）的后续命运进行一番思考。有关天下的知识拓展并未在天下时代之后停下脚步，尽管海洋在接下来的数百年里依然是界限。出于贪欲的扩张，同时也是知识的扩展，在大发现时代得到继续，最终导向环球航行。从以荷马所说的大洋为界的地中海式天下开始，边界被推到比印度、中国以及美洲更远的地方，直到天下的物理形状最终呈现为一个球体。如果有人试图抵达欧凯阿诺斯，抵达那里的福人岛以及通往地下世界的入口，那他还会回到最初出发的地方。天下具有的球体形状，会将充满贪欲地探索实在的探险者带回他自己的家园，而且，这个球体坐落于无限延展和持存的宇宙视域之内。这一绝妙的反讽几乎不曾被那些不愿承认贪欲受挫的人所意识到。这是因为，有关天下的知识所出现的这种终极扩展，毫不留情地将实在所具有的奥秘强加给人的意识，让它不再能通过身体力行地推后地平线来掩盖这一奥秘。这种全新的知识状态使中世纪人眼中的世界图像变得过时。在所谓的现代时代，人们很早就认识到该状态所带来的后果。对于全球性天下，托马斯·莫尔温和地评论道，地球上所有的地方都离天一样远；对于宇宙视域，库萨的尼古拉注意到：“世界的中心与其边缘重合”，因为那个既是宇宙中心又居于所有边缘的（centrum mundi ... qui est simul omnium circumferentia）
272 就是神。[18]但是，出于贪欲的逃离必须继续，而且，既然在地球上狂奔已

18 Nicolaus Cusanus, *De Docta Ignorantia*, vol. I of *Opera Omnia*, ed. Hoffman-Klibanksy（Leipzig: Meiner, 1932），100.

经变得有点愚蠢，那么就必须设法往返月球。不仅如此，由于宇宙视域的中心既无处不在，又无处可在，导致人们又被抛回地球，视之为物理层面的意义中心，因此，宇宙中必定散布着一些额外的天下（extra-ecumenes），它们将会为出于贪欲的扩张注入意义。因此，我们生活在其他世界而非我们自己的世界的时代，生活在有着来自火星的入侵者的时代，生活在飞碟的时代。[19]只要能推迟面对生存所具有的神性奥秘，那就怎么样都行。

然而，与帝国缔造者们重新燃起的贪欲冲动相比，这些想象出来的**消遣娱乐**是无害的。这回出现的这种冲动是意识形态化的，它想要让他们各自的帝国所管辖的范围，同现实层面的天下完全一致。这种局面，与罗马人追求无限帝国的那个时代相比，更容易一触即发，因为这种全新的帝国主义始于“在生存层面反叛精神秩序”的那种立场，而在早先的那些普世帝国中，这种立场则是促进了那种退缩过程的。在装备了大量物质手段之后，帝国的傲慢（hybris）再度出笼，意欲完成不可能完成的任务——通过残暴地对待普世人类，来创造普遍人性。 273

19　参见C. G. Jung, *Ein moderner Mythus von Dingen, die am Himmel gesehen werden* [Zurich：Rascher，1958；英译本，*Flying Saucers*（New York：Harcourt and Brace，1959）]。

第四章

征服与逃离

在天下时代，现实层面的征服和精神层面的逃离在形成新的社会领域时十分紧密地交织在一起，从而使二者之间的界线倾向于变得模糊。

在居鲁士大帝的后继者中，阿契美尼德帝国对巴比伦的征服被变形为一种对其宇宙论形式的逃离，因为这个新帝国被视为和平与正义之地，为身处阿胡拉玛自达普遍真理之下的所有人所共享。大流士的自夸可与大卫的最后言语（《撒母耳记下》23：1—4）相媲美；薛西斯的坦—瓦胡祷文甚至还将位于普遍的神之下的个人生存秩序的适用范围从国王扩展到人民，因为每个人都被认为是走在“身怀真理的”阿胡拉玛自达的道路上。

接下来，马其顿的征服延续了这种阿契美尼德式逃离。尽管许多细节仍将存在争议，但可以肯定的是，“人类和谐”这一观念并未延续那些较古老帝国的宇宙论形式，而是在从柏拉图—亚里士多德式和谐到保罗式和谐的路线上运动。亚历山大肯定试图以下做法：将他在现实层面的征服，转变成一个处于神性理智之下的普世共同体（koinonia），并由那个较古老的符号化表达（作为所有人之父的神）来加以巩固。

在以色列案例中，征服与逃离间的这种密切关系更加引人瞩目。

首先，存在着一种始于精神层面的逃离，通向征服的运动，因为逃离宇宙论形式，进入“直接位于神之下的一个民族”这种状态的过程，不是通过埃及社会的内部转型，而是通过现实层面进行的逃离、对新领土的征服，以及在历史中对新社会的建构，来实现的。为了在这片现实权力领域中存活下来，这个新社会随后就必须像其他民族那样获得一位王，并且通过征服扩张为大卫—所罗门帝国。然而，当历史的沧海桑田将 274
以色列的现实权力归于虚无后，新社会并未消失，而是通过第二以赛亚的出现，在新一轮的精神运动中爆发：对埃及的逃离，如今必须通过以色列对自身的逃离而得以完成。在这第二次逃离中，耶和华将充分启示他的荣耀（kabhod），使得“凡有血气的，必一同看见”（《以赛亚书》40：5）。以色列将不会被重建为身处宇宙论的强大帝国包围之中的小块区域性飞地，而是将被重建为耶和华之下的一个普世人类的中心（《以赛亚书》55：5）。

第二以赛亚意识到，他的预言是一个事件，它以一种新意义照亮了实在的过程。看起来，从他的各种思考中，这条新的意义路线可被理解为一个序列，由两个历史阶段或三个宇宙起源论阶段构成。在历史建构中，他将当时的逃离同以色列从埃及的第一次逃离相联系：进行第一次逃离时的以色列属于过去（《以赛亚书》43：18—19）：

> 你们不要纪念从前的事……
> 我正做一件新事——

而这件“新事”将是对人的拯救（zedakah），通过并超越以色列，成为对所有人类的拯救（《以赛亚书》49：6）：

> 我要使你作外邦人的光，
> 叫你施行我的救恩，

直到地极。

在宇宙起源论建构中，他将埃及的和当时的逃离都解释为创世戏剧的不同阶段：在第一幕中，神是这个世界的创造者（bore）（《创世记》2：3 ff.）；在第二幕中，神通过逃离和立约（Berith）变成“以色列的创造者”（《以赛亚书》43：15）；在第三幕中，通过以色列这个受难的仆人，神变成救赎者（goel）（《以赛亚书》41：14），他所施行的拯救直到地极。在第三个也是最后一个阶段，苍穹降下正义，地面开裂，产出救恩，因为“这都是我，耶和华，所造的”（《以赛亚书》45：8）。因此，只有在大地产生了由得到解放的人构成的天下之后，创世才得以圆满。这个符号化表达是值得注意的，因为它是已知最早的，将历史建构为（包含三个阶
275 段，以完美之国为顶点的）有意义序列的例子。作为符号化表达的“第三个国”，在历史上呈现为对普世意识的一种表达。

在创世的最后阶段，神扮演着救赎者的角色，而先知则赋予普世征服者“神的工具”这一角色：击溃巴比伦势力的居鲁士是耶和华选定的救世主，即他的mashiach（《以赛亚书》45：1）。在从宇宙论统治向普世统治转变的过程中，束缚人的帝国已变成解放人的帝国。至少有那么一个历史时刻，宇宙论帝国的毁灭让先知将天下设想成一片社会领域，他在精神层面的逃离能在其中变成塑造性的力量。由第二以赛亚辨识出的意义路线认定，在精神逃离所具有的普遍性和通过征服而建立的普世领域之间，存在一种预设的和谐关系（harmonie pré-établie）。这一认定表达出（在历史上依然还是首次）对征服与逃离之间关联性的经验，这种关联性后来重现于一些著名的案例中，例如保罗—奥古斯丁在罗马帝国和基督教之间发现的关联性，黑格尔在法国大革命之后的拿破仑帝国与他自己对精神的“综合”（出现在先前的生存层面“分裂”之后）之间预设的和谐关系，或是20世纪对以苏维埃帝国为中心的马克思主义变形革命的设想。

第一节　在实在中的逃离

对代表性案例的简要回顾既表明了问题所在，也表明有必要对该问题加以澄清。作为经验性历史编纂的问题，毫无疑问的是，各普世帝国所在的时代也是历次精神突进所在的时代（它们已被命名为人类的“轴心时代”）；同样毫无疑问的是，犹太教、斯多葛派和基督教的重要思想家已将普世帝国和精神突进的同时性体验为神意主导下的事件汇聚，充满与精神状态和对人的救赎相关的意义，而不只是巧合。在结构上等价的以下符号化表达构成了一条序列：第二以赛亚的逃离——以色列逃离自身，进入一个位于耶和华之下的普世人类，并以居鲁士作为救世主；斯多葛派的逃离——逃离城邦，进入作为帝国式天下的宇宙；基督教的逃离——进入一个已在神意主导下，由帝国式天下准备好的 276
变形天下；黑格尔的普世综合；还有马克思主义的普世革命。在这条序列中，每个成员都曾宣称自己提供了终极意义，然而，仅仅是这种主张的重复出现，便摧毁了它们的这种主张。对历史意义的终极回答并非只出现过一次，而是出现过太多次了。在一方面，思想家们一再从征服与逃离的汇聚中辨识出意义，而在另一方面，每一种试图达成普世终极性的努力，在历史上都未能成为终极的。二者之间有着理论上无法解决的冲突。

这个问题无法在那些等价的符号化表达的层面上得到解决，正是这些符号化表达的前后相继将这个问题凸显出来。我们已有的“历史意义”已经泛滥成灾。再往上添加一项，并声称新增加的这项将最终成为正确的历史意义，将是毫无意义的做法。把这些符号化表达一丢了事，也将是无意义的，因为**在**历史**中**的各条意义路线，即使已被错误地实体化为历史**的**各种意义，也依然还在那里。加入那些兜售历史危机论的启示录式传播者的行列，同他们一样相信，如果这个世界并未走向他们所预计的终点，那便是正在走向那个终点，这样做也不会给我们带来什么收获。如果这种种逃离均被拦住，那么，该问题的坚实核心（雅各布·布克哈特在他的《世界历史中的幸运与不幸》中提出了这一点）便会再次露出它的面目。布克哈特分析了在历史的各种帝国式意义的建构过程中的“自私性”，该分析肯定是有效的。但它是否全面？除了由“幸运的占有者”（beatus possidens）的利己主义所推动的虚妄实体（hypostasis）之外，这种建构难道就没有别的什么东西了吗？历史上难道真的没有出现过令人厌恶的景象：一些有意义的进展（就连布克哈特也不曾否认它们）是由征服造成的人间悲剧和大屠杀所成就的？问题是无法回避的。

这项分析关注的是对汇聚到一起的意义的经验，因为它已在天下时代被人们意识到，并且从那时起就一直是西方历史中的一种常态。只有将作为符号的征服与逃离推回到那个实在的过程（这些符号就产生于其中），推回到对该进程的种种经验（它们是这些符号试图阐发的），才能找到一种在分析上有效的回答。

哲学家们关于实在的争论是在意识的理智性领域中进行的，该领域是由阿那克西曼德通过之前引用的箴言（B1）建构起来的：“万物之
277 本原是无定……万物必然朽坏成它们所源出之物；因为根据时间的法令，它们会就自己的不义相互惩罚。”在这句箴言中得到体验和阐述的实在包括无定、万物、无定与万物之间的关系，以及万物之间的关系。尚未作为一个实在区域得到阐述的是理智性意识，该箴言作为照亮实在的符号而出现在其中。

如果实在在阿那克西曼德箴言所具有的全面含义上得到理解，那么显然人既无法征服实在，又无法脱离它，因为作为万物起源的无定并不是一个东西，既无法占有它，也无法通过在万物所在领域中的运动而超越它。没有哪个帝国的扩张能到达不断后退的地平线；没有哪次对

束缚的逃离是对人的境况（condicio humana）的逃离；没有哪次对无定的转身回避，或者转身对抗，能使人免于通过死亡回归它的命运。任何一次巨人与众神之间的战争（gigantomachia）都以巨人的失败告终。因此，征服与逃离是**在**实在**中**的运动。

然而，一种既超越实在，又保持在它之中的运动，作为符号化表达，并非毫无意义，因为实在并非一个同质延展的领域，相反，其结构是带有因果关系和方向性的。首先，实在被阐述为两种存在模式，即无定模式和事物模式。二者为人所知，因为人将其自身体验为并非完全生存在这两种模式的其中一方之中，而是生存在作为参与式实在的居间之中。而且，这两种模式不是被体验为“存在”这一大类下的两个不分轩轾的不同变体，而是被体验为以带有因果关系和张力的方式相互联系，其中一方是不受限定的arche，即万物的起源和本原，另一方则具有限定之物的特征，它起源于无定，并回归于无定。因此，这两种存在模式的地位是有差异的：无定比万物“更加真实”。在柏拉图和亚里士多德所分析的吸引与探寻运动中，这种朝向实在（以显而易见的方式出现的实在）的生存张力为人所意识到。最后，对张力的意识并不是一个由某一认知主体接收到的对象，而恰恰是实在得以在其中照亮自身的那个过程。无定与万物并不是两种不同的、彼此间处于一种静态关系的实在；它们被体验为存在的模式，或是被体验为处在唯一整全的实在之中的一项张力的两端。这种整全意义上的实在被体验为进行着一种超越自身的运动，它以卓越的实在为方向。实在是流动的；这种流动拥有多种 278
带方向性的结构，这些结构体现在那片理智性意识领域的展开中，从阿那克西曼德的箴言，到柏拉图和亚里士多德的历史哲学。

这一分析的结果可以表述为两项命题：（1）整全意义上的实在以可被辨识的方式进行着一种以卓越的实在为方向的运动。注意：是作为一个整体的实在，**而非**那两种存在模式各自进行这一运动。（2）征服与逃离，这是对那些作为事业的参与行为（参与到实在带方向性的流动之中）的符号化表达。注意：是作为事业的参与，而非自发的人类行动，能带来对实在的征服或逃离。这两项命题，连同它们对错误畸变的预防，在原则上限定了那些参与式事业的意义，也限定了它们的意义的局限性。

在这两项命题的洞见之外，是这一历史运动的各项具体构造，而该洞见本身是这一运动的一部分。那些阐述了该洞见的哲学家充分意识到，作为一场运动的参与者，他们的作用有限，因为他们能通过自己的分化性行动对该运动加以回应，但却无法控制它。柏拉图和亚里士多德尤其意识到，下列因素是不受人力控制的：

（1）对实在的那种运动的参与所取得的理智性明晰，在人类历史中首先出现在那些哲学家自己的分化性行动中。实在并非万物的静态秩序，并非已经一劳永逸地被呈现给了某个人类观察者；实际上，它正向显现中的真理运动。人的生存，在实在向意识的这一运动中作为伙伴，并不是一个有选择余地的问题。

（2）理智性意识出现在古希腊文化语境中；它并未出现在埃及、波斯或塞西亚。在这一运动的历史构造中，人类的民族与文化多样性是一项因素，因为在一些民族和文化语境下，理智性意识看来要比在其他语境下更易于出现。

（3）到公元前4世纪，希腊的历史记忆已拥有一千多年的时间跨度。柏拉图和亚里士多德意识到，理智性领域的展开并未发生在迈锡
279 尼时代较为原始的条件下；在他们看来，唯独城邦的文明渗透（先是在安纳托利亚，接着在阿提卡），才提供了使哲学事业得以在其中兴盛的那种物质文化。原始的部落乡村在物质条件上太过有限，因而没有理论生活（bios theoretikos）的空间。

（4）对理智性运动的参与并不是一项自足的行动项目，而是对某个神显事件（格外明亮的普罗米修斯之火，苏格拉底遇到的精灵）的回应，或是它具有说服力的交流［柏拉图的劝说女神珀伊托（Peitho）］。对这

种来自神性本原的启示运动（kinesis），人能通过他的追问和探寻来进行回应，但这种神显事件本身并不在他的掌控之下。没人知道它为什么发生在历史中的这个特定时间，而不是更早或更晚；为什么发生在某个古希腊城邦的文化语境中，而不是其他地方；为什么发生在某个城邦的文明环境下，而不是更加乡野的条件下；为什么它在以往成千上万年间都未曾发生，但终究还是发生了。

（5）对神显事件的回应是个体性的，而不是集体性的。意识的理智性领域并不是一个民族意义上的“人群”；它不同于那些哲学家所诞生于其中的任何一个城邦。它是历史中的一片新社会领域，通过“对话”而得到扩散，通过“学派”而得到制度化；无论它传播到哪里，它都在民族社会内形成一个文化阶层，尽管该阶层可能是极其单薄而无力的。当亚里士多德以“成熟之人”作为标准，对社会秩序问题进行分析时，他悲哀地评论道，没有哪个城邦中能找到哪怕是一百个成熟之人。意识的理智性领域并未废除作为一群大众（Plethos）的人群结构——作为一个复合体，包括男女老少，各种激情、职业、兴趣和性格，迟钝和活泼，无知和知识，聪明和愚蠢，对理性的积极回应、无动于衷和顽固抵制。我们能从洞穴上升到光明世界，但这种上升并未废除洞穴的实在性。必须认真看待在历史中的意义的出现：如果这一过程的真理已然处在该过程之中的话，那么它便不需要从中出现；而当它出现时，它不是作为处在该过程之外的一项既有物，而是作为一道亮光，凸显出它所产生于其中的这一过程的黑暗。彰显出来的并不是一项能让我们在此后永远安居其上的真理，而是位于实在的过程中的，光明与黑暗的张力。

（6）最后，并不出人意料的是，该过程的将来，就像它的过去一样，
不在那些哲学家的控制之中。理智性意识已在古希腊城邦的民族与文 280
化语境下得到分化；因此，柏拉图和亚里士多德都想使理性生活在它所起源的社会中成为塑造秩序的力量。为此，他们设计了自己的政体（Politeia）范式。然而，与此同时，他们也意识到城邦在现实层面遇到的

困境：城邦将会陷落于帝国的扩张，这是为柏拉图所预见，为亚里士多德所见证的。各种最佳城邦模型的发展，是在这样一个过程的阴影下进行的，在此过程中，城邦本身将被一种新型社会所取代。

因此，古典哲学家们并不对自己在实在的过程中的作用抱有任何幻想。他们知道，他们的参与式行动，就其范围而言，仅限于对个人生存与社会生存中的无序保持敏锐的警觉，准备好对神显事件做出回应，以及实际做出的回应。他们既无法控制启示运动本身，也无法控制那些使他们能做出这种回应的历史条件；他们通过这种回应而对大众的秩序施加的影响，并不会比对话式说服这种方法（经过文字著作的增强）所能达成的影响更深远。在这种近乎完美的现实主义中，唯一明显的瑕疵是，这些哲学家终究还是愿意去设计各种秩序范式，为了一个他们明知在精神层面不会接受这些范式，而在历史层面注定要没落的社会。尽管该瑕疵只是表面上的，但在一种将那些范式解读为“理想”或“乌托邦”的意见氛围中，它仍然是个问题；由于这种误解遮蔽了对实在之结构的一项重要洞见，因而我们必须加以澄清。

第二节　柏拉图论历史

这些范式是对实在的过程进行的古典探究的一部分；对这些范式的建构，作为一个历史事件，在一个过程中得以可能，而它们的意义就取决于对此过程的分析。如果将它们剥离所处的这一语境，在诸如“政治观念”这样的意见编纂术条目下，孤立地看待它们，那么便会在实践上不可避免地将对它们的建构误解为一种“理想主义”的表白。而且，这种做法将范式畸变为一般意义上的“最佳政府形式”这一传统说法，而在古典探究中，它是理智性秩序的典范，能得到具体实现，但就算它真的能在城邦中实现，也不会出现在历史上先于城邦的那些类型社会，
281 或是出现在历史上稍晚的帝国类型社会。这种古典探究是由理智性意

识领域在城邦中的出现所推动的，但它并未将考察对象局限于城邦，而是广泛考察社会秩序在历史上的多元形态，其中就包括帝国，因为它在公元前4世纪将自身呈现给了希腊观察者。因此，在那些哲学家对天下时代（他们生活于其中）的各种问题的回应中，这些范式占有一席之地，而它们的意义正是来自其自身的这种地位。

那些哲学家关注意义在实在中的地位。有意义的意识明晰性，来自一个在以往被剥夺了意义，而且在将来相当可能继续被剥夺意义的过程。关于实在的真理，在其可为人所知的范围内，为何并不总是以经过分化的形式显现？为何人并不总是能够通过各种范式，来阐述社会的理智性秩序？简单地说，为何人类历史中的某些时代，能得天独厚地从理智性意识中获得启迪？

这类问题相当烦人，但是，比起19世纪的雅各布·布克哈特，公元前4世纪的那些哲学家并不觉得这类问题有多么烦人，因为他们的分化性意识，与布克哈特出自基督教影响的意识相比，更加牢固地与对宇宙的原初经验相结合。他们的理智性意识尚未拥有由历史之独一无二和无可回避而带来的确定性，这源自犹太启示所带有的救赎狂热。可以说，古典意识仍然带有处在阿那克西曼德式过程中的"东西"的特征，而不是带有启示录式特征，尽管它并非完全没有后者的痕迹，就像我们很快将要看到的那样。这种独特的意识结构在原初经验和启示录式预言间保持着均衡，这体现在了柏拉图《法篇》对以下问题的探讨中。

在第三卷中，当柏拉图开始探讨城邦和最佳政体的起源（arche）时，他对时间的无限扩展给出了一页的思考。在时间中，无数城邦诞生又衰亡，形式多变，发生着从小到大、从大到小、从好到坏、从坏到好的各种转变（676）。在时间的这种无限延展（apeiria）中（676B）[它的无限性对应着作为起源的无定（apeiron）]，当下的事业（设计一种范式）在以往或许已被执行过无数次，而在未来也将同样如此。意义的出现

282 并未脱离生成(genesis)与衰亡(phthora)的原初节律。接下来,正是在"宇宙过程的默许"这一背景下,柏拉图引入了有关宇宙灾祸的神话,从而将思考限定于一个特定的历史过程,它以当下对范式的建构为顶点。人的世界曾被洪水和瘟疫彻底摧毁过许多次,以至于只有一些人存活下来,而人类历史则不得不从它的原始开端处重新开始。但是,对起源的探寻将只考虑最后一次的历史过程,也就是这篇对话的交谈者们自己所在的历史过程。因此,通过让历史在丢卡利翁神话记述的大灾变之后开始,显现中的意义所具有的独一无二性,能被提升进入紧凑的阿那克西曼德式经验(677A)。

在对意义的独一无二性施以宇宙节律的魔咒后,柏拉图接着描述社会秩序各演化阶段的特征,这些阶段在所要考察的数千年间跨越了若干时代,从原始时代的条件到当下的条件。这样的阶段有四个。在大灾变摧毁了之前的文明(尤其是平原上的各座城市及其物质技艺和统治技艺)后,只有住在山上的人幸存下来。他们生活在石器时代的条件下,住在家庭和小型氏族规模的定居点,处在家长制族长的统治下。这是第一种秩序类型,称为帝国(dynasteia)(677B—680E)。在下一个阶段,通过小型氏族的联合,形成了更大的村落。这种较大群体的建立要求有立法行动和政府组织,由之前的氏族首领们形成贵族制统治,其中也许有一个人获得了更突出的地位。柏拉图将这第二种秩序类型称为君主制(basileia)(680E—681D)。由大灾变带来的震惊慢慢消散了。在不断增长的人口压力下,在靠近海岸的平原地区,人们又建立起城市。柏拉图将这第三个阶段等同于迈锡尼青铜时代,等同于伊利昂和参与到反伊利昂战争中的阿卡亚各城邦(681D—682C)。第四个也是最后一个阶段,开始于希腊人从特洛伊返回后的各种争端,并延续到这篇对话及其对范式的建构所在的当时。它背负着一种反差:一方面,它被认为拥有来自柏拉图理智性意识的秩序;另一方面,它又从恰恰威胁到古希腊城邦生存的这种秩序中堕落。从特洛伊返回的军团在神话中的多里阿斯找到一位领导人，重新征服了那些已由更年轻的一代人掌权的城市；他们将位于伯罗奔尼撒的领土组织成一个由三个强大城邦——拉西第孟（Lacedaemon，即斯巴达）、阿戈斯和麦西尼——组成的联盟；一种比早先的平原城市更大的新型社会（一个民族的领 283
土国家）业已形成。柏拉图将这第四种类型称为ethnos，即结盟民族（682D—683B）。假如这种新型的结盟民族持续存在下去，它将成为一个拥有强大力量的军事强权，没有哪个亚洲强权敢攻击它，它甚至会强大到足以反过来主宰希腊人和野蛮人（685B—E；687A—B）。然而，该组织失败了，因为在其中两个成员城邦中，立法者们犯下了最严重的错误（megiste amathia）——既没有由一位得到实践智慧（phronesis）指导的人来行使君主职能，也没有提供能防止绝对权力被滥用的宪政平衡。只有拉西第孟得以幸存，这要归功于它建构良好的政体（689A）。

对历史过程的这一构想并非自足的定理，这种定理是纯由文字构成之物，仅仅追随开篇有关宇宙节律的那一页。按照它们的顺序，这篇对话的各部分阐述了一种对实在的整体经验，包含从宇宙深处到神性理智高处的宏大范围。那种原初经验确实自下而上地进入了柏拉图的历史意识，就像理智性分化上升到该意识之上，并向启示录式独一无二性运动那样。方才给出的描述确实包含了意识的这种分层，但它并未使该分层变得显而易见，因此我们需要对此进行一些评论。

首先，可以注意到的是，存在着含混之处，它直到今天仍导致对柏拉图政治意图的误解。在某种程度上，它是术语上的含混，因为柏拉图将polis用作社会秩序各阶段均适用的一般性术语，这些阶段从氏族定居点开始，经过村落贵族制和平原城邦，直到结盟民族，一个接一个地出现。如果《法篇》第三卷的解读者将polis理解为“城市—国家”，那他就破坏了柏拉图分析的意思，因为柏拉图的这一探究所关注的，并非“平原城邦”意义上的城市—国家的创建和起源，而是结盟民族的创建和起源。然而，只有在避免了那种最严重的错误，并以一种新型城邦（它愿意采用作为范式的最佳政体）来取代迈锡尼时代的城市—国家后，这种联盟才能订立盟约并保持生存。对范式的建构不可与其目的相分离——为一个运作中的联盟的成员城邦提供一套宪制。而且，这个希腊联盟被认为要依靠自身力量对抗波斯；在当时的权力领域中，它
284 是普世帝国的对手，就如同先前的多利安联盟是特洛伊背后的“亚述”势力在欧洲遇到的抗衡力量（685C）。由于这种结盟民族被设计为理智性的替代物，它在古希腊城邦的文化土壤中成长起来，具备亚洲人设定的帝国权力规模，所以这种柏拉图式构想真正是天下时代里的一个符号化表达。我们必须将它视为古希腊的等价物，它等价于波里比阿对罗马的帝国式目标的构想。

但是，该范式真的属于第四阶段，而不是属于某个尚未到来的第五阶段吗？这个问题来自“结盟民族”含义的不确定性。这是因为，在柏拉图的叙述中，当从特洛伊返回的阿卡亚战士们组织起多利安联盟时，结盟民族便在历史中形成了（682E）。在这个用法中，在阿卡亚人变成多利安人之前，他们显然并没有被视为一个民族。而且，《法篇》之中的范式不是为数百年前即已失败的多利安联盟设计的，而是为如今的希腊人设计的，他们经历过历次波斯战争和伯罗奔尼撒战争的折磨，如今又受到马其顿人和波斯人的威胁。在一种与特洛伊之后的阿卡亚人所遭遇的政治动荡相似的状态下，希腊人受到忠告，要将自身塑造成一个有组织的结盟民族。希腊人如今是一个结盟民族吗？还是说他们只有到了将来，当潜在的成员城邦已停止令他们两败俱伤的战事，并采用了范式性的最佳政体时，他们才能得到统一？如果这些不同的用法要相互兼容，并且也和有关政治秩序第四阶段的构想相兼容，那么，该历史过程就必须被理解为文明在时间中取得的进展，它是通过以下因素达成的：各种发明和技艺，交通的改善和地理发现，人口的增长，以及定居点密度增加，并且能使文化上同质的各民族在持续不断的殖民过程中，呈现为在历史中可区分的不同单元。接下来，在柏拉图的构想中，这些

单元将会要求建立一个政治组织，以便达成两个目的：在这个结盟民族内部保持和平，以及防御具有相当规模的有组织单元（683D—685）。然而，并非每一个具有结盟民族规模的单元都能以相同方式满足这种需求。柏拉图坚持认为，只有当这里所说的单元在文化层面上的确是一个结盟民族，而不是像波斯那样，由某种征服性的力量将之前就有的各民族胡乱捏合在一起，一种在理智上令人满意的秩序才是可能的；一个多元文明的普世帝国的人口并不是一个结盟民族，这种民族能将自身 285
组织为一个由范式性的各城邦构成的联盟（693A）。因此，在经验层面观察到的文化差异性和文明演变过程中的各种历史变体，通过技术进步和人口增长而介入对历史"进展"（proeleluthe，678B）的普遍化。虽然这种进展的模式是真实的，但在文化上则会出现像希腊和波斯这样差异巨大的结果。以结盟民族为顶点的历史过程成为这一普遍模式下独一无二的古希腊变体。只有在古希腊，第四阶段才能通过这一范式来实现它的理智性秩序的内在机理。于是，在柏拉图之后一代的时间里，事件的压力激发了亚里士多德式意义变化：关于历史上各种社会类型的一般性用语不再是"城邦"，而是"共同体"（koinonia）；"城邦"变成继"家庭"（oikos）和"市镇"（kome）之后的古希腊终极类型；"结盟民族"变成了由独裁君主政体（pambasilea）来塑造秩序的波斯类型。

我们越是深入研究柏拉图历史观的细节，就越会惊叹于它的经验范围之广，以及在20世纪的历史编纂学视角中它所具备的有效性。成功的秘诀在于意识的开放性，这种意识将对宇宙的原初经验包括在内。柏拉图无须担忧厄谢尔主教提出的创世日期（公元前4004年），而这个日期一直促使黑格尔小心谨慎地安排他的古代历史时间表。柏拉图将所有"长得难以计数"的时间（不是这个世界的时间，而是宇宙的时间）视为chronouplethos（长得难以计数的时间，676B），其中容纳了一部人类演变史：从石器时代经过金属时代直到当下，从原始部落共同体经过城市和民族到帝国，各个时代都有成千上万年（myriakis myria ete）

(677D)。他也不必担心历史**的**实体化意义，而是能专注于真正迷人的现象——创造**在**历史**中的**意义的各种人类行动。在有关各种发明的段落(677C—D)中，柏拉图看起来似乎对永恒完美的万物秩序不那么感兴趣，反而是对某种不完美状态更感兴趣(如有必要说明的话，它产生自一种宇宙论氛围)，这种状态为壮丽的创造性想象提供了空间。一个不需要发明性天才的世界将是无趣的。而且，柏拉图知道，实在的终极奥秘在于作为过程的神性宇宙本身；他并未给那些意义强加上启示录
286 式终极性的特征，这种特征在其进程中的某一点上，会在人的意识中猛烈爆发。因此，他能平静而沉着地观察到，正是那个使意义得以出现的过程，也对意义形成了挤压；关于实在的真理并不会因为被遗忘而使其有效性受到影响。在《理想国》中，他甚至提出这样一个观点：一个具有典范意义的有序城邦(kallipolis)，将会自其建立的那个时刻起便开始衰落，因为将宇宙的奥秘转化为历史中的完美，是人的力量无法企及的事情。

柏拉图的如下洞见进一步增强了他的平静沉着：一个社会，无论它在文明“进展”中的地位如何，它的文化总是整体性的，并且能表达出它同宇宙秩序的合拍和调适。好与坏总是均衡的。一个在物质层面原始的小部落，具有同简朴生活相伴随的各种德性；一个拥有发达物质文明的城市，则会被城市化生活中的各种恶行、争执和腐败所玷污(679)。因此，他并不担心在历史进步中居于较早(而非较晚)位置的那些社会会被置于不义的困境(康德的问题)，也不担心为了将后来的社会在进步的天平上置于更高位置，必须要让较早的社会付出苦难的代价(布克哈特的问题)，也就是说，他并不担心由作为实体(hypostasis)的意义带来的那些伪问题。最后，由于柏拉图并没有被引诱着去将某个特定事件(例如他自己对理智性意识的分化)，提升到作为一个让所有人类自开端起便一直朝它运动(黑格尔受到的诱惑)的目标的地位，所以他能承认历史领域中各个平行文明的多样性。确实，在他所勾勒的历史过

程中，他能赋予古希腊变体以最高地位，因为它已在意识的明晰性上发展成熟；但他知道，这片领域因为那些亚洲和埃及变体的存在而变得多样化了。直到公元18世纪，通过伏尔泰对平行历史的构想，一种与柏拉图同样开放的意识才被重新引入西方文明。

对宇宙的原初经验使这种令人钦佩的开放性成为可能。通过柏拉图对神话的明智运用，这种经验对历史过程产生了影响。神话是宇宙内故事，它解释万物为何如其所是。当较古老的神话尚未涵盖到的实在各区域得到新的分化时，上述意义的神话会变成知识进展的障碍；但是，在一位就像柏拉图这样的伟大神话诗人手中，它也会变成一种高度灵活的工具，他想要将理智性意识同实在的过程联系起来， 287
“对理智性意识的发现”这一事件已然神秘地发生在此过程中。如果哲学家想完整地阐述他对实在的经验的话，那他就必须建立这种联系，因为并没有作为实在的理智性意识，独立于该意识的出现这一奥秘之外。如果这一奥秘被遗忘，意识也就失去一项根本的维度，或者毋宁说，该奥秘将被降格为无意识（因为人们无法真正失去、忽略或摧毁实在），而人们会不愉快地感受到该奥秘从无意识中的显现；将原初经验投入无意识之中的那种意识倾向于变得拟人化；它仍对缩减了的实在保持意识，而这种实在则被暴露在各种实体化歪曲和字面论畸变中。为了防止这种越轨的出现，柏拉图首先引入作为时间的宇宙持续性，它将万物的持续性囊括在内，其中就包括那一历史过程，还有那些对理智性意识加以分化，发现历史的意义，并设计各种范式的哲学家。然而，在一种比所有“东西”都更持久的宇宙持续性中，如果在思辨中将这种持续性建构为一个维度，每件事都已在其中发生，而且不只是发生过一次，而是发生过不知多少次，那么，在历史中的意义就将变得毫无意义。因此，柏拉图必须保护这种宇宙持续性，防止它被实体化畸变为一种无限的时间，历史（最终是宇宙本身）在这种时间中反复发生，永恒复归。通过引入有关末次大灾变和丢卡利翁的神话，柏拉图做到了这一点。除了我们对其拥有经验和记忆的那种实在之外，并没有其他实在，而人的记忆并不能穿透最后一次洪水；通过我们记住的经验，我们只对唯一一种历史拥有知识，也就是“意识变得明晰”这类有意义的事件发生于其中的那种历史。因此，有关比万物都更持久的宇宙的神话所起的功能，就被限制为保持意识向一种实在开放，在这种实在中，意识在变得明晰的同时，并不将那一奥秘转化成某个能从所有方向加以审视的“东西”。就这一历史过程而言，如果宇宙比记忆和意义更持久的话，那它就持续得足够长。

然而，只有当有关丢卡利翁的神话被恰当地理解为一种宇宙内故事，并解释了希腊历史记忆的范围时，它才会行使其职责。如果它被字面化为一项有关宇宙大灾变的报告，并为历史设定了一般意义上的
288 起点（terminus a quo），那它就会与比希腊人的记忆更久远的那些记忆（例如埃及人的）发生冲突，并导致和厄谢尔主教的字面论相同类型的困难。但是，对一位知道自己正在做什么的神话诗大师来说，这不是一个令人困扰的问题。在《蒂迈欧》中，柏拉图干脆进一步创作了一个神话，用来解释埃及为什么免遭这些大灾变。宇宙大火（例如由太阳神菲腾引发的那一场）之所以无法毁灭埃及人，是因为尼罗河在起火时的上涨拯救了他们；他们之所以免遭洪水侵袭，是因为在埃及，水并非从天上倾泻而下，而是以自然的方式由地下涌出的（22D—E）。而且，在这一语境中，柏拉图评论道，对有关大灾难的那些故事来说，“神话形式”（mythou schema，22C）只不过是一种表象，而隐藏在这种形式背后的真理是“在天上围绕地球旋转的那些天体的偏离（parallaxis）”（22C—D）。柏拉图提到昼夜平分点岁差，他了解这一“偏离”现象和有关宇宙灾难的各种神话间的联系。因此，柏拉图对神话的运用不仅保留了若干个文明的平行历史，而且承认，他们所处的不同时代，是由他们走出石器时代，并进入有记忆的历史持续期的时间决定的。柏拉图完全

无意于将这些平行历史融合成同一个以希腊为高峰的历史过程，他甚至坚持认为，时代差异是区分各文明的一项决定性特征。这是因为，在《蒂迈欧》22B中，他让那位埃及祭司向梭伦解释道，希腊人总是孩子；“从来没有一个老希腊人”；希腊人的灵魂是年轻的，因为他们没有来自传统的古老信仰，也没有年代久远的科学。尽管柏拉图和他的先辈梭伦一样，是个希腊人，但在这一文本中并没有任何迹象表明，他因为他的灵魂年轻而感到沮丧。

柏拉图不是一位依靠传统悠久的信仰而生活的祭司。他的灵魂之所以年轻，是因为他对当下的实在保持着敏锐的开放性，并且熟练地对各种新老符号进行“严肃的摆弄”，这些符号将会赞美他对宇宙戏剧的参与，这个宇宙通过灵魂（Nous）而对自身变得明晰起来。除了那个由生成又衰亡的万物构成的过程之外，实在还包含更多的内容；宇宙是神圣的，而在流变与持续的节律之上，兴起了被称为“人”的那样一个东西，这种神性实在能在他的心灵中变成神的显现。带着一副年轻的灵魂生活在当下，这意味着作为一个人生活在对神性显现这一运动（而非各种古老信仰）的积极回应中，并让灵魂变成启示事件发生的场域。于 289
是，人的历史便不只是对过往事物的记录；它作为持续进行的神显戏剧而在某种永恒的当下上演。从阿那克西曼德所说的实在的过程中出现的意义，从神性方面来讲，就是神化身于万物领域中的历史。《法篇》第三卷中的历史过程描述了秩序在实在中取得的缓慢而痛苦的进展，直到形成结盟民族；现在，必须将该进程作为一种当下，它与柏拉图在其中进行范式设计的那个当下相联系。

范式性秩序将会由“神还是某个人”创造出来（624A）？这是《法篇》的伟大主题。柏拉图的回答是：“神是万物的尺度”，而非人（716C）；范式性秩序只能由“作为有灵魂（nous）之人的真正统治者的那个神”来创造（713A）；由那些以拟人的方式将自身设想为万物尺度的人所创造的秩序，将会是一种党争（stasioteia）而不是善政（politeia），是一种各派纷争的状态而非有序状态（715B）。但是，那个作为统治者的神是谁？那种范式应当得名于这个神，而不是得名于作为统治者的人们，无论他们是君主、贵族还是民众（713A）。为了回答这个问题，柏拉图运用了有关各个神显时代的神话。他回忆了早先在《政治家》中通过有关克罗诺斯时代和宙斯时代的那个神话，对这个问题的处理，并将这一更为紧凑的版本同眼下的分析状态相联系：《法篇》第三卷描述的那些人造城邦属于如今已走到尽头的宙斯时代；在它之前的时代里，人生活在众神的直接指导下，有关这一时代的神话如今必须得到修订，以便人们可以理解神话式神显到哲学家式神显的进展（713B）。在新的版本中（713C—714B），克罗诺斯认识到，只要授予人类对其事务的自主控制，他们就会变得骄傲与不义；因此，他将本性更加神圣的存在者，也就是精灵（daimon），设立为人们的统治者。“时至今日，这个故事依然有其真理”；因为在一个并非由神而是由人统治的城邦里，人们无法摆脱罪恶。在对宙斯时代的人的统治有了不愉快经验后，尽一切可能模仿克罗诺斯统治下的生活的时代已经到来；由于无法回到精灵的统治之下，我们就必须在塑造我们家园和城邦的秩序时遵从daimonion（精灵），遵从我们内心的不朽元素。这个东西，作为“我们身上的不朽之
290 物”，就是nous（灵魂、理智），而它的发号施令就是nomos（法、规范）。在克罗诺斯时代和宙斯时代之后出现的这个新时代，将会是理智的时代。

由该范式所建构的社会秩序，与其他已知类型的社会秩序并非是处于同一层面，它只会更好。它也不是一个乌托邦或者理想。它是位于居间的秩序范式，处在由柏拉图的理智性意识所达成的新型精神层面上。它也不能被视为一种新类型，轻易地在现实层面被添加到《法篇》第三卷描述的各类型历史过程之后。该范式属于神显历史中的一个新时代。我们应当注意到，柏拉图的三个时代（克罗诺斯时代、宙斯时代和理智时代），与第二以赛亚的三个阶段（创世、第一次逃离和第二

次逃离）有着平行关系。通过理智的第三时代，柏拉图得以在不失去均衡意识的情况下，无限接近启示录式符号化表达，这种意识也包含对万物的生死往复过程的原初经验。

第三节　意识的均衡

由于对实在的逃离是一种位于实在之中的运动，所以哲学家必须应对一个过程所包含的矛盾，而该过程具有可被认知的结构，并且正以可被认知的方式超越其结构。尽管这种结构保持不变的时间相当长，超过了哲学家从生到死的生命时长（事实上，它在数千年的已知历史中一直持续着，直至今日），但是，它又以多变的方式与那些神显事件共存，这些事件指向实在的终极变形。

在对实在的阐释中，这一矛盾容易越轨成为各种误解。例如，在这两种相互交织又彼此矛盾的经验中，阐释者可能会偏爱其中一方，将其视为更优越的实在，而将另一方贬低至非真理的地位。结果就是，处在持久性宇宙中的生存可能变成一种非真理，有待由关于变形后的实在的真理来予以克服，就像在历次启示录式运动中出现的那样；或者是，关于变形后的实在的真理可能变成一种投射，变成由那些真正生存于这种持久性结构的人，通过想象抛出的一种幻象，就像在公元19世纪的各种心理学中出现的那样；再或者是，在另一种类型的越轨中，这两种经验可能会彼此否定，从而使这一矛盾退化成一片由无意义生存占据的空间，就像在萨特式的存在主义中那样。

哲学家必须警惕这类对实在的扭曲。他的任务是，在体验到的持 291
久性和那些神显事件之间，通过一种特定的方式保持均衡，该方式使这一矛盾可被理解为正好是生存本身的结构。对于哲学家必须执行的这项任务，我将其称为“均衡假定”。

由柏拉图和亚里士多德确立的这种均衡，既在事实上出现了，又是理性的一项假定。不只是在天下时代，而且在人类历史中，它都是主要事件之一。它决定了西方文明迄今为止的理性生活。然而，20世纪的意见氛围让这一假定被深深地淹没于对其缺乏意识的公众，这使得我们有必要对该假定的意义及各项意涵加以陈述。

在保持这种均衡时遇到的困难，来自理性通过启示而获得的建构。

在对历史的探索中，柏拉图恰如其分地将对历史过程中的高处和深处的经验，以及对理智和无定的经验，都纳入考察范围；但在这种均衡中，他必须将那种以废除该结构为目标的失衡运动包括在内，也就是那“过于明亮之火”，那种神圣之光的显现，它与巴门尼德、赫拉克利特和色诺芬尼所回应的那些神显事件密切相关。于是，这种失衡的神显事件成为均衡结构的一部分。更有甚者，与对理智性意识的发现相伴而来的，是对该发现之意义的意识，即意识到它是一个使那个过程在其中变得对自身明晰起来的事件。就此而言，这种失衡的神显事件建构了该结构。最后，由于在历次理智性神显中变得明晰起来的正是实在之结构，因此，人的生存对实在之理性（Logos）的开放性便是由神在将自身启示为理智（Nous）时建构的。所以说，理性生活牢牢扎根于某一启示之中。

以启示作为处于生存之中的理性的源头，这个问题常常受到遮蔽，因为人们会仔细地讲述哲学家的“观念”，却没能触及激发这些观念的经验。然而，在哲学研究中，哲学家的神显经验必须得到严肃对待。不应回避由启示经验带来的那些问题；必须明确地提出它们：推动哲学家们进行研究的那个神是谁？他向他们启示了什么？他是如何与那个将自身向以色列人、犹太人和基督教徒启示的神相联系的？

除非我们是想要陷入过多的神学假定，否则的话，向那些哲学家显
292 现，并引起巴门尼德惊呼“存在！”的那个神，与将自身向摩西启示为“我是我所是”，启示为他是他在人所回应的具体神显中之所是的那个

神，是同一个神。当神让他自身被看见时，无论是在燃烧的荆棘丛中，还是在普罗米修斯的火中，他都是他在神显事件中将自身所启示之所是。在巴门尼德的紧凑意象中，重点落在真实之物（realissimum，所有实在源出于它）的单一性（Oneness）。荆棘丛故事（《出埃及记》3）则在作为“奥秘的神性深渊”与“神让其自身在该神显事件中被具体地知晓为的那个东西”之间，进行更加细致的区分。摩西所见到的荆棘丛中的火并不是神本身，而是“耶和华的使者”；接着，从作为火焰的使者那里响起一个声音，宣称自己是“历代祖先的神”；只有在蒙上自己的头后，摩西才获准接近，并听到要他带领以色列人出埃及的命令；接着，通过将历代祖先的神等同于那个“我是我所是”，这项命令进一步获得了权威；这是一种分化性的、对位于深处的神性权威来源的启示，它最终导向将神的非人称（impersonal）名字启示为“我是”。

在荆棘丛故事中，在深处取得了这些进展：从天使之火到神的声音，从历代祖先的神（他任由他那个受压迫的民族对他的可信度或许有过质疑），到**那个**神（他**是**隐身于他将自身启示为的任何东西背后，当他让自身被人看到时）。从人的角度来说，在深处取得了这些进展：从质疑、犹豫、怀疑和抵制，到最终臣服。以上这些在深处取得的进展，宏伟地阐述了启示经验的各种复杂之处，这种经验是真正以“对神与人的关系取得更加分化的洞见”为目标运动的。

这一阐述的主题集中，它将有助于我们理解在柏拉图著作中散见于数篇对话的各种符号之间的经验联系。首先要注意的是使者普罗米修斯，众神通过他的过于明亮的火，将有关一和无定的真理传给人（《菲力布》），以及迫使洞穴中的囚徒转向神圣之光的那股力量（《理想国》）。这些力量和推动摩西转向荆棘丛的那团火都属于相同的神显前景。接下来，在使者之后出场的是众神本身。他们是历代祖先的众神，还有他们的助手——克罗诺斯同他的精灵们，宙斯同赫菲斯托斯和普罗米修斯（《政治家》）。但是，历代祖先的这些神，也就是亚里士多 293

德所说的patrios doxa，如今必须让位于新神——理智，他的声音直接向人身上的不朽元素说话（《法篇》）。这种运动在超越了旧的众神后，进一步深入神性实在的深处，以造物主父亲为目标，是他创造了宇宙，并将次级众神用作人的统治者和他的指令的传达者（《政治家》）。

到此为止，在神性存在者的等级秩序中，从各个使者到造物主父亲的上升关系是明晰的。然而，贯穿各篇对话的有另一项进一步的上升运动，它反映出了一定的犹豫和保留。例如，在《斐德罗》中，柏拉图将奥林匹斯众神刻画为一类中间性的神性存在者，刻画为宇宙志意义上的（cosmographically）宇宙内众神，他们能超越他们常住的天界，上升到宇宙的天顶，以便对作为真正神性区域和实在的理念世界（hyperouranion）加以思考。人类想要追随奥林匹斯众神进行这种上升，但他们的灵魂将会遭遇极度的（eschaton）辛劳和斗争；结果是，在宇宙之内，没有哪个诗人曾恰如其分地赞美过这种超越宇宙的神灵，将来也不会有（《斐德罗》247）。我们仍然进行着这种心灵运动，但要取得进展已变得更加困难；不过，这些文本并未清楚表明，对于作为神性实在的理念世界，我们是否应当径直将其等同于《政治家》和《蒂迈欧》中的造物主，也未清楚表明，在灵魂向神的运动中，该理念世界是否以紧凑的方式参与代表了一种更加深入的深处。我们能注意到的只是，伪狄奥尼修斯（大约生活在公元500年）使用了一些带有前缀hyper的复合词，例如hypertheos（超级神）、hypersophos（超级智慧）、hyperkalos（超级善）、hyperousios（超级本质）等，以便对作为深渊的神性实在（它超越了被神允许进入人对神之显现的经验之中的那个东西）加以符号化。然而，柏拉图肯定并未将造物主设想为一个从虚无中创造宇宙的神，相反，他是一个在工作中受到各种无定力量——《政治家》中的Heimarmene（命运）或《蒂迈欧》中的Ananke（命运）——制约的神；关于无定的阿那克西曼德式经验起到保持均衡的效果，这一效果甚至延伸到对奥林匹斯众神背后的那个神的符号化。因此，当我们看到独生子（柏拉图所说的“父神”将其选为自己的第一种化身）不像在圣约翰的福音书中那样是一个人（1：14），而是宇宙本身（《蒂迈欧》）时，这并不令人惊讶。只有通过劝说（peitho），并且在由宇宙已有的原材料（chora）所施加的限制之内，造物主才能从无序（ataxia）的虎口中抢下秩 294
序（taxis），并按照创世神自己的形象（理智）而建造宇宙（《蒂迈欧》）。

虽然这种符号化表达是前后连贯的，但如果它是一位有柏拉图那样的思想名望的思想家在这个问题上想要说的最深刻话语，那它将会是令人失望的。因此，最后还必须考察的是有关两个世界灵魂（world-soul）的著名段落（《法篇》896E），该段落据说反映了琐罗亚斯德的影响。按照造物主的理智形象来塑造独生子，这要求将这种理智化身于宇宙的灵魂和身体。宇宙是“在身体中的灵魂/心灵”（《蒂迈欧》）。如果柏拉图假定有两个这样的世界灵魂，“一个是善的作者，另一个是恶的作者”，那么这“另一个”世界灵魂就几乎不可能是造物主理智所化身于其中的那个世界灵魂。在柏拉图的语境中，作为符号化表达的这两个世界灵魂意味着又一个神性存在者，对应于琐罗亚斯德所说的恶神，与理智性造物主并列，后者对应于《迦特》中的善神；这一假定还将进一步意味着在深处的一种运动，它以作为神性实在、位于善与恶这两种精神背后的阿胡拉玛自达为目标。宇宙实在的地位将会发生微妙的改变，从一种由理智和无定决定的居间（《菲力布》），转变为一种由两个作为天使的角色（一个救世主、一个撒旦）及其得到唯一的神允许的行动来决定的居间。柏拉图晚年所使用符号的意义具有的摇摆不定和不确定性意味着，他的启示经验的确已向超越了造物主及其理智的神性深渊运动。不过，直到普罗提诺为有关该深渊的经验找到了符号——超越理智的神性单子（the divine Monas epekeina nou），亦即超越理智的一（《九章集》5.8.10）——对这种运动的阐述才最终完成。

但是，究竟为何应当出现意义的不确定性？柏拉图是否缺乏智力和想象力，使他无法更加简洁地说明，就他柏拉图的心灵对神性本原的回应性探寻而言，一种受到命运限制的理智是无法限制这一心灵的？我并不赞同这种解释，因为它将意味着犯下

伤害的罪过，伤害了
有着高贵才华的人

我更愿意认为，这些不确定性是故意创造出来的。柏拉图充分意
295 识到，启示具有一个超越理智的维度；他想让这个维度明白无误地得到关注；但他不想进一步阐述它，因为他担心这种阐述可能会破坏意识的均衡。我们不妨考虑一下方才所引段落中的模糊性。他在《斐德罗》中写道，没有哪个诗人曾经恰如其分地赞美过理念世界，将来也不会有。这句话既可被解读为以反讽的方式预告了他自己在《蒂迈欧》中对超越奥林匹斯众神的造物主给予的恰如其分的赞美，也可被解读为一种警告——即便是《蒂迈欧》所说的，也未穷尽有关理念世界的一切。同样，《法篇》中有关两个世界灵魂的段落，既可被解读为对琐罗亚斯德影响的异常抵制，也可被解读为一项有意提出的警告，即将对神的敬畏（theosebeia）定义为信仰有关作为不朽统治者之灵魂的学说，以及信仰有关将理智启示在各种天体运动之中的学说（《法篇》967），仅这样做，并不能穷尽有关神性实在的一切。但是，如果这一类的模糊性的确是有意为之的，如果这些不确定性旨在保护神显事件的理智内核，使其免遭超理智（hypernoetic）狂热分子的各种奇思异想的伤害（它们会起到破坏均衡的作用），那么，这个问题便需要进一步的探究了。

神的显现将其自身包裹在各种不确定性之中，关于它的内核是没有什么疑问的：将神启示为处在宇宙之中和人身上的理智。在《形而上学》A 中，亚里士多德在对他的先驱者们进行历史综述时阐述了这个问题：关于各元素（作为存在之本原）的爱奥尼亚思辨并不令人满意，

因为它并未解释万物的善与美，并将这些性质归于某种自动机制，或是没有什么意义的偶然事件；阿那克萨戈拉表明了走出这一困境的途径，是他第一个提出，理智不仅活跃在有生命的东西身上，而且也活跃在一般意义上的自然之中，位于实在之中的秩序（kosmos，taxis）是由理智存在于（eneinai）万物之中而形成的。因此，理智性神显将实在的可知结构启示为神性的。理智已被体验为在心灵中塑造秩序的力量，他让其自身作为所有存在者的神性本原而被看见。对实在的过程来说，理智性意识之所以能对其结构获得明晰认识，是因为无论宇宙还是人心，均被同一个神性理智所充盈（eneinai）（《形而上学》984b8—23）。

然而，神显事件的这一内核在经验层面上是不稳定的。启示并不是一条信息，由某种超自然力量随意抛出，并被作为一项财富带回
家，它是一种对神性在心灵中的突入做出回应的运动。而且，这种突 296
入和回应运动有其自身结构。正如我在别处所说，作为事实的启示就是它的内容。因此，如果这种回应已到达符号化阶段，而它又被感受为“只不过是倒数第二个阶段”，那么这种运动就将继续进行，尽管并不一定是在同一个人身上继续。一旦心灵开始超越宇宙内众神，向着所有存在者的神性本原运动，那么，在它感受到真正令人敬畏之物（Tremendum），感受到终极之物，感受到对所有神性显现的非显现性（non-present）超越之前，它将不会停止运动。就理智性神显的情况而言，对一个将其理智体现于宇宙、受到命运限制的神的经验，必定会以暗示的方式指向超越了造物主行动的那种神性，它是非化身性（non-incarnate）、非宇宙性（acosmic）的深渊。这种逃离具有这一带有矛盾的结构，这导致经验层面的不稳定。现在，通过以下命题，我们可以重新描述该结构了，需要特别关注的是柏拉图在这种理智性运动的历史位置：

超越奥林匹斯众神、以理智性本原为目标的运动启示了实在的结构，但与此同时也将自身启示为该结构的一部分；

有关神显化身的历史向其意义敞开，即作为一种以“对神显和化身的超越”为目标的运动；

在那个以理智性的方式塑造结构的宇宙之外（它的神性秩序受到命运的限制），浮现出来的是一种不受与各种无定力量的斗争影响的实在；

有关启示的历史启示了对历史和启示的超越。从奥林匹斯众神到存在的神性本原，在这一历史进展中，“超越”所具有的结构确实是一种引发不稳定的力量，因为它使该运动遭遇一种“超越”，这使那些神显事件、连同它们发生于其中的那个过程面临着被归于无效的威胁。

柏拉图充分意识到这种逃离所具有的这一矛盾结构；事实上，他创造了作为符号化表达的epekeina，亦即超越。然而，当他将善（Agathon）刻画为超越了知者（knower, nous）和被知者（nooumena）的起源力量时（《理想国》508C），他就像在《斐德罗》和《法篇》中那样表现得有所保留。一方面，他让知识的各种对象（gignoskomena）不仅从善那里得到它们的可知性（being-known, gignoskesthai），而且从善那里得到它们的生存（einai）和本质（ousia），并使善本身成为超越生存和本质的力量
297 （dynamis）（509B）。这无比接近托马斯·阿奎那对神的必然存在和万物的偶然存在的区分。另一方面，一些权威学者更愿意将这句话解读为，它勾勒了将要由《蒂迈欧》中的造物主来加以填充的神，这种解读和其他学者所支持的有关柏拉图神学的其他思辨一样有道理。

柏拉图的保留所要防止的危险，是众所周知的：有一种意识带有对经过变形的实在的各种想象，正是这种意识的泛滥，会贬低在宇宙中、处于宇宙结构的各种条件制约下的生存。在各种灵知主义体系中，这种反宇宙的蔑视此世（contemptus mundi）得到了极致的表现，它将成为天下时代中的一个较晚阶段的特征，不过，即便是在柏拉图的著作中，也潜藏着某些在灵知主义那里变得尖锐的问题，例如那个以激进的方式作为“超越”的神的身份问题。灵知主义者将那个处于深渊之中，迄

今为止不为人知的神，识别为一个不同于创世神（尤其是《旧约》中的耶和华）的神性存在。在他们对实体的观念中，某一个邪恶的精灵设计了作为监狱的这个世界，以便将人身上的神之灵发出的火光囚禁在其中。不同于这个精灵，真正的神是绝对超越这个世界的，以至于他与该世界的创生毫无瓜葛；他更加不会想要将自身化身于其中。因此，灵知主义的意识失衡导致在神性实在中出现分裂，将此世之中的各种精灵力量同位居超越的灵性神祇相分离。接下来，这一分裂导致与“历代祖先的众神”的决裂。心灵不再能像在荆棘丛故事中那样，通过对某一次神显的回应，而从历代祖先的神上升到其名字是无名的“我是”的那个神；神不再能像在第二以赛亚身上那样，将其自身先是启示为世界的创造者，接着启示为以色列的创造者，最后启示为得到解放的普世人类的救赎者；心灵不再能随着奥林匹斯众神上升到天顶，并对理念世界加以思考。当后世的异教徒和基督教徒（例如普罗提诺和各位教父），在他们的平行论辩中谴责灵知主义运动时，他们具有相同的批评动机，因为灵知主义者既否认奥林匹斯众神，又否认《旧约》中的神，从而既瓦解了异教的神显历史领域，也瓦解了基督教的神显历史领域。柏拉图将理智性内核包裹在他的不确定性环带中，从而能防止这个具有潜在 298
破坏力的问题搅扰他的首要关注点——神性理智化身于实在的结构之中。在对历史时代的构想中，他让理智作为继克罗诺斯和宙斯之后统治人的第三神，但没有提出这样的问题：该序列中的每个成员分别属于心灵运动中的哪个层面？

以绝对的超越为目标的心灵运动，如果允许它在此世中的所有神性化身上施以精灵式的邪恶魔咒，那么，作为神显的理智便无法在历史中建构起某种新意义。无论是柏拉图的犹豫，还是对灵知主义的异教—基督教抵制，均不可将其误解为有关“神学”观点的争论；无论表面上的论证是什么，激发它们的是一种更深层次的担忧，这种担忧的对象是因迷恋于灵知主义想象物而对实在的结构造成的实际破坏。如果在宇宙中的生活确实是处在一座由精灵造就的监狱中，那么，人为生存（在这种类型的世界上的生存）塑造秩序的努力，就会被贬低成是为逃离这个世界所做的准备；尤其是，他必须获得知识（gnosis），这能使他个人的灵在死后返回神的灵。相应地，就像在某些实例中那样，这种计划会导致形成由一批男人和女人（他们宁愿在不要后代的状态下生活与死去）组成的共同体，他们希望这些共同体能持续到所有人类均加入他们的行列为止，从而通过人类的灭绝来使所有人的灵都返回神的灵。在柏拉图和亚里士多德看来，参与到宇宙的实在之中（它的结构是以理智性的方式塑造的），这是人通往不朽的行动，而且他们甚至还设计出各种社会秩序范式，它们能使这种不朽成为可能。然而，关于超越的意识泛滥，这诱发了对非参与的想象，直到“彻底取消人的生存”这一极端想法的出现。通过发展出将灵由其监狱中解放出来的各种技巧，将不朽置于人的控制之下，这是一种权势欲爆发，它无疑是一个普世现象。各个征服者出于贪欲而逃离，进入“以帝国方式统一起来的一个人类”这一意象；众先知和启示录作者在精神层面逃离，进入“位于神之下的一个人类”这一意象；各个哲学家在理智层面逃离，进入对宇宙所具备之理智的参与，这种参与使人得以不朽。除了这些逃离之外，天下时代还产生了一种作为灵知主义想象物的逃离，它逃进的是普世性死亡。

299 的确，柏拉图的想象很难预计到，在他的时代之后四五百年，对超越的迷恋将会采取哪些具体形式。不过，并不需要用这一类迷幻形式来解释他之所以有所保留的原因。关于身体—坟墓（soma-sema）的经验，作为灵知主义的预兆，至少自毕达哥拉斯学派以降，便是古希腊传统的一部分；一旦得到足够的刺激，它就完全可能变成一种以超越为目标的失衡性运动的核心。而且，就像在他之前的那些悲剧作家一样，柏拉图充分了解人的精神均衡的不稳定性和出现精神无序（nosos）的可能性，因而他在踏足这类问题出没之处时，总是如履薄冰。在一般意义上，对生存的各种迷恋性畸变是可能的；通过过于急切地探究以理智为内核的神显，畸变的这种或那种变体能得到实现；它们能直接或间接地通过所激起的社会压力，摧毁苏格拉底—柏拉图努力确立的理智性生存秩序。苏格拉底因被指控引入新的神灵而死，这是一项鲜活的记忆。因此，在结论部分，有必要重述启示的性质，它的内核非常重要，以至于看起来需要保护它免受启示本身的伤害。

当人对作为理智的神的显现做出回应时，心灵被建构为对实在的全方位感受器，从感性知觉到对神性本原的认知性参与。在《形而上学》的开篇段落，亚里士多德将这种全方位的“求知欲”，对实在毫无遮蔽的开放性，以及乐于在认知中向各方面四处运动（diaphora），以便通过发现知识（diaphorein，gnorizein）而参与到实在的各种结构的倾向，明确为理智性意识的特征。

以实在为目标的意识（它本身是实在的一部分）在所有方向上的开放性，亦即人通过其心灵的理性（Logos）而对实在的理性的回应性参与，是一种欢乐的意愿，它愿意去认识那个由与心灵相同的理智所充盈的实在。事情就这样。

不过，这比人们通常认识到的要多出不少。一度达成的这种心灵建构，在“理性”的名义下，或者以神学上较为谦逊的话来说，在“自然理性”的名义下，被视为理所当然，以至于“它起源于某个神显事件”这一点已从公共意识中消失。在很大程度上，这种遗忘是由神学家们急切地使“启示”这一符号专属于以色列、犹太和基督教神显而导致的。即使是在我们自己这个时代，神学家们在提到各种古典哲学问题时所 300
表现出来的欠缺，有时仍是非常突出的——该批评适用于这个领域中一些最著名的人物。在一种由千年以来的符号化习惯所消极塑造，并积极谋求对神的谋杀的意见氛围中，很难感受到理性通过塑造成熟人性而对那些哲学家具有的魅力，他们被赋予了对理性的启示性发现。

因此，我想再次强调，实在的结构并不是简单地待在那里，被每一个人在所有个体的、社会的和历史的环境下看见；相反，它是当实在将自身向某个心灵加以启示时的实在，这个心灵在那时对柏拉图所说的第三神（理智）做出回应。当神话对神的多元化原因论解释，让位于哲学家对神的原因论解释时（正如人在以生存本原为目标的张力中突出体验到的那样，神是所有实在的第一因），实在的结构，作为实在的外表，就在历史中变得可见了。在认知层面上进行了结构塑造的实在，不受有关神显的各种紧凑经验和符号化表达的阻碍，而与理智的神显相互关联；对实在的开放性，普遍依赖于心灵对神性本原的开放性。除非这个世界是可知的，否则就不会有科学，作为对实在之结构的系统性探索；这个世界是在与一个心灵相联系时可知，该心灵已通过那一启示（所有存在者的唯一的神性本原是理智）而对实在之秩序敞开。

而且，关于理智化身在心灵和世界之中的那一启示，在古典哲学家看来，不可分割地与可朽和不朽的问题相关联。这是因为，人的生存对本原的开放性有赖于人身上的某物，它能回应神显，探寻本原。随着人身上的这个东西在进行回应的时候被发现，柏拉图将它符号化为daimon（《蒂迈欧》90A），亚里士多德将其符号化为theion（《尼各马可伦理学》1177b28 ff.）。心灵中最接近神的部分（theiotaton）是人的理智（nous），它能参与到神性理智（Nous）之中；最接近神的部分所具有的本性和文化，通过该部分对本原的探寻（theoria theou），而成为通往不朽（athanatizein）的行动。因此，人的以本原为目标的张力和他对实在之结构的认知开放性之间的关联，在同他的全方位“求知欲”相混合
301 后，变成了他的理智性不朽和他的生存之间的关联，该生存是在一个有着生成与衰亡、出生与死亡的世界上进行的。只有在这个世界中，对不朽的追求才是可能的。只有当人接受作为无定负担的可朽时，他才能得以不朽。在高处与深处、理智与无定之间保持的意识均衡，变成在理论生活（bios theoretikos）中，亦即在这个世界上的理性生活中，在不朽与可朽之间保持的均衡。

柏拉图想要通过他的有所保留来防止的危险，现在可以被更加精确地描述为一种精神无序状态，在这种状态中，人试图使对不朽的追求，同生存（它处在作为该追求之条件的居间）所遇到的命运相脱离。同样的危险也搅扰着基督教会，并贯穿其历史，也存在于其反启示录宗派和灵知主义宗派的斗争中，这些宗派想要找到通往不朽的捷径。我已考察过天下时代里的灵知主义运动的一些方面，它将神性实在分割为一个真正神性的超越和一个由精灵塑造结构的世界。这些早期的运动试图通过将居间的各极分割成作为实体的此世和超越，从而逃离居间；而现代的启示录式灵知主义运动，则试图通过将超越转化成此世而取消居间。由于人已使自我对神性本原封闭，从而使他的意识，作为可朽—不朽之物（the mortal-immortal），失去了均衡，因此，在可朽的生存中对不朽的追求，无论是那些哲学家的不朽（athanatizein），还是基督教对生命的神圣化，均已变得不可能。在此情况下，人们一定会通过在一个想象的、为此目的而发明的此世实在中的行动，来提供一种想象的不朽。接下来，这种对各类第二实在的想象性建构，将会遮蔽那个其结构已获塑造的实在（它已通过那些哲学家而变得可见）。最重要的这类实例，是从公元18世纪至今对各种思辨历史的建构，它们通过积极参与一个想象中的历史过程，提供了一种想象的不朽。 302

第五章

保罗的复活者意象

柏拉图将神显事件与对宇宙的经验保持在均衡中。他并未容许狂热的期盼歪曲人的境况。就个人秩序而言,人能体验到来自金线的牵引,但理性仍然必须与来自激情的反牵引作斗争;就社会而言,理智性秩序的各种范式得到了令人信服的阐述,但它们并不会终结与心灵理智性程度较低的大众的斗争;就历史而言,人们并不指望对结盟民族的洞见能阻止历史走上神国之路。总而言之,柏拉图并未容许神显事件发展成启示录式的"充满整个世界的大山"(《但以理书》2:35)。

这种均衡得到了保留;但它需要一种努力来维持它,以抵抗由神的显现带来的破坏均衡的力量。神显事件构成在历史中的意义;它所启示的实在是向不受无序力量搅扰的状态运动的;紧随这种带有方向性的运动而来的想象,将会通过那些有关经过变形的实在的符号(例如"新天与新地")来表达它的目标。正是在这一点上,启示录式想象会通过摆弄意义的奥秘而威胁到意识的均衡。这是因为,那种在实在中进行、带有方向性的运动确实带有奥秘特征:尽管我们能将该方向体验为真实的,但我们既不知道,为什么实在会处于这样一种状态中,以至于它必定会通过运动而超越自身,我们也不知道,为什么这种运动并未通过某个发生在以往的变形事件而臻于完美;我们既无法预测这样一个事件在将来出现的日期，也不知道它将采取的形式。由于该事件能在任何时候发生，所以它作为一项威胁或者希望，高悬于每个当下之上。事实上，什么也没有发生过；然而，它可能发生。在宇宙论风格的真理中，对生存（它处于非生存这一深渊之上）的焦虑产生了宇宙起源论下的各种重生仪式；在生存真理的风格中（它由那些神显 303
事件建构而成），对于“陷入作为无序的非真理”的焦虑，能产生有关神性介入的洞见，该洞见将为所有时代终结处在时间中的无序。在经启示得到的关于秩序的真理与各时代实际的无序之间存在冲突，当这种冲突变得十分强烈时，伤痛的经验就会诱使人们对上述奥秘加以变形，形成各种变形期盼。围绕在该奥秘周边的可能性光环会被压缩成一种带有确定性的期盼，即期盼某个具有变形功效的事件在不远的将来出现。

第一节　保罗所说的神显

我们应当理解，通过变形想象而进行歪曲的可能性，内在于意义的奥秘。假如该奥秘并不真实，这些歪曲就将没有吸引力。保罗在《罗马书》8：18—25对这种内在于该奥秘的张力进行了经典的表述。紧随堕落而来的是，整个受造世界（creation）处于一种徒劳或无意义（mataiotes）生存的状态（20）。整个世界生存于对启示（apokalypsis）的热切期盼（apokaradokia）中，该启示将会降临于神的子民（19）。“我们知道，在创造生命这一伟大行为中，整个受造世界在叹息；不但是这个受造世界，就连我们自己，这拥有圣灵的第一果实的，也在心里暗自叹息，因为我们等候着我们的身体得到自由（apolytrosis）。”（22—23）连同这个受造世界，我们的身体将从日渐衰亡（phthora）的命运束缚（douleia）中获得自由（或：救赎），进入神之子民所得享的自由（eleutheria）和荣耀（doxa）（21）。用阿那克西曼德的话来说，经过变形的实在将具有不会衰亡的创世结构。[1]

为了在这种经启示而得的真理造成的张力中生存，人们需要有特定的一些德性。在“换位进入不会衰亡的实在”这一意义上的得救，并
304 非一个知识问题；它是无人得见的，依靠的是希望（elpis）；假如它将被看见，盼望便将不再是必须（24）。若我们盼望那所不见的，我们就必须带着耐心（或：忍耐，hypomone）期盼它（或：等待它）（25）。在《罗马书》5：3 ff.的文字中，保罗更详细地阐述了生存秩序的阶梯，从在此世对苦痛（thlipsis）的欢喜接受，从在时间中的苦难（ta pathemata tou nyn kairou，8：18），到对它们的忍耐（hypomone），进一步到那种融入了性格的坚韧不拔（dokime）——这是希望（elpis）的根基。在生存层面上，这一阶梯将得到坚持，从而使希望不会被失望压倒，因为它依靠的是恩典（charis），这是由已给予我们的圣灵（pneuma hagion）在我们心中散播的（5：5—6）；即使我们在做祷告时口齿笨拙，但心中的圣灵也将使其上达天听，在神面前变得清晰（8：26—27）。

1. 理智性与灵性神显

保罗对生存秩序的分析与柏拉图—亚里士多德的分析高度平行。这并不出乎意料，因为无论是这位圣徒，还是那两位哲学家，都阐述了由人对神显的回应而构成的秩序。然而，阐述的重点已发生了决定性转变：从化身于这个世界之中的神性理智性秩序，转变为旨在脱离这个世界之无序的神性灵性救赎；从实在所包含的矛盾，转变为对该矛盾的

1　本章所有引自保罗的文段均译自原本。所用文本是Nestle-Aland，*Novum Testamentum Graece et Latine*（Stuttgart：Deutsche Bibelstiftung，1969）。只要有可能，我都遵从钦定本（King James Version）的用语。针对一些特定问题，用到了标准评注本，尤其是*Peake's Commentary on the Bible*，ed. Matthew Black and H. H. Rowley（London：T. Nelson，1962）。对理解保罗的问题相当有帮助的是Guenther Bornkamm，*Paulus*（Stuttgart：Kohlhammer Verlag，1969）。

克服；从对带有方向性的运动的经验，转变为它的臻于完善。关键的差异在于对phthora（衰亡）的应对。在这两位哲学家的理智性神显中，心灵的不朽（athanatizein）同宇宙之中的创生和衰亡的节律保持着均衡；在保罗的灵性神显中，人的不朽（athanasia）是与对宇宙中的衰亡的克服紧密联系的。血与肉、血气的身体（soma psychikon），无法进入神的王国；它必须被转变成灵性的身体（soma pneumatikon）（《歌林多前书》15：44，55）；因为必衰亡的（phthora），不能承受不朽（aphtharsia）（50）。实在转变到不朽状态，这就是保罗对那件奥秘之事（mysterion）的解释（51—52）。柏拉图确实保持了意识的均衡，但他并不重视神显事件所具有的破坏均衡的实在；他对那种矛盾的意识，更偏重阿那克西曼德关于无定与时间的奥秘，因为他没有充分揭示那种带有方向性的运动的各种意涵。因此，在他的历史观念中，第三位神的地位被此前分析过的 305
各种不确定性所包围。与此相反，保罗则深深着迷于神显的各种意涵，以至于他让他的意象（对一种不会衰亡的创生的意象）介入对宇宙的原初经验。在《歌林多前书》15中，他让他的狂喜上升为启示录式诺言："我们不是将要睡觉，乃是都要改变，就在一霎时，眨眼之间，号筒末次吹响的时候。因号筒要响，死人要复活成为不朽坏的，我们（那些尚未死去的）也要改变。" 成为不朽坏的，这是在他的读者和他本人有生之年均可期盼的一个事件。对基督再临的变形期望已然开始其漫长的失望历史。

虽然这些文本毫无疑义地指出了差异之处，但是还可以就这一点进一步思考。保罗不是一个哲学家；他是为在前往大马士革的路上向他现身的基督而工作的传教士。假如这项分析就此打住，那么我们就将停留于理智性神显和灵性神显之间未能得到解决的冲突，而对二者在理解历史上的差异之处的引入就将失去意义。只有当这种差异被置于一个特定语境下时，这一引入才会变得明晰。该语境就是柏拉图和保罗在 "实在的根本结构" 这一问题上的共识。

柏拉图和保罗一致认为，在历史中的意义是与在实在中带有方向性的运动分不开的。“历史”是这样一片实在区域，宇宙的方向性运动在其中获得意识的光照。进一步而言，他们也都认为，历史并非一个空洞的时间维度，万物在其中随机出现，而是一个过程，其意义是由各种神显事件构成的。最后，他们一致认为，历史的实在是参与式的；它是居间，人在其中对神性显现做出回应，而神性显现则唤起人的这种回应。以这种一致性语境为背景，差异之处被归结到保罗所说的神显内容，被归结到对已变成人的神的意象，他已进入阿那克西曼德那种带有创生与衰亡的时间，并且，在经历过生存之苦难（pathemata）的情况下，他已升入不朽这一荣耀中。复活者的意象使保罗确信，如果人像耶稣那样，向圣灵敞开自身，那他便注定要升入不朽。对这一意象，他的回应是，宣布耶稣是神之子（《使徒行传》9：20）；他将这一信念扩展到每
306 个人身上：“凡被神的灵推动的，都是神的儿子。”（《罗马书》8：14）“如果他的灵（pneuma）住在你们心里——是他使耶稣从死里复活，那么，使耶稣基督从死里复活的神，也必借着住在你们心里的圣灵，给必死的身体赋予新的生命。”（《罗马书》8：11）对基督的信仰意味着，应答式参与到活跃于耶稣（他作为复活者出现在那个意象中）身上的同一个圣灵。“我们既因信称义，就借着我们的主耶稣基督，得与神相和。”（《罗马书》5：1）

如今，由于神学、形而上学和意识形态堆积物的影响，有关神显的各种问题受到严重遮蔽。因此，有必要进行一番评论，以便避免常见的误解。直截了当地说：我们在这里关注的不是基督学（christology）的观点，而是保罗的一个意象，以及由该意象的接收者对它做出的解释。因此，不会出现是“接受”还是“拒绝”某一神学学说的问题。一个意象并不是一种学说和教义，而是处于参与式实在中的一个事件，哲学家对其所能做的只是尽力加以理解。由于该意象发生于居间，所以绝不应将其分割为“对象”和“主体”。除了接收到的该意象之外，并不存在该意象的“对象”；除了在人的灵魂中对神性显现的回应之外，并不存在该意象的“主体”。作为一个符号，该意象从居间出现，而这个符

号既是属神的，又是属人的。就像在一个神显事件中发生的那样，神—人参与是一件奥秘之事，试图消解它的任何尝试都是愚蠢的。在主观方面，我们不能将该意象中的神性显现“解释”为保罗的心理活动。而在客观方面，对复活者意象的“批判性追问”将会意味着，批判者知道神是如何拥有了使其自身为人得见的权利。我们可以设想这样一份问答：

在一丛燃烧的荆棘中？
　　是；至少这团火并未
　　　　引发灌木丛大火。
在一团普罗米修斯之火中？
　　不；神话是一种迷信。
在来自某个精灵（Daimonion）的否定话语？
　　是；苏格拉底的命运
　　　　将教你肯定地思考。
在一座火舌翻滚的山上
　　发布的权威命令中？
　　　　过于惊人；再者也过于霸道。 307
作为主的一位天使？
　　也许吧；但真的有天使吗？
化身在一个人中？
　　我不知道。但这是一个危险的先例；
　　　　黑格尔和爱默生之流乃是余食赘行。

比起长篇大论，这样将更能清晰地表明那些“旨在批判的”尝试是多么粗鄙。但是，这份问答本身并非粗鄙的夸张；相反，相比于实际进行过的有关基督作为“历史人物”的争论，或者有关道成肉身和复活的“历史真实性”的争论，这份问答是一种曲言表达法（meiosis）。再次直截了当地说：正如对理智性领域的分析已经表明的那样，除了在作为居间的分化性意识中形成的历史之外，别无其他历史；如果在历史中的意义是由在居间发生的某个事件形成的，那么，该事件正是保罗眼中的复活者的意象。发明一种“批判性历史”（它将使我们判定，究竟道成肉身和复活是不是“在历史上真实”？），就会彻底颠覆实在的结构；它公然违背我们有关历史及其意义形成过程的所有经验性知识。误解来自将经验的某项“内容”同经验的实在性相分离，来自将内容视为命题式知识的对象。在道成肉身的参与式语境下，它是作为实在的神性显现，发生在耶稣身上；那些作为其门徒的人体验到这一点，并用“神之子”这一符号及其等价物来表达他们的经验；而复活则指向保罗关于复活者的意象，以及其他意象，对各种意象有所知的保罗将它们归类为与他自己的意象相同的类型（《歌林多前书》15：3—8）。

2. 意象与理性

的确，保罗的意象必须被接受为出现于居间，形成了历史的真实事件。而且，它绝不应被分割成“对象”和“主体”，也不应被施以各种原教旨主义、实证主义以及其他实体化歪曲。然而，这些要求并不意味着，这些意象与理性无关，可以不受批判性的审视。认定有关启示的各种意象是“非理性的”，要么只能照单全收地（telquel）“相信”，要么就得完全予以拒绝，这又是一个误解，是由对经验的实在性加以实体化异
308 化而导致的。正如我所说，保罗对各种意象有所知，并叙述了一些灵性现象。他充分意识到，对神显的经验所具有的结构，会从灵性核心扩展到理智性边缘。例如，神与人的交会能具有一个无法言说的死寂般的核心，这会导致一种神志不清或茫然无措的状态，这种状况在保罗身上持续了三天；接下来，在神志不清或茫然无措之后，将会是一段对事件做出十分详尽解释的时期，这体现在保罗身上，并贯穿了他此后的生涯；在人对实在的意识中发生的变化能够如此剧烈，以至于必须将它符

号化表达为一种革新，或是重生，或是一个新人的就位。在不那么剧烈的情况下，这种交会能体现于一种犹如催眠或狂喜状态下的“口吐真言”（“tongue-speaking”，glossolalia），接着或是由口吐真言者本人，或是由在场的另一个人，将这种灵性怪话翻译成在教会中可获理解的语言。

当保罗在科林斯*遇到无法翻译的口吐真言现象明显泛滥时，他对这个问题进行了精彩的分析。他区分口吐真言者（lalonglosse）和先知（propheteuon）（《歌林多前书》14：1—3）。当口吐真言者谈论位于灵（spirit，pneuma）之中的各种奥秘之事时，没有人能理解他，就此而言，他是对神，而不是对其他人说话；而进行预言之人对他的同胞们说话，是为了改善、鼓励和安慰他们（14：2—3）。口吐真言者为了他自己的利益而说话，先知则是为了教会的利益（14：4）。因此，保罗给口吐真言者制定了发言规则：每次发言不超过一个人；每次聚会不超过三个人发言；如果无人能解读怪话，他就必须坐下并闭嘴，默默地对神和他自己说话。就连先知们也必须按顺序发言，每次聚会不超过三个人发言，尽管他们总能控制他们的灵（pneumata，以复数形式出现！）。“因为神不是叫人混乱，乃是叫人安静。”（《歌林多前书》14：26—33）保罗并不是反对口吐真言。相反，他认为这是恩典（charisma）之一，灵由此将自身展现在教会中（12：10），而且他对其自身所获恩典引以为傲：“我感谢神，能在口吐真言上比你们众人都强。”（14：18）然而，灵性口吐真言对教会来说并没有特别的好处；因此，保罗坚持，“当我在教会（ekklesia）中，我宁可用我的理智（nous）说五个词，强如说万句真言”（14：19）；
“我若用真言祷告，是我的灵祷告，但我的理智仍然荒芜”（14：14）。然 309
后他提出要求：“你们在心志上（tais phresin）不要做小孩子；你们在恶事上要做婴孩，但在心志上总要做成年人（teleios）。”（14：20）灵是在生存层面上塑造秩序的力量。在对此并无偏见的同时，教会共同体中的

* Corinth，即《歌林多前书》、《歌林多后书》中的“歌林多”。——译注

生活由理智指导。

保罗所说的理智是什么意思？过度深究那些文本将会显得并不恰当，因为保罗的语言仅仅是半技术性的。然而，保罗想表达的意思是足够明晰的。教会里，随便一个以可理解、有说服力的方式讲话的人，也许是在世俗智慧的层面上讲话，他的心灵并不就是保罗所说的理智，而是一个教师或先知的理智，他的生存是由灵来塑造秩序的。这一点在《歌林多前书》2中体现得特别明显，保罗在其中将这个世界的灵（to pneuma tou kosmou）与来自神的灵（to pneuma ek tou theou）相对照（2：12）。正如此处的语境（1：18—25）所示，所谓“这个世界的灵”，是在《以赛亚书》29：11—21中所描述的意象意义上的那些人的“灵”，“他们的心远离我”；尤其是，他们是“因为肉体而有智慧之人，是有权位，或高贵血统之人”（《歌林多前书》1：26）。依靠“这个世界的灵”而活的是属血气之人（psychikos），他除了“人的智慧”以外一无所有；来自圣灵的恩典是他所无法理解的。依靠“来自神的灵”而活的是属灵之人（pneumatikos），他能用灵性语言表达来自圣灵的恩典，从而使“我们，身为属灵之人，拥有基督的理智（noun Christou echomen）”（2：16）。保罗通过人以神性本原为目标的张力而对生存秩序进行的分析，不像柏拉图和亚里士多德的分析那样明晰，但两种分析结果间的等价关系是足够明晰的。亚里士多德所说成熟之人是由属于生存德性的实践智慧（phronesis）和爱（philia）所塑造；作为这种塑造的结果，他意识到实在，洞察到人的正确行为，这使他能“真实地”谈论实在所具有的秩序，以及人的生存秩序。保罗所说的属灵之人是由圣灵塑造的；因此，他能“评断万事”（2：15），并“用圣灵所指教的言语”阐述他的知识（2：13）。保罗所用的符号，即先知（propheteuon）、属灵之人和成年人，是亚里士多德所说的“高尚之人”的等价物。

这些符号是等价的，但生存真理的推动力已从人的探寻转到神的
310 恩典（charisma），从人通过因爱欲而生的张力向神的上升，转到神通过

因为爱（Agape）而生的张力向人的下降。毕竟，保罗的pneumata不是哲学家的nous，而是对以色列人所说的神之ruach（灵）的希腊语翻译。因此，保罗并不像那些哲学家那样，专注于分析实在的结构（该结构通过理智性神显而显露出来），而是关注神性的突入，它形成新的生存意识。同时，保罗并未在这种突入的意象核心和将那种经验转化为结构性洞见之间，进行明确区分。当教会共同体的秩序迫使保罗对灵与理智加以区分时，就像在口吐真言者那个案例中那样，他进行了这种区分，但他并未将这种努力扩展为哲学家对实在的理智性理解；二者的分界线仍然是模糊的，例如就像在《歌林多前书》2：16中，以及在它对《以赛亚书》40：13的引用中那样，耶和华的ruach被翻译为主的nous，这为如下保证做好了准备：我们，就我们而言，“拥有基督的nous”。可以说，神显事件对保罗来说，亮光的核心在于灵性突入点；从这个核心出发，他更愿意望向的是经过变形的实在，而非处在宇宙中的生存。

这种偏好导致在保罗的符号化表达中出现一些有歧义之处。例如，在对爱（agape）的著名赞颂中（《歌林多前书》13），对所谓的三种神学德性（信、望、爱），保罗赋予爱最高地位，因为它比处在创生和衰亡境况下的生存更持久，并且一直进入到不朽之中。信与望，以及神的恩典（charismata），属于不完美的世俗领域；爱则包含并超越所有这些，因为它从永恒完美的领域延伸到不完美的生存中。“先知所受的恩典，终必归于终结；口吐真言的恩典，终必停止；至于知识（gnosis），也终必归于终结。”（13：8）因为在知识和预言中，我们只拥有支离破碎的（ek merous）真理，缺乏对整体的全面观照。“等那完全的（或：完美的，to teleion）来到，这有限的必归于无有了。”（13：10）“我们如今仿佛对着镜子观看，模糊不清，但到那时，我们就要面对面了。我如今所知道的支离破碎；到那时我将全知道，如同主知道我一样。”（13：12）至于信和望，当实在已脱离衰亡，成为永恒时，是需要它们的（《罗马书》8）。因 311
此，当神显的接收者从对神性实在的参与转为对某种完美（to teleion）

状态的预测时，那些原本等价的符号就变得不再等价了。处在完美状态中的成年人（teleios），不再是处于生存层面上的，可被认为与亚里士多德所说的“高尚之人”等价的成年人。《歌林多前书》13：11中的“人”（aner）并不是14：20中的已在心志上成年之人。随着保罗从参与转为预测，那些对处于居间的生存加以表达的符号获得了一个新的意义维度；保罗非常轻易地完成了这种转换，从而使那些符号确实在一瞬间就改变了它们的含义。

我所感兴趣的，并不是指出这位圣人的这些书信在术语使用上的前后不一。相反，对于在保罗的各种符号化表达中出现的那些有歧义之处，我们必须接受它们，因为它们表明他沉浸于实在的方向性运动中。对于他已通过他对复活者的意象而接受的那个方向，保罗的预测以想象的方式推断出对该方向的强力保证。在阅读《歌林多前书》时，我总有一种与保罗一同旅行的感觉，从衰亡，到处在实在的某种同质媒介中的不朽，从作为一座驿站的处于居间的生存，到作为一个目标的不朽，而死亡则只是路上的一段小插曲。死亡确实被降格到“一瞬间”，实在在其中从不完美转变为完美。

3. 死亡与变形

这种保证在该讯息的接收者中间遭遇了怀疑，保罗感到有必要回答那些与其所做保证的来源相关的问题。在《歌林多前书》15：12—19中，他在对复活的预言（kerygma）和复活者的意象间建立起联系。“死人若不复活，基督也没有复活了；基督若没有复活，你们的信便是徒然（mataia）。”（15：16—17）“若基督没有复活，我们所传的便是枉然（kenon），你们所信的也是枉然。”（15：14）该论证以启示性的语句作结：“我们若只在今生对基督有指望，那我们便是所有人当中最可怜的。”（15：19）这句话是理解保罗对实在的经验的关键之处——或者说至少在我看来是这样的。在今生、在我们位于居间的生存中抱有的希

望，不仅不够，而且要比不抱希望更糟糕，除非这种希望体现于由那意象得出的保证。 312

对保罗来说，复活者的意象不仅是一个位于居间的神显事件；它是变形本身的开端。然而，只有在满足以下条件的情况下，对该意象的这种理解才是有可能的：对一种实在的经验（该实在悖谬地向对其结构的神性超越运动），以及心灵向神性深处的运动，均得到了深入探究，从而使处在创生和衰亡境况下的生存，被揭示为有关神性超越的历史中的一个事件。复活能成为变形的开端，因为它作为保罗必须讲述的死亡故事中的一个事件，向保罗进行了启示："死既是因一人而来，死人复活也是因一人而来。在亚当里众人都死了，照样，在基督里众人也都要复活。"（15：21—22）我曾称之为"实在的同质媒介"的（我感到保罗在其中从衰亡转变到不朽），正是亚当的堕落发生于其中的同一个神话媒介。保罗超越了在居间视角下对实在的分析，以便将他对复活者的意象置于神性超越（它延伸进入居间）视角下加以解读，此时他必须像柏拉图那样，诉诸作为符号形式的神话。只有在这种媒介中，他才能讲述那出开始于死亡、终结于生命的宇宙论神性戏剧的情节。

保罗完整地讲述了有关死亡和复活的故事。在将亚当和基督确立为剧中人物后，他就能接着讲述那场以复活为开端的变形各阶段的恰当次序（hekastos de en to idio tagmati，23）：在第一幕（aparche）中，基督从死人中复活；接着，当基督再临，那些属于基督的就将复活；再后，末日（telos）到了，基督既将一切执政的（arche）、掌权的（exousia）、有能的（dynamis）都毁灭了，就将他的国交与父神（God the Father）；"最后毁灭的仇敌，就是死（thanatos）"（26）。接下来，当万物都已臣服于基督后，神之子本人就将臣服于神，"从而使神在万物之上，为万物之主"（28）。这场与各种反叛的宇宙内势力的战争，以神的胜利而告终。

在这个故事中，看待那个意象的视角是神对待宇宙和人的方式。这个故事强烈地主导了保罗的想象，以至于居间视角变得相对不重要

313 了。是这个故事所起的主导作用，而不是这个故事本身，导致了那些有歧义之处，它们从作为符号的“死亡”和“时间”，蔓延到保罗的解释的各个层面。这是因为，这个故事中谈到的死亡，并不是每个人（即使他信基督）都必定遭受的死亡。对保罗来说，这种差异可能并不显著，因为他念念不忘于这样一种期盼：活在基督里的人，包括他自己在内，根本就不会死，而会在他们的有生之年，紧随基督再临的脚步得以变形。由于这种变形已通过耶稣基督而在时间中开始，所以它将会在同一段时间里很快完成。保罗的“时间”是有歧义的，因为他将生存的时间同复活叙事的时间相混淆。

4. 保罗神话的真理

保罗的神话诗天赋不像柏拉图那样受到批判性意识的控制。如果这种符号化表达所包含真理的核心结构得到清晰辨识的话，它所遇到的非批判性障碍就没那么严重了。由于有关死亡和复活的那个故事是一个神话，所以，要想判定它在对有关神和人的真理加以符号化时达到的分化程度，就必须将它与分化程度较低的那些神显事件相联系，并与在解释这些事件的过程中发展出来的、较为紧凑的那些神话类型相联系。神话是一种符号化表达，是由对出现在实在中的神性显现的经验产生的。在它的宇宙论紧凑形式中，它是一个有关众神、有关万物之神性起源的宇宙内故事。在依然处于这种形式之内的情况下，通过向理智性意识的极限奋力前进，发展出了那些神话思辨类型的故事。当以意识的明晰为方向的突破发生时，就像古希腊在理智领域取得的发展那样，这种神话便将失去它的宇宙论紧凑性；当它的符号化表达（作为对发生于居间的神显事件的解释）变得明晰时，它就不再可能是一种宇宙内故事了。因此，尽管柏拉图的神话能够是一种有关宇宙及其秩序的神话，但它已不再是一种宇宙论神话，而是一种有关神在人、社会、历史和宇宙中的造物主式显现的“真实故事”。这位哲学家的神话是经过仔细设计的，以便使有关在实在中的神性显现的故事，与有关人以神性本原为目标的张力的生存真理相协调。当理智性神显所启示的实在结构，成为评判那种“真实故事”的真理性的标准时，该神话的紧 314
凑性便消失了。然而，即使是柏拉图的神话也未充分分化，因为尽管柏拉图将关于生存的真理确立为评判神话的真理性的标准，但他并未完全发展该标准。正如我已表明的那样，柏拉图意识到，除了将神作为理智(Nous)来加以启示之外，还有神性深渊，但他故意将心灵的这种进一步深入运动(以神性实在的深处为方向)包裹在游移不定之中。由于关于生存的真理被限制于意识的理智性结构，因而《蒂迈欧》中关于神和人的“真实故事”，并未超出一个其理智性努力仍受命运限制的造物主的形象。

与那些较为紧凑的类型相比，保罗神话的特点是它的分化程度更高。首先，他的意象势不可挡地使保罗超越了这个受造世界的结构，进入它的源头——作为自由和爱的神的创造性。保罗深入地分化了关于生存的真理(所谓生存真理，是对塑造生存秩序的过程的经验，这种塑造是通过神性本原对人的导向而实现的)，从而使超越宇宙的神和他的爱，被揭示为那些构成了在历史中的意义的神显事件的推动者。然而，由于对神话来说，关于生存的真理是判定其真理性的尺度，因此，一旦处于神性实在之中、超越理智之外的那一灵性深处得到了阐发，柏拉图类型的神话便不再适合作为有关神和人的终极真理了。柏拉图式造物主受到命运的制约，而保罗的创世神则必定在他与宇宙中各种相反力量的斗争中胜出。进一步来说，通过将带有方向性的运动的目标，将其完全状态(teleion)阐发为不朽状态，它超越了人对阿那克西曼德式奥秘(关于无定与时间的奥秘)的介入，保罗由此充分分化了对该运动的经验。如果实在的这一运动被持续推向它的目标，那人们便还是需要有一种比柏拉图的神话更加分化的神话，以便表达那种经验性洞见。在该目标的视角下，神话必须变成关于从这个世界的不朽状态(这是神的创造性所意欲实现的)堕落并回归于它的故事。它必须变成关于创世与堕落、堕落与救赎、死亡与复活，以及这个受造世界对其不朽荣耀的终极回归的戏剧。这一运动为了具有意义，必须有一个终点。在那些哲学家的理智性神显中，终点问题呈现为亚里士多德的原因论论
315 证，并带来了“第一因”这个符号化表达；在保罗的灵性神显中，随着神的创造性被分化出来，需要有一种终末论来完成该运动的意义。保罗的神话确实将有关该运动的戏剧推向其以各项终末论事件为标志的终点。最后，保罗充分分化了对人的经验。实在的这一运动在它的实际进程中，正是在人这里变得明晰起来。在保罗的神话中，神以胜利者的面貌出现，因为他的拥护者是人。神能带着他的神性所具有的完满（pleroma），将自身化身在作为受造物的人的身上，将人变形为神一般的人（God-man）（《歌罗西书》2：9）。正在叹息的整个受造世界能得到救赎，因为在一个点上，在人身上，神之子身份是可能的（《罗马书》8：22—23）。处于实在中的那一运动，它在理智性意识中是对其自身明晰的，而在保罗通过神话表达的意象及其解释中，它确已展现了它的全部意义。作为符号化表达的那个人，他能获得摆脱宇宙命运束缚的自由，能进入神的自由，能被来自那个神（他本身是不受宇宙控制的）的爱之恩典所救赎。这个符号化表达持续分化着关于生存的真理，该真理业已体现在那些哲学家对不朽的经验之中。

5. 真理与历史

关于生存的真理来自历史中的各种神显事件。保罗对其意象的解释，连同它对神显演变机制的集中阐释，比起哲学家对理智性神显的解释，令人更加关注生存真理的历史真实性。关于真理与历史的关系，新的重点落在了“历史”这一区域及其在实在整体中的地位。假如这个问题，连同它受到各种误解和畸变的丰富潜力，没有得到澄清，那么，对保罗神话中的真理核心结构（正如我所称呼的那样）的叙述将会是不完整的。

在古典哲学中，与对理智性意识的发现不可分割的，是对“该发现

是一个构成了在历史中的意义的事件”的意识。这一表述简洁地提到实在中的一片关系领域，这是现在必须加以详细阐述的。该发现具有“意义”，因为它推进了人对其生存秩序的洞见。因此，该进展的意义来自生存秩序（意为人对神性本原保持开放）的“意义”，也来自人想要知 316
晓生存的正确秩序及其实现的欲望。应当注意到，历史意义来自个人生存的意义，这一点是对实在的理智性经验所特有的；在保罗的语境中，我们则会发现与此相反的关系。进一步而言，洞见的进展确实是一种“进展”。这是因为，这种发现并不是作为一团意义，被倾倒进一段先前不曾有人在其中关注过这类意义问题的“历史”中。对理智性意识的发现可被理解为一种“进展”，这是相较于在它之前出现的，对生存秩序更加紧凑的那些经验和符号化而言。用亚里士多德的话来说，爱神话者和爱智慧者在不同的分化水平上，所体验到和加以符号化的是相同的实在结构。意义的这种“进展”意味着各种符号化表达（在这里是神话和哲学）的“等价关系”。因此，带着这种新的明晰性呈现出来的，不仅是意识本身的结构（用古典主义的话来说就是：人的本性），而且是在实在的过程中取得的某种“进展”的结构。而且，该进展所发生的场域并不是一个被称为“历史”的，独立于这种进展之外的神秘实体；相反，该场域正是意识本身，它在其理智性的明晰状态中，得出了这些发现。那些神显事件并非发生在历史中；它们构成历史及其意义。最后，这种理智性神显将意识启示为具有参与式实在的结构，具有神—人的居间的结构。因此，“历史”（作为实在之中的一个区域，有关生存意义的洞见在其中获得进展）是神显的历史。在柏拉图通过神显的三个阶段而对在历史中的意义进行的符号化中，他达成了这种洞见状态。

这个洞见复合体带有相当多的意涵。那些哲学家对理智性神显的阐释并未展开所有这些意涵；时至今日，它们之中的一些的确仍未得到充分阐述。不过，这里的分析必须限定在一个特定的问题上，如果它在那些更进一步的神显带来的冲击下得到分化，便能促使对历史的柏拉图式理解转变成保罗式理解。我所指的这个次级复合体是理智性意识中的一种独特张力。该张力的一方是已通过一系列古典符号——zetesis(探寻)和kinesis(启示运动),eros(爱欲)、thanatos(死)和dike(正义),elpis(希望)、pistis(信仰)和philia(爱),等等——而得到阐述的
317 关于生存的真理,另一方则是作为一种生存秩序状态的关于生存的真理,该状态是当人经历神显事件时出现在他身上的。这是一种在神显事件的阐释表面与经验深处之间出现的张力,它处在有关"真理与历史"这个主题的众多争议的核心。由保罗的分化达成的独特成就,除非将它与内在于上述张力的潜在误解相互对照,否则就无法得到充分理解。

在其经验深处,神显事件是在实在中出现的一场湍流。卷入该湍流之中的思想家必须像埃斯库罗斯的潜水者一样,努力从深处上升到阐释的表面。当来到表面之后,他可能想知道,他所讲述的故事是否真的是有关该湍流的叙事,或者说,他的叙述是否不曾偏向这个复杂事件的某一方面;他的这种愿望是无可厚非的,因为结果既依赖于神性显现和人的回应在深处进行的相互作用,也依赖于那种表面所处的文化语境,该语境将使他的阐释偏向时人眼中这一新近发现的真理的最重要部分。如果他的叙述偏向实在的结构,那么,那个能带着理智性洞见从湍流中上升的"人"的结构,就将令人特别感兴趣。即使这个哲学家完全不曾对处于参与式实在中的那个过程视而不见,这种"结构性"偏向仍将不时帮助催生一个就像亚里士多德对人的"定义"——拥有理性的有生命存在者(zoon noun echon)——那样的符号。于是,如果这样一个"定义"脱离了它的分析语境,就会退化成一个唯名论意义上的定义;"人的本性",就其定义而言并没有改变,它将会变成"哲学史"上的一个固定项目,正如它在西方"文化"中事实上变成的那样。另一方面,如果这种叙述偏向处于实在之中的过程,我们就会看到一种相当显著的变化,因为"人"带着一种他先前并不拥有的意识而从该湍流之中出现,这种意识是对处于居间的生存的意识,并得到了清晰阐述。这一

变化确实十分显著，以至于它促使柏拉图和亚里士多德去关注此类事态能够发生于其中的那种"历史"。就像在结构上固定不变的"人的本性"一样，在其本性中发生的这种"变化"能够（而且也确实）退化成一种位于一个社会的"文化"之中的定义式固定项目，从而使一种以超越其自身结构为运动目标的实在所具有的矛盾，瓦解为关于"'人的本性'是否变化"的意识形态争论。 318

而且，该矛盾瓦解为关于已脱离其经验基础的定义式固定项目的争论，我们不能将其抛置一旁，视为一种为平庸思想者准备的无害消遣。相反，那种张力（那些经历了定义式退化的符号起源于其中）的演变机制仍然充分有效；处于实在之中的那种矛盾并没有消失，在它的压力下，那些两极分化的定义发展出它们自身的生命。可以说，这些定义在寻求某种"湍流"，它将为它们提供在同神显事件相脱离后丧失的意义；它们在作为人造湍流的"革命"中找到了意义的这种来源。在"历史"中发生的革命被用来取代在实在中发生的神显事件。由神与人的相遇带来的湍流，被转型为由人与人的相遇带来的暴力。在意识形态者想象出来的实在中，在革命行动中对人的这种杀戮据说将会对人的本性带来万众向往的变形改易，作为发生在"历史"中的一个事件。马克思毫不隐瞒这一点：革命的杀戮将会诱发"嗜血欲"（Blutrausch）；从这种嗜血欲中，"人"将会作为"超人"出现，进入"自由王国"。来自这种嗜血欲的魔法是保罗关于复活者意象的承诺的意识形态等价物。

在以上段落中，我使用了相当多的引号。它们意味着，加上引号的各个术语已远离它们的原初状态（作为真实的神话、哲学或启示符号），进入米尔恰·伊利亚德所说的退化符号的状态。在西方去教养化的进程中（尤其是自18世纪中期以来），这些符号已被转变为意识形态者在异化游戏中摆弄的花样。由于这些游戏并无哲学意图，视其为哲学差错将会是一种误解。它们处心积虑地将实在及实在的结构所具有的矛盾，纳入作为媒介的、想象中的“第二实在”。在这种“第二实在”中，作为奥秘的宇宙论神性实在（人们必须在其中经历生死）能由一些人在思辨中解决，并在行动中废除，这些人的权势欲已使他们的生存陷于无序。当然，这项事业是怪诞的；对西方去教养化进程中的这股怪诞之
319 流，无论怎样强调也不为过。孔德用孔德时代取代了基督时代，并致信俄国沙皇、土耳其苏丹的高官以及耶稣会的将军，意在将东正教会、伊斯兰教会和天主教会均纳入实证主义藩篱。黑格尔将自身作为《约翰福音》意义上的道成肉身的终极版呈现给这个世界。与此相应的是，在这一代的各个新基督出现一百年后，追随他们的是通过大屠杀和集中营而进入千年王国的变形实践者，是希特勒党徒和斯大林党徒。同属这种权势熏心的怪诞之象的是，将“历史”构想为实在之中的一片区域，人类的不朽能在其中实现，这即便不是在一瞬间，至少也是通过在合理数量的若干代内，明智地加速足够数量的人的衰亡来达成的。

由那些神显事件产生的哲学和启示符号，以及在各种异化游戏中用到的退化符号，它们彼此映照，同时也映照着它们以等价方式加以表达的那种共同结构。那些出现在19世纪上半叶，并与保罗意象中的那个复活者相竞争的新基督，最好地证明了（如果需要证明的话），变形问题在历史意识中的恒常性。那种以实在的变形为目标的实在所具有的矛盾，正是以等价方式得到表达的那种结构。由于在我们的时代，对各种符号和经验间的关系，几乎不曾有过从经验层面进行的比较研究，所以这一点初看上去会显得很奇怪。位于居间的神显事件，会与异化游戏中的权势熏心有何共同之处呢？因此，我想强调的是，无论是对居间的意识，还是异化了的弥赛亚式思辨者的意识，它们在结构上是一样的。在对以神性本原为目标的生存张力的经验中，该张力的两极分别被符号化为“神”和“人”，而methexis、metalepsis或metaxy这些符号则表达了生存的居间。在异化思辨者的封闭式生存中，居间的结构是相同的，但是，这个思想者此时必须（用尼采的话来说）将恩典延伸到

自身。他必须发展出一个“分裂的自我”，其中一半扮演“人”的角色，承受人的境况，另一半则扮演“神”的角色，带来对它的救赎。居间变成（用黑格尔的话来说）分裂（Zerrissenheit）或异化（Entfremdung）状态；对思辨体系的阐述变成救赎性和解（Versoehnung）行为；完成这一 320
壮举的人在自己身上综合了神和人的两种本性，这是根据“迦克敦信条”的定义来说的；他是新的神一般的人，新的弥赛亚。然而，实在的结构并不因为某个人对它进行了出于权势欲的反叛而消失。在该结构保持不变的同时，这种反叛在个人层面上导致生存秩序的毁灭，在社会层面上导致大屠杀。我并不想说得更多了。将异化的思想者这种“分裂的自我”刻画为“精神分裂症患者”的做法，将会是很有吸引力的，不过，这一类型的灵魂病理学（pneumopathology）畸变，与精神病理学（psychopathology）在“精神分裂症”这个一般名目下处理的那种现象之间的关系，尚未得到充分探讨。然而，可以肯定的是，这种比较对于解释通常被称为“此世论”（immanentism）的那种现象是有帮助的。

在现代的异化状态下，自我救赎事业主导了对历史和意义的关注。人们不再持有这种认识：通过在关于生存的真理上获得洞见的进展，神显事件在历史中建构了意义。如今，“历史的意义”本身是由那些新弥赛亚发现的；生存的意义来自对自我救赎者富于权势欲的思辨和行动的参与。因此，在“历史”这一符号的现代退化版本中，它以符号化的方式表达了革命的变形所带来的作品（opus）。这是一种对“历史”的极端化缩减，它将其意义缩减为一种由革命对实在加以变形带来的、炼金术式或魔法式的作品；这将会反过来照亮从古典历史观到保罗历史观的转变中的重心变迁。

6. 关于变形的真理

在保罗书信中，核心问题并不是教义，而是通过有关复活者的意象而使人坚信通往不朽的变形。变形被体验为一个“历史上的”事件，开始于基督的受难和复活。现在，必须在先前分析的基础上进一步探讨该经验。

在《加拉太书》1：11—17中，保罗坚持认为，他所必须带来的好消息是有着纯正神性起源的。他必须传播的福音，并非“从人领受的，也
321 不是人教导我的”，尤其不是来自耶路撒冷的那些使徒支持者，而是完全来自“耶稣基督可见的显现(apokalypsis)”(1：12)，是由“将他儿子启示(apokalypsai)在我心里”的神通过恩典赋予保罗的(1：16)。我严格地逐字翻译这些关键语句，因为我们在那些标准译本中看到的意译，将会模糊保罗在阐述他对神的经验时具有的精确性，这个神通过那个意象进入他心里，并通过这一进入行为而使他发生了变形。保罗所说的神显在结构上深入到复活者的意象中，也深入到那个超越之神的显现中，这个神通过该意象呼召保罗担起他的使徒职分。保罗首先是一名先知，他像以色列的众先知那样，受到神的呼召担起他的职分。当他表达对该呼召的经验时(《加拉太书》1：15)，他使用与耶利米(《耶利米书》1：5)和第二以赛亚(《以赛亚书》49：1)相同的措辞；在这一措辞中甚至还有一些宇宙论色彩，因为那些先知所使用的这一措辞来自关于这种呼召的近东措辞，神通过该呼召命令国王就职。其次，保罗是被派往各民族的使徒，他必须宣告有关变形(它已开始于耶稣复活)的真理。他将该真理符号化为Evangelium Dei(euaggelion theou)，即神“有关他儿子的福音”，这是很早以前“借众先知，在《圣经》上所应许的”(《罗马书》1：1—3)。对由神进行的呼召和有关他儿子的福音加以区分，这对保罗的自我理解来说非常重要，以至于每当他正式介绍自己，称自己为“使徒”时(例如在《歌林多前书》1：1、《加拉太书》1：1—5，以及最详尽地在《罗马书》1：1—6)，都提到了这一区分。他从这一区分获得了他的“使徒”风格，从而使自身区别于先前那些先知，他们提出了如今在他那里得到实现的应许。

在致罗马人的书信(即《罗马书》)中，尤其是在第七章著名的自

我分析中，作为一个历史事件的变形所具有的意义得到了阐明。保罗生活在一种生存的不安状态下。他的焦虑是由心中的冲突引起的，冲突的一方是作为神之法的律法书，它要求彻底的顺服，另一方是身体的弱点，它使一丝不苟的顺服变得不可能。“我内里的人喜欢神的法，但我看到我的肢体中另有一个法，它和我的理性（nous）所赞同的那个法交战，使我受制于在我肢体中的罪（hamartia）的法。”（《罗马书》7：22—23）“于是，我发现有一个法，就是当我想要做对的事的时候，只有错的
事是我所能及的。”（7：21）这种冲突不可避免地提出身份问题：“我甚 322
至认不出我的所作是我自己所为。因为我所想做的善，我并不做；我所恨的恶，我倒去做”，“我能愿望对的事，但我无法做它”（7：15，18）。结论是：“若我做我所不想做的，显然并不是我做的，而是住在我里头的罪（hamartia）做的。”（7：20）保罗并非试图逃避责任；他是在思考处于生存中的真实自我的丧失，这出现在秩序的视域（亦即生存的“正义性”或“正当化”）受到一个法的限制之时（尽管该法仍是神圣的，但已是神性显现所无法穿透的）。就像柏拉图和亚里士多德一样，保罗也在寻求神，但他发现，他的灵魂的运动受到一个法的阻碍，该法至少对他来说已变得难以理解，并且妨碍他在居间中的生存。

而且，保罗充分意识到，对这种自由运动的阻碍是一个“历史上的”问题，为他所在时代的犹太教所独有；那种法并非总将人同神隔开的幕布。他知道自己是那些先知（他们预示了他所获得的自由）的后继者；而且他也知晓那个生活在该法之前的亚伯拉罕，被亚伯拉罕视为正义的，不是他在践行律法时的任何行为，而是他的信仰（pistis）（《罗马书》4：3;《创世记》15：6）。“律法是惹动忿怒的，哪里没有律法，哪里就没有过犯。”（《罗马书》4；15）无可救药地生活在罪恶中，生活在神的忿怒下，要想克服由此带来的致命感觉，唯有通过让自身在信仰中向神的恩典和爱敞开。保罗发现，在亚伯拉罕身上，这种范式性的生存类型得到了实现。神向亚伯拉罕应许，他将因其信仰而成为众多民族之

父，他的后代将承袭这个世界（kosmos）。这一应许所指向的，并非这个家长的肉体后代，而是同具亚伯拉罕的信仰的所有人，无论他们是否属于受割礼的人。“因为他是我们所有人的父”，他生活在“神的显现中，他所信的，是那叫死人复活的神，这个神使不存在之物得以生成，就像他使存在之物得以生成那样”（《罗马书》4：9—17）。亚伯拉罕是在真理中生存的人的原型。通过对那个使他成为众多民族之父的神的普遍信仰，他的普遍人性得以形成。以色列的先知们将这一普遍人性延续到各民族，如今这一工作则由作为使徒的保罗完成（《罗马书》4：23—25）。最后，保罗的使徒职分是对那项追溯到亚伯拉罕的历史应许的完
323 成，因为神已通过复活者的意象，将耶稣启示为他的儿子，他能做“律法既因肉体软弱，所不能行的”：通过进入有罪之身的形式，神能以圣灵的力量，打破肉体的力量（《罗马书》8：3）。因此，从今以后，对那些在耶稣基督里的人，就不定罪了。“因为赐生命在耶稣基督里的那个圣灵的律法，释放了我，使我脱离罪和死的律法了。”（《罗马书》8：1—2）

保罗因为看到肉体的弱点，发现生存的灵性秩序，并意识到一种以复活者的意象为顶点的信仰历史而心神不安。这必须作为一个经验单元来看待，就像柏拉图—亚里士多德的zetesis（探寻，即发现生存的理智性秩序，并意识到该发现是神显历史中的一个事件）是一个不应割裂的单元一样。这两个单元之间的具体差异是，在古典哲学家那里，重心在于对结构的认知，而在保罗那里，重心在于从结构逃离。于是，这种差异便在文学形式上体现出来了。在古典哲学中，关于历史的思考看起来只是结构分析的附属物。亚里士多德写了《伦理学》和《政治学》；他没有写《历史学》。而在保罗那里，信仰的历史主导了《罗马书》，而关于基督再临之前的短暂当下里的个人行为和政治行为的思考，则只是附加在《罗马书》12—15中。保罗能以历史**的**意义来取代古典的**在**历史**中**的意义，因为他知道这一故事的终点，就在以复活为开端的变形。

不过，这两种看法间的差异并不相悖；它并未迫使我们只能二者择

其一。相反，这两种看法将一种以超越其结构为运动方向的实在所包含的矛盾，共同彰显在明晰的意识中。古典哲学对结构的集中关注并未取消这种运动所带来的不安，这体现在柏拉图的那些不确定之处中；保罗将伦理学和政治学贬谪至历史的边缘地带，这种历史已被缩减为通往变形的逃离，但这并未取消宇宙及其结构。当实在所包含的矛盾在意识中变得对自身明晰起来时，它创造出为一种历史所具有的矛盾，该历史悬置于宇宙的命运和终末论运动的自由之间。在天下时代，该矛盾的这两条分支分布在古希腊哲学家的理智性神显和以色列—犹太先知的灵性神显之中，这一点必须得到承认，但无法得到解释。历史的过程是一个 324
奥秘，正如在历史过程中变得明晰起来的那个实在也是一个奥秘。

看来，必须使“历史”这个符号变得足够宽广，使其能容纳所有神显事件，而实在所包含的矛盾正是在这些事件中闯入意识。

该洞见至少将澄清在有关基督“历史真实性”的恼人争论中牵涉到的一些问题。在保罗看来，几乎说不上有什么问题，因为他和柏拉图一样，仍在一片开放的神显领域中运动。对柏拉图来说，奥林匹斯众神就像他的木偶操控者（或者造物主，或者理智，或者那个未知的、位居对这片多样化神灵领域的超越的父神）一样，都是有效的神显符号。同样，保罗在一个充满君侯、主宰和强权，充满死亡和罪恶的世界之中运动。在他们中间，最终获胜的神之子位于未知的父神之下，这个父神超越所有的他们。在《加拉太书》4：8—13和《歌罗西书》2：20中，基督被呈现为一个更高级的神灵，与“宇宙间的元素性精灵（elemental spirits，stoicheia）”相竞争；保罗书信的接收者们受到指责，因为他们在“既已认识神，更可说是被神所认识”之后，又倒退回对元素性精灵的敬拜，而它们“按本质来说甚至不属于众神”（《加拉太书》4：8—9）。

当教会感到有必要将它的“一神教”区别于异教徒的“多神教”时，这片神显领域的开放性受到了压力，但它依然能在相当大程度上保留几乎三个世纪。早期的教父，从查士丁和阿忒那哥拉，经过西奥菲勒斯、德尔图良、罗马的希波里图斯和奥利金，到欧西比乌斯（死于约公元340年），各自找到某种等级建构，并认为那是最适合用于表达神之子与父神关系的符号化表达。例如，用奥利金的话说，尽管子与父是同质的（homoousios），但只有父是神本身（autotheos），而理性（Logos）是第二神（deuteros theos）。进一步而言，我们应当注意到，奥利金仍然相当自由地创造诸如theanthropos（神一般的人）这样的新词，以便表达在耶稣身上的道（Logos）成肉身。我之所以特别提到这一点，是因为它在各个新基督的时代，在19世纪，有着令人惊异的生涯。那时，费尔巴哈将那个已由人投射到超越之中的神拖回到进行这种投射的人身上，从而将人转变为神一般的人。在尼西亚会议（公元325年）上，阿萨纳修斯教
325 派的获胜终结了这种慷慨的开放性。在此之前，基督教在很大程度上是二神论的（ditheistic）。[2]

教父的历史明白无误地表明，在从开放的神显领域转变成教义建构的领域时，"基督"这个符号的含义发生了改变。如果在提出基督的"历史真实性"这个问题时，总是想着教义中的"基督"，那么就将不可避免地遇到困难。因为尼西亚会议和迦克敦会议所说的"基督"，并非我们在保罗的复活者意象中遇到的神显历史的实在；发明一种特殊类型的"历史"，置教义植根于其上的神显实在于不顾，以便赋予教义中的基督以"历史真实性"，这将是毫无意义的。三位一体论和基督论的教义只有结合其自身的历史才能得到理解：它是一种保护措施，用来维护未知神的唯一性，防止被混同于对其他神性显现的经验，即在有关宇宙内众神的各种神话中，在神话思辨中，以及在明晰的理智性和灵性意识中出现的神性显现。

2　关于尼西亚会议前后的教父学，以及在正文中给出的参考文献，参见Berthold Altaner, *Patrologie: Leben, Schriften und Lehren der Kirchenvaeter*（Freiburg：Herder, 1951）。

第二节　自我显现式反叛

在18—19世纪，一种新型“历史”被发明出来，旨在容纳对那些全然拒斥神显实在的新基督的各种符号化表达——它们以退化了的“基督”为核心。我刚刚提到，奥利金的theanthropos经过退化性转变，变成费尔巴哈投射心理学（projection-psychology）中的神一般的人。然而，这个为“现代”所独有的问题，其结构尚未得到充分探讨；理智性和灵性经验、紧凑和分化、生存的畸变和符号的退化，对它们的研究仍然刚刚起步；缺乏一种既定的技术性语言，这阻碍了对此问题的呈现。我已谈到意识形态思想家和他们的异化游戏，谈到他们对处于退化形式下的哲学符号和启示符号的使用方式，也谈到他们的“分裂的自我”（他们借此在异化状态下复制居间的结构）。然而，这种常规的语言仅仅描述了主题；它并未在分析层面上深入那种反作用力（该力量驱使人们 326
拒斥神显）。因此，我建议使用egophany（自我显现）这个术语，它是一个合适的符号，能表达出那些生存在异化和权势熏心状态下的思想家的苦痛经验（pathos）。

1. 对历史的自我显现式畸变

如果神显的湍流让位于自我显现的革命，那么，作为实在的神显历史就必定会被一种想象出来的自我显现式历史所侵蚀。按照其设计，这种历史将在思想家的启示录式自我实现中达到圆满，就像我们在孔多塞、孔德和黑格尔的“历史哲学”中看到的那样。它必定是被专门设计以用于这种目的的，这是因为，由柏拉图和保罗这样的人物所经历的理智性和灵性神显构成的历史，能发展成神秘主义（作为进一步分化的结果），并且相应地在教义和学说问题上保持宽容；它也能为对生存的自我显现式畸变和对人类的大屠杀留下大片空间；但它无法被用来产生自我显现和大屠杀，作为以有意义的方式得到分化的神显高潮。如果“历史”要在各个思想家的自我显现中达到圆满，那它就必定从一开始是自我显现的历史。为了创造这种想象出来的历史，那些神显事件必须被重构为自我显现事件；为了达成这个目的，必须使作为实在的居间消失。就人的人性而言，古典的spoudaios（成熟之人）和保罗的teleios（成年人）必须变成一种不成熟状态，变成深陷于神学和形而上学自负的人，从而使自我显现式的“科学”状态（费希特、黑格尔、孔德、马克思）能够出现，作为前人意图达到，但仅仅不完美地实现了的成熟性的最终完善。就神的神性而言，由神显事件产生的那些符号必须被理解为一种演进得并不完美的自我反思意识的投射物；在完美的自我反思状态下（黑格尔），上帝死了（萨德侯爵、黑格尔），而如果他死得不够彻底，那他就必须被谋杀（尼采），从而使自我显现的神一般的人或者超人（费尔巴哈、马克思、尼采）能在历史中建立起最终的自由王国。一种激进的自我显现“历史”得到建构，它并没有打算给对神显的各种经验及其符号化留下余地。因此，当自我显现历史的各种变体开始主宰
327 意见氛围时，就像在我们的时代确实发生的那样，并不令人惊奇的是，对包括许多神学家在内，业已臣服于这种意见氛围的思想家来说，基督的“历史真实性”成为一个问题。

这些自我显现式建构，连同它们对人性和神性的独特畸变，在某些点上与希罗多德和修昔底德笔下的帝国事业主推者所沉溺于其中的历史构想十分相似。二者的共性（tertium comparationis）在于贪欲冲动。由于一个社会的秩序所具有的灵性精神实质和理智实质严重萎缩，以至于人们感到，既有的各种制度和符号不再能代表宇宙论神性秩序和关于生存的真理，该社会便会处于危机之中。此时，这种贪欲冲动被释放出来，按照它自己的形象来创造秩序。然而，这种平行性并不总是那么明显，因为这两种冲动的文化语境（它们源出于其间，并且必须在其中通过符号来找到它们的自我表达）差别很大。现代的自我显现式逃

离必须在理智性和灵性意识的层面上，在哲学和启示的层面上进行，该层面已成为西方文明的文化遗产。就此而言，这种逃离以发生在天下时代的那些事件为前提。的确，古代的那些符号化表达（在试图上天时被贬下界的巨人，或是众神的嫉妒心，他们攻击那个因嫉妒众神而将自身提升到人被允许拥有的地位之上的人）仍然适用于那些现代巨人；但是，在那些新基督的自我阐释中，他们并不是要与宙斯或阿波罗竞争，他们嫉妒的是基督。尤其是，他们决心要在“历史”中实现变形状态，这是连保罗（尽管有他的意象）也不曾实现的，而且自那以后也没有人实现过，因为他死在基督再临之前；为了达此目的，他们试图迫使基督再临出现在历史中，出现在他们自己身上。

在那些自我显现的思想家中，在哲学上最有能力，在历史学上最渊博的是黑格尔。他充分意识到这个目的，以及它对保罗的复活者意象的终极偏离。黑格尔基督不是这个意象本身之中的复活者，而是一位在教义上衍生出来的神一般的人；他出现在“神性存在变成人”（Menschwerdung des goettlichen Wesens）这一事件中。这是“绝对宗教的朴实内涵”。这个神性存在“被认识为精神（Geist）”；这个宗教是“意识到自我成为精神”。所谓这个神性存在如今“被启示出来”，是就人们知道了它是什么而言；所谓它得到了认识，是就它作为精神，“作为 328
在本质上是自我意识（Selbstbewusstsein）的存在”得到了认识而言。它在其直接性中向自我意识启示，因为它就是自我意识本身。“神的本性和人的本性同一；被看见的（angeschaut）正是这个单元（Einheit）。”“至高的存在能作为一个生存着的自我意识而被看见和听见，这正是其概念的完善”；在这种完善中，它生存在其直接性中，正如它是本质一样。[3]在此辩证过程中，黑格尔无须更多的步骤，便可从他在“绝对

3　Hegel, *Phaenomenologie des Geistes*, 6th ed., ed. Johannes Hoffmeister (Hamburg: Meiner, 1952), 528 ff.

宗教”中对基督的构想，前进到在他自己的“绝对知识（absolutes Wissen）”中对神的概念性实现。通过使用保罗的语言（《歌林多前书》2：10），黑格尔在“绝对概念”中获得了“对深处的启示”。“知道自身是精神的那个精神”是绝对知识（absolutes Wissen）；“在这一启示中”，保罗智慧的深处（它关系到有关即将到来之变形的知识）被所获得的那种变形取消了（das Aufheben seiner Tiefe）。[4]

黑格尔深思熟虑地从事畸变行为，又轻车熟路地将其隐藏在一副令人肃然起敬的哲学化外观背后。他是最出色的自我显现式操控者。由于在自我显现式运动中，他的策略是有代表性的，而且，对当代有关历史和神显的模糊认识来说，这些策略仍然是强有力的原因之一，因此，有必要就上述引文进行一番评论。

人的本性和神的本性（Natur）是同一的。在这一宣称中，尽管黑格尔使用了教义的语言，但他还是径直拒绝了“迦克敦信条”的定义及其关切：使神性和人性（有人认为二者不同）被理解为共存于基督的单一位格中。[5]由一位在其他方面都坚持主张其正统性的思想家做出的这一拒绝，它的动机、意图和意涵是颇有争论的话题，尤其是在新教神学家中间，该争论延续至今，相关著作汗牛充栋。可以肯定的是，黑格尔不是一个简单的“异教徒”。该拒绝很有可能是由一种不协调感引发的，即对教义中的基督和我们在福音书与保罗书信中见到的神之子之间的不协调的感受。一个人能在钦佩“迦克敦信条”的定义于公元5世纪的
329 哲学文化条件下达到的技术完善性的同时，又拒绝在谈到“基督”时使用它的语言，因为从我们今天对古典哲学和神显事件的所知来看，关于各种“本性”的哲学用语已变得有所欠缺了。而且，从教义返回作为实

4 Hegel, *Phaenomenologie des Geistes*, 564.

5 关于将“迦克敦信条”的定义引入这个基督论问题的事情，参见W. H. C. Frend, *The Rise of the Monophysite Movement*（Cambridge：Cambridge University Press, 1972）。

在的经验，这在黑格尔的拒绝中是一项强有力的因素。这一点之所以成为可能，不仅是因为他在此问题上的一贯坚持，而且也是因为后黑格尔时代的神学家们专注于“历史上的耶稣”、“基督的历史真实性”、在信仰中的“生存”，以及愈发意识到《新约》中的启示录式蛛丝马迹。

然而，尽管我们必须承认，在黑格尔与时代（它在反叛神学和形而上学教条主义）共有的那些动机中，上述所有因素都是可能的，有根据的，但也必须承认的是，他在事实上并未从教义返回神显实在，而是恰恰相反，从教义出发，前去将他的自我显现教条化。他拒绝了教义，但继续使用它的语言。这真是巧妙的手法：通过拒绝教义，他能抛开教义所意在保护的神显事件；通过保留教义语言，他能用它来掩盖他影响深远的自我显现事业。如果有谁从黑格尔的上述宣称中得出结论，认为他将神和人相等同，那么黑格尔就能惊恐地举起双手，认为这是一个其理智能力不足以理解思辨哲学著作的人的恶意中伤；他相当善于摆出正义的愤慨状。他从未将神和人相等同；他仅仅是在哲学上将他们的本性均识别为“自我意识”而已。当然，只有当教义已在论证者周遭的社会中失去其意义（对原初神显事件的保护性符号化）时，当教义已高度僵化，以至于它的各种符号能在思辨游戏中被用作碎片，而其原初意义则被置于不顾时，这种论证才有可能得到有效使用。该论证的确是一场游戏：在《精神现象学》的这几页里，黑格尔摆弄着德语单词Wesen。[6]在这段话的开头，这个词被用来指“神性存在”（Wesen），即神本身；紧接下来的几句话里，这个词变得含义模糊，我们无法确定它究竟应该翻译成“神性存在”（Divine Being）还是“神性本质”（divine essence）；在这段话将近结束的地方，Wesen作为本质的含义占 330
主导地位；而在最后一句话里，短语goettliche Natur（神的本性）被用作goettliches Wesen（神性存在）的同义词。尽管这段话开始于神化身在

6　Hegel，*Phaenomenologie des Geistes*，528 ff.

基督身上，结束于操控自身变形的自我意识，但是，通过写作《精神现象学》，黑格尔在完全清白的表象下没谈别的，只谈了作为精神的存在，作为自我意识的精神，以及自我意识作为精神的存在。游戏已设置完毕；一旦你让自身陷入接受黑格尔语言的窘境，你就不可能获胜。

读者不可能获胜。但自我显现式操控者的获胜则是毫无疑问的。他将神显事件，连同对处于居间的生存（它在居间中变得明晰起来）的意识一并取消；最重要的是，他取消了神性实在位于深处的那个层面。无论是柏拉图还是保罗，无论是理智性还是灵性神显，无论神是将自身启示为创造结构的造物主，还是启示为摆脱结构的救世主，启示均未被体验为与神性实在相等同，而是被体验为对神性实在的参与。在超越得到体验的神性显现之处，用阿奎那的话说，还存在着神性实在的"四字者"*深处，它是深不可测的，甚至没有"神"这个名字。因此，为了使他对神—人同一性的自我显现式建构带上某种真理外观，黑格尔必须取消神性实在位于深处的那个层面；正如我所说，他通过提及《歌林多前书》2：10中的权威来做到这一点，但保罗实际上说的是"圣灵渗透（或者：深入探究，ereunao）万物，就连神的深处之物也渗透了"。但是，这些"神的深处之物"（ta bathe tou theou）是什么？就在这句话之前的那句话（2：9—10）给出了回答：

> 如经上所记，
> "眼睛未曾看见的，耳朵未曾听见的，
> 人心也未曾想到的，
> 神为爱他的人所预备的"，
> 神则借着圣灵向我们启示了。

* "四字者"（tetragramaton）是希伯来语对"神"的称呼，该词由四个字母构成，通常被转写为YHWH或JHVH。——译注

被启示的“深处之物”并非“神的本性”，而是神的救赎计划，它通
过神之子战胜宇宙间各敌对势力而得以施行，正如神本身在复活者意
象中所证明的那样（to martyrion tou theou，2：1）。在为了他的目的而 331
使用这句话时，黑格尔假装认为，保罗所说被启示的深处之物指的是
神性实在未被启示的深处，如今它将要在他的思辨体系中被启示出来。
用黑格尔在《宗教哲学》中的话来说，该深处在被启示后看起来就像这
样：“神是自我意识；他在一种不同于他自身意识的意识中知道自身，这
种意识，就其知道它与神的同一性（但这种同一性又被来自有限性的否
定所调和）而言，不仅**自在地**（an sich），而且**自为地**（fuer sich）是神的
意识。”[7]

非同寻常，但并非独一无二。有个原教旨主义牧师的故事，他对女性会众开始用诱人的头饰装点头发忧心忡忡。他在礼拜日申斥了这种虚荣的潮流，并且最终发布了“远离头饰”（Topknot go down）的命令。他告诉她们，这是《圣经》的命令，记载于《马可福音》13：15。这些女人回家后，找了找牧师引用的这句话。她们找到的是：“让那在房上的不要下来（let him that is on the housetop not go down），也不要进去拿家里的东西。”

总而言之，有关“基督的历史真实性”的争论所关注的并非处于实在之中的问题；它毋宁说是现代去教养化状态的一个症状。如果认为黑格尔对这些问题的处理代表了自我显现的思想家及其支持者的话，那么，这一“争论”便可被刻画为由各种动机和越轨构成的奇特混合体。我们能看到，根本动机在于对教条化形而上学和神学有理有据的不满（它已远离起源性的各种经验），以及返回体验到的实在的坚决欲望。然而，这种欲望既没有实现重新建构和制定原始经验的目标，也没

7　Hegel, *Vorlesungen über die Philosophie der Religion*（Stuttgart：F. Frommann，1965），vol. 2（*Jubilaeumsausgabe*，ed. Hermann Glockner，vol. 16），191.

有实现超越这些经验，进入神秘主义的目标；数百年来的增长所积累的动能推动了自我显现的爆发，这使那种返回任务发生了偏转。这种爆发之所以在个人层面是可能的，在社会层面是有效的，是因为到了18世纪，符号与经验间的鸿沟已变得如此巨大，以至于由理性和实在施行的控制标准已经丧失。萎缩了的教条，无论是形而上学的还是神学的，均已声名狼藉，以至于不再能发挥作为控制性权威所应有的作用，而起
332 源性的各种经验，无论是理智性的还是灵性的，均已被深深埋没在千年以来的教义沉积物中，以至于要想复原这些经验，难度比当时任何人所预计的都要大得多。事实上，到今天为止，为了对古希腊的哲学文化和《新约》时代获得相对充分的理解，历史学家和哲学家们已进行了两个世纪的工作；但即便是这些成果，在很大程度上也仍旧局限于个人努力的范围内，尚未显著带来更广泛的社会成效。面对那些新基督及其后世追随者的著作中出现的各种奇谈怪论，我们在评判时的确必须考虑到一个去教养化时代的这些特征。但是，对于在时代条件下出现的这些宽宥因素的适当考虑，不应妨碍我们清晰地认识到，对自我的自我显现式扩张，是隐藏在下列怪异混合背后的推动力：才华出众的思辨和流毒不浅的文字游戏，丰富的历史知识和随意的事实歪曲，对有关精神的各种问题的深刻洞见和对《圣经》文本近乎亵渎的滥用，对时代病症的严肃关切和对欺骗性操控的使用策略，敏锐的常识感和对实现人类救赎（这是保罗意象中的复活者尚未能带来的）的幻梦。

2. 作为常态的变形

尽管有自我显现式畸变，但黑格尔的思辨式启示仍是保罗意象的等价物。这两种符号化表达均表达了对在实在中超越其结构的运动的各种经验。因此，从黑格尔和保罗的对峙中，出现了对变形的经验，它作为历史的主要常态之一，横跨从天下时代到西方现代性的时代。我们需要对这种常态进行一番分析性评论，作为这一章的结束语。

该常态之所以需要得到分析，是因为我们无法将其前后相继的各种表现形态纳入一条由紧凑与分化构成的路线。黑格尔的体系既不是一种超越了保罗意象的更具分化性的进展，也未倒退回前保罗时代的紧凑状态中。毋宁说，通过一些现象，例如由各种次级的衍生性符号形成的盲点（scotosis），以及由自我显现的爆发造成的畸变，这两种符号化表达得到相互关联。而且，日益增长的模糊性并不是由对分析纯粹性的莫名偏离而导致的，相反，从其源头开始（保罗对其意象所做的有分析缺陷的解释），它便内在于这种常态。如果在谈到这个过程时，我们 333
所关注的例证仅限于在之前关于“基督的历史真实性”的思考中成为主题的那些阶段，那么，我们就可以将其简要描述如下：

（1）在保罗的解释中，在我所说的真理的坚实核心，和由各种模糊之处和变形期盼构成的不那么坚实的边缘之间，便存在着最初的差异。

（2）接下来，在保罗有关各种宇宙力量间斗争的神话中出现的基督，被来自基督论的教条所阐释，而这些教条是用哲学上有关“本性”（nature）的半实体化的次级语言来表达的。在公元4—5世纪的哲学争论的条件下，这种通过衍生性符号进行的教条化是必要的，但是我们应当注意到，它倒转了柏拉图在引入“真实的”或“可能的”神话时采取的步骤，那时这个哲学家对理智性意识的分析已达到它的极限。在基督论的案例中，保罗有关“神之子”的神话并未被一种更具分化性的对意识的分析所取代，而是被一种通过伪哲学术语做出的重新解释所模糊。

（3）最后，在这些符号的历史沉积物之上，叠加上了以黑格尔体系为代表的各种自我显现式建构。

刚刚勾勒的符号化演变过程非但几乎没有消解一开始就有的缺点，反而将其扩大到可怕的程度。由此带来的是怪异的理智垃圾，它们如今已成为对历史及其神显结构加以理性研究的主要障碍。这座由各种解释构成的大厦，楼层众多，各种衍生性的符号化表达相互叠加，持续了将近两千年的时间，如今必定已是难以修缮了。在由当代的理智无序所设定的前提下讨论变形问题，已不再有任何意义。相反，哲学家的任务是尽可能地澄清处于实在之中的问题。该问题在生存层面的重要性已获充分体验，从而能促使人们去建立这座延续千年的建筑，而且，该问题仍然激发着我们的意识形态教条之争，无论这种争执的努力可能会是多么狂热、僵化、畸形和浅薄。

这个棘手的常态就是由保罗加以符号化的对变形的经验。就保
334 罗而言，复活者意象使他确信，对实在的变形已在现实中开始，并且很快就会由基督的再临来完成。历史的意义如今已为人知晓，终点近了。然而，这种双重的保证在经验层面遭遇困难，基督再临并未发生；对此事实形形色色的回应形成了西方基督教会的自我理解领域，直到自我显现的爆发和意识形态化的“各种历史哲学”出现为止，后者期盼“臻于完美”（teleion）这一目标能在不远的将来实现。主流教会接受奥古斯丁的观点，将当下这个后基督时代符号化为“衰落时代”（saeculum senescens），符号化为等待基督再临和各种终末事件的时代，而更炽烈的期盼则被排挤到由各种启示录式和灵知主义运动构成的边缘宗派之中。到公元12世纪，这种非决定性的安排已在经验层面失去了效力。由十字军和各种新宗教团体构成的西方帝国，以及位于成长中的城市和形成中的民族王国的各所教会学校，使这个时代的见证者们很难不意识到，一种超越了单纯等待的“意义”正在历史中形成。精神上的骚动体现于一些有代表性的历史新解释，例如弗莱辛的奥托（约公元1114—1158年）的《编年史》和菲尔热的约阿希姆（约公元1145—1202年）的著作。奥托和约阿希姆都把修道士生活的成熟发展解释为标志性事件，表明变形过程取得了有意义的进展。尤其是，约阿希姆认为，这表明在圣父时代和圣子时代之后，圣灵时代已经临近。在结构和动机上，这个符号化表达均与第二以赛亚和柏拉图提出的三个神显时代十分相似。尽管奥托和约阿希姆的变形期盼与保罗的一样未能实现，但他们的符号化表达标志着西方社会的自我阐释迈出了决定性的一

步，因为他们创造了一个新的期盼模式：完美（teleion）时代将会是一个超越基督时代的圣灵时代；它将带来僧侣的自由联合，带来身为新型修道士的人的自由联合，这种联合不受各项制度阻碍；因此，它将是一个超越教会和帝国机构的时代。这种新型期盼所包含的潜力在14世纪彰显了出来。那时，彼得拉尔卡（公元1304—1374年）将始于基督的时代符号化为黑暗时代（tenebrae），如今在它之后将是异教的古代之光（lux）的重生。在这个许诺了新时代的僧侣之后，人文主义知识分子登场。 335
最后，黑格尔将启示等同于意识在历史中的辩证过程，该过程在他自己的“科学体系”中达到了它的完美（teleion），从而使那种潜力发展成熟。基督的道[*]已完全化身在黑格尔“绝对知识”的道之中。那种变形开始于出现在保罗的复活者意象中的神显，如今则在思辨思想家的自我显现中得以完成。基督再临终于还是发生了。

通过对那个常态有代表性的各种表现形式加以综述，它所具有的持续性显露无遗。从保罗到那些新基督，变形的确一直是争论不休的问题。我们并未远离基督教，这并不像基督教会和现代性的冲突可能预示的那样。相反，现代的反叛在很大程度上是它所反叛的“基督教”的发展结果，以至于倘若人们不将该反叛理解为对那些神显事件的畸变（变形的演变机制在这些事件中被启示给耶稣和使徒们），那它就将是无法理解的。而且，毫无疑问的是，该常态起源于保罗有关各种宇宙力量间斗争的神话，而神之子正是胜过了这些力量。保罗所创造的终末论神话是一种高度分化的形式，围绕着变形这一主题而出现的各种变体仍然在这种形式中运动。这项洞见相当重要，因为它使我们得以将意识形态化的“各种历史哲学”归类为处在畸变模式下的保罗式神话变体。由自我显现的思想家们在对其著作的自我解读中发展出

* Logos，该词还有“理性”、“言语”等意义，可与沃格林本书其他各处的论述对照阅读，参考本书索引条目Logos。——译注

来的那些符号，例如“科学理论”(Wissenschaftslehre)、“科学体系”、“历史哲学”、“实证哲学”(philosophie positive)和“科学社会主义”(wissenschaftlicher Sozialismus)，都不能按其表面含义来理解；它们并不是由位于理智性和灵性领域中的真正分析性努力产生的；相反，必须将它们识别为处在退化模式下的神话符号。自我显现的思想家们所说的“历史”并不展开于居间，也就是说，并不展开于神性显现之流，而是展开于保罗式的有着开端和终点的叙事时间。

我们已将该常态追溯回它在保罗那里的源头。在此源头中，真理的坚实核心与各种变形期盼是有差异的。现在必须对此差异加以考察，尤
336 其需要关注的是，为什么这种差异竟能历经千年的分析而不消失？

造成这些困难的经验层面原因在于实在所包含的矛盾，或者就像我所说的，在实在中的逃离。实在被体验为以超越其自身结构、向着变形状态为目标进行运动。用保罗的话来说，实在处于从阿那克西曼德式创生和衰亡状态向不朽状态的转变之中。正是在这一点上，恼人的复杂因素开始出现，因为那些洞见，连同用来对其加以表达的那些符号，是与那些神显事件密不可分的，这些洞见和符号在这些事件中成为明晰的意识。在阿那克西曼德那里，这些洞见属于理智性启示的领域；在保罗那里，则属于灵性启示的领域。它们发生于居间，亦即发生于当具体的人遇到神性显现之时的具体心灵中。关于实在之结构的古希腊洞见只来自那些哲学家，理智性神显发生在他们的心灵中；关于变形的演变机制的以色列、犹太和基督教洞见，则只来自那些先知和使徒，其中首先是耶稣，灵性启示发生在他们的心灵中。意识的理智性和灵性明晰并不是某个人碰巧发现的“对象”，而是一个出现在天下时代的具体历史事件；它的承载者们通过自己身为承载者的功能，成为“哲学家”和“先知”在历史上的类型。而且，该事件被体验为一项可知的进展，超越了以神话形式出现的、对实在更加紧凑的各种经验和符号化，后者在古代近东诸文明中的主要承载者是各宇宙论帝国的王权统一

者，以及发展出帝国式符号化表达的祭司。结构和变形通过发生在天下时代的历次神显事件而进入人的意识，但它们并非开始于此时；无论是在获得分化之前还是之后，它们均被体验为实在具有的问题。尤其是，起变形作用的（transfiguring）化身事件，并不像保罗以为的那样开始于基督，而是通过基督、通过保罗的意象进入人的意识，作为那个变形过程的终末论目标，该过程在基督之前和之后的历史中均在进行，并且构成历史的意义。

现在，我们可以更为准确地断定，在保罗的解释中，那种差异的成因在于一种取消张力的倾向，该张力的一方是实在的终末论目标，另一方则是作为奥秘的变形，它在历史性的实在之内实际进行着。保罗有 337
关各种宇宙力量间斗争的神话，有效地表达了在实在中得到体验的那种运动的目标，但是，当它被用来预测发生在历史中的变形的具体过程时，它就变得无效了。这留给我们这样的问题：为什么保罗竟会纵容这种倾向？为什么这种倾向竟会被保持为一种千年常态，不因分析而消失？有关对此问题的回答，我只能提出两项看法，二者均应被视为试探性的：

（1）首先，在历史中的变形运动需要有一个人类承载者；而在保罗所处的历史条件下，这种承载者已变得稀有。启示录式运动将那些普世帝国视为可能的承载者，这种运动已在《但以理书》（公元前165年）中得到出色的阐述，而保罗显然对来自犹太人内部的历史新解释无法做出回应，这种解释在保罗的有生之年，在坦拿运动中开始成型。[8]必须认为，保罗之所以做出保证——历史已到达其终点，在基督身上出现的那种起变形作用的化身事件，正是这一终结的开始——其中至少有一项重要因素，那就是极度缺乏制度化的社会，它可作为令人信服的代表

8　关于坦拿式历史构想，参见Nahum Norbert Glatzer, *Untersuchungen zur Geschichtslehre der Tannaiten*（Berlin：Schocken Verlag，1933）。

性承载者，承载起在历史中出现的、起变形作用的神性显现。

（2）其次，有一项根本特征附着在所有“对实在的经验”之上，它使“终点”变得比“开端”更不易受到分析性处理的影响。至少，那些哲学家能毫不困难地应对“创世”、“从虚无中创造”或是“时间”（作为内在于实在的一个维度）这样的符号化表达。奥古斯丁在这一点上追随柏拉图，他径直提出，在时间中并无创世，因为在位于受造实在结构中的时间性出现之前，是不存在时间的。然而，有关“终点”的问题则没那么简单。我们可以想象一位哲学家创造出“毁灭至虚无”（perditio in nihilo）这一符号，作为“从虚无中创造”这一符号的对立面。然而，尽管有各种期盼，哲学家们却不愿让开端的虚无成为终点的虚无。原因显然在于这样一个事实：我们拥有“对实在的经验”，但是除了对实在的创生性神性本原，或是对沦为非存在的堕落（以此惩罚拒不参与具有神性本原和神性秩序的实在的行为）的经验之外，我们并不拥有对虚无

338 的经验。将人引入生存性参与的那种运动，是一种以更高程度的实在（而不是以毁灭）为目标的运动；它被体验为哲学家所说的athanatizein（不朽）或保罗所说的aphtharsia（不朽）。可以说，对实在的经验天生地偏向于更高程度的实在；“实在的终止”这一符号化表达，将与对“在实在中的逃离”这一运动的经验发生冲突。

第一项看法易于解释保罗的变形狂热，第二项看法则将解释，为什么对那种运动的强烈经验，将倾向于缩小（也许是清除）处于创生和衰亡法则下的生存和我们体验到自己正通过死亡而向其运动的那种生命之间的距离。当“在会衰亡的世界上实现不朽”这一当代盛事走到它的尽头时，意识的均衡也许将会被人们重新获得。在这种均衡意识中，既参与起变形作用的运动，又不在此世实现该运动的完满，这将再次作

339 为人的命运而被接受。

第六章

中国天下

由若干部落社会构成的中国地区在时间上平行于近东和地中海地区各普世帝国的兴起，它将自身转化成了一个以帝国方式组织起来的文明，并将自身理解为作为帝国的天下（t'ien-hsia，ecumene）。就我们所知，这两个过程并非由文化扩散或文化刺激联系起来。看起来，存在着两个天下。

多个天下对历史哲学提出了一些棘手的问题。作为解决这些问题的第一步，厘清oikoumene这个西方符号的各种含义，以确定它们在什么意义上适用于那个远东现象，这种做法是合适的。

在天下时代的西方进程中，oikoumene这个词的含义发生了变化。荷马时代的符号化表达“天下—大洋”，仍然表达着人对于立足于从水中脱颖而出的大地的经验，以及对于人的这片居住地与作为奥秘的众神相接之边界的经验。然而，在各种帝国式冲动、日益扩充的地理知识以及各种探索激情的冲击下，这种紧凑的经验解体了。结果是，宇宙论意义上的天下遭受到字面论畸变，变成作为帝国征服之潜在对象的天下。

如果在字面论的意义上使用这个术语，那么天下便只能以单数形式生存；谈论一个中国天下，言下之意是有多个天下，那便是有矛盾的。但是，如果在宇宙论意义上使用这个术语，那么便会有数量不定的社会，它们将会以等价的方式来符号化对实在的一种根本结构的经验。
340 事实上，之前在讨论这个古希腊符号化表达时，我已提到它在苏美尔和埃及的宇宙论帝国语境下遇到的各种等价物。因此，当我们现在必须分析那种等价的中国经验，及其通过“天下”（即“天底下的一切”）而进行的符号化表达时，看上去再明显不过的就是，这个术语必须在其较早出现的、宇宙论的意义上被使用。

然而不幸的是，事情没那么简单。它无法被归结为一种非此即彼的简单选择，因为这两种意义并非真正地非此即彼；它们彼此紧密关联，作为唯一历史过程的两个阶段的表现。在此过程中，对实在的意识从关于宇宙的真理，分化为关于生存的真理。在宇宙论经验中，人在地上的居住地是有边界的；在此边界之外，是作为奥秘的死亡和众神。这种关于人在奥秘边界之内的生存的根本经验，是通过“天下—大洋”这一整体性符号化表达来加以表达的。当有关在宇宙中生存的原初经验因征服和探索所蕴含的贪欲冲动而解体时，随之而来的结果，并不是对相同的实在结构获得等价的、得到分化的经验，而是对实在的碎片化，它与通过贪欲冲动而对生存进行的畸变相呼应。的确，关于地理视域的知识已经扩展；人们已经发现，贪欲冲动是推动那种扩展的内在动力。因此，对实在的意识业已越过其先前状态，从而使得对有限视域的回归将会意味着故意采用一种寂静主义态度——这一可能性，我们发现，在中国的案例中，由《道德经》以典范的形式加以实现。然而，实在的结构已被碎片化，因为神话视域的废除同时也摧毁了位于该视域之外的神性奥秘。“天下”变成一片领土，与其人口一起都是可供征服的。它不再是由奥秘环绕的人的居住地，而是一片并无神秘可言的地理延展区域。它的征服者们很快就发现，他们的征服需要一片新的奥秘视域，如果它要成为世间之人的居住地的话。与现实层面的征服相对应的字面意义上的天下是转瞬即逝的，因为它与生存的结构相冲突；人不再生存于一个字面意义上的天下之中，就像今天的他很难说是生存在一个物理意义上的宇宙之中那样；在实在的结构必然性驱使下，帝国的征服寻求那种不再能以宇宙论的形式加以符号化的神性视域。因此，作为一个意义单元，天下时 341
代只能通过在由关于生存的新真理所设定的分化水平上，重新获得奥秘视域，从而达致其内在的终结。只有当出于贪欲的逃离同精神层面的某一逃离相连，当帝国同某一精神运动相连时，生存的结构在天下—大洋经验中曾经具有的那种整体性才得以等价地恢复。

因此，“天下”这个术语的两种意义代表着一个历史过程的两个阶段，该过程从天下—大洋符号化表达的解体开始，经过对出于贪欲的逃离和精神层面的逃离进行的分化，延伸到根据新真理而对生存秩序进行的等价重构。然而，如果这个更为高级的意义单元（它跨越种种民族文化、亚文化、文明、帝国、移民、流放，以及诸如希腊人和犹太人的流离失所这样的现象）成为关注的问题，那么，我们便会面对如下事实：在此前的章节中作为“天下时代”而得到分析的那个过程，在中国有一个等价的过程与之平行。这里的问题不是普世符号化表达出现在其中的多个社会（苏美尔、埃及、波斯、希腊、罗马、中国），而是多个天下时代。一些问题将会不可避免地涌现：是否有两个人类，各自独立地走过相同的过程？如果没有，那么是什么因素使“同一个人类”（西方和东方的天下时代发生在它的历史中）这一说法得以成立？假定“西方”这个术语能够正当地用来指一个囊括了古代近东各社会的意义单元的话。并且，要如何来描述各平行天下时代发生于其中的这个意义单元的特征，假如真能找到这样一个单元的话？

这些问题是相当复杂的。在有关中国天下的那些事实得到确认之前，肯定无法分析“是一个人类还是两个”这一更宏大的问题。因此，我将把有关这个问题的讨论分为两个部分。目前这一章，“中国天下”，将探讨这个帝国社会的自我解释。它是在远东地区，从早先的那些部落社会开始，作为代表天下的组织而成长起来的。然后，接下来的一
342 章，“普遍人性”，将探讨由另一个天下的成长而提出的那些哲学问题。

第一节　历史编纂形式

中国文化的特点是发展出了辉煌的历史编纂。首部巨著是司马迁（公元前145—前86年）的《史记》，它展现了中国历史由其神话开端到作者自身所处时代的进程。[1]由这些资料中，出现了早期中国历史的图景。自从第一批译本在18世纪出版，直到20世纪，这一图景在西方一直具有权威性。[2]然而，它的权威地位如今业已动摇。通过将各种批判性的方法运用于早期文本资料（这些资料中的大多数是司马迁已能使用的），并得益于近来出现的大量考古资料，关于早期中国，现代学者已生成一幅比我们在《史记》中所见更加明晰的图景。[3]因此，西方学者如

1　《史记》可参考Edouard Chavannes的法文译本：Se-Ma T'ien, *Les Mémoires Historiques*, 5 vols.（Paris：E. Leroux, 1895—1905）；以及Burton Watson的英文译本：*Records of the Grand Historian of China*, 2 vols.（New York：Columbia University Press, 1961）。对《史记》的一项富有洞察力的研究是Burton Watson的*Ssu-ma Ch'ien, Grand Historian of China*（New York：Columbia University Press, 1958）。

2　来自《通鉴纲目》（*T'ung-chien Kang-mu*）的第一部重要译本是*Histoire Générale de la Chine*, by the Père de Mailla（Paris：P. D. Pierres, 1777—1789）。在《不列颠百科全书》第11版（*Encyclopaedia Britannica*, 11th ed., 1910—1911）中，“中国”条目下关于“中国起源”的部分，仍然是关于传统历史的一项摘要。它由时任哥伦比亚大学汉语教授的Fredrich Hirth撰写。

3　为了体会在对早期中国历史的理解上取得的进步，我们应当将黑格尔《历史哲学》中有关中国的部分（它在19世纪末依然大致有效）同诸如Henri Maspero, *La Chine Antique*（Paris：Boccard, 1927; new ed., Paris：Imprimerie Nationale, 1955），H. G. Creel的*The Birth of China*（New York：Reynal and Hitchcock, 1935），或者Wolfram Eberhard的*Chinas Geschichte*（Bern：A. Francke, 1948）这些现代著作相参照。

Peter Weber-Schaefer, *Oikumene und Imperium: Studien zur Ziviltheologie* （转下页）

今颇为谦逊地谈论中国的“传统历史”，与通过他们自身努力而形成的那幅图景相对立。[4]批判性历史相比于传统历史的改进令人印象深刻， 343 这不仅为这种对立提供了坚实基础，而且甚至使其变得必要。然而，这种区分会误导人，因为它默认司马迁同研究现实层面历史的现代史学家怀有相同的目的，其言下之意是，那些现代史学家是成功的，而这位古代史学家则失败了，因为其方法和批判意识均未得到很好发展。司马迁根本不是一位研究现实层面历史的史学家。通过甄选可获得的最佳资料并传之后世，从而呈现一份可靠的事件记录，这肯定是他的目标之一。但是，位于其著作中有关现实层面历史的部分之前的，则是有关各种传说的历史创生论叙述，这些传说将天下的历史回溯至其神性宇宙起源。神话思辨的部分不像苏美尔列王表那样详细，也不像以色列的创世记那样宏伟深刻；在叙述这些传说时，司马迁的语气与李维在叙述与罗马的建立相关的传说时的虔诚怀疑主义十分相似；但历史创生论的开端是确定无疑的，并且它将其宇宙论形式辐射到历史叙述本身。由于“传统历史”与历史创生论形式相融合，它便不只是一份事件记录，有待于通过各种更好的现代方法加以改进；毋宁说，它是社会秩序本身必不可少的一部分。发展出带有历史创生论特征的历史编纂形

(接上页) *des chinesischen Kaiserreichs* (Munich: List, 1968)，以及Peter-Joachim Opitz, *Lao-tzu: Die Ordnungsspekulation im Tao-tê-ching* (Munich: List, 1967)，已极大增进了关于周代以及向帝国的转变的理解。这两项根据我的建议而在慕尼黑政治科学研究所进行的研究，应当被理解为构成了目前这一章有关中国天下这一较小问题的分析背景。

考古学家们为中国历史增添了一个新的维度，将其扩展至远东新石器时代部落文化。参见Chêng Tê-K'un, *Archaeology in China*, 3 vols. (Cambridge: W. Heffner, 1959, 1960, 1963) 以及 *Supplement to Volume I: New Light on Prehistoric China* (Cambridge: W. Heffner, 1966)，还有Kwang-Chih Chang, *The Archeology of Ancient China*, rev. and enlarged ed. (New Haven: Yale University Press, 1968)。

4 Marcel Granet, *Chinese Civilization* (London: Routledge and Kegan Paul, 1930). 在阐述了“传统历史”(9—51)之后，接着是对“古代历史主要资料”的批判性叙述(53—137)。

式，这表明作为帝国式天下的中国已获得类似历史形式的生存，尽管它并未彻底脱离宇宙论形式。

对“传统历史”的建构是从帝国开始回溯的。我将简要陈述一些资料和日期，接下来的分析必须经常提到它们。公元前221年，秦公爵政（即秦王嬴政）统一中国，并使其获得帝国形式。在战胜与之竞争的六个诸侯国中的最后一个之后，这位新统治者采用了“秦始皇帝”的称号，意为秦朝首位皇帝。这个短命的王朝于公元前206年被前汉（即西汉）取代。在汉武帝统治期间（公元前140—前87年），通过那些汉朝宫廷大占星家（即太史令）的工作，中国获得其历
344 史编纂形式。《史记》，亦即《大占星家（或史学家）的记录》，是由司马谈（公元前130—前110年任职）所构想和发端，由他的儿子司马迁（公元前110—前86年任职）* 撰写的。因此，历史编纂形式是在帝国形式产生大约一百年后出现的。《史记》的第一部分是《本纪》，即基础编年史；它包含了关于中国统治者们的记录。从这位史学家所处的时代回溯，汉朝之前是秦；秦之前是三王，即三个王朝（史称“三代”）；三王之前是五帝，即五位帝王。这三个王朝是夏（公元前1989—前1558年）、商（或称殷，公元前1557—前1050年）和周（公元前1049—前256年）。

如果我们考虑到，史学家写作年代越晚，中国历史的时间越长，那么第一项建构原则便呼之欲出了。《书经》（即《尚书》），一部孔子（公元前551—前479年）时代存世的早期文献合集，仅仅提到两位三代之前的帝王——尧和舜。接下来，公元前4世纪和前3世纪的儒家各学派，详细描述了一个由五位帝王构成的模式，对应于木、火、土、金、水五

* 司马迁承袭父职任太史令，应当是在其父去世后三年，即公元前107年，而关于司马迁的去世年份，则有公元前90年、前87年、前86年等不同说法。——译注

种影响因素。由于他们的工作,我们在《史记》[*]中看到五位帝王——黄帝、颛顼、高辛、尧和舜。最后,此后的史学家们在五帝之前加上三皇,即三位德高望重之人,这个组合首次出现在前汉(公元前206—9年)。根据不同的列表,他们是伏羲、神农、女娲,或是伏羲、神农、黄帝。五帝的年代可以一直追溯到公元前3000年。

通过“传统历史”的第二项原则(为后来的统治家族建构谱系),可以感受到将历史延伸至久远年代的动机。三代的建立者们是舜(五帝之中最后、最睿智的一位)的臣僚后裔。夏朝的建立者是禹,在舜治下掌管公共工程;商朝的建立者,汤,是人民的控制者(即司徒,主管民政)契的后代;周朝的建立者,文和武(即周文王和周武王),是掌管农业的大臣弃的后代。至于舜的这三位大臣,他们是黄帝的后人,位于第五代,也就是说,位于新的世系开始的那一代:进一步而言,他们是正宗的上天之子,因为他们的母亲都是处女,奇迹般地怀上他们;因此,最终来
讲,三代是上天本身的后人。 345

第三项原则是根据德(通常被译为“德性”或“力量”)来建构历史。德是秩序的神性实质,能通过杰出祖先的功绩而在一个家族中累积。增长达到一定程度后,这个家族便适合行使社会统治者的功能。一个统治家族的德最终将会耗尽,但在一个王朝的历程中,在最终倾覆前,通过有德性的统治者来达成中兴是可能的。因此,历史的那些大伤口是以一个家族对德的耗尽为标志,其顶点在于统治家族被另一个家族取而代之,后者的德在那时已达到足够强度。对三代历史的建构所遵循的正是这个模式。

就周朝(公元前1049—前256年)而言,该模式受到搅扰,因为当这个王朝的德已明显耗尽时,并未出现一个拥有充分的德的新家族。因此,为了描述周朝时期的独特结构,需要额外的范畴。德耗尽的首批征

* 此处原文为*Shin-chi*,疑为*Shih-chi*(《史记》)之误。——译注

兆在周厉王治下凸显出来。他被迫在公元前841年退位。在接下来的王位空缺期间,两位大臣主政,直到周厉王于公元前828年去世,这段时期被称为共和时期。最终的耗尽出现在公元前771年。当时,周人位于西部的故土被蛮族占领,这使他们不得不将首都迁到位于东部的洛阳。尽管并无实权,但东周一直持续到公元前256年。东周期间的权力史分作霸主或领袖时期(公元前770—前479年,即春秋时期)和战国时期(公元前479—前221年),后者结束于秦统一中国。在领袖时期,人们发展出王国保护者的机制,它类似于在帝国王室衰微的相似情况下出现的日本幕府。在战国时期,几大强权统治者之间的竞争变成一种公开的斗争,争夺对整个中国社会的霸权,并以秦公爵的胜利告终。在公元前4世纪里,主要国家都采用了“王”的称号——秦于公元前325年称王,由此可见旧王国的解体已到何种程度。公元前288年的一份条约预示着将要来临之事:秦和齐(西方和东方的大国)彼此给予对方“帝”
346 的称号,适用于他们各自的势力范围。不过,面对他们在势力较小的国王中激起的义愤,位于西方和东方的这两位皇帝当时不得不放弃这种称号。

传统历史的主要年代可以排列如下:

三皇	年代不明
五帝	前三帝年代不明
尧	公元前2145—前2043年
舜	公元前2042—前1990年
夏朝	公元前1989—前1558年
殷(商)朝	公元前1557—前1050年

（续表）

周朝	公元前1049—前256年
西周	公元前1049—前771年
东周	公元前770—前256年
共和时期（王位空缺期）	公元前841—前822年
霸主时期	公元前770—前479年
春秋时期	公元前722—前481年
孔子	公元前551—前479年
战国时期	公元前479—前221年
秦称王	公元前325年
秦和齐称帝	公元前288年
秦始皇建立帝国	公元前221年

由于传统历史是一项世系建构，带有“将现实事件纳入统治家族之德的积累和耗尽模式”的目的，因此，必须就其内容和年代的可信度提出质疑。

对于中国历史的内容和真正的开端，西方的信任钟摆摆动幅度相当大。黑格尔对传统照单全收；他使中国历史开始于公元前3000年左右，但他也提醒读者，中国人并未仔细区分传说和历史。[5]到了19世纪和20世纪之交，在实证主义的高潮中，人们在怀疑主义的眼

5　Hegel, *Vorlesungen ueber die Philosophie der Geschichte*, ed. F. Brunstaed（Leipzig: P. Reclam, 1925）, 169 ff.

347 光下看待传统，建立在可信资料基础上的批判性历史被认为仅仅始于《春秋编年史》(即《春秋》)，它涵盖了从公元前722—前481年这段时期。然而，在这个怀疑主义时代，开始出现各种考古发现。当1900年左右在河南省发现的殷商甲骨文得到释读后，由铭文生成的列王表证实了传统的列王表。这一发现的影响体现在马斯佩罗在其发表于1927年的《中国文物》中做出的妥协：他愿意认可殷朝和周朝为确有其证，但拒绝接受“中国历史学家们就帝国的起源、最初那些皇帝，以及最初那些王朝所告诉我们的一切”的历史价值。[6]无独有偶，1927年在殷商最后一个首都安阳遗址开始进行考古发掘。[7]丰富的建筑、造型技艺和手工艺品的发现表明，“有必要认定一段长期的，至少若干世纪的发展。然而，有关商文化的直接先驱者的证据尚未发现。看起来清晰的是，主导着一个松散的、集纳贡品的国家的殷人群体，在公元前1500年左右从另一个首都迁移到安阳遗址所在地，而且一并带来了他们的文字、他们的宗教、他们的技艺，以及他们的文化中所有多姿多彩的要素”。[8]这些考古发掘为一段其存在在一代人以前仍受怀疑的中国文化赋予了光辉的真实性。而且，如果安阳的建立的确必须确定为公元前1500年，并且在其特征演变成熟之前已有过若干世纪的发展，那么我们便相当接近传统所宣称的中国文明的年代。进一步而言，安阳的考古发掘遏制了怀疑主义。尽管一些人如今不得不承认殷朝的存在，但他们仍愿意怀疑夏朝的存在。但总体而言，氛围已变得有利于承认夏朝在历史上确有其事，甚至假定有关那些神话帝王的传说背后也有着某种真实性。也许尧、舜、禹在历史上确有其人。正如埃伯哈德谨慎表述的那样，这是当前的假说

6 Maspero, *La Chine Antique*, new ed.(Paris: Imprimerie Nationale, 1955), 29.

7 Creel, *The Birth of China*.

8 Laurence Sickman, in Sickman and Soper, *The Art and Architecture of China*, Pelican History of Art(Baltimore: Penguin, 1956), 1.

状况。[9] 348

第二项质疑是有关传统年代的可信度。司马迁本人认为公元前841年，即共和元年，是可确定的最早年代。更加谨慎的观点是，我们必须认为，在《帝国编年史》[*]，亦即公元前221年之前，没有哪个年代是确定无误的。对于公元前722—前221年这段时间，我们仅仅拥有由单个诸侯国现存的编年史所记载的相对年表；从对它们的比较中，只能建构出近似的年代。至于公元前722年再往前，则我们回溯得愈久远，年代便愈发不确定。然而，中国思想家们偏好将他们所说的历史契合于一个个由大约五百年构成的时代，这对整部传统年表的可信度投下了巨大的阴影。孟子的一段话(《孟子·尽心下》38)表明了这样做的意涵和动机："由尧、舜至于汤，五百有余岁……由汤至于文王，五百有余岁……由文王至于孔子，五百有余岁……由孔子而来至于今，百有余岁。去圣人之世，若此其未远也，近圣人之居，若此其甚也。然而无有乎尔，则亦无有乎尔。"[**]以五百年为周期的时代被认为是一种秩序循环，三代中的每一代均代表这样一个循环。甚至周朝也已走完它的历程(孔子的出现是新纪元的标志)，尽管周王仍然在位，但他们并不统治。在循环内部，占据主导地位的是德的耗尽模式，连同它的中兴和再衰。始于孔子的这个循环刚刚走过一百年，但他留下的财富似乎已被挥霍一空。在这样一个无序时代，人们该做什么？

9　Wolfram Eberhard, "Geschichte Chinas bis zum Ende der Han-Zeit", in *Historia Mundi* (Bern: A. Francke, 1953), 2: 566—569.

*　原文为*Imperial Annals*，字面意思为"帝国编年史"，而综合上下文看，有可能是指《史记》中的《秦始皇本纪》。不过沃格林在此处并未给出具体文献条目，译者也无法确定对应的中文典籍，故暂保留直译标题。——译注

**　本书涉及的《孟子》引文采用中文版的对应文段，夹注中的标题后数字，为英文版的文段编号。在沃格林使用的英译版本中，最后一句为："And yet we should owe nothing to him, really nothing to him?" 中文大意是："然而我们并不欠他什么，真的什么也不欠他吗？"——译注

随着这个疑问出现的，是这种循环的功能——为这个思想家指明方向。他将历史状况同这种循环相联系，从而对历史状况做出评估；他将自身置于中兴和再衰的主题中，从而发现他自身的角色。孟子的另一段话将会说明这个思想家的角色（《孟子·公孙丑下》13）。孟子对于离开齐国感到不满；他的弟子充虞提醒他，先前他曾说过："君子不怨天，不尤人。"老师纠正他：

349 彼一时，此一时也。五百年必有王者兴，其间必有名世者。由周而来，七百有余岁矣。以其数，则过矣；以其时考之，则可矣。夫天未欲平治天下也；如欲平治天下，当今之世，舍我其谁也？吾何为不豫哉？

重塑天下秩序的重任先前落在国王肩上，如今落在圣人肩上；这一重任并未使孟子感到幸福。而且，关于这份落在他肩上的责任的意识显然还需要发展成熟。"先前"他满足于做一个君子，当时局不利时，并不怨天尤人。但"彼一时"；如今，尽管并不情愿，但他还是准备好了接受他在循环历程中作为圣人的命运。

孟子遇到的这些问题在司马迁身上重现。在《史记》结尾他的自传中（《史记·太史公自序》），他讲了下面这个故事：

先人有言："自周公卒五百岁而有孔子。孔子卒后至于今五百岁，有能绍明世，正《易传》，继《春秋》，本《诗》、《书》、《礼》、《乐》之际？"意在斯乎！意在斯乎！小子何敢让焉。[10]

因此，司马谈与其子的历史编纂著作是一种有意识的尝试，试

10 Translated by Burton Watson, *Records of the Grand Historian of China*, 50 and 87.

图在始于孔子的那个五百年循环走完其历程时，恢复中国社会的秩序。[11]

至于年代问题（这是我们当前的关注点），可以推导出的是，为儒家思想家和史学家们所偏爱的“五百年循环”，作为一种符号化表达，使传统上关于夏、商、周朝的年代，以及孔子的生活年代（这些年代标示出 350
的确接近五百年的各个时代）的说法变得高度可疑，尽管在目前的科学状态下，我们无法确定无疑地纠正它们。我们至多可以说，在周的权力解体之前——无疑，这开始于公元前771年（假定这个年代大体正确的话）——必定已有一段足够长的时间，使其能通过征服而建国、巩固权力并逐渐衰落，而这就将我们带到了传统上所认为的周人于公元前11世纪中期完成的征服。但是，如果从这个年代开始，根据王位列表回溯，认定安阳的商文化在公元前1500年已然十分繁盛，以至于必须认为它业已经过数百年的发展，那么，就必须将商朝的开端定在传统所认为的公元前1557年之前很久。而如果我们假定它开始于一个更久远的年代，也许是公元前1800年，那么，假如夏朝存在的话，它就将把我们带到远远早于传统上所说的公元前1989年，进入公元前的倒数第三个千年时代。[12]

第二节　天下的自我指称

传统历史是某个东西的历史，尽管我们还不知道是什么东西。我们

11　五百年循环说在日本历史中有一项有趣的后续发展。当唐朝的佛教—儒家政治文化在圣德太子时代被引入日本时，公元604年颁布的所谓《十七条宪法》（Kempō Constitution）的各项诫命中，第十四条建议官员，不要嫉妒有才能的人，因为他们十分稀少：“五百之乃今遇贤，千载以难待一圣。”Hermann Bohner, *Shōtoku Taishi*（Tokyo：Deutsche Gesellschaft fuer Natur- und Volkerkunde Ostasiens，1940），222.

12　这些年代学思考与考古学家的结论吻合。参见Glyn Daniel，*The First Civilizations: The Archaeology of Their Origins*（New York：Crowell，1968），131。

以初步的方式，随语境所需，称这个主体为“中国”、“中国社会”、“中国文明”或“中国文明社会”。但是，我们必须理解的是，这些词都不曾出现在中国的自我解释中，都不是中国人所使用的有关秩序的符号的一部分。有关秩序主体的这个疑问必须通过那些自我指称来研究。

在《诗经》中，有时以中国第一个王朝之名来指称中国，称之为“夏地”。但是，一般来说，那些自我指称是基于中国社会秩序的各种内在关系的。在春秋时期（公元前722—前481年）之始，中国是作为一个诸国联盟而在政治上组织起来的，这个联盟将自身称为“中国”，即中心诸国或诸侯，带有“位于世界中心的人类组织”这一宇宙论意义。由于文
351 明意义上的中国社会正通过汉化曾为蛮夷的各部落而稳步扩张，“中国”一词在其宇宙论意义之外，又获得了地缘政治内涵和文明内涵。由于位于中心的那些诸侯相比于周边的那些蛮夷，或是较晚进入中国文明圈的那些诸侯，在中国人的世界中具有更为古老的地位，故而“中国”也被称为“上国”，即上等诸侯。“上”这个词是对优越性的表达，与之等价使用的还有“夏”，即文明的，以及“华”，即花或开花。“中华”，即位于中心的花，这个词最终成为沿用至今的中国自称：国民党统治下的中国称自己为“中华民国”（意为“中心的花的共和国”）；共产党统治下的中国将称号扩展为“中华人民共和国”（意为“中心的花的人民的共和国”）。[13]

最后，对我们的研究来说特别重要的是，中国社会被称为“天下”，其字面意思是“在天之下”。但是，诸如“天底下的一切”、“世界”等译法都不够准确。在中文里，宇宙（cosmos）意义上的“世界”被称为“天地”，即“天和地”。然而，“天下”既不是宇宙，也不是在天之下的、作为一片领土区域的大地，而是作为人类社会承载者的大地。就我所知，它是希腊语oikoumene在文化意义上的精确等价物。因此，我将把它在所有场合都译为“ecumene”。

13 关于来自《史记》和《左传》的资料，参见Granet，*Chinese Civilization*，76。

这些公开的自我指称并未涵盖中国人的自我理解的全部范围。我们必须加上一项因素，是它使中国的秩序同古代近东的各种帝国秩序判然有别。

一个早期社会将自身理解为唯一的人类，占据唯一宇宙的中心，并且相应地将其秩序符号化为一种宇宙类比，这也是近东诸文明的特征。然而，在美索不达米亚和埃及，处在宇宙论形式下的各个社会的紧凑性持续不断地受到压力，这种压力源自对以复数形式存在、占据世界的各个帝国的意识。在公元前15—前14世纪的阿马纳时代，埃及同巴
比伦、亚述、赫梯人和米塔尼人，同塞浦路斯和米诺斯文明保持着婚姻 352
和商业关系；同时，外交信件表明，此时的埃及对腓尼基各城邦和耶路撒冷行使着不稳定的宗主权。在此情况下，如此长时间的密集“国际关系”并未使宇宙论形式受到明显影响，人们不得不认为，这是相当令人惊奇的。不过，最终还是出现了一种试探性的背离，但这需要阿肯那顿（公元前1377—前1358年）的非凡人格，由他在伟大的《阿顿赞美诗》中，扩展太阳神的疆土，首次越出埃及，囊括人类：

> 在叙利亚和努比亚之国，埃及之地，
> 你使众人各安其位。
> ……
> 他们的言语多样，
> 外貌亦然；
> 他们的肤色各异，
> 你如是分辨那些外族。[14]

但是，激烈的背离并未出现在埃及本身，而是通过摩西，通过以色

14　*Order and History*，I：108.

列的建立，出现在埃及的边缘地区。纷繁多样的近东社会区域，构成了尽管沉默无言但却挥之不去的背景，同宇宙论形式的秩序相对立。这片区域孕育出一种经验，该经验产生了以色列的人类观念，并将各种宇宙论秩序转变为帝国组织，个个争相占有那个唯一的天下。

中国的情况则完全不同。根据推断的年代，安阳时代与阿马纳时代同时。那时，中国周边并没有一片由具有相当文明程度的社会构成的区域，也没有迹象表明中国与印度或近东有任何接触。中国从不曾是诸多社会之中的一个；从一开始，对中国社会的成员们来说，尽其所知，中国社会的历史就是人类的历史。因此，中国人关于秩序的意识所具有的结构与近东有着深刻差异，因为由社会数量的多元性所提供的经验土壤，在中国并不存在。如果说，有关一个天下及其组织的观念终究还是在中国发展出来了，那么，它并非来自中国与其他社会的文化接
353 触，亦非产生于组织多元文明帝国的过程，而是内生的。从有关中国与人类的同一性的不间断意识那里，中国的普世主义获得其独有特征。在分析“中国的历史编纂”时，这个特征必须首先得到考虑。这是因为，严格说来，并不存在“中国的历史编纂”这个东西。在西方视角下被称为中国“传统历史”的东西，从中国的视角来看，是文明人类的历史，而中国社会是文明人类的唯一承载者。在这方面，中国的传统历史堪比以色列对世界历史的那种建构。根据该建构，普遍意义上的人在神之下的此世生存重负，是由身为被选民族的以色列，作为代表来承载的。然而，二者的不同之处在于，神的这一选择使以色列与处在宇宙论形式中的周边各文明相分离，而中国的普世主义则是从作为母体的中国的宇宙论秩序本身发展出来的，它从不曾与该母体完全分离。

第三节　不完全的突破

最后这项思考涉及中国秩序的一项特征，它形成了几乎无法克服

的分析障碍。该特征是一些制度和符号形式的出现，可以看出，它们与西方的那些制度和符号形式同属一个普遍类型，但在中国，它们则始终未曾完全出现。鉴于如下事实，上述说法初看上去似乎欠考虑：对经验和符号的不完全分化是我们所观察的所有社会的共同现象。只有在以色列和希腊，宇宙论形式才因在存在中的飞跃（亦即各个灵性神显事件和理智性神显事件）而彻底瓦解，并让位于新的符号化表达——启示和哲学。在以色列和希腊的岛屿周边，伸展开来的是其他社会的汪洋大海，它们有着丰富多样的相似性和中间形式、试探性的突破和妥协。那么，为什么要因为中国具有这种特征而把它挑出来单独研究呢？原因在于，没有哪个文明拥有如此众多富有原创性、坚强有力、投身于灵性精神冒险和理智冒险的个人，这些冒险**原本可能**达成对宇宙论秩序的彻底脱离，但最终还是未能摆脱困境，不得不屈服于占据主导地位的形式。在前帝国阶段，中国的特征是，一种早先确立的秩序对灵魂的所有运动（它们在该秩序内部发生）形成巨大压力；在帝国阶段，中国的特征则是，儒家风格 354
的正统学说展现出令人难以置信的力量，并最终压倒所有竞争者。

一个富有活力、敏于变革的文明，它的表达则被一种不曾中断的形式所独占，这个令人不解的现象在西方学者中间引起了相应的不解。较为直接的原因体现在马克斯·韦伯对中国文化与西方文化的比较中。在谈到儒家官僚体系时，他提出，正是在这里，官员们在表达对生活的态度时，“并无理性的科学、理性的艺术活动、理性的神学、法理学、自然科学以及工艺学与之竞争，也没有神性权威，或是与之地位相当的人性权威成为其对手”。在韦伯所描述的这个空白中，官员们“能扩展他们独特的实践理性主义，并创造出一种与之相应的伦理，它只受限于对宗族所拥有的传统力量的尊重，以及对鬼神的信仰”。[15]该比较的分

15　Max Weber, “Konfuzianismus und Taoismus”, in *Gesammelte Aufsaetze zur Religionssoziologie*（Tübingen: J. C. B. Mohr, 1920）, 1: 440.

量全在于限定语“理性”。因为所列举的这些现象在中国全都存在，只不过是以未经分化的模式存在，这被马克斯·韦伯解读为“理性主义”的缺失。“理性主义”的缺失据说可用来解释儒家官僚体系的权势，但这种缺失本身就需要得到解释。因为尽管帝国的官僚体系会扼杀那些倾向于填补这个空白的任何势力，但并不是它创造了这个空白。在寻找原因时，马克斯·韦伯再次论证了在与西方相比时竞争性力量的缺失：中国并未发展出逻辑学，无论是修辞的还是辩证的，因为社会并不具有古希腊城邦的那种竞争特性，后者为了在政治上、在法庭上取得成功而需要这些工具；它未发展出理性的法理学，无论是关于形式程序的还是关于实质正义的，因为这里既没有西方式的商业利益（它需要程序上的可预期性），也没有处在有效中央政府管控下的专制国家（它对法律的一致性和法典编纂感兴趣）。[16]于是，论证就从特定现象的缺失回退到原本可能产生这些现象的动机力量的缺失。它在此戛然而止——可以说，它是明智地戛然而止；这是因为，沿着否定性陈述的路线进一
355 步回退（假定真能这样的话），所能做的也只不过是对令人困惑的状况加以更细致的限定，但却不能对我们希望理解的那些形式做出多少肯定性分析。不过，作为有价值成果的，是以否定性陈述的方式，对中国秩序之中那些会令西方研究者不解的方面进行的卓越概括。这些难题表现在学者们所持的大量彼此冲突的看法。例如，一方面，关于中国哲学史和科学史的著作卷帙浩繁；另一方面，不止一个够资格的权威向我们保证，中国既未发展出哲学（只有某种智慧），也未发展出逻辑学和数学，因而没有发展出科学。在一些具体问题上，我们遇到如下的对立观点：中国的早期宗教是多神论的，中国没有多神论；儒家思想是一种宗教，它不是一种宗教；诸如此类。显然，这里的问题很复杂，很难给出简

16 Max Weber, “Konfuzianismus und Taoismus”, in *Gesammelte Aufsaetze zur Religionssoziologie*, 416, 437 f.

单的回答。[17]

既然提到了这么多的否定性陈述，那么，再次强调以下这一点便是合适的：导致有关中国秩序的这些问题的，并不是分化事件的**缺失**，反倒是它们的**存在**。假如中国完全没有秩序的演变，那它就将保持原始状态，至多不过是一个处在宇宙论形式中的社会。但是与此相反，它具有古希腊类型的古典文化的各种特征；更有甚者，它发展出了一种自身独有的普世主义。它是相当克制而含蓄的分化模式，这导致了在对其加以分析时的各种困难。现在，我们必须将这个一般性的主题运用于一些特殊的问题，其中首先是运用于在中国的制度史中出现的那些处于克制模式下的重大断面。

第四节　政治秩序的符号

在近东和地中海区域，人类的戏剧是由一个包含众多社会的社会来上演的；在中国，由于它在地理上的隔绝，这种戏剧是在一个单一社会的范围内上演的。在西方，通过各个社会之间的权力冲突，通过帝国的兴衰，可以清晰辨识出那些重大断面；在远东，它们则融化成中国历 356
史内部的各个分期。因此，在很大程度上，弄清中国在现实层面所发生事件的全面含义，要比弄清与之相应的西方事件的全面含义更加困难。对中国历史中的伟大新时代（以帝国的建立为标志）来说，尤其如此。在西方，当以下事件出现时，毫无疑问的是，一个时代走到了终点，某种新东西开始了：伊朗人从他们的高原勃兴，征服处在宇宙论形式下

17　在通常被称为"中国哲学"的领域，Peter Weber-Schaefer已对这种不完全的突破进行了细致探讨，*Oikumene und Imperium*（Munich：List，1968），24 f。关于中国思维的含蓄模式的出色分析是A. C. Graham，"The Place of Reason in the Chinese Philosophical Tradition"，in *The Legacy of China*，ed. Raymond Dawson（Oxford：Clarendon Press，1964），28—56。

的那些更为古老的社会，并组织起一个从旁遮普延伸到埃及和小亚细亚的帝国；马其顿帝国和罗马帝国在伊朗人的这一创举之后兴起；组建帝国之风刮到印度，激励了孔雀王朝的建立者。更古老类型的秩序瓦解了；各个多元文明帝国将此前从未形成一个社会的大量人群驱入它们的组织；这些人群失去了由他们先前的秩序所提供的庇护，在各种精神运动中重新寻获他们的生存意义，而这些精神运动又反过来成为世界舞台上的力量。在远东，在中国这片与世隔绝之地，相同类型的事件大约同时发生，但在一些听起来平淡无奇的名称下（例如周帝国的解体、战国时期、秦统一中国、汉引入儒家思想等），这些事件很难被识别出来。尤其容易误导人的是，将暴烈的历史运动过程纳入王朝更迭模式。在《史记》所描述的传统历史中，夏、商、周这三个王国王朝之后是作为帝国王朝的秦、汉。中国被构想为一个从一开始便一直是某种类型的帝国。但是，在秦始皇建立帝国之前，真的有过帝国，以至于可以正确地将那些王国王朝和帝国王朝，称为在一个实质上相同的社会之中建立起来的前后相继的王朝吗？制度的结构，以及对秩序的符号化表达，在公元前100年和在公元前1000年是一样的吗？由于这些事件发生在一个具有连续性的社会媒介之中，因此，这些问题中的任何一个，都不是可以断然给出否定回答的；但是，必须对它们加以广泛限定，这非常接近于给出否定的回答。为了在进一步分析这类现象时拥有比较坚实的基础，我们有必要梳理一下与帝国的意义相关的周代主要
357 符号。

周王国的组织是通过由周公爵领导下的西方部落联盟征服商王国而形成的，二者可能有相似性。在征服之后，周代社会呈现出三个层次的政治和社会等级：国王、统治阶层、普通民众。最高等级的称号是“王”，是起源于他的事业和王朝的领导人。位居其次的是共同参与袭击之人，他们成为王国的统治贵族；他们当中的杰出成员被确立为各片领地（也就是“国”）的主人，而较小的氏族则成为次级封臣。他们被

合称为“百姓”*，但可能并不比姓名存世的那三十家多多少。至少，商朝统治阶级的一些成员被吸收到周的贵族行列之中。因为在周朝，宋国的公爵们是商朝王室后裔；人们争论的一个问题是，周朝时期的几位文人，其中包括孔子，是否是商朝宫廷掌管礼仪的官员的后裔？位于社会底层的是普通民众“农”，即农民。这些等级差异在语言中表现出来。在儒家之前的用法里，“人”这个词，仅仅指诸侯氏族圈内的成员，而普通民众则只被称为“民”。《诗经》中的一篇祷文（《假乐》）说道：

假乐君子，
显显令德。
宜民宜人，
受禄于天。
保右命之，
自天申之。

在“民”和“人”之上的是王，被称为“一人”。《尚书》中的记录将“一人”这个称号不仅赋予历代周王，而且也赋予他们在商朝和夏朝的前任者，直到那些神话中的皇帝。

王统治“天下”的一切。在《诗经·北山》中有一句人们耳熟能详的话，表达了这种关系：

溥天之下，
莫非王土； 358
率土之滨，
莫非王臣。

* 参见《尚书·尧典》：“九族既睦，平章百姓。百姓昭明，协和万邦。”——译注

王不仅是天下的统治者，而且还是一个领土国家（也就是一个国）的统治者，就像其他诸侯一样。最后，他是一个人数众多的氏族的成员，该氏族的其他成员可能也拥有诸侯身份。在姒家的成员中，有夏朝的建立者，也有胡、陈、孙（Hsun）等地的诸侯；在子家的成员中，有商朝的建立者，也有魏、齐、宋等地的诸侯；在弃家的成员中，有周朝的建立者，也有鲁、魏等地的诸侯。三种身份（天下的统治者、国的诸侯以及氏族的成员）在王的身上结合，这提出了一些有关地位和称呼的微妙问题。在汉代，国和那些前帝国时期的氏族均已消失，但当时的学者依然对这些问题很感兴趣。

《白虎通》，这是在帝国支持下于公元79年进行的经书讨论的官方报告，其中包含一些有关前帝国王权之含义的精彩思考。[18*] 王是天的儿子，即“天子”，因为天是其父，地是其母；接下来，他是人民的父母；通过这一能力，他“以为天下王”。[19]对天下的一切施以如父母一般统治的统治者，并不是某个有名号的国家的王；就事情的本质来讲，天下是无名的。从这种状况中，产生了王朝“名号”的问题。一个新王朝的建立者不能沿用他的氏族名称，因为它是由“尊卑”之人（也就是身为不同等级国主的氏族其他成员）所共享的；他也不能以自身领地（这如今已变成王国疆土）之王的名号来称呼自己，因为王权等价于对天下的统治。“诸侯各称一国之号而有百姓矣。天子至尊，即备有天下之号，而兼万国矣。”[20]进一步而言，一个新朝代的建立者不能沿用前朝名
359 号，因为那样的话，命名方式就将无异于承继另一氏族统治一国的诸

18 Tjan Tjoe Som, *Po Hu T'ung: The Comprehensive Discussion in the White Tiger Hall*（Sinica Leidensia, vol. 6）, vol. 1（Leiden: E. J. Brill, 1949）, vol. 2（Leiden: E. J. Brill, 1952）.

* 参见《白虎通疏证》，卷一《爵》，[清]陈立撰，吴则虞点校，北京：中华书局，1994年。本书所引《白虎通》文段，均来自该版本；后文再引用《白虎通》时，仅在英文版原注后，简要附上中文出处，不再做单独说明。——译注

19 *Po Hu T'ung* 1a, b（Tjan, 218）.

20 *Po Hu T'ung* 15m（Tjan, 218）（见《白虎通疏证》，卷二《号》）。

侯。例如，如果周公爵在推翻商朝之后，沿用“商”这一名号，那么天下就会被降格为商王国，如今由弃氏族（the Chi clan）之中的一个家族来统治。一个家族是通过天的授权（亦即“命”）而获得王权的；如果新王没有通过创造一个新名号来展现出上天对他的至尊偏爱，他的行为就将“非天意”。因此，一个新天子“必择天下美号，表著已之功业，明当致施是也”。[21]接着，《白虎通》将三代的建立者所选择名号的含义阐释为“大”（伟大）、“中”（和谐）和“至”（完美）。然而，这些推测与考古事实不符，因为商朝的甲骨文提到过作为王国一片领地的周。[22]周朝的名号并不是在完成征服之后才被“选择”的，而是本来附着于这片领地。我们可以假定，那些王朝的名称，全都是它们在掌握王权之前所统治的领地的名称。

从《白虎通》中，浮现出一幅早期中国的画面：一群由首领领导的小型领土国家——但那些异姓诸侯本身是礼仪单元，从未占有确定的领土。如果其中一个国家变得足够强大，它的首领就会在“王”的称号下，将周边土地纳入其统治。在这种王国建立起来后，它可能会被某个或许才进入文明圈不久的成员国家征服。商王国被周及其位于西部边界的蛮族盟友征服，这看起来就属于这种情况。然而，在中国的所有历史记忆中，征服者和被征服者同属于“百姓”这一礼仪共同体。这个共同体将自身理解为天下，而一个成为王的首领则是该共同体在礼仪上的首脑。尽管由于各种国家理由，被征服者受到肆意屠戮，但是前朝的幸存者还是在新王国的那些诸侯中拥有尊贵却无足轻重的地位。 360

第五节　天下与国

关于普世性王国或第一个国的起源，我们一无所知。最古老的文

21　*Po Hu T'ung* 15i（Tjan，218）（见《白虎通疏证》，卷二《号》）。

22　Maspero，*Le Chine Antique*，41.

献《尚书》中的那些记载，将它们的存在视为理所当然的：天下被组织为一个由国构成的多元复合体，而国则承认自身是天下的一部分。而且，我们没有看到这样一种征服行为：王权通过它而被确立为一种将若干已有之国联合起来的制度。与埃及不同，中国没有孟菲斯神学，没有用一出关于众神的戏剧来解释和庆祝帝国的建立[23]；与美索不达米亚诸帝国不同，中国没有一部《埃努玛—埃利什》，来描绘王权凌驾于单个城邦之上的危机特征[24]。我们并未看到多个相互竞争的王国，看到的只是一场建立了王国的征服。通过汉化先前的原始部落并将其纳入领土组织，在天下的各处边界都有新国出现；较晚出现的国，其文明地位遭到资格较老的组织成员鄙视；除了位于黄河转弯处的中国文明首要中心以外，另一个中心（尚未得到充分探索）位于南方的楚王国；有一些国试图推翻并取代周王朝；但没有哪个国意欲形成一个分庭抗礼的天下。中国对"天底下的一切"行使的王权，肯定是一种通过武力获取和维持的权力地位，但它与帝国式征服的关联之处却异常罕见。现存的文献使天下与国在一种预先设定好的和谐状态中共存。

天下与国从一开始便有的这种和平关系形成了多层意义的核心，这在一些语言符号中得到部分阐发。这些语言符号强调普世（ecumenic）统治的礼仪与文化层面，这些层面与国所代表的力相对。天下，亦即文化意义上的ecumene，是与"文"相连的。"文"这个符号最初有"记号"或"图案"之意；它获得"文字"、"表意文字"、"装饰物"等引申意，并且泛指人们生活中与装饰相关的那些方面；最后，它获得"和平技艺"之意，例如舞蹈、音乐和文学，与战争技艺（亦即"武"）相
361 对。[25]进一步而言，文和武，亦即和平文化和战争，是实实在在起作用的

23 *Order and History*, I: 88 ff.

24 出处同上，41 ff。

25 Arthur Waley, *The Analects of Confucius* (London: Allen and Unwin, 1956), 39.

力量：文通过其声望（“德”）的吸引而起作用，武通过暴力（“力”）而起作用。《论语·季氏》报道了孔子的一个说法：“故远人不服，则修文德以来之。既来之，则安之。”[26]由于该建议是向一个国（指鲁国），而不是向那个王国（指周朝）提出的，所以这段话就特别令人感兴趣，因为它表明，原则所具有的意义会同制度相分离——稍后我将讨论这个问题。接下来，在制度层面上，我们看到更进一步的意义分叉，这是有关“王”和“霸”这两种统治类型的。王是天下的统治者。在原则上，他是通过文化之德而统治的。孟子记载了商汤的事迹（《孟子·梁惠王下》18）：“东面而征，西夷怨；南面而征，北狄怨，曰：‘奚为后我！’民望之若大旱之望云霓也，归市者不止，耕者不变，诛其君而吊其民，若时雨降，民大悦，《书》曰：‘徯我后，后来其苏。’”王国扩张的方法听起来有点田园牧歌式；我们大可以怀疑，对蛮夷来说，王师的出现强烈地刺激他们去寻找有吸引力的文化。无论如何，在“霸”（地方性的王国保护者，在王自身的力量不足以保持和平时出现）这一机制中，通过武和力来维持王国统一的必要性凸显出来。在周代早期，“霸”原本是王所在的氏族中的高级别诸侯的称号；在周代晚期，当王的权力衰落时，“霸”是“王”所封的诸侯，负有在王国内建立秩序、防御蛮夷之责。“霸”通过力，而非文化所特有的德来起作用。[27]总之，有两套符号发展出来：与“天下、文、德、王”这个系列相对应的，是“国、武、力、霸”这个系列。

来自《论语》的一段话表明，紧凑的符号化表达，倾向于让原则同它原本所附着的制度相分离。在最近一个帝国（亦即满清时代）的语 362
境中，这些原则所具有的经分化之后的意义能得到最好的研究。当时，国已消失很久，而“中国”指的是位于天下中心的帝国组织。在公元17

26　Arthur Waley, *The Analects of Confucius*, 203.

27　Granet, *Chinese Civilization*, 24—30. Waley, the section on “Wang and Po” in *Analects*, 49 f.

世纪，反满学者批评当时的征服者，因为他们是在国，而不是天下的原则下行动。黄宗羲为此发展出一条三阶段法则。在第一阶段，“有生之初”，每个人的行动都是为了自己。“天下有公利而莫或兴之，有公害而莫或除之。”在第二阶段，“有人者出”。他不考虑个人的一己得失，而是努力使整个天下受益、去害。在第三阶段，出现了“君”。他们所持的是这种观念：“……以天下之利尽可于己，以天下之害尽归于人，亦无不可。”在古代，天下优先于统治者；如今的秩序则颠倒过来。顾炎武将这其中蕴含的理论表达得更加明确。他说：“保国者，其君、其臣，肉食者谋之……保天下者，匹夫之贱与有责焉耳矣。”因此，作为中国社会的权力组织的“国”，有别于人们认为它所要庇护的文化实质。最后，顾炎武找到一种表述，非常接近于柏拉图—亚里士多德式的好坏政体之分：“君子得位，欲行其道；小人得位，欲济其私。欲行其道者，心存于天下国家。欲济私者，心存于伤人害物。”这段话的力度来自将“天下”作动词的用法：“天下国家”意为将帝国（它只不过是个权力组织）转变为儒家意义上的普世文明的承载者。[28]

结合这些晚期儒家所表达的意思，我们能更好地理解那些古典文
363 本，前者正是从后者之中发展出来的。《孟子・尽心下》59是一段意涵丰富的话：“不仁而得国者有之矣，不仁而得天下者未之有也。”* 孟子将儒家所说的“仁”作为一项原则引入。它对统治天下而言是至关重要的，但在国那里则可有可无，虽说即便在那里它也是可欲的。而且，尽管这段话是以一项经验观察的形式出现的，但它必须被理解为对当时众君主的一项告诫：由于他们缺乏资质，他们对王的地位的争夺是徒劳的。然而，只有当这种努力违背了宇宙论意义上的事物本性时，它才

28　这段话概述了Joseph R. Levenson的论证，参见他的*Confucian China and Its Modern Fate*（London：Routledge and Paul，1958），100—103。所有引文和译文均取自这几页的内容。黄宗羲和顾炎武的著作分别发表于1662年和1670年。

*　在沃格林的英译版本中，这里的“仁”被译成了goodness。——译注

能被判定为徒劳；因此，不仁之人的统治将不会出现，这一告诫使对于普世统治来说至关重要的仁在宇宙秩序中具有了无可动摇的地位。不过，该论证所采用的经验观察形式使它会受到质疑：假如这种统治真的出现了会怎样？因此，我们必须认为，这段话包含着对大灾难的预感，而儒家必定是将秦始皇的胜利体验为一场这样的灾难的——当时，不可能之事发生了，不仁之人成为中国的统治者。

仁在很大程度上内在于天下，但并不内在于国，这一原则对王国的秩序带来了特定影响。在《孟子·尽心下》48中，孟子就《春秋》所讲述的诸国之间的战争的性质进行了思考。诸国之间的战争不是正义之战，尽管其中一些可能比另一些稍好一点，因为只有王国的统治者能对臣属之国施以惩罚；地位平等的诸国之间是不能惩罚彼此的。然而，这种相互惩罚在春秋时期被不断实施，而在孟子的时代则更加常见。由这一观察，连同先前主张过的那些原则，形成了某种类似于历史哲学的东西，它被表述为王的实质所发生的朽坏。在《孟子·尽心上》30中，孟子认为朽坏有三个阶段：神话中的帝王尧和舜在本性上拥有这种实质（没有明言它是什么，可能是儒家所说的仁）；王朝的建立者们获得它；春秋时期的霸主们借用它。这段话以如下思考作结："久假而不归，恶知其非有也？"这点到了叛逆篡位之事，《孟子·告子下》7对此有进一步阐述。孟子在那里划分了四个阶段："五霸者三王之罪人也，今之 364
诸侯五霸之罪人也，今之大夫今之诸侯之罪人也。"此时，朽坏与否的标准是根据维持王国秩序的方法而在制度层面界定的：（1）在王朝治下，一个桀骜不驯、拒不来朝的诸侯会被其他诸侯奉王命逐出其国；（2）在霸主时代，霸主将在其他诸侯陪同下，为了执行盟约而亲自发动进攻，但至少会建立起一套约束诸侯行为的诫命，而且这种执行只以实施法规为限；（3）如今，诸侯的暴力行动逾越了作为诫命的那五条法规；（4）他们的邪恶行动方式已蔓延到国中有权势的家族，这些家族不只是容许这些诸侯的罪恶，甚至还助长罪恶。最后，一项有关恢复秩序的建议挽救了腐蚀整个王国的这幅朽坏场面(《孟子·离娄下》49):“王者之迹熄而《诗》亡,《诗》亡然后《春秋》作……孔子曰:‘其义则丘窃取之矣。’”当由于仁之耗尽而导致的无序体现在王国的制度之中时,对实质的恢复会沿着从王到孔子的路线运动。

我想强调的是,在由各种意义构成的中国式宇宙改变形态、收缩、扩展所采用的方式中,有着某种多变性。我们从经验观察转向实质,从制度转向原则,从原则转向运作方式,从王朝之德转向文化之德与普世统治之仁,又从仁转回到执行盟约的方法,最后抵达一种历史哲学,这种哲学将文明的进程描绘为它耗尽自身实质的过程,这与詹巴蒂斯塔·维柯所说的循环(corso)在原则上并无多少不同。那些得到分化的意义尽管已被蕴含在其中,但却从未以精确的方式得到过详细阐述;为了表达这些意义而创造出来的符号,也从未取得分析性概念的地位。结果是,每到紧要关头,符号化表达便会从看似业已达到的理论层面滑落回极度紧凑的表达,随后又进展到理论洞见。

一两个例子将能说明在有关“历史进程”的案例中存在的这个问
365 题。一篇汉代短文根据精神层面的朽坏对宇宙造成的后果,对这种朽坏的阶段进行了符号化:“道德隆备,日月为步,时事弥顺,日月为之骤,勤思不已,日月乃驰。”[29]这被认为是对《白虎通》这段话的评论:“三皇步,五帝趋,三王驰,五霸骛。”[30]然而,我们从简短、言辞激烈地描述了“进步”的宇宙论语言,又返回到对支配着各阶段的那些原则的清晰表达:“古者,五帝贵德,三王用义,五霸任力。”[31]在《白虎通》中,一段甚至更为深思熟虑的话,将从帝到王的转变,描绘为一条从宇宙论秩序到人

29 宋均对《钩命决》的评论,被引用于Tjan, *Po Hu T'ung* 1: 300n188(见《白虎通疏证》,卷二《号》)。

30 *Po Hu T'ung* 12e(Tjan,231)(见《白虎通疏证》,卷二《号》)。

31 出自《淮南子》,被引用于Tjan,301(原文见《淮南子》卷十八《人间》;此外,卷二十《泰族》有言:“同气者帝,同义者王,同力者霸,无一焉者亡。”——译注)。

类学秩序的序列，其用词之精确，即便从现代的批判视角看来，也不能再要求更多：帝之德和谐地将“天地”（亦即宇宙）结合起来；王之德和谐地将仁义结合起来。[32]这种方法令人既着迷又恼火。不过，毫无疑问的是，就像古希腊一样，中国也发展出了一种作为符号化表达的回顾性历史进程。

第六节　循环

对多变性宇宙的探索，面临着自身也变得多变的危险。现在是时候整理一下迄今为止已经出现的那些成果了，也就是说，整理一下有关循环的一系列符号，中国的思想家们通过这些符号来阐述对发生在历史过程中的秩序兴衰的各种经验。我们可以区分出三种类型的循环：（1）王朝循环；（2）五百年循环；（3）天下兴亡循环。现在必须对这三种彼此联系的循环，以及促使它们产生的那些经验加以考察。 366

王朝循环的实质是，家族之德由功绩卓越的祖先积累，并随着中兴和再衰的节奏，被进行统治的那个王朝的成员耗尽。尽管这套复杂符号各部分的含义从未在连贯的理论形式下出现，但在中国思想家的话语中，它们还是能很好地被辨识出来。首先，个体之德有别于集体之德。个体之德是一些个人所拥有的，他们或是身为“祖先”，对家族之德的增长有贡献，或是身为“有德性的”统治者，在一段时间内恢复了王朝的好运；集体之德是一个家族所拥有的，这个家族能通过累积下的增长而走向王位。接下来，德已获得必要增长的家族如果获得上天的敕令或任命（亦即“命”），便会上升到统治天下的地位。一个有着卓越功绩的家族由于命而成为一个王朝，而当命走过它的历程，集体之德出

32　*Po Hu T'ung* 12b（Tjan，230）（见《白虎通疏证》，卷二《号》：“德合天地者称帝，仁义合者称王，别优劣也。”）。

现明显的耗尽时，该王朝便会被推翻。最后，在获得上天任命的那段时间里（既不是之前也不是之后），这个王朝家族被视为一个事关时间、空间和实质的普世秩序单元。通过“大福不会两次降临到同一个家族身上”这一规则，“普世单元由命形成”这一特征得到了强调。因此，中国的王朝没有西方意义上“血统魅力”（blood charisma）——在中国，没有复辟或正统主义运动。至于激发了“王朝循环”这一构想的那些经验，几乎是无可置疑的，因为各个王朝的确兴起又衰落了：到循环符号为人所知之时，亦即周代时期，根据中国的传统历史，中国已拥有对三个王朝的经验。然而，在王朝循环的问题上，有某种奇特之处，因为尽管这个符号出现在每个宇宙论文明中，但它并未被应用于别处的王朝。在埃及或美索不达米亚，并没有作为符号化表达的王朝循环。

同时，王朝循环也被认为是一个为期五百年的循环。为一个王朝的统治设定这样一个时间跨度，这是不可能在经验观察中找到证据支持的；事实上，每当传统历史所给出的资料非常接近这种规定好的时间段时，人们便有理由怀疑，这些资料是为了迎合这个符号化表达而操纵
367 了时间。所使用的数目其实是源自作为符号化表达的数字五。更进一步来说，要确定这第二种循环的真正意义，则根本不应在它被应用于各个王朝的场合去寻找，恰恰相反，应当在“它能与这些王朝相分离”这一事实中去寻找。正如我们方才所说，王朝是普世秩序单元；当五百年循环被应用于王朝之外的那些单元时，就像孟子将其应用于圣人之前后相继那样，这一块的意义便从王朝循环这一复合体中分化出来。因此，普世秩序是通过五百年循环得到阐发的，无论是王朝还是“素王”提供了德的增长。除了那种令人信服的经验（对于在那些并非王的人身上体现出来的，塑造秩序之德的经验），要想找到创造“五百年循环”这一符号的动机，那是几乎不可能的。

这第二种类型的循环，尽管明显属于宇宙论符号，但在近东诸文明中依然没有与之平行之物。“圣人”（我们将按中国人的用法这样称呼

这些人）在中国的出现，可以与“哲学家”在古希腊的出现相比较。但他们只是在某些方面可以相比较；二者绝非同样的现象，这是因为，塑造秩序的力量在某个人的灵魂中出现并获得承认（无论他在这个以宇宙论形式塑造秩序的社会中，在体制内居于何种地位），这在中国并未发展为柏拉图—亚里士多德意义上的哲学。相反，它表现为两种类型的生存，分别由儒家运动和道家运动所代表——前者想要作为体制内统治者的智囊发挥作用，从而建立起某种类似于普世神权统治的机制；后者则从这个世界的秩序抽身，遁入神秘主义隐士的与世隔绝状态。不过，我们必须小心提防，不要将二者截然对立起来，因为在古希腊，无论是就作为符号的普世循环而言，还是就两种类型的圣人而言，我们都能看到中国式发展的可能性。就循环来说，亚里士多德对柏拉图划时代的显现有着如此深刻的印象，以至于他构想了一个圣人循环；在该循环中，琐罗亚斯德的出现是此前最后一个新纪元的标志。在亚里士多德的符号中，普世意图甚至要比在中国的符号中更加鲜明，因为这两种显现分布于两个有着完全不同制度秩序的社会。就各种类型的圣人来说，无论是在柏拉图的生平之中，还是在建立学园这件事上，“培养有能力辅佐统治者的圣人”这一目标都是清晰可见的；在罗马帝国的廊下 368
派官僚体系中，该目标采取了制度化的形式，类似于儒家官僚体系在中华帝国的作用。最后，与道家圣人类型相似，古希腊发展出引人瞩目的平行物，即皮罗从各种行动哲学退缩到如教条般严格的不动心（ataraxy of dogma），退缩到神秘主义怀疑论者的生存。

若要为处在紧凑形式下的王朝循环确定一个起源年代，这将是危险的，但在那些圣人出现，并被承认为独立于王朝体制之外的普世秩序来源之前，得到分化的五百年循环是不可能出现的。而且，只有当王朝体制被削弱到一定程度，以至于它在人们看来所要代表的普世秩序已显然让位于由各国之间权力斗争所造成的无序，上述这种类型的独立权威才有可能凸显自身。因此，五百年循环，以及第三种类型的循环，亦即普世秩序循环及其德之朽坏，在经验层面是相互联系的。王权的天下体制仍在那儿，但它塑造秩序的力量已分解为国之力和圣人之德。在作为符号化表达的天下之德及其朽坏和复原中，对这种三角关系的经验得到了表达。

基于这些思考，我们能得出一种有关中国历史进程的观点。中国的早期秩序并非近东意义上的帝国，而是一个氏族社会的组织，它将自身理解为文明人的天下。到公元前8世纪中叶，当统治天下的礼仪性王权失去其力量时，发生了某种按照近东标准来说非同寻常之事。这是由于，统治天下的那个王国并未在权力政治的冲击下消失，并未被新组织起来的社会取代；那个王朝也没有被某个新王朝推翻和取代；也没有在一段王位空缺期后出现旧秩序的恢复。与此相反，紧凑的宇宙论秩序分解为权力和精神，这在一方面为权力政治家及其法家幕僚在各国的出现所证实，在另一方面为儒家和道家这两种类型的圣人的出现所证实。人们的确可以论证，在这些王权竞争者中，没有哪个强大到能够罔顾他者意志而获得王权；但这一论证仅仅带来了“公元前221年的
369 那些事件也许会在一两个世纪之前发生”这样一种可能性；它并未触及如下事实：通过一场在存在中的飞跃，中国社会已朝着一种人类学的秩序观念运动，尽管该运动并不十分激进，不足以彻底打破宇宙论秩序。紧随这场在存在中的飞跃而来的，是有效权力的组织者和精神秩序的代表者，他们取代了作为紧凑型制度的王。一旦发生了这一分化，便很难再指望回到那种紧凑的王权体制了——无论在什么时候，都没有哪个竞争者能恢复普世性王权，因为即便他在现实层面上获得成功，那也将是一场其正当性并未获得普世性精神认可的强权之胜。因此，周代晚期的各种无序状况通常被解读为“王权因各封建国家的兴起而衰弱”，这一解读并不充分，因为它忽略了“早期秩序的精神已然解体”这个事实。当各个竞争者之间的那些战争终结于秦的胜利时，氏族社

会的普世性王国并未得到恢复，因为那些氏族几乎已被消灭殆尽，而各地诸侯则已消失；“由国所代表的力”这一原则，已吞没天下及其秩序。因此，用中国的词汇来表达的话，则帝国的建立可被定义为国对天下的胜利：帝国是一个没有精神层面正当性的、膨胀了的国。结果就是，在汉代，开始了各种运动和学派之间的斗争，为的是提供强权巨人所尴尬缺失的精神实质。对精神和权力进行的那种新式综合被人们找到，并经历了各种变化，直到在新儒家正统学说中稳定下来，但是，它从未能恢复在早期王国分解为天下和国之前的那种秩序。 370

第七章

普遍人性

的确有两个天下时代，一个西方的和一个远东的，二者在时间上平行展开。从“天下时代以复数形式出现”这一事实中，出现了这样一个问题：是否有两个人类，各自拥有其自身的历史，并且各自发展出一个天下时代？如果我们认定只有一个人类，那就又会出现这样一个问题：在何种意义上，这两个平行进程是同一个天下时代的一部分？现在必须对这些问题加以探讨。在开始进行分析时，我将首先重述这个天下问题在西方的形态。

第一节　西方天下时代

在西方天下时代，关于生存的真理从关于宇宙的真理中分化出来。这个进程已经表明它是一系列的挫败和灾难。我将简要重述那种历史构造的主要特点，它使保罗因在该进程中看不到任何意义而深感绝望，同时又对由那些终末事件带来的有意义终结而深怀希望：

（1）各个宇宙论帝国并非通过突然出现的对普遍人性的意识而从内部发生转变，而是通过那些普世帝国的兴起而从外部被攻破。

（2）各个新生的帝国背负着身体层面的逃离和精神层面的逃离之

间的冲突。帝国的扩张摧毁了它所征服的那些社会；除非普世性权力与某一精神运动相结合，从而使自身得以正当化，否则它就无法在生存层面获得权威。

（3）那些贪欲冲动（来自波斯人、马其顿人、罗马人）全都是普世性的；多个普世性的冲动为达成一个天下而竞争。在那些宇宙论帝国之 371
后，普世帝国一个接一个地继之而起，产生了包含一系列帝国的历史构造，这被帝国的受害者们体验为无意义的悲惨事件。

（4）那些普世性的冲动不加区别地吞没高度发达的民族文化所在的幅员辽阔、人口众多的地区，从而使由此产生的帝国成为多元文明的。由于考虑到了这一点，柏拉图便已经对普世事业表示怀疑，因为整合在一起的多元民族文化，将会妨碍通过对共同人性的意识而统一帝国；在柏拉图的直接经验中，甚至连古希腊的结盟民族显然也无法在一个和平的联盟之中，克服单一城邦内的亚族群（sub-ethnicity）的相互残杀。

（5）各个普世帝国证实了柏拉图的怀疑，它们不仅彼此摧毁，而且倾向于沿着先前那些民族文化原有的界线分崩离析；来自帝国边界之外的那些部落文化的移民入侵会加剧这一趋势。

（6）然而，当这些分裂和瓦解发生后，前帝国时期的民族文化并未恢复到它们先前的状态——就像在我们的时代里，西方强权从它们的殖民帝国撤退，但并未恢复先前的部落社会。那些从帝国的瓦解中诞生的社会，带有普世帝国式意识的印记；我们已经注意到，那种扩张和收缩的运动导致多个有着普世意识的组织共存于现实层面的同一个天下之中。

（7）最后，关于生存的真理并非出自某个单一的精神事件。它并不是从某个特定的起源点出发，渗透一个被帝国式冲动吞没的人类，而是具有多场运动的历史形式，在波斯、印度、以色列和希腊出现。因此，一系列的精神爆发打断了对关于生存的单一真理的分化，它们带有各自所在民族文化的特征。而且，在这些爆发中，没有哪个曾将自身对神显事件的解释扩展为充分而均衡的秩序符号化，认为它能覆盖人在社会和历史中的整个生存区域。相反，人对神性突入的回应倾向于强调的，是有关人位于神之下生存的单一真理的不同方面，例如古希腊有关神
372 性实在的理智性启示，或是以色列—犹太有关神性实在的灵性启示。

这就是在直到保罗时代为止的那个过程中，由那些更加敏锐的参与者所体验到的“历史”。若以“社会中的有意义秩序”为标准来加以衡量，则这一表现是令人失望的；因为在现实层面的历史中，再明显不过的是，各个帝国的前后相继并未实现由那些神显事件所启示的关于生存的真理。如果“历史”所包含的仅仅是一系列帝国强权，那它便不是能让真正的个体生存秩序在其中扩展为社会秩序的那片领域。正如但以理以降的犹太启示录作者们所看到的那样，为了将那种在人的意义上真实、位于神之下的秩序在社会中加以实现，就需要对“历史的”实在加以启示录式变形，关于秩序的真理已在这种实在中作为洞见出现。

在启示录式意识中，对那种位于实在之内、以超越其结构为目标的运动的经验，已分裂为一种信念和一种变形信仰。前者相信，历史是一片无序领域，人的行为无法修复它；后者则信仰某种神性干预，认为它会为即将到来的王国建立起完美的秩序。位于同一实在之中的秩序和无序间的这种张力，因为幻想两种在时间上彼此相接的实在而解体。这是一种意识分裂，它将通过基督的显现和保罗的复活者意象，通过使人确信“在历史中有比帝国更重要的东西”而得到治愈：真理的出现是一个在历史中建构了意义的历史事件；变形是在未被变形的历史中取得进展的。通过保罗的意象，人在历史的时间中对秩序的寻求变得明晰起来，成为神性实在，亦即《歌罗西书》2：9所说的神（theotes）化身于这个世界的实在的过程，该过程起着变形的作用。因此，对这种位于实在之中的运动的经验，并不是欺骗性的；对于在人的灵魂中运动的神

性实在的显现，当人饱含希望地做出回应时，该运动是足够真实的。当那种起变形作用的、在实在中的逃离在历史中被人意识到，并视为神化身于人的过程时，它便获得了对自身的充分意识。

考虑到我们当代“意见氛围”中的理智混乱，再次说明一下我并不是在探讨神学问题，这样做并非多余。这个研究关注的是人对其人性（当它在历史上得到分化之后）的意识。有关两种连续实在的幻想是对意识的一种畸变，这可能是因经受了漫长而无意义的生存秩序动荡而导致的。在犹太启示录式思想家的案例中，各帝国带来的创伤导致了 373
这种幻想的出现，但我们在一些中国思想家那里遇到了一种等价的畸变，它是由动荡的战国时代引起的。[1]进一步而言，这个治疗过程是困难而不确定的，因为即使当在基督这个人身上的神显重新稳定了生存秩序，并通过教会组织而在社会层面发挥效力时，在实在中的无序也并未消失。尽管对神显做出回应的那种信仰使灵魂在很大程度上免受接连出现的无序造成的创伤，但是距离这种局面的破坏并不遥远。在从古至今的西方历史上，关于两种实在的幻想持续不断。在由周遭的无意义带来的漫长压力下，它能在任何时候，从边缘性的宗派运动开始，通过各种启示录式期盼的爆发，扩展为社会秩序的相应无意义瓦解。在历史中出现的真理并未消除生存之不易，它游离于稳定与瓦解的边缘。即使是在保罗那里，我们也必须注意到他的摇摆不定：一边是接受那个

1　关于这两种实在的启示录式思辨，在庄周（公元前369—前286年）关于梦与实在的思考中有其等价物。战国时代的实在成为一场梦，而有关个人生存与社会生存之真实秩序的梦，则需要获得真实实在的特征。关于梦与实在的这个等价问题，参见Weber-Schaefer的分析，*Oikumene und Imperium*, in the chapter on “Chung-tzu：Traum und Wirklichkeit”, 89—102。有关印度教中与此等价的分裂，参见出处同上的内容，93 ff。同样的分裂问题也出现在公元前4世纪的希腊。柏拉图在《理想国》中，在表象—实在（doxa-aletheia）的主题下探讨了它。不过，这种分裂并未出现在柏拉图自己的意识中，而是作为在他那个时代的政治人（homo politicus）的意识中出现的分裂，得到了分析。关于柏拉图对这个问题的探讨，参见我自己在《秩序与历史》第三卷第78页及以后的分析。

单一的、道成肉身出现于其中的实在，另一边则是沉溺于对即将在活着的人所能见到的时间内到来的另一实在的变形期盼。

尽管无序在延续，而生存之不易也无法消除，但关于秩序的真理还是出现在历史中。保罗的摇摆不定并未使他通过复活者意象获得的洞见归于无效：通过人对神的灵在人的灵魂中使人不朽的运动做出回应，在历史中的意义得以建构。的确，柏拉图和亚里士多德已经获得相同的洞见，在意识的理智性明晰所能达到的范围内。但是，他们对理智的神显做出的通往不朽的回应，并未展开为对“父神”（柏拉图感受到他是位于众神背后的那个神）的充分回应；就位于深处的神性实在来说，
374 这一层面仍被包围在我之前分析过的“故意的不确定性”之中。因此，那些哲学家只能在理智性神显的限定范围内展现秩序的各个维度。他们的确是从作为个人秩序、通往不朽的回应，前进到在社会生存中通往不朽的秩序范式，并最终来到“作为第三神的理智”这一历史性的符号化表达；秩序的这三个维度（个人的、社会的、历史的），得到了充分分化。但是，他们所进行的分析，处在由他们所回应的神显的一种根本特征设定的范围内，该特征在根本上是属于宇宙内的特征；柏拉图式的第三神，从未变成保罗式的独一无二之神，这个神创造这个世界，并将自身启示在历史中。这种古典分析抵达了神性起源（aition），作为位于实在中的秩序的源头；它对处于居间的生存的结构加以分化，但它并未涉及神性实在的结构，该实在处于体现为创世和救赎的灵性深处。只有通过保罗对其意象的回应，那些哲学家的不朽（athanatizein）才扩展为灵性不朽（aphtharsia）；典范城邦才扩展为有别于世俗秩序的人之精神秩序的组织；理智的第三时代才扩展为历史的终末论结构，该历史处在所有时代共有的唯一神之下。

从西方天下时代（它在理智性意识和灵性意识所进行的分化中达到了意义的顶峰）中，出现了有关历史结构的一些普遍有效洞见：

（1）通过意识的分化，历史显现为这些分化在其中得以发生的过程。

（2）由于这些分化推进了人对其人性之构成的洞见，历史显现为一个人性维度，它超越了人在社会中的个人生存。

（3）由于这些分化事件被体验为使人不朽的运动，历史就被发现为一个过程，实在在其中对超越自身结构的运动变得明晰；历史的结构是终末论的。

（4）由于这些事件被体验为人对作为一种运动的神性显现做出的回应，历史就不是一个仅仅属于人的过程，而是一个神—人过程。尽管历史事件建立于外在世界之中，并具有历法日期，但它们也参与到位于时间之外的神性持存中。人性的历史维度既不是世界—时间（world-time），也不是永恒，而是处于居间的显现之流。 375

（5）将其人性展现在这一显现之流中的人类是普遍人类。人类的普遍性是由处于居间的神性显现所建构的。

第二节　终末论与世俗生存

多个天下时代与人类普遍性之间的冲突来自生存的居间结构。

历史事件建立在人的生物物理学意义的生存之上，处于社会中、人世间，处于外在世界的时间中；它们通过对参与神性显现运动的经验而变成历史性的。“天下时代”这个指代类型的概念必须建构在各个社会的层面上，它们处在世俗生存中，介入现实层面的过程，并在时间和空间上有限，对普遍人性的意识正是从中出现的。这个程序正确无误；对于在历史中的意义而言，西方的天下时代的确是一个独立的单元。然而，有些地方看来还是有点问题，因为在意义的普遍性和该过程的现实局限性之间，有着古怪的张力：那些并不介入这个过程的社会（非地中海沿岸的非洲和欧洲、远东以及美洲）是否被排除在它的普遍性之外？

接下来，在历史年代上平行的另一个天下时代出现在中国，就我们所知，其中并没有文化扩散或文化刺激的情况，这加剧了这种古怪之处：是否有若干个人类，他们经历了宇宙论意识的解体且彼此独立？有关历史主体的这个问题，之前已在西方的天下时代的语境下得到讨论，如今又在全球人类的层面上凸显了出来。

根据之前的分析，这个问题如今可以简洁地得到解决。所谓神—人显现之流是一个给定之物，这是仅就它建立于人在世间的生物物理性生存之上而言；至于神性显现本身，尽管得到生存于时间和空间的人的体验，但它并不是一个位于时空之中的给定物。因此，人性的历史维度，就和人处于居间的个人生存这一实在一样，都不是一个给定物。普遍人类不是一个生存于这个世界的社会，而是一个符号，它指的是人对下述过程的意识：人在他的世俗生存中，参与到作为奥秘的一种实在之
376 中，该实在以它的变形为目标进行运动。普遍人类是一个终末论标志。

将普遍人类认识为一个终末论标志，这就来到了问题的核心，历史将其呈现为一个人性维度。假如没有普遍性，那就没有人类，有的只是一个生物学意义上的物种的成员集合体；那就没有人类的历史，就像没有猫类的历史或马类的历史一样。如果人类要拥有历史，那它的成员就必须能够对在自身灵魂中的神性显现运动做出回应。但如果是这样的状况，那么拥有历史的人类就是由人所回应的那个神建构的。于是，人们发现，属于相同生物学类型、散落各处的多个社会，通过参与相同的神性显现之流，成了具有单一历史的单一人类。

假如这项洞见是意识的一种常态结构，那么有关历史的那些问题就将变得相对简单。发生在时空层面上的生存就不会具有多少相关性。历史学家除了把在人世间生存的那些社会登记在案，也许再加上有关其规模和持续时长的一些资料外，也就没什么可做的了。事态之所以变得复杂起来，是因为意识并非一种常态，而是一个从紧凑进展到分化的过程。更有甚者，这些进展并不是以相同的方式，在人类社会的

整个领域同时出现——一些社会“被选中”，一些社会则没有。雪上加霜的是，正如柏拉图已经看到的那样，那些分化在某种程度上关联着物质层面的社会进展——从石器时代的原始状况开始，经过农业定居和金属的发现，来到城市的建立和城市文明的发展。那些伟大的理智性和灵性分化并非出现在旧石器时代的猎人和渔夫中间，而是出现在由城市和帝国构成的那些时代；一些社会和文化状况看来要比另一些更有利于做出分化性的回应。因此，人在社会中的世俗生存所具有的结构，在某种程度上介入了分化性意识所在的过程。

这些看法不应被误解为对文明与无意识之间因果联系的一种初步构建。天下时代的思想家们观察到这些构造，但他们并不试图用一种马克思主义所说的存在来决定一种马克思主义所说的意识。他们不是此世论的思辨者，并未令他们的意识退化成各种技术性发现的附带现象；相反，他们在相当大程度上意识到，他们的意识是将那些发现转化成历史事件的主要例证。 377

当那些神显事件使历史作为带来变形的过程（人以其在时空中的生存参与这一过程）而变得可见时，这个过程成为一种对人而言极富吸引力的关注点，使人想要在它的可知性范围内知晓它的全部，因为它分享了来自那种神性显现之流的神圣性。柏拉图关于石器时代和金属时代的思考并不是一个孤例。在他的这些思考之前，有赫西俄德关于在迈锡尼青铜时代之后出现的铁器时代的评论，他强调的是，冶金术的进展标志着生存秩序的衰落。在战国时期的中国，有一种带有类似意涵的评论，其作者据说是风胡子*，它与赫西俄德的这些思考平行出现：

---

* 风胡子，春秋晚期楚国人（沃格林将其误认为战国时期的人），精于识剑、铸剑，大约生活于公元前6世纪。沃格林所引文段的中文原文，参见东汉袁康、吴平辑录的《越绝书》卷十一《越绝外传记宝剑第十三》。——译注

> 轩辕、神农、赫胥之时，以石为兵，断树木为宫室，死而龙臧……；
>
> 至黄帝之时，以玉为兵，以伐树木为宫室，凿地……死而龙臧……；
>
> 禹穴之时，以铜为兵，以凿伊阙，通龙门，决江导河，东注于东海……治为宫室……；
>
> 当此之时，作铁兵。[2]

回到西方，在公元前1世纪，卢克莱修在《物性论》第五卷中发展了他的宏伟设计：从植物经过动物到人的演化，以及从石器时代经过金属时代到当下的至臻完美（ad summum cacumen，5.1457）的文明增长。对各个时代的描述（5.1283—1296）与风胡子的叙述相似：

> 最古老的武器是手、爪甲和牙齿，
> 是石头和树枝，从树林里折来的树枝，
> 还有火焰，它刚被发现时就是了。
> 之后，铜和铁的力量被发现了。
> 而铜的使用早于铁的使用，
> 因为它较为丰富，也较易对付。
> 人们用铜开始从事土地的耕作，由它激起了
> 战争的浪潮，撒下了可怕的创伤，
> 夺取了牲畜和田地；
> 因为面对着武装了的他们，
> 378 所有赤身裸体、没有武装的人都很快屈服。

2　引自Kwang-Chih Chang，*The Archaeology of Ancient China*，rev. ed.（New Haven：Yale University Press，1968），2。

之后，慢慢地，铁的刀剑兴起了，
铜制的镰刀就转而受人鄙夷。
人们开始用铁去犁耕土地，
在结果难料的战争里面，斗争就变得更加平等。

在卢克莱修这里，毫无疑问的是，在理解有关各时代的故事时，天下时代的战争是语境，因为在方才引用的这段话之后，紧接着出现的是一大段有关改善布匿战争屠杀平民做法的生动描述（5.1297—1349）。

这样，可悲的不和（discordia tristis）就产生出一种又一种的新发明，
来威吓武装起来的各部落之人，
一天一天地增添战争的恐怖。（5.1305—1307）

然而，人间不和的可悲性并非人类历史的最终决定因素。我们应当注意到，无论是在风胡子还是卢克莱修那里，工具都既可以作为战争武器，也可以成为和平工作时的工具；我们不应忘记，在这些工具背后的是发明它们的人类头脑（5.1449—1457）：

航海、耕种、筑城、法律、
武备、道路、服装，以及诸如此类的一切，
所有的奖赏，所有更好的生活的享受，
诗歌、绘画、巧夺天工的雕像，
——所有这些技艺，便由活跃的心灵（Mens），在它逐步发展的时候，
通过实践和经验，慢慢地教给人们。
这样，时间（aetas）之流就使每一种东西

逐一引起人的注意，而理性（ratio）则把它升举到光辉的境界。*

就像在他之前的柏拉图一样，卢克莱修也敬佩不断从事发明的人类头脑，敬佩文明增长的历史，同时也敏锐地看到下述过程的可质疑特征：在他自己的经验中，作为这个过程发展高峰的，既有哲学家关于事物本性（natura rerum）的思考，又有帝国战争带来的贪欲暴行。的确，在他对位于居间的生存进行的分析中，并未就无定深处与理智高处之间的张力得出柏拉图式洞见，而只通过作为黑暗面的“可悲的不和”达到较为紧凑的符号化，而且理性之光并未削弱他的唯灵论理解——这
379 种状况是人在历史中的普遍境遇。当卢克莱修通过诉诸“母亲维纳斯”（alma Venus），亦即埃涅阿斯和罗马之母，紧凑地表达对神性显现的经验时，历史的神圣性也未受到削弱。

对天下—大洋的经验一旦解体，就无法回到它原有的紧凑性。人的居住地变成帝国式冲动的开放领域；而包围着有限领地及其人口的那种神性奥秘，则已作为在一个通往变形的过程中的神性显现而变得明晰，所有时代、所有地方的所有人都参与到这个过程中。当对于人在宇宙中的生存的原初经验瓦解，变成不透明的出于贪欲的扩张和明晰的精神意识后，一种纽带便在历史中被发现了，它能防止实在的两个部分分裂为启示录式思想家和灵知主义思想家心目中的两种实在。对一个已通过那种出于贪欲的逃离而变得具有普世性的人类来说，在关于生存的真理这一层面上，那种通往变形的过程取代了大洋的位置，成为提供地平线的普遍神性奥秘。因此，只有由普世帝国、精神突进和历史编纂构成的三元组才以等价的方式，表达了曾由“天下—大洋”这一符号化表达加以紧凑表达的实在结构。

* 参见卢克莱修，《物性论》，方书春译，北京：商务印书馆，1981年，第340—341页、第342页、第350页。此处的三段引文根据沃格林的英译版本有所调整。——译注

第三节　绝对新纪元和轴心时代

这个三元组（普世帝国、精神突进、历史编纂）和“天下—大洋”符号化表达是等价物。这一陈述在历史哲学核心问题上的意涵并不是显而易见的；它们需要展开阐述：该陈述将已由黑格尔在“绝对新纪元”标题下提出，并由雅斯贝尔斯在世界历史之“轴心时代”标题下进一步发展的那个问题，归结为经验分析，从而加以解决。

黑格尔的“绝对新纪元”是以基督的显现为标志的。神之子的出现是“世界的历史绕其旋转之枢纽”，因为神通过道成肉身而将自身启示为精神（Geist）。“这意味着：自我意识（das Selbstbewusstsein）已将自身提升到属于精神之概念的那些时刻，也提升到绝对地把握这些时刻的需要。”神意在世界历史中的计划变得可知，当神已将其本性向位于人身 380
上的思维着的精神（也就是说，“向神在其中向人显现的适当器官”）启示为精神时。“基督教徒已被引入（eingeweiht）神的各种奥秘，从而使我们获得了世界历史的关键。”由于“历史展现神的本性”，而神的本性已通过基督为我们所知，于是，作为一名基督教思想家，黑格尔现在有义务在概念上洞察“由富有创造性的理性带来的这一丰富产物，亦即世界历史”。由于三位一体的神已通过基督而将自身启示为精神，所以，有别于所有其他宗教的基督教便延续了那种“思辨因素”，这“使哲学能在这种宗教里也发现理性的理念”。因此，关于世界历史的思考从有关这个绝对新纪元的洞见开始，它将会成为“一种神义论，一种对神之正当性的证明”，这比莱布尼茨通过“抽象、非决定性的范畴”而尝试给出的神义论更加有效。[3]

3　Hegel, *Philosophie der Geschichte*, 440; Hoffmeister, ed., *Die Vernunft in der Geschichte*（Hamburg: Meiner, 1966）, 45—48.

这个“绝对新纪元”被理解为一些事件，作为一个变形过程的实在在其中变得对自身明晰起来。它确实是历史哲学的核心问题。这是因为，没有理智性和灵性分化，就不会有历史（人的人性在其中达成它的理性和灵性意识），也不会有哲学家的理智（它关注历史的这种可知结构）。如果有人接受黑格尔“绝对新纪元”问题的有效性，那他也不必接受他的体系。然而，还有这样一个问题：这个新纪元是否必须等同于基督的显现，抑或应当等同于某个其他事件？

雅斯贝尔斯接受黑格尔的问题，但拒绝将绝对新纪元等同于基督的显现，因为基督教只是诸种信仰之一：“它并非人类的信仰”。“关于普遍历史的基督教观点只会对虔信的基督教徒而言有效”；甚至就连那些基督教徒也未曾“将他们关于历史的经验性观点同他们的信仰相绑定”，而是对神圣历史与世俗历史加以区分，并探究“基督教传统本身，就像探究经验性的其他探究对象一样”。“世界历史如果有一条主轴的话，那么必将**在经验上**发现它是一个能对包括基督教徒在内的所有人
381 类均为有效的事件（Tatbestand）。”这条主轴必将是这样一个时代：以“如此富有创造力”的方式进行着“人性（Menschsein）的塑造”，由此带来的成果将会在经验层面上令西方人、亚洲人以及普遍意义上的所有人信服，无论他们持有何种信仰，从而使这种成果“对所有民族来说，均能成为历史自我理解的共同基础”。在经验层面上，人们确实在从大约公元前800年至公元前200年的“精神过程”中找到了这一主轴，并在公元前500年左右有一个聚集期，孔子、佛陀和赫拉克利特是那时的同时代人。“这个时代产生了一些基本范畴，我们直至今日仍用它们进行思考；它奠定了各个世界性宗教的基础，我们直至今日仍生活于其中；在任何意义上，通向普遍之物（the Universal）的那一步已经迈出。”[4]

4 Karl Jaspers, *Vom Ursprungund Ziel der Geschichte*（Zurich：Artemis-Verlag，1949），18 f. 参见有关“轴心时代”（Achsenzeit）的一整章，第18—43页。

这两种有关新纪元的观念相互补充，说明了它们试图解决的问题。黑格尔所说的新纪元集中体现在基督身上，因为他相信，他所建构的体系将会完成仅被道成肉身不完备地启示了的那种启示。为了使这一幻想显得可信，他首先通过让“精神”这一概念摇摆于“理智”和“灵”这两种含义之间，将理智性分化投射到保罗的灵性意识中，接着将他自己的理性从保罗所说的圣灵中抽离出来。因此，他重点关注基督，并视其为“世界的历史绕其旋转之枢纽”的做法，仅仅是表面上的；实际上，通过他的语义游戏，黑格尔将古希腊哲学家的理智性分化包括在“绝对新纪元”中。假如雅斯贝尔斯对黑格尔式合并加以分离，并将新纪元扩展为不仅包括基督的显现，而且包括所有在经验层面参与了对历史意识的建构的事件，那么，他原本是能够拥有坚实基础的。然而，他并未进行这种分析，而是形成了一种有关“基督教信仰”的古怪教条式观念，这种观念使他能够将基督，连同大多数人并不怎么信仰的一种“宗教”，排除在他所说的新纪元地位之外。结果是，他能将“轴心时代”从基督身上转移到一个精神过程，该过程发生于公元前800—前200年这段时间，从希腊—罗马西方和以色列众先知开始，经过伊朗和印度文明，延伸到中国。是什么促使雅斯贝尔斯迈出这一步？从《历史的起源 382
与目标》的直接语境中，我们并不能充分看清这一点，因为他在这个场合对“基督教信仰”的看法仍然尚未得到充分分析。然而，在进一步深入这道难题之前，我必须陈述一下他的动机中毫无疑问的那个部分，因为雅斯贝尔斯明确提出：作为一名哲学家，他所关心的，是将“绝对新纪元”重新确立为历史哲学的核心，以抵制斯宾格勒和汤因比将历史分解为“各个文明”（它们带有各自独立的内部进程）的做法。进一步而言，我们必须承认他对“精神过程”所进行的范畴化，这个过程作为一个历史新纪元，作为轴心时代，作为一种富有哲学洞见的壮举，时不时地吸引着人们的注意。

雅斯贝尔斯在与布尔特曼就《去神话化的一些问题》进行的争论

中所做的一些思考，为我们理解那团并未得到充分分析的有关"基督教信仰"的观点，提供了一些帮助。在这个场合，雅斯贝尔斯区分了作为位于耶稣身上并以神为目标的生存张力的实在，与早期基督教徒在耶稣死后对该实在的神学建构。他宣称，自己在生存层面并不会回应这种神学附加物（theologische Zutat），但对于该实在则必须要说："耶稣令我们面对的仅仅是这样一个道德问题：决心过一种处在对神的信仰之中（im Gottesglauben）的生活。这确实是生活实践中的一个关键问题。一个搞哲学的人的确从耶稣那里异常强烈地听到这种呼声，但他并不仅仅只在耶稣那里听到它，而且也在《旧约》众先知和卓越哲学家那里听到它。"[5]尽管雅斯贝尔斯承认，耶稣异常强烈地生存于信仰中，但他并不承认在耶稣或保罗身上有对终末论意识的分化，而布尔特曼在他的回复中则强调，这种分化正是"基督教信仰"特有的差异："这是基督教信仰的矛盾：这个世界已在其中走到尽头的那个终末论事件，已作为发生在这个世界的历史之中的事件而变得真实，并在每次基督教布道中再次变成真实的事件——如果是真正的布道的话。"[6]

将基督排除在外的公开原因已经显明。但这也只是公开的原因而
383 已。雅斯贝尔斯相当熟悉"基督教信仰"中的那些终末论问题。如果他不承认它们是意识分化过程中的一个重要步骤，那么就必须在当时的经验分析无法令人满意的状态中去寻找隐秘的原因。雅斯贝尔斯反感的是将实在的终末论结构同一种半原教旨主义正统教义融合在一起的做法。这种融合的特征体现在方才引用的布尔特曼对基督教"矛盾"的表述中。因为"这个世界已在其中走到尽头的那个终末论事件"当然并未"已作为发生在这个世界的历史之中的事件而变得真实"。相

5　Karl Jaspers and Rudolf Bultmann, *Die Frage der Entmythologisierung*（Munich: Piper, 1954）, 103.

6　出处同上，第72页。

反，这个世界并未如应许的那样走到其尽头，这一事实正是隐藏在那些曾经出现过的启示录式运动（连同它们的各种变形期盼）背后的有力动机。实在的终末论结构，以及人作为变形发生的场域，均已为人所意识到，但布尔特曼仿佛觉得这样还不够，因而他将由此经验产生的那些符号，浓缩成一种多余的“基督教信仰的矛盾”，从而遮蔽了已被体验到的实在。雅斯贝尔斯则因正统教义所使用的语言而感到不安，因为他在这种语言中感受到生存真理向学说的转变，而在共产主义和国家社会主义的实践中，他看到这种学说的致命后果。这场争论注定难有结论，因为这两位思想家均未对终末论分化加以分析，而这种分析对于解决他们的分歧来说是必不可少的。

无法令人满意的分析状态，影响到了对“历史”的理解。布尔特曼将神显事件描述为发生**在**它所建构并彰显为普遍的历史**之中**的事件，这种做法肯定玷污了“历史”的结构。对“历史”同样加以半意识性的玷污，使之成为一条世界时间之流，那个“精神过程”在其中运行，这种做法导致了雅斯贝尔斯“轴心时代”建构出现的问题。标志着一个“新纪元”的精神突进（无论是雅斯贝尔斯所说的，还是黑格尔所说的），都伴随着由分化性事件形成的意识，该意识进而能承认这种事件具有“划时代意义”。如果将那些精神逃离事件同随之而来的那些历史编纂事件相分离，并且忽略“历史学家根据由精神突进取得的洞见，来处理出于贪欲的逃离对秩序的搅扰”这一事实，那么就会模糊甚至摧毁人的意识结构，该意识已明晰地意识到自身的历史真实性，无论这种精神突进的施行者是希罗多德和修昔底德，还是波里比阿和李维，或是从《大卫 384
传》作者到编年史作者的以色列历史学家，或是中国历史学家司马迁。

在经验分析的现状下，我的结论是，仅仅以历次重大精神突进为标志的新纪元或轴心时代概念不再可靠。一些“划时代的”事情的确发生过；我们完全有理由将这个形容词赋予对宇宙的紧凑经验的解体，以及对关于生存的真理的分化。但是，除了这些精神突进之外，“新纪元”

还涉及从大西洋到太平洋的各个普世帝国，并且它催生了对作为新视域的历史的意识。该视域以它的神性奥秘包围着人在大地上的生存。在对权力和知识的欲望面前，这片大地是开放的。

第四节　新纪元和意识结构

前面所说的三元组，是一个由在分化和符号化过程中产生的经验构成的单元。这个过程，就其个人、社会和历史的维度而言，就是我所说的天下时代。

一旦用经验术语来表述这个问题，可能导致误解这个新纪元问题的各种诱惑就变得可以理解了——它们植根于意识结构之中。一方面，无论是各个普世帝国还是历次精神突进，都无法单独成为“绝对新纪元”的标志，因为并没有不带历史意识的新纪元。另一方面，历史，作为神性奥秘的视域，包围着在空间上开放的天下，它是很难出现的，除非那个天下在出于贪欲的扩张带来的冲击下实际开放了；而且，这种扩张只是各民族及其统治者的无意义兴衰，除非历史学家的意识能将这些兴衰事件，关联到在那些精神突进中出现的关于生存的真理。除非某个能被体验为划时代的事情正在实在的过程中实际发生，否则便不会有新纪元意识。因此，尽管这种经验复合体是一个整体单元，但它的结构还是预示着对知识的主体和对象进行的分割。如果我们屈服于这一诱惑，那么帝国和突进便倾向于进驻发生在历史之中的事件所处的位置，而历史编纂者们则倾向于变成某一种历史的记录者，该历史的结
385 构是由这些事件塑造的；在历史意识的这种实体化主体和对象之间，已作为一个变形过程而变得明晰起来的那个实在则将烟消云散。

这种分割无法通过一种超意识（super-consciousness）或元意识（meta-consciousness）来使之愈合，这种意识将会增加该经验复合体的实体化要件。假如给代表着对象一极的帝国和“精神过程”历史，增添

上代表着主体一极的历史编纂历史，那么新纪元的表现形态必将得到改善，但那种新分化出来的奥秘视域仍将消失。历史意识与哲学家的理智性意识呈现出同样的问题。当理智性意识的明晰性被畸变为一种关于世俗之人的“人类学”和一种关于超越之神的“神学”后，神显事件就将被摧毁，和它一同被摧毁的还有人以孕育了其生存的神性本原为目标的张力，以及对参与的经验。当天下时代所产生的各种符号化表达（包括历史编纂在内）被畸变为处在某种“历史”中的事件（此“历史”非彼历史——这些符号化表达阐述了对后者的经验）时，那个分化过程，连同它的终末论张力，就将以同样的方式失去。只有当我们承认，这个过程本身是我们有关那个经验单元（它在分化出来后，将自身理解为在历史上具有划时代的意义）的唯一知识来源，由上述那种越轨带来的僵局才能避免。

将这个分化过程接受为知识的唯一来源，从否定的角度来说，这意味着不再假装自己是一个置身该过程之外的观察者。从肯定的角度来说，这意味着进入该过程，既参与它在形式上的结构，又参与由一个思想者在该过程中的处境施加给他的具体任务。

首先，关于形式上的结构：得到分化的是对处于实在之中的某种结构的意识。这一说法意味着，在得到体验和阐述之前，该结构即已在场，而在此之后也仍将在场。到这里为止，这个问题都还可以用“意识的主体和对象”这样的语言来表达。问题之所以变得复杂起来，是因为这里讨论的结构恰巧也是实在的运动，以超越实在的结构为目标。当实在对它以变形为目标的运动变得明晰起来时，通过那个由三部分构成的经验单元而获得的洞见，便成为实在本身的一部分。所获得的洞见并不只是一个人有关某种结构奇特性的知识，他可能对其感兴趣，也可能不感兴趣，因为洞见之获得本身就是一个终末论事件，它照亮了人 386
性中的变形结构。因此，当人们发现那个分化过程是变形过程时，历史便将其自身揭示为由神性奥秘构成的视域。然而，这一过程对其以终末完满为目标的运动变得明晰起来，这个事件并未取消以下这种双方间的认知性张力：一方是作为认知者的人；另一方则是那种结构，如今人们已经知道，它在“发现该结构”这一事件之前和之后均生存着。因此，如果得到分化的这一结构恰巧也是实在的运动，以超越它的结构为目标，那么该事件便开启了对一个过程的过往与将来的展望，该事件本身在此过程中标志着一个新纪元的出现：在此过程中出现的新纪元，对该过程的结构变得明晰起来。根据这一新发现，早先对在实在中被体验到的秩序进行的各种符号化，无论是作为符号化表达的“天下—大洋”，还是历史创生论类型的各种神话思辨，都将在同一个变形过程的各阶段上各就各位，该过程如今能被符号化为一个在人的意义上普遍的过程，并对该过程的过去和将来开放。天下在空间上开放，而包围着天下的那个奥秘视域则在时间上向普世历史开放。这一分析的结果可以表达为这样一个命题：在天下时代，实在的过程被发现为一个在空间和时间上开放的领域，而处在终末论张力中的人的生存则是该领域的意识核心。

这种形式上的结构，尽管能在分析中将其隔离开，但它仅仅是这个过程中的一个层面。正是当这个形式层面分化出来时，这个过程的具体性进入人们的视野——它是实在的过程，过去、现在和将来的所有人都参与其中。正如那个新出现的意识核心所看到的那样，通过处在世俗具体生存中，并且其空间和时间维度均不再受到限制的人类，这个过程得以进行运动；反过来说，在个人层面和社会层面有着具体多样化的人类践行了这个过程。而且，那个“新出现的意识核心”本身也不是一个无身体的心灵的意识，而是众多人的意识，在空间和时间上广泛分布于一个具有社会和文化多样性的人类之中。在他们身上，划时代的事件成为具有以下特性的实在：分化的程度各不相同；脱离对宇宙的原初经验（特别是神话思辨式的、历史创生论经验）的程度各不相同；重视和忽视的问题各不相同；天下的地平线（当它对某个处于具体状况之中的具体思想者开放时）的实际范围各不相同；对于在某个思想者眼中已变得具有普遍性的人类的过往，他所实际拥有的知识各不相同。 387

一旦我们承认，意识的这种分层和多样化是普遍人类的历史得以在其中进行运动的结构，有关“绝对新时代”的具体标志的争论，就将消解为一种一般性的探讨，它关注的是普遍参与的各种模式，以及这些模式在空间和时间中的构造。在有关这些特征的争论之下潜伏着的，是将新纪元当成外在世界中的一个对象的错误构想，这个对象的本质必须要有某个观察者来加以概念化，然而，事实上它是分化过程中的一个阶段，有待从该过程的某个参与方的位置对其加以描述。的确，那些将人们的目光吸引到新纪元现象上的突出事件，将会成为那一转变（从关于宇宙的真理，到关于生存的真理）的主要表现，然而，在这些表现中最为引人瞩目的则是它们所体现的转变。向关于生存的真理的转变是一个新纪元，因为那些人（分化发生在他们的心灵中）将分化体验为划时代的，就其为在历史中的意义建构了一种不可逆转的“之前”和“之后”而言；天下时代是作为符号化表达的各个“时期”（eras）和“时代”（periods）在其中被创造出来的一个时代（time）。当历史进入视野，被视为在人的意义上普遍的历史时，人们就会发现它具有“对历史的结构取得划时代的洞见进展”这一特征。

第五节　疑问与奥秘

对划时代结构的发现不可避免地提出了有关历史之奥秘的恼人问题：

（1）为什么会有取得洞见进展的多个新纪元？为什么实在的结构不会在所有时代都以经过分化的形式为人所知？

（2）为什么那些洞见必须由极少数人，例如先知、哲学家和圣徒来发现？为什么不是每个人都成为那些洞见的接收者？

（3）当那些洞见业已被获得时，为什么它们并未得到普遍接受？为什么划时代的真理必须在历史上经受各种折磨：不完美的阐述、躲避、388 怀疑主义、不信仰、拒绝和畸变，以及历次复兴、重生、重新发现、重新阐述和进一步的分化？

在本研究的进程中，这些问题时不时地凸显出来。然而，它们在分化过程中的地位和功能尚未得到充分探讨，因为它们与新纪元问题的关系（这是必须纳入分析范围的）刚刚成为讨论的主题。提出这些问题并不是为了要回答它们；相反，通过它们的无法回答性，位于历史结构中的奥秘得到了符号化表达。因此，“疑问”（Question），作为一种独特的符号化表达，成为有待澄清的问题。

首先，我们必须消除一项初级的误解。由于那些疑问无法通过有关外在世界事件的命题来回答，一个被实证主义说服的认识论者（epistemologist）会将它们视为毫无意义的“伪疑问”（Scheinprobleme）。在实证主义视域的范围内，该论证是有效的；那些疑问的确无法通过提及由感觉感受到的世界来回答。然而，当它进一步宣称，这些疑问由于这个原因变得无意义了，那它就会归于无效；这是因为，那些追问了这些疑问数千年直至今日的人，并不认为它们是根本无意义的，即使他们有时发现，充分阐述它们的意义，是一项艰难的任务。对意义的否认与下述经验事实格格不入：它们一再作为有意义的疑问，从对实在的经验中产生。因此，这种否认行为，尤其当它出现在某个哲学学派或运动的语境中时，必须被刻画为那些已失去同实在的联系之人的宗派特质，他们的理智成长和灵性精神成长已受到严重阻碍，以至于意义脱离了它们。

大写的疑问并不是一个有关外在世界中的某个对象之本性的疑问，而是一个内在于对实在的经验的结构。因此，它并不会在所有时代以相同形式出现，而是在其变化多端的模式下，共享着从紧凑到分化的经验进展。因此，只有通过追踪这些模式的发展历程，从对宇宙的原初经验所处的环境开始，经过各种过渡形式，来到位于理智性和灵性分化语境下的环境，才能确定该疑问的意义。389

在原初经验的环境下，疑问体现为在通过“神话对万物的起源加以符号化表达”这一行为背后的推动力。所谓神话，也就是将某物，或者多个物体的复合体，关联到作为其生存本原的另一个宇宙内物体的叙事；神话是对有关本原的疑问给出的回答，即使该疑问本身，或者作为问题的那个大写的疑问，并未得到清晰表述。接下来，该疑问的运作机制仍然在原初经验的语境下运动，它体现在各种过渡形式的创造中，例如创造出一些因果链条，将较为简短的神话外推至某种被认为是宇宙中至高原因的东西，从而能很好地使整个链条表达宇宙的非生存本原。在有关“历史创生论”的第一章，我已在“神话思辨”主题下对这些链条进行了分析。进一步而言，当神话的创作者开始思考，神话是否能充分表达他们正在体验的那种追问，疑问的功能便显明了。在分析孟菲斯神学时，我已强调了那些“脚注”的重要性，戏剧创作者在其中解释了，为什么他们所选择的神话，就他们对本原的探寻而言，是比其他可能的变体更合适的回答。尽管这种类型的文献记载在天下时代之前很稀少，但在埃及的第一中间期，或是阿肯那顿片段中出现的怀疑主义表征和异化表征，毫无疑问地表明，在神话诗创作行为中有着一种鲜活的批判意识。神话并非最终的真理；它被认为是对一项疑问进行了回答；对其真理性的测试在于为人所体验到的疑问的各种变化模式。最后，我们还应当记住神话诗的自由，以及它在面对同一个社会中就本原问题先后做出的各种推断间的冲突，或是人所共知的相邻社会同时出现的各种推断间的冲突时，表现出来的毫不在意。在先后出现的苏美尔和巴比伦宇宙起源论中，一个最高神能取代另一个的位置，同时又不会损害该神话的真理性；当相邻的埃及和美索不达米亚帝国双双主张自己在人世间代表了宇宙的秩序时，没有谁为此深感烦忧。面对丰富多样的神话领域，不是将其理解为一个相互冲突的观点集合，而是理解为一片由对体验到的同一个实在结构（亦即疑问）给出的各种等价回答构成的领域，只有当我们这样做时，那种毫不在意才是可理解的。它
390 们的意义所倚重的，还是在于疑问，而不是符号化回答。我们甚至可以说，这种毫不在意，连同它对疑问的倚重，以紧凑的方式等价于后来对普遍人性的分化式理解。

对疑问的倚重并未使回答变得不相关。相反，如果暂且不论由一种批判意识，它会认为某种符号化表达比另一种更可取，带来的搅扰的话，神话就具备了一种真正的洞见所拥有的充分相关性，该洞见所关注的是宇宙的原因论秩序，是对有关神性本原的疑问做出的回应。创造一项神话，或是创造一项神话思辨式建构，其背后的推动力总是在于对某物及其生存所提出之疑问的经验；但是，无论是经验层面的动机，还是创造和建构的过程，都不一定位于意识的明白可见之处。如果说稳定的宇宙论社会有什么特点的话，那就是它们并不关心那些推动性的经验，也不关心各种冲突；已经完成的符号化表达（它讲述了从最高原因下降到生存物的创世叙事），在没有任何进一步追问的情况下得到了接受。毫不质疑地接受处于宇宙论风格的真理中的神话，这样的做法意味着什么？通过一条治疗牙痛的巴比伦咒语（它既谦卑，又极其实用），这个问题将得到清晰的回答。疼痛据说是由一条虫子引起的，它已在患病区域找到了它的住处。就像祭司在新年庆典上吟诵宇宙起源论一样，祭司—医生在他的治疗行动中讲述这条虫子如何形成的故事：

在阿努（Anu）造天之后，
天造地，
地造河，
河造渠，

渠造泽，
泽造虫——
虫到沙玛什(Shamash)跟前哭诉，
眼泪在伊俄(Ea)面前流淌：
"你要给我吃什么？
你要给我喝什么？"

众神把成熟的无花果和杏子给它作为住处。但有着这种家世渊源的虫子很是挑剔；他坚持在牙齿和牙龈间选个地方；这是由沙玛什和伊俄授予他的。[7]在这个咒语案例中，人们能观察到紧凑的宇宙论风格。391
很明显，虫子的创生是对有关牙疼原因的诊断疑问给出的回答。但是，使虫子身处这一令人印象深刻的因果链条之中的那个过程，并未成为主题。我们只能推测，在有关实在的一种整体性神话构想中(它带有在神话思辨式宇宙起源论和神谱论的影响下形成的"系统性"特征)，该咒语是一个次级神话。

然而，当这个过程成为主题时，在很大程度上它就不再是原先的过程，它所形成的神话不再能得到不受质疑的接受。倘若不注入作为批判者的追问意识，这个过程就无法得到提升并进入意识。有关从最高原因以降的创世紧凑叙事确实能造成反转，将因果链条转换为由生存之物往上的一系列疑问。但是，当这种反转发生时，对本原的探寻(亦即疑问本身)分化为对实在的经验中的一种结构；直到那种本原被发现(它超越由紧凑神话所展现的各种宇宙内本原)，疑问才会停止。疑问不会赞同各种宇宙内回答，而是努力探寻自身结构所固有的那种回答。《奥义书》中的大量对话所采用的程序，兼有这种反转及其批判性

7 Samuel Noah Kramer, *Mythologies of the Ancient World* (New York: Doubleday, 1961), 123 f.

后果的特点。一个典型的竞争性追问案例，是来自《广林奥义书》(3.6)的以下段落，婆罗门耶若婆佉（Brahmana Yajnavalkya）的智慧通过它得到检验：

> 然后，加尔吉·瓦查纳维（Gargi Vachaknavi）发问。
> "耶若婆佉啊，"她说，"这里的一切都是在水里，
> 像经纬线一样织成的。那么，水是在什么东西里，
> 像经纬线一样织成的呢？"
> "在空气里，噢，加尔吉"，他答道。
> "那么，空气是在什么东西里，像经纬线一样织成的呢？"
> "在天上的各个世界里，噢，加尔吉"，他答道。[8]

接着，提出追问的这位女士推动这位婆罗门，让他经过处在因果链条上的以下节点：干闼婆（Gandharvas，半神半人）的世界，阿迪蒂亚（Aditya，太阳）的世界，钱德拉（Chandra，月亮）的世界，纳沙特拉（Nakshatras，众星）的世界，提婆（Devas，众神）的世界，因陀罗（Indra）的世界，造物主帕拉贾帕蒂（Prajapati，即梵天）的世界，最后是婆罗门的
392 各个世界。追问以此作结：

> "那么，婆罗门的各个世界是在什么东西里，像经纬线一样织成的呢？"
> 耶若婆佉说："噢，加尔吉，别问太多，以免你的头掉下来。
> 关于神，我们别问太多，你问得太多了。
> 别问太多，噢，加尔吉。"
> 在那之后，加尔吉·瓦查纳维就不再问了。

8 Max Mueller的翻译。引自*Hindu Scriptures*（London：Everyman，1938）。

这篇印度对话，和那段巴比伦咒语一样，走过了一段由相同类型的宇宙内原因构成的链条。然而，对此链条的反转并不是一种只有形式可能性的开发利用。这是因为，从最高原因开始的下降，停在了有待解释的东西那里；它的重点在于宇宙万物的客观秩序，而从生存之物、从“这里的每个东西”（与赫拉克利特“这里的这个宇宙”紧密相关）开始的上升，则将生存的张力，连同它毫不停歇的探寻，推向前台。那个疑问并不是任意的一个疑问，而是关乎所有存在的神秘本原。宇宙万物的等级结构被视为理所当然的，但是，对于由神话加以符号化的这一秩序，质疑者所获得的知识并不会减轻他的不安。那个疑问促使人超越由神话所覆盖的实在，走向边界，那里是符号领域穷尽之处，质疑者的头有掉下来的危险，如果他在达到目标之后继续坚持前行的话。这篇对话将那种进行追问的上升揭示为一个参与的过程，人的人性通过该过程而变得明晰，成为处在以本原为目标的质疑性张力之中的自我所具有的人性，用《奥义书》的话说，成为处在与婆罗门（brahman）的关系之中的自我（atman）所具有的人性。

《奥义书》类型的那些对话展现了导向本原的那个疑问，但在它们的自我阐释中，这种起分化作用的行动是一项位于吠陀传统内的评论。它们将进行追问的这种意识确立为一股塑造秩序的生存力量，但它们并没有将这一超越神话的运动理解为与神话的决裂。无论是《奥义书》所做的各种分化，还是在后来的各种吠檀多（Vedanta）体系中对它们的阐述，均未被体验为一种构成了历史新纪元的突破；所有这些都在印度教的整体文化中拥有相应的地位，并为人理解他与这个世界的关系，以及他与各种力量中的神性力量的关系，提供了一种可能性。耶若婆佉的婆罗门式疑问模式并非哲学家的模式，后者在一系列神性时代中催生了“作为第三神的理智”这个符号化表达；它也不是先知的灵 393
性模式，先知会将所有其他神降级到伪神甚至非神的地位。在印度教中，并没有将自身同某种有历史意义的神显相结合的教义，就像基督教教义将自身同基督的显现相结合那样。印度教的文化对毗湿奴或湿婆的拥戴者，以及婆罗门神秘主义者均一视同仁；在其中，多神论、一神论和无神论，狂欢膜拜和苦行纪律，人格化的神和非人格化的存在本原，均有一席之地。作为一种宗教的印度教在历史上没有创建者。它是sanatanadharma，亦即没有终点的永恒宗教，因为所有有终点的东西都有开端；当世界一个接一个地被创造、毁灭和重新创造时，印度教是已经出现，并将重新出现在这些世界之中的宗教的原型。在印度教的文化中，关于宇宙的晚期宇宙论思辨占据主导地位，它将宇宙视为一个有着开端和终点的"东西"，视为一个无限多次地诞生和重生的"东西"，这削弱了历史意识。对于作为实体（hypostasis）的宇宙，以及宇宙论思辨中错误的无限性，我们可以将其视为关于实在的印度教经验中，未被划时代事件（可与出现在古希腊和以色列的理智性和灵性神显相提并论的划时代事件）所打破的一个层面。由此带来的结果是，关于实在的婆罗门式经验并未发展出柏拉图—亚里士多德式哲学（作为一种理智性科学）的自我意识；在它的自我理解中，它是darshana，亦即一种从这个特殊的思想者所在的位置来看待实在的方式。[9]

对婆罗门式意识的特征描述必须主要以否定的方式表达，因为它呈现了一项在理智性和灵性标准看来并未达成其目标的突破。然而，这种不完备不应模糊如下事实：一种初步的突破确已发生。关于生存的真理已被分化至某一点，这一点所达到的高度足以使婆罗门式意识结出商羯罗（Shankara，约公元800年）的神秘主义这一硕果。然而，各种宇宙论谬误所占据的主导地位还是严重损害了有关实在及其探索的经验。在鲁道夫·奥托的《东西方神秘主义》（1932）中，他对商羯罗和

9　为了描述印度教的特征，我参考了Helmuth von Glasenapp，*Der Stufenwegzum Goettlichen: Shankaras Philosophie der All-Einheit*（BadenBaden：H. Bühler Jr.，1948），11—23。

埃克哈特杰出的比较研究展现了商羯罗的才华(他有时在分析层面比埃克哈特阐述得更为精细),以及两位思想家的根本差异:对那位印度 394
思想家来说,这个世界是一个幻象;对埃克哈特来说,这个世界是创造了它的那个神所化身于其中的唯一世界。现在,我们可以将婆罗门式的"并未达成其目标的突破"更充分地刻画为一项关于生存的真理,它在其分化中,停留在缺乏神显事件(划时代的意识由其建构)的层面上。结果是,人性的历史维度无法得到阐发。该现象最醒目的表现在于,在印度文化中没有出现历史编纂。

该突破的不完备并未削弱对话式上升在《奥义书》中的重要性。即便是在那种突破业已取得之后,那种通过因果链条而进行的上升,那种否定辩证法,仍然是对生存真理的阐述所使用的分析工具。婆罗门式意识和灵性真理间的紧密关联体现在《亚伯拉罕启示录》7—8的一段话中,它是一份埃辛教派(Essenes)文献,可能成书于公元1世纪:

确比万物更尊贵的是火,
因为许多桀骜不驯之物都臣服于它……
更加尊贵的是水,
因为它克火……
但我仍不称其为神,
因为它臣服于土……
要我说,土真的更尊贵,
因为它征服水的本性。
但我仍不称其为神,
因为它被太阳烤干……
要我说,太阳比大地更尊贵;

他用其光芒照亮宇宙。
甚至连他,我也不称其为神,
因为他的路被黑夜和云朵遮蔽。
然而,月亮和星辰,我并不称其为神,
因为他们按时用黑夜黯淡其光芒……
听啊,他拉(Terah),我的父,
我向你宣告的是神,万物的创造者,而不是我们所认的那些神祇!

但是他在哪?
他是什么?
——他使天空变红,
使太阳金光灿灿,
使月亮和星辰发亮。
——他烤干大地,虽有许多河流,
他将你本人置于这个世界中。
——他从我混乱的心灵里,将我找到。

但愿神通过他自己,启示他自己!

当我在我房子的庭院里,
对他拉,我的父,如是说,
一个大能之声,在熊熊烈火中,
从天而降,呼喊道:
亚伯拉罕!亚伯拉罕!

我说:我在这里!

他说：
在你的心的心灵里，
你找寻众神之神、
创世者。
我就是他！[10]

这段启示录话语是经过精心组织的。第一部分很像《奥义书》提出一系列疑问的对话。然而，在穷尽因果链条之后，这里并未逃避性地关上探寻之门，而是径直宣布，超越了该链条中的各种宇宙内神灵的那个神，就是探寻的对象。进一步来说，在达到这一点以后，探寻并未因为头可能掉下来而终止，但人认识到，进一步的探寻是徒劳的，因为超出这一点之外的知识只有通过神的显现才是可能的。最后，通过神与人的启示性交会，这一探寻有始有终地达到高潮，该交会通过作为符号化表达的荆棘丛故事而得到表达。

像这样组织良好、有着相当久远文学渊源的文本，不会是一份简陋原始的文献。它精密地分析了从宇宙论真理到关于生存秩序的真理的转变，该转变是通过神—人交会而形成的。与我迄今所知的情况相比，它应该获得更多关注。 396

初看上去，因果链条的引入仅仅是为了拒斥来自宇宙论色彩强烈的环境下的各种符号化表达。但是，引入它的意图还不只是对一系列神性显现、对"我们所认的那些神祇"的明确否认。这是因为，由于宇

10　此段引文由我译自"Apokalypse des Abraham" in *Altjuedisches Schrifttum ausserhalb der Bibel*, by Paul Riessler（Augsburg：B. Filser Verlag, 1928）。也参见以下译本：G. H. Box, *The Apocalypse of Abraham*（New York, Macmillan, 1918）。关于犹太教启示录语境下的《亚伯拉罕启示录》，参见Paul Volz, *Die Eschatologie der juedischen Gemeinde im neutestamentlichen Zeitalter*, 2d ed.（Tübingen：J. C. B. Mohr, 1934）, 48 f.，以及D. S. Russell, *The Method and Message of Jewish Apocalyptic*（Philadelphia：Westminster, 1964）, 60。

宙论类型的因果链条拒绝将神在存在的等级结构中置于元素和天体的位置上，故而它已在事实上发生转变，进入神秘主义者的否定辩证法之中，而这个在存在的各个此世领域中游荡的神秘主义者，要到穷尽所有这些领域，并且其探寻止步于超越的实在和柏拉图意义上的超越(epekeina)之后，才能发现神。然而，这种转变之所以是可能的，仅仅是由于那一链条(尤其当它采用《奥义书》各篇对话所采用的疑问形式时)已经是一种否定辩证法，而游荡者则对其善加利用，向终极本原前进。必须承认，宇宙论链条和后宇宙论的否定辩证法是等价的。

但是，当人已通过某一灵性经验而达成对本原的认识，就像这篇启示录的作者在开始写作之前显然已经做到的那样，为什么那一链条(无论其形式如何)仍不应被废弃？对创世神的宣告对此给出了回答，因为它恢复了一条在其他方面可谓虚假的链条的功能，其方法是承认该链条是自创世本原以来便已生存着的万物的秩序。因此，对本原的发现并未将生存之物所在的领域贬低为毫无意义，而是将其确立为从本原获得其生存意义的实在；与此相反，当否定辩证法沿着存在的等级结构上升时，它所走向的是本原，因为本原是该等级结构的起源。该链条的转变，是对宇宙论风格真理的进一步脱离：那条巴比伦咒语将有终点的链条接受为宇宙内万物的客观秩序；婆罗门式对话将疑问推向中心，并使超越的边界变得可见，然而它却没有追问宇宙内链条的秩序；埃辛启示录取消了宇宙内秩序，并以一种导向创世神的创世秩序取而代之。

然而，创世秩序并不会单独导向创世者，而是只有在受造世界中有一颗“心”在探寻神的时候，才能做到这一点。在埃辛启示录中，“心的心灵”(mind of the heart)是柏拉图—亚里士多德式的psyche(心灵)和奥古斯丁所说的anima animi(灵魂)在阿拉姆语(Aramaic)中的等价
397 物，作为指代该探寻所在之处的术语。它是此世(immanence)和超越(transcendence)相会之处，但它本身既非此世的，亦非超越的。该文本

极为清晰地表明了张力的居间特征及其所在之处：追寻人的神和追寻神的人的张力（彼此追寻和发现的相互性），以及人与对他的心灵的超越的相会。由于神甚至会显现在混乱的心灵中，先于并推动探寻本身，所以神性超越同时也是一种神性在内（Within）。那位不知名的作者敏锐地追踪从在内到超越的运动：它从混乱的心灵开始，来到对未知之物的探寻（当这种探寻仍处于混乱之中时，未知之物便已显现在该探寻中），并进一步来到来自超越的呼召，直到在一开始只是一种模糊的搅扰，位于那个被称为"心灵"的实在部分之中的东西，变成体现在"我在这里"和"我是他"之中的清晰交会为止。该启示录是一项分析杰作，可与《会饮》中对美（kalon）的柏拉图式上升相媲美。

《亚伯拉罕启示录》展现出鲜明的新纪元意识。在方才引用到的这段话之前的一个故事里，他拉制作了众神的形象，亚伯拉罕是他的助手（1—6）。在做这件事情时，亚伯拉罕目睹了这些形象的状况因破损和火而恶化，在这门行当里再正常不过的废旧过时促使他开始反思。令他印象尤为深刻的是，一座雕像的头在运输过程中掉了下来（1：7—8）；这是发生在那些由人作为创世神的众神身上之事（3：3；4：3）。这个故事预示了第7—8章的精神突进；紧随神显之后出现的是神对亚伯拉罕的警告，神让他离开他父亲的房子，如果他想避开由它的各种罪而带来的死亡的话（8：5）。亚伯拉罕一走，他拉和他的房子就毁于从天而降的火（8：6—7）。精神层面的逃离同时也是身体层面的逃离；新纪元令人信服地以对以往的毁灭为标志。接下来，对如今已是未来以色列之父的亚伯拉罕来说，历史的过程得到了启示，它的异教徒时代是会衰朽的，而将要到来的是正义之人的时代，它将终结各个时代，并带来审判（9—32）。

我们应当注意到部落在抵抗残酷的帝国征服时的残酷反应。甚至当新纪元意识已经成型，历史的视域开始开启之时，普遍人性的各种意

398 涵也不会迅速得到实现，因为思想者在这一进程中的具体位置（他带着各种激情参与其中），有时会严重限制他的眼光。在《新约》中，在《约翰启示录》中血淋淋的复仇者基督身上，仍然可以看到这种启示录式残酷性（19：11—16）。在不那么血腥的层次上，历史眼光在具体位置带来的冲击下出现的畸变，成为“外邦人的使徒”* 主要关注的问题。他的外邦皈依者显然倾向于感到，自己比拒绝接受福音的犹太人更优越，尽管福音原本是要向犹太人传达的。保罗不得不告诫这些外邦人：“若有几根枝子被折下来，而你们这些野橄榄幼苗被接在它们的位置上，一同得着橄榄根的肥汁，你们就不可向旧枝子夸口。”（《罗马书》11：17—18）这种优越感是有问题的：“当记着不是你们托着根；乃是根托着你们。”（11：18）在西方文明中，保罗所观察到的对新纪元意识的启示录式畸变被保持为一种常态。在18世纪，康德在进步主义知识分子身上看到这一点。他们相信历史的意义将在他们自己的生存中得到实现，并将以往所有的人贬低为对当下荣耀的“贡献者”。在20世纪，我们仍然受困于同样的畸变，在启示录式社会学家宗派中，他们发明了“传统”和“现代”社会的二分法，我们仍然追求孔多塞的政策，通过使“传统”社会“现代化”来摧毁他们。我们在一些非常令人惊奇的地方看到这种启示录式畸变，例如鲁道夫·布尔特曼的论题“《旧约》与基督教神学家无关”。保罗的告诫“记着，是根托着你们”，无论怎样经常重复也不为过。

历史学家、哲学家和神学家通常关注的是对疑问的各种回答。我在这里尝试进行的是将这个疑问作为一个常态结构来加以分析。该结构不仅处在对实在的经验之中，而且，由于这种经验是实在的一部分，所以该结构也处在实在本身的结构中。现在，可以将一些结果表述如下：

* 使徒保罗的自称。——译注

（1）从前面分析的三个案例中可以看出，这个疑问是处在不同经验模式下的常态。

（2）进一步而言，这些案例并不是这种常态的随机表现，而是相继揭示了一种明确的意义模式，因为该疑问本身出现于作为紧凑模式的宇宙论真理，并发展为关于生存的分化真理：（a）在那条巴比伦咒语 399
中，因果链条是紧凑的符号，作为对尚未得到分化之疑问的一种回答而产生；（b）在那段《奥义书》对话中，疑问本身得到展现，但在缺乏理智性或灵性分化的情况下止步；（c）在那篇启示录中，灵性分化得到展现，与之相伴的是新纪元意识。历史的领域开启，但对其奥秘的分化则被启示录式预言回答所打断。

（3）最后，这些案例揭示了实在的那些结构，它们不是被体验为毫无疑问的给定之物，而是被体验为提出了有待回答的一些疑问。这些结构是：（a）宇宙的生存；（b）存在的等级结构和多样化；（c）对作为人性之构成要素的追问行为的经验；（d）通过对意识的理智性和灵性照亮而在生存真理上取得的飞跃；（e）历史的过程，进行追问的意识所取得的各种分化和在真理中的各种飞跃发生在其中；（f）在此进程中的，以超越其结构为目标的终末论运动。

一旦以这种方式表述这些结果，那一些问题就将得到进一步澄清。第（3）项所列举的那些结构并非并列之物，而是在疑问发生分化的过程中，以不同方式彼此联系。有关宇宙的生存及其秩序之本质的那些疑问（3a和3b），其分化时间先于有关意识过程的那些疑问（3e和3f），而在历史上，将上述两组疑问联系起来的，是对进行追问的意识及其理智性和灵性照亮的分化（3c和3d）。在19世纪的意见编纂术氛围下，各种符号已同产生它们的经验相分离，这导致对上述顺序的解读很难超越诸如“静态—动态”的陈词滥调。时至今日，人们依然能读到这样的观点：古代人拥有一种“静态的”宇宙观念和宇宙哲学，而现代人则克服了这种落后性，用“动态的”实在观念取而代之，这种观念将天文与地理过程、动植物生命的演化，以及人的演化和历史包括在内。在学说层次上做出的这些范畴分类，将分化过程及其各阶段，转变为一场由一种实体化的历史带着各种命题来进行的、旨在判断真假的游戏。它们对这样一个经验事实视而不见：就我们的历史资料回溯所及而言，人对实在进行追问的经验在结构上总是完整的。的确，在原初经验中，宇宙的
400 生存和根本秩序占据主导地位，但宇宙远没有被视为一个静态的实体，总是并且总将拥有它当下的结构。有关宇宙起源及其内容的各种神话思辨式建构，以及有关宇宙起源论式重生的各种仪式，对有关如下过程的经验加以符号化：在此过程中，宇宙的结构成为它在当下所是，它也可能在其中重新解体。宇宙及其秩序，不是被体验为“静态的”，而是被体验为不牢固地稳定在此刻，而这个此刻可能被它所出现于其中的那个过程所吞没。令秩序保持存在的是人通过各种重生仪式而对宇宙论神性过程的参与。因此，即使是在那种进行追问的经验的紧凑宇宙论模式中，也都具有第（3）项所列举的所有结构。

即使在宇宙论风格的真理中，疑问也是完整的。然而，对各种理智性和灵性洞见的分化，对人的意识的历史维度的分化，以及处于实在之中的终末论运动，都将通过把关注的重点从稳定性转到不稳定性，影响到对一个处在不牢固的稳定状态中的宇宙的经验。当然，在作为整体的宇宙中，并不曾发生什么变化，除了诸如大洪水、常年干旱、地震、火山爆发这样的自然灾害，以及对昼夜平分点岁差的观测以外——这些事件总是提醒着人们，宇宙并非全然稳定的。对不稳定性的更强烈意识，是由历史过程而非自然过程中的那些恼人变化引起的。由于社会是宇宙实在的一部分，因此，社会秩序的严重瓦解，就像埃及第一中间期发生的情况那样，会损害对宇宙秩序的一般性信任，也会损害对符号化（它是通过到那时为止仍获接受的神话而进行的）的信仰。当历史的过程十分突出地代表了实在的过程，各种历史事件，而非自然事件，便成为评判宇宙秩序与无序的关键尺度。

对这种经过分化的意识的各种回应是千变万化的。有一种回应，即不再信任宇宙秩序，在公元前第三个千年时代晚期的埃及，出现在有关怀疑主义和异化的文献中。然而，同一个时代也目睹了历史创生论思辨的兴起，它将帝国秩序外推至它的神性宇宙起源，并赋予这种在历史上具体的秩序一种终末论标志。被阐述得最详尽的这类建构，与它的苏美尔—巴比伦先驱者有关，它就是以色列的历史创生论，它关注的是自从创生以来的这个世界（ab creatione mundi）。因此，在一种具体的 401
社会秩序中，将它特有的信仰以神话思辨的方式符号化为终极信仰，这抗衡了由历史事件对信仰普遍造成的侵蚀；与此壮举同时出现的是，以紧凑的方式，将对关于生存秩序的、尚未得到分化的真理的信任，混合于社会的偶在秩序。这种尝试旨在使历史止步，从而挽救宇宙秩序的稳定性。当经历了更多的历史兴衰后，那种紧凑的符号化表达便瓦解为启示录式意识眼中的两种实在，亦即一段无意义的当下历史，以及在变形期盼中将要随后到来的、由神塑造其秩序的完美生存状态。而且，与那些近东帝国所面临的问题相似，前帝国层面的社会秩序也会出现问题。在考古学上，最近有人提出，由佛陀进行的精神突进（约公元前500年）是对“诸王国”扩张的回应，这些王国在从印度西部到恒河谷地的区域内建立了以宫廷和城市为中心的文化。社会秩序在乡村和部落层面瓦解，与之相伴的是奢华的宫廷生活与悲惨的周边乡村之间的醒目反差。据说，这些经验促使佛陀寻求通过逃离此世的苦难，进入作为神性虚无的涅槃来获得解脱。[11]佛陀对处在实在之中的张力的这种回应，与启示录式意识分裂相似，但佛陀能更为持续地激进，因为在他所处的条件下，他无须同各个宇宙论帝国竞争，它们在长达千年的时间里

11 Walter A. Fairservis Jr., *The Roots of Ancient India: The Archaeology of Early Indian Civilization*（London: Macmillan, 1971）, 379 ff. 尤其参见“Table 9. The Movement of Urbanization from West to East in Northern India”, 379。

代表着人在此世的生存秩序；他也无须同某种历史创生论符号化表达竞争，它将宇宙秩序提升为帝国秩序；他也无须同理智性和灵性启示竞争，它们将神的允准赋予此世的结构。一旦他拒绝接受一个农业社会的那些宇宙内神灵，那就不会再有已获分化的经验来阻止他走上一条捷径，它通往位于此世背后的神性虚无。

无论是在《奥义书》的意识中，还是在佛教的意识中，关于那个过程之奥秘的疑问均未在印度得到充分分化。历史本身的确强行闯入了人的意识，但是，错误地认为一个已脱离虚无的宇宙过程是无限的，这
402 使历史的问题发生了畸变。在近东和地中海区域，分化发生在这里，各种历史事件所投下的阴影是如此浓重，以至于如果要拯救宇宙秩序的话，就必须以历史创生论的方式，或是以启示录的方式，使历史终结。古典哲学家们能够直面那个奥秘，达成“意识的均衡”，这的确是一个稀有事件，应当作为西方文明的一脉得到悉心呵护。它必须在西方文明中与作为失衡的另一脉的“终结历史”运动相竞争，后者也被保持为一种常态，直至我们所在的当下。我之前已引用过黑格尔的一段话，他在其中称赞自己对历史的建构，认为它是一种比莱布尼茨更优越的神义论，因为它与以基督为标志的“绝对新纪元”有着具体的联系。如今，我们能更好地理解这段话的全部含义了。黑格尔在基督（或者毋宁说是保罗）身上看到的，是对那个疑问十分全面的一项分化，以至于它包含了人性的历史维度。这种分化的完整性是“绝对新纪元”的标准。但在保罗身上，他也看到了启示录式“终结历史”运动；由于对基督再临的变形期盼并不曾得到满足，黑格尔便准备通过他的体系（自我反思的精神在其中达到了它的完满，从而使历史到达它的终点）使历史现在终结。将这一尝试自我阐释为一种“神义论”，这使其动机水落石出：促使它形成的，是和促使更加古老的历史创生论符号化表达和启示录式符号化表达得以形成的同一种焦虑；它是由相同类型的帝国事件诱发的，在黑格尔这里就是法国大革命和拿破仑帝国。这种无序是悲惨

的，但不能承认它是悲惨的；允许这种无序出现的那个神必定是通过这种隐晦的方式，追求某种隐秘的秩序目标；不能承认将要到来的秩序和现在正被粉碎的那个秩序一样，仅仅是偶在的，相反，它必定是一种终末论意义上的终极秩序。这种建构意在舒缓一个无法直面实在之奥秘的人所感受到的焦虑。

直面实在之奥秘，意味着生活在信仰中，它是所望之事的实质，是未见之事的确据（《希伯来书》11：1）。这些终末论意义上的、为人所期盼却未曾得见的“事物”，被以变形的方式畸变为一种终末论标志（它被赋予将在“历史”中为人所期盼和得见之物），并且这种作为终末论事物的实质和证据的“信仰”，被相应地畸变为一种黑格尔式、马克思式或孔德式的“科学体系”（它那唤启性的魔法意欲“在历史中”实现 403
那些期盼），在这个时候，疑问就能得到比它在人类历史中曾经经历过的更加充分的分化，但奥秘将被摧毁。对奥秘的摧毁体现在围绕各种“答案”的当代教条之争中。

第六节　历史过程与整体过程

作为经验中的一项结构，疑问是实在的居间层面（亦即Metaxy）的一部分，并与其相关。对于该疑问，除了在各种追问行为中变得明晰的奥秘之外，别无其他答案。通过发展有关处于空间和时间的事件的学说，并由此寻求获得答案，任何一种这样的尝试都将摧毁人的人性所具有的居间结构。那些旨在“终结历史”的体系主导了当代的舞台。为了保持真理外观，它们只能诉诸一种暴力行径，即禁止有关各项前提的疑问，并使该禁令成为体系的正式组成部分。对疑问的这种禁令是自我缩减的症状，它使在生存中对实在的过程的开放性参与变得不可能。

尽管在对实在保持开放与自我缩减之间出现的张力，是所有时代的人都有的问题，但只有在人性的历史维度已获分化的情况下，这个问题才会具有方才勾勒的那些特定形式。在天下时代，这种分化取得重大进展，以至于产生了“历史编纂”这一符号形式，但仍不足以使历史（作为普遍人性的过程）所具有的各项意涵得到充分展现：需要经过成百上千年的时间，才能获得必然位于对历史过程之理解的基础的经验知识，而且，需要经过更多的时间，才能在分析层面洞察那些日积月累的资料。各个普世帝国的确扩大了有关人的居住地和居住于其上的人类的知识面，从而在一个相对较早的年代便使诸如希罗多德的地理志这样的著作成为可能；但这片更广大的视域依然十分有限，从而使另一个天下得以同时在中国发展起来，二者相互并不知晓。到了希罗多德之后八个世纪的奥古斯丁时代，出现分化的区域仍然在知识中距
404 离如此遥远，以至于这位圣徒对历史的经验图景的认识，尽管已由以色列—基督教维度所扩充，但在我们今天看来仍然具有鲜明的地方色彩，因为它被限定在罗马帝国眼中的天下地平线内。如今，在奥古斯丁之后过了十五个世纪，虽然天下的地平线已变成全球性的，世俗生活的地平线已扩展至未曾料到的深度，但是，关于那个进程的经验知识仍然很不完整，以至于每天都有令人惊异的考古新发现，而对这些资料的经验分析则严重滞后。事实上，经验知识增长得十分迅猛，以至于反映着畸变生存的那些历史建构走向崩塌，其原因在于它们所用资料的过时，而不是对畸变生存的分析。例如，尽管那些“终结历史”的体系出现不过一百五十年，但它们仍然主导着“意见氛围”，并且已变得完全不可能与各种历史科学的当下状态相兼容；或者，在一段甚至更短的时期内，考古学、史前史，以及放射性碳年代测定法的发展，已完全颠覆了“‘高级文明’发源于游牧部落对农业定居者的征服”这一观念。当我在20世纪20年代求学时，这个观念仍十分流行。

这些评论意在使人关注在生存中对历史过程的开放性参与。看起来，历史的节奏极其缓慢。如果人们认识到，我们今天仍在与天下时代的各种意识分化所设定的问题搏斗，并且仍未取得最后的胜利，那么他

们便可能感到，在过去的两千五百年间，并没有发生过多少事。将这种念头转化成教条式结论“太阳底下无新事”，这是错误的，但这种感觉自有其重要性：它可以防范人的弱点，避免将一个人自身所在的当下拔高为历史的目标。设想一下，从现在开始的两千五百年后，我们自身的时代将会属于一个遥远的过去，就像赫拉克利特、佛陀和孔子与我们当下的关系一样。这种设想总会是有益的练习。关于我们所在的当下，什么是值得记住的？为什么值得记住？对这些问题的进一步思考将会形成一种视角，它必须被置于这种视角中：我们所在的当下，就像任何一个当下一样，是神性显现之流中的一个阶段；我们，就像在我们之前和之后的所有人一样，参与其中。奥秘在时间中的视域随着在空间中的普世扩张而开放，它仍然是将自身呈现给当下活着的人的那个疑
问；关于当下，值得记住的将是我们对这个疑问做出回应时采用的意识 405
模式。

疑问是相同的，但提出疑问的方式在变化。万物的确发生在历史之中。然而，最后这句话的表述并不严谨。必须更加准确地说：发生“在”历史“之中”的，恰恰正是意识分化的过程，是它构成了历史。这个过程的这种结构创造出一个独特的问题：一旦人的生存已对其历史维度变得明晰起来，就必须将有关该过程的经验知识包括在回应的模式中。这一要求有其奇怪的一面，因为历史并不是一个由那些已被一劳永逸给定的事件组成的有限集合，而是一个过程，它持续不断地通过参与该过程的人而生成自身。暂时抛开对这个问题造成影响的所有其他变量不论，在公元500年的时候，关于历史的“经验知识”比起公元前500年之时，不止是多了为时一千年的历史过程，而比起公元1500年之时，又不止是少了一千年的进程。自天下时代以来，对这种结构的观察便已十分常见，但对其做出的回应则多种多样。在最低层次上的是这样一种观点：将“当下”视为一部机器，生产出不断延长的“过往”。我

将其称为关于历史的“香肠观”。它引发了我们时常听说的一种抱怨：在稳定累积的资料带来的重负下，关于历史的写作正难以为继。但这是不切实际的幻想。更有趣的是异教历史学家和犹太—基督教历史学家间的竞争，我已在关于“历史创生论”的那一章里，在史学之争的名称下对其进行了描述。犹太和基督教思想家认为他们的历史在品质上优于异教徒的历史，因为它在时间上回溯得更久远，在文本记录上也更可靠；更长的历史是更好的。这场竞争尽管带有宇宙论方面的因素，摩西被认为在时间上先于阿波罗出现，但它还是有意义的，因为更长的过往长度意在为有关神（在终极意义上，当下来自他）的更重大真理提供支持。这场史学之争标志着从神话思辨转变到作为开放视域的历史本身；关于历史的“经验知识”必须进入对疑问的回应，因为历史已被发现为作为视域的神性奥秘。第三种可能性是由“终结历史”运动的思
406 想家们提出来的。黑格尔和孔德均认为，历史必须走过一定时长，以便提供有关过往的资料，思想家能以其为基础，建立起有关主宰着历史过程的秩序的各种“科学”命题。到了现在，亦即大约公元1800年左右，这一进程所走过的时长已经足以揭示历史的意义，并使体系的事业成为可能。马克思很好地理解了黑格尔，这体现于他的推论“由人将事态掌控在自己手中的时代已经到来”：历史的较古老变体，如今已来到其终点，产生马克思式超人，将神收回自身之中；从现在开始，这个变形超人将通过革命行动实现自我，并产生真正的历史。

在被引用的这些案例中，各个思想家都试图解决属于神—人参与（作为居间式实在）的问题，方法是将这些问题投射到外在世界的时间中。当显现之流被归结为此世的时间时，过程的结构便不可避免地被扭曲，甚至是摧毁。不必再做进一步的批评了。然而，不能轻易地将这些案例视为错误建构而置之不理，因为它们表明，在一些关键性的节点上，“时间长度”作为一个问题凸显了出来。显然，它有一些值得研究之处；如果没有得到恰当的处理，它就将现身在各种误解中。尤其第三

个案例(那些体系宣布,历史已走过足够的时长,足以揭示其奥秘),和当前这项分析直接相关,后者试图探讨在时间上没有终点的奥秘。那些体系,连同其徒子徒孙间的争论,主导了当代的学术舞台;表明是对实在的怪异误解损害了它们,这是不够的;我们还必须表明,明显起到作用但被误解了的,是什么结构。关键点在于对疑问的禁令。那些思想家论证道,足够长的历史时间业已流逝,这足以对疑问进行充分的分化,因而如今能够通过体系而对疑问给出确定无疑的答案;然而,他们并未否认,为使对真理的揭示到达当下的完满状态,需要成千上万年的漫长时间。那么,分化过程与此世时间的流逝,二者之间是什么关系呢?

表述这个问题实际上意味着解决它。作为神—人的居间,历史地进行分化的经验,是创建在拥有具体身体、生活于具体星球、处于具体宇宙的具体之人的意识中。让我们继续之前关于各种时间维度的思 407
考:并不存在万物发生于其中的"时间长度";有的只是万物的实在,它具有某种时间维度。进一步而言,具有特定时间维度的各个实在层面,它们并非自足的实体,而是通过有关创建与组织的各种关系,形成存在的等级结构。该结构从无机物层面开始,经过植物和动物领域,延伸到人的生存,这种生存处于他以存在的神性本原为目标的张力之中。存在着一个整体过程,居间实体及其历史过程,只不过是该过程的一部分,尽管是非常重要的一部分,整体过程在其中变得对超越其自身结构的终末论运动明晰起来。接下来,在这个整体过程中,一些东西(例如地球)比其他东西(例如居住在地球上的个体的人)持续时间更长;我们不加进一步限定地称为"时间"的,是天体物理学意义上的宇宙所特有的持续模式,这种宇宙容许它的时间维度由它在空间中的各种运动来加以衡量。但是,就连这种终极的持续模式(我们以其作为衡量所有其他东西持续性的尺度),也不是万物发生在其中的"时间",而是位于整体（它也包括神性实在，我们用诸如“永恒”这样的符号来表达其持续模式）之内的东西的时间维度。万物并不发生在天体物理学意义上的宇宙之中；宇宙，连同创建于其中的万物，发生在神之中。

因此，对“时间长度”（历史据说发生于其中）的这种构想，背负着双重的谬误。首先，天体物理学意义上的宇宙的时间维度（它构成判断宇宙之中万物持续性的尺度）被实体化为一个独立的实体。其次，宇宙的持续性被错误地认作是整体的持续性。由于这种负担，这种构想恰恰遮蔽了它试图予以澄清的实在结构。

（1）关于第一项谬误：尽管并没有“历史”发生于其中的“时间”，但存在的等级结构却有着多个层面，意识的过程创建于这些层面。位于居间的显现之流，总是以处在宇宙中的现世之人的生物物理学生存为基础。由于较低的层面在被建立起来之时的特征，它们在进入人的
408 意识这个层面时，不是作为它的原因，而是作为它的条件。仅仅因为实在的各个层面通过建立与组织的各种关系，在宇宙的秩序中彼此相互参与，所以，这些层面的各种时间维度才能够也必须相互关联，并以宇宙的时间维度作为终极的创建尺度。将注意力转向各种时间维度间的次要关系的做法，就遮蔽了实在的各个层面间的首要关系。然而，在当前的语境下，这种首要关系却具有根本性的意义，因为它揭示出，历史的过程通过参与，在结构上延伸到了实在的其他层面，包括物理学意义上的宇宙中。

（2）关于各个层面的相互参与的洞见，将有助于消解第二项谬误。物理学意义上的宇宙，作为存在的等级结构中的更高层面的终极基础，不能被视为作为终极实在的整体，因为在意识层面上，我们体验到神性实在的显现，这是构成人性的要素。在人的意识中，位于实在之内、从物理学意义上的深处开始的创建性运动，对所有实在的创世性构成（这是从神性本原所在的高处开始的）变得明晰起来。因此，就各种持续模式而言，我们必须这样陈述：在从深处开始的创建（foundation）所在的

秩序中，宇宙的时间维度包含了存在的等级结构中其他层面所具有的时间维度；在从高处开始的创世(creation)所在的秩序中，我们以“永恒性”加以符号化表达的那种神性持续模式，包含了实在的其他层面(包括宇宙在内)所具有的时间维度。

一旦消除了这些谬误，存在的等级结构便进入视野，不是作为叠加在一起的许多层面，而是作为实在的运动，从无定深处上升到人，经过该等级结构里我们能在经验中分辨出来的许多层面；并且，该等级结构在进入视野时，也作为创世性组织的反向运动，从神性高处往下，连同作为居间的人的意识(整体所进行的运动在其中对该运动的终末论方向变得明晰起来)。当人性的历史维度分化出来以后，随着整体过程对它在历史过程中的方向性运动变得明晰起来，疑问所追问的对象便重新转向整体过程。作为奥秘的历史过程是与实在之奥秘密不可分的，该实在产生了宇宙和地球、地球上的动植物生命，并最终产生了人及其 409
意识。这些思考肯定不是新创的，但它们以经过分化的形式表达了对神性宇宙秩序的经验，正是这种经验激发了最古老的那些宇宙起源论符号化表达；如果历史中的普遍人性是真实的，不是幻象，那么这正是它们所应当做的。更直白地说，它们是在当代条件下，面对各种“终结历史”体系对人性实施的扭曲和毁灭，由一位哲学家对其进行的抵制而产生的追问模式。它们是对历史过程和整体过程的一项开放性参与
行为。 410

索　引

（条目后的数字为原书页码，见本书边码；部分页码中的n，指该词条出现在相应页的注释部分）

译后记

摆在读者面前的这本《天下时代》是凝聚了埃里克·沃格林毕生思想功力的最重要代表作。不过，这一说法或许会使许多通读过此书的读者对沃格林感到失望：如果这就是沃格林的巅峰之作，那他的思想成就似乎不过尔尔，因为直至此书结尾，他也未就“如何解决我们的问题？”——无论这里的“我们”指的是“我们西方人”还是“我们中国人”，抑或是“我们现代人”——给出一套让人一目了然的纲领性方案。然而，可以很有把握地说，这种状况正是沃格林愿意看到的。

沃格林愿意让他的“新政治科学”研究始终走在“求索秩序”的路上，但并不希望任何人将他有关历史秩序的思考畸变为指引现实政治的学说。任何一项自称或被认定有能力胜任这一指引重任的学说，无论其派别立场和具体主张如何，都必定自称或被认定在“代表真理”这一点上具有终极性(finality)，因为若非如此，植根于人性深处的对真理的向往——用沃格林在《天下时代》中多次使用的术语来表达即是，人在生存中体验到的“以(神性)本原为目标的张力”——便会阻挠人在该学说的指引下投身行动。然而，沃格林彻底地、全方位地拒斥终极性。通过对黑格尔的研究，沃格林表明，政治学说的终极性所依托的，是就“历史的意义”(meaning of history)给出的终极说法。但在《天下时代》中，我们看到，随着“在历史中的意义”(meaning in history)取代了“历史的意义”，成为沃格林的秩序思考所关注的对象，他便从根本上否定了为历史过程人为建构某种终极性的可能。与之相应的，是沃格林对历史过程的基本观点：对人而言，历史过程是一个奥秘。“历史不是一条由人们及其在时间中的活动构成的溪流”。[1]如果将历史视为这样一条溪流——实际上，这正是绝大多数的我们对历史的看法——那便意味着我们知道，或者相信我们会知道，这条溪流将会流向何方；但在沃格林看来，历史之流的终点—目标对人而言始终是一种奥秘。

这个奥秘始终不断地在人的心灵中生成疑问，使人想一探究竟，但又始终让人无法窥见真容。于是，人的心灵便始终处在一种居间的状态下：它受到奥秘的牵引，努力地向上探寻，但却永远无法攀上想象中“就在那里”的顶峰；不过，若是由于认识到这一点而放弃攀登，甚至告诫他人再也不必做此“无用功”，却亦不可行，因为奥秘还在那里，由奥秘而来的疑问也还在那里；奥秘与疑问，总是会以某种方式牵引和推动人，至少是一些人，游走于柏拉图笔下的“洞穴”内外。就此而言，人并不自由。一个自以为已然自由的人，其实局限于洞穴之内的生活，听任欲望排挤疑问而成为自我的主导者；一个试图通过把握奥秘从而超越奥秘的人，相信自己找到了通往真实自由之路，实际带来的却是对秩序的破坏。

既然历史是个奥秘，“历史的意义”便无从谈起，这是一个伪问题。看起来，在这一点上，沃格林与他所批评的实证主义似乎达成了共识——出于“形而上学禁忌”，实证主义认定，各种与“经验事实”无涉的问题，包括“历史的意义”在内，都不应成为理性探究的对象。只不过，沃格林在将“历史的意义”排除在视域之外的同时，热忱地投入了对各种版本的“在历史中的意义”的重温、理解与比较，这正是包括《天

1　参见本书正文第53页。

下时代》在内的各卷《秩序与历史》的主要内容。

在沃格林看来，这种重温、理解与比较具有生存层面的意义，尤其是在现代性的语境下、对我们现代人而言。在现代社会，"对奥秘的摧毁体现在围绕各种'答案'的当代教条之争中"。[2]我们为何执着地期待一个思想家就我们的问题给出一套"富有可行性"的解决方案？相应地，一个典型的现代思想家为何执着地要建构一套堪担"理论指导实践"重任的"体系"？沃格林的诊断是："这种建构意在舒缓一个无法直面实在之奥秘的人所感受到的焦虑"。[3]反之，如果我们认识到历史过程是一个奥秘，认识到有关"历史的意义"的各种宣称，连同由之衍生出的各种政治学说因此而被剥夺了终极性，那么，我们便会认识到，寻求在现实层面上(pragmatically)彻底地"解决我们的问题"，既无可能亦无必要。

但这并不意味着我们应当漠然面对"我们的问题"而无动于衷、无所事事，否则沃格林大可不必自其学术生涯早期便致力于诊断现代性的危机。当我们看到沃格林说这些"针对当代之无序的补救方法"的"其中之一便是哲学探究本身"[4]，而且体会到沃格林所说的哲学始终是苏格拉底—柏拉图—亚里士多德意义上以体认自身的无知为起点和常态的理论生活(bios theoretikos)，其首要旨趣和"功效"不在于改造世界，而在于让自身的心灵被照亮(illuminated)，我们便能体会沃格林在"如何重塑现代社会的秩序"这个问题上所给出的"解决方案"了。

"高山仰止，景行行止"。沃格林的著作哲思深蕴，但并不以文采见长，加之他以复兴古典哲学—科学思维为己任，明确地拒斥和批判启蒙以来的现代学术思维，使得我们对他的阅读和理解难度颇大。这座高

---

2 参见本书正文第441页。

3 同上。

4 参见埃里克·沃格林，《以色列与启示》(《秩序与历史》卷一)，霍伟岸、叶颖译，南京：译林出版社，2010年，第24页。

山，远观之下陡峭奇绝，殊无秀美丰姿；但入山中，奋力攀登，方有移步换景、目不暇接之感，且恨自己学养浅薄，尚难尽领美景精髓。译者希望，通过这个译本，能为汉语学界理解和研究沃格林尽些许绵薄之力。译文如有错谬、不周之处，尚祈读者批评指正。

感谢我的导师李强教授引领我进入沃格林研究之殿堂，并在多年的教诲和交流中不断扩展和深化着我对政治哲学的理解。感谢沃格林亲传弟子于尔根·格布哈特教授（Prof. Jürgen Gebhardt）对我理解沃格林以及西方政治哲学传统提供的启迪与帮助。感谢浙江大学哲学系陈玮老师对本书第三章的翻译工作提供的无私帮助。感谢译林出版社各位编辑为本书出版所付出的辛勤劳动。感谢我的家人，感谢他们默默的支持与无尽的关怀。

叶颖

2018年春于太原

人文与社会译丛

第一批书目

1.《政治自由主义》(增订版),[美]J. 罗尔斯著,万俊人译　118.00 元
2.《文化的解释》,[美]C. 格尔茨著,韩莉译　89.00 元
3.《技术与时间：1. 爱比米修斯的过失》,[法]B. 斯蒂格勒著,裴程译　62.00 元
4.《依附性积累与不发达》,[德]A. G. 弗兰克著,高铦等译　13.60 元
5.《身处欧美的波兰农民》,[美]F. 兹纳涅茨基、W. I. 托马斯著,张友云译　9.20 元
6.《现代性的后果》,[英]A. 吉登斯著,田禾译　45.00 元
7.《消费文化与后现代主义》,[英]M. 费瑟斯通著,刘精明译　14.20 元
8.《英国工人阶级的形成》(上、下册),[英]E. P. 汤普森著,钱乘旦等译　168.00 元
9.《知识人的社会角色》,[美]F. 兹纳涅茨基著,郏斌祥译　49.00 元

第二批书目

10.《文化生产：媒体与都市艺术》,[美]D. 克兰著,赵国新译　49.00 元
11.《现代社会中的法律》,[美]R. M. 昂格尔著,吴玉章等译　39.00 元
12.《后形而上学思想》,[德]J. 哈贝马斯著,曹卫东等译　58.00 元
13.《自由主义与正义的局限》,[美]M. 桑德尔著,万俊人等译　30.00 元

14.《临床医学的诞生》,[法]M. 福柯著,刘北成译 55.00 元
15.《农民的道义经济学》,[美]J. C. 斯科特著,程立显等译 42.00 元
16.《俄国思想家》,[英]I. 伯林著,彭淮栋译 35.00 元
17.《自我的根源:现代认同的形成》,[加]C. 泰勒著,韩震等译 128.00 元
18.《霍布斯的政治哲学》,[美]L. 施特劳斯著,申彤译 49.00 元
19.《现代性与大屠杀》,[英]Z. 鲍曼著,杨渝东等译 59.00 元

第三批书目

20.《新功能主义及其后》,[美]J. C. 亚历山大著,彭牧等译 15.80 元
21.《自由史论》,[英]J. 阿克顿著,胡传胜等译 89.00 元
22.《伯林谈话录》,[伊朗]R. 贾汉贝格鲁等著,杨祯钦译 48.00 元
23.《阶级斗争》,[法]R. 阿隆著,周以光译 13.50 元
24.《正义诸领域:为多元主义与平等一辩》,[美]M. 沃尔泽著,褚松燕等译 24.80 元
25.《大萧条的孩子们》,[美]G. H. 埃尔德著,田禾等译 27.30 元
26.《黑格尔》,[加]C. 泰勒著,张国清等译 135.00 元
27.《反潮流》,[英]I. 伯林著,冯克利译 48.00 元
28.《统治阶级》,[意]G. 莫斯卡著,贾鹤鹏译 98.00 元
29.《现代性的哲学话语》,[德]J. 哈贝马斯著,曹卫东等译 78.00 元

第四批书目

30.《自由论》(修订版),[英]I. 伯林著,胡传胜译 69.00 元
31.《保守主义》,[德]K. 曼海姆著,李朝晖、牟建君译 58.00 元
32.《科学的反革命》(修订版),[英]F. 哈耶克著,冯克利译 58.00 元

33.《实践感》,[法]P. 布迪厄著,蒋梓骅译 75.00 元
34.《风险社会:新的现代性之路》,[德]U. 贝克著,张文杰等译 58.00 元
35.《社会行动的结构》,[美]T. 帕森斯著,彭刚等译 80.00 元
36.《个体的社会》,[德]N. 埃利亚斯著,翟三江、陆兴华译 15.30 元
37.《传统的发明》,[英]E. 霍布斯鲍姆等著,顾杭、庞冠群译 68.00 元
38.《关于马基雅维里的思考》,[美]L. 施特劳斯著,申彤译 78.00 元
39.《追寻美德》,[美]A. 麦金太尔著,宋继杰译 68.00 元

第五批书目

40.《现实感》,[英]I. 伯林著,潘荣荣、林茂译 30.00 元
41.《启蒙的时代》,[英]I. 伯林著,孙尚扬、杨深译 35.00 元
42.《元史学》,[美]H. 怀特著,陈新译 89.00 元
43.《意识形态与现代文化》,[英]J. B. 汤普森著,高铦等译 68.00 元
44.《美国大城市的死与生》,[加]J. 雅各布斯著,金衡山译 78.00 元
45.《社会理论和社会结构》,[美]R. K. 默顿著,唐少杰等译 128.00 元
46.《黑皮肤,白面具》,[法]F. 法农著,万冰译 58.00 元
47.《德国的历史观》,[美]G. 伊格尔斯著,彭刚、顾杭译 58.00 元
48.《全世界受苦的人》,[法]F. 法农著,万冰译 17.80 元
49.《知识分子的鸦片》,[法]R. 阿隆著,吕一民、顾杭译 45.00 元

第六批书目

50.《驯化君主》,[美]H. C. 曼斯菲尔德著,冯克利译 68.00 元
51.《黑格尔导读》,[法]A. 科耶夫著,姜志辉译 98.00 元
52.《象征交换与死亡》,[法]J. 波德里亚著,车槿山译 68.00 元
53.《自由及其背叛》,[英]I. 伯林著,赵国新译 48.00 元

54.《启蒙的三个批评者》,[英]I. 伯林著,马寅卯、郑想译　48.00 元
55.《运动中的力量》,[美]S. 塔罗著,吴庆宏译　23.50 元
56.《斗争的动力》,[美]D. 麦克亚当、S. 塔罗、C. 蒂利著,李义中等译　31.50 元
57.《善的脆弱性》,[美]M. 纳斯鲍姆著,徐向东、陆萌译　55.00 元
58.《弱者的武器》,[美]J. C. 斯科特著,郑广怀等译　82.00 元
59.《图绘》,[美]S. 弗里德曼著,陈丽译　49.00 元

第七批书目

60.《现代悲剧》,[英]R. 威廉斯著,丁尔苏译　45.00 元
61.《论革命》,[美]H. 阿伦特著,陈周旺译　59.00 元
62.《美国精神的封闭》,[美]A. 布卢姆著,战旭英译,冯克利校　68.00 元
63.《浪漫主义的根源》,[英]I. 伯林著,吕梁等译　49.00 元
64.《扭曲的人性之材》,[英]I. 伯林著,岳秀坤译　22.00 元
65.《民族主义思想与殖民地世界》,[美]P. 查特吉著,范慕尤、杨曦译　18.00 元
66.《现代性社会学》,[法]D. 马尔图切利著,姜志辉译　32.00 元
67.《社会政治理论的重构》,[美]R. J. 伯恩斯坦著,黄瑞祺译　72.00 元
68.《以色列与启示》,[美]E. 沃格林著,霍伟岸、叶颖译　128.00 元
69.《城邦的世界》,[美]E. 沃格林著,陈周旺译　85.00 元
70.《历史主义的兴起》,[德]F. 梅尼克著,陆月宏译　48.00 元

第八批书目

71.《环境与历史》,[英]W. 贝纳特、P. 科茨著,包茂红译　25.00 元
72.《人类与自然世界》,[英]K. 托马斯著,宋丽丽译　35.00 元

73.《卢梭问题》,[德]E. 卡西勒著,王春华译 39.00 元
74.《男性气概》,[美]H. C. 曼斯菲尔德著,刘玮译 28.00 元
75.《战争与和平的权利》,[美]R. 塔克著,罗炯等译 25.00 元
76.《谁统治美国》,[美]W. 多姆霍夫著,吕鹏、闻翔译 35.00 元
77.《健康与社会》,[法]M. 德吕勒著,王鲲译 35.00 元
78.《读柏拉图》,[德]T. A. 斯勒扎克著,程炜译 68.00 元
79.《苏联的心灵》,[英]I. 伯林著,潘永强、刘北成译 59.00 元
80.《个人印象》,[英]I. 伯林著,林振义、王洁译 35.00 元

第九批书目

81.《技术与时间:2. 迷失方向》,[法]B. 斯蒂格勒著,
赵和平、印螺译 59.00 元
82.《抗争政治》,[美]C. 蒂利、S. 塔罗著,李义中译 28.00 元
83.《亚当·斯密的政治学》,[英]D. 温奇著,褚平译 21.00 元
84.《怀旧的未来》,[美]S. 博伊姆著,杨德友译 85.00 元
85.《妇女在经济发展中的角色》,[丹]E. 博斯拉普著,陈慧平译 30.00 元
86.《风景与认同》,[美]W. J. 达比著,张箭飞、赵红英译 68.00 元
87.《过去与未来之间》,[美]H. 阿伦特著,王寅丽、张立立译 58.00 元
88.《大西洋的跨越》,[美]D. T. 罗杰斯著,吴万伟译 108.00 元
89.《资本主义的新精神》,[法]L. 博尔坦斯基、E. 希亚佩洛著,
高铦译 58.00 元
90.《比较的幽灵》,[美]B. 安德森著,甘会斌译 79.00 元

第十批书目

91.《灾异手记》,[美]E. 科尔伯特著,何恬译 25.00 元

92.《技术与时间:3. 电影的时间与存在之痛的问题》,
[法]B. 斯蒂格勒著,方尔平译 65.00 元
93.《马克思主义与历史学》,[英]S. H. 里格比著,吴英译 78.00 元
94.《学做工》,[英]P. 威利斯著,秘舒、凌旻华译 68.00 元
95.《哲学与治术:1572—1651》,[美]R. 塔克著,韩潮译 45.00 元
96.《认同伦理学》,[美]K. A. 阿皮亚著,张容南译 45.00 元
97.《风景与记忆》,[英]S. 沙玛著,胡淑陈、冯樨译 78.00 元
98.《马基雅维里时刻》,[英]J. G. A. 波考克著,冯克利、傅乾译 108.00 元
99.《未完的对话》,[英]I. 伯林、[波]B. P. -塞古尔斯卡著,
杨德友译 65.00 元
100.《后殖民理性批判》,[印]G. C. 斯皮瓦克著,严蓓雯译 79.00 元

第十一批书目

101.《现代社会想象》,[加]C. 泰勒著,林曼红译 45.00 元
102.《柏拉图与亚里士多德》,[美]E. 沃格林著,刘曙辉译 78.00 元
103.《论个体主义》,[法]L. 迪蒙著,桂裕芳译 30.00 元
104.《根本恶》,[美]R. J. 伯恩斯坦著,王钦、朱康译 78.00 元
105.《这受难的国度》,[美]D. G. 福斯特著,孙宏哲、张聚国译 39.00 元
106.《公民的激情》,[美]S. 克劳斯著,谭安奎译 49.00 元
107.《美国生活中的同化》,[美]M. M. 戈登著,马戎译 58.00 元
108.《风景与权力》,[美]W. J. T. 米切尔著,杨丽、万信琼译 78.00 元
109.《第二人称观点》,[美]S. 达沃尔著,章晟译 69.00 元
110.《性的起源》,[英] F. 达伯霍瓦拉著,杨朗译 85.00 元

第十二批书目

111.《希腊民主的问题》,[法]J. 罗米伊著,高煜译 48.00 元
112.《论人权》,[英]J. 格里芬著,徐向东、刘明译 75.00 元
113.《柏拉图的伦理学》,[英]T. 埃尔文著,陈玮、刘玮译 118.00 元
114.《自由主义与荣誉》,[美]S. 克劳斯著,林垚译 62.00 元
115.《法国大革命的文化起源》,[法]R. 夏蒂埃著,洪庆明译 38.00 元
116.《对知识的恐惧》,[美]P. 博格西昂著,刘鹏博译 38.00 元
117.《修辞术的诞生》,[英]R. 沃迪著,何博超译 48.00 元
118.《历史表现中的真理、意义和指称》,[荷]F. 安克斯密特著,周建漳译 58.00 元
119.《天下时代》,[美]E. 沃格林著,叶颖译 78.00 元
120.《求索秩序》,[美]E. 沃格林著,徐志跃译 48.00 元

第十三批书目

121.《美德伦理学》,[新西兰]R. 赫斯特豪斯著,李义天译 68.00 元
122.《同情的启蒙》,[美]M. 弗雷泽著,胡靖译 48.00 元
123.《图绘暹罗》,[美]T. 威尼差恭著,袁剑译 58.00 元
124.《道德的演化》,[新西兰]R. 乔伊斯著,刘鹏博、黄素珍译 65.00 元
125.《大屠杀与集体记忆》,[美]P. 诺维克著,王志华译 78.00 元
126.《帝国之眼》,[美]M. L. 普拉特著,方杰、方宸译 68.00 元
127.《帝国之河》,[美]D. 沃斯特著,侯深译 76.00 元
128.《从道德到美德》,[美]M. 斯洛特著,周亮译 58.00 元
129.《源自动机的道德》,[美]M. 斯洛特著,韩辰锴译 58.00 元
130.《理解海德格尔:范式的转变》,[美]T. 希恩著,邓定译 89.00 元

第十四批书目

131.《城邦与灵魂：费拉里〈理想国〉论集》，[美]G. R. F. 费拉里著，刘玮编译 58.00 元
132.《人民主权与德国宪法危机》，[美]P. C. 考威尔著，曹晗蓉、虞维华译 58.00 元
133.《16 和 17 世纪英格兰大众信仰研究》，[英]K. 托马斯著，芮传明、梅剑华译 168.00 元
134.《民族认同》，[英]A. D. 史密斯著，王娟译 55.00 元
135.《世俗主义之乐：我们当下如何生活》，[英]G. 莱文编，赵元译 58.00 元
136.《国王或人民》，[美]R. 本迪克斯著，褚平译(即出)
137.《自由意志、能动性与生命的意义》，[美] D. 佩里布姆著，张可译 68.00 元
138.《自由与多元论：以赛亚·伯林思想研究》，[英]G. 克劳德著，应奇等译 58.00 元
139.《暴力：思无所限》，[美]R. J. 伯恩斯坦著，李元来译 59.00 元
140.《中心与边缘：宏观社会学论集》，[美]E. 希尔斯著，甘会斌、余昕译 88.00 元

第十五批书目

141.《自足的世俗社会》，[美]P. 朱克曼著，杨靖译 58.00 元
142.《历史与记忆》，[英]G. 丘比特著，王晨凤译 59.00 元
143.《媒体、国家与民族》，[英]P. 施莱辛格著，林玮译 68.00 元
144.《道德错误论：历史、批判、辩护》，

[瑞典]J. 奥尔松著,周奕李译 58.00元

145.《废墟上的未来:联合国教科文组织、世界遗产与和平之梦》,[澳]L. 梅斯克尔著,王丹阳、胡牧译 88.00元

146.《为历史而战》,[法]L. 费弗尔著,高煜译(即出)

147.《语言动物:人类语言能力概览》,[加]C. 泰勒著,赵清丽译(即出)

148.《我们中的我:承认理论研究》,[德]A. 霍耐特著,张曦、孙逸凡译 62.00元

149.《人文学科与公共生活》,[美]P. 布鲁克斯编,余婉卉译(即出)

150.《美国生活中的反智主义》,[美]R. 霍夫施塔特著,何博超译 68.00元

第十六批书目

151.《关怀伦理与移情》,[美]M. 斯洛特著,韩玉胜译 48.00元

152.《形象与象征》,[罗]M. 伊利亚德著,沈珂译(即出)

153.《艾希曼审判》,[美]D. 利普斯塔特著,刘颖洁译(即出)

154.《现代主义观念论:黑格尔式变奏》,[美]R. B. 皮平著,郭东辉译(即出)

155.《文化绝望的政治:日耳曼意识形态崛起研究》,[美]F. R. 斯特恩著,杨靖译(即出)

156.《作为文化现实的未来:全球现状论集》,[印]A. 阿帕杜拉伊著,周云水、马建福译(即出)

157.《一种思想及其时代:以赛亚·伯林政治思想的发展》,[美]J. L. 彻尼斯著,寿天艺、宋文佳译(即出)

158.《人类的领土性:理论与历史》,[美]R. B. 萨克著,袁剑译(即出)

159.《理想的暴政:多元社会中的正义》,[美]G. 高斯著,范震亚译(即出)
160.《荒原:一部历史》,[美]V. D. 帕尔马著,梅雪芹译(即出)

有关"人文与社会译丛"及本社其他资讯,欢迎点击 www. yilin. com 浏览,对本丛书的意见和建议请反馈至新浪微博@译林人文社科。